ADALBERT
PRINZ VON BAYERN

Die Wittelsbacher

*Geschichte
unserer Familie*

PRESTEL
München · Berlin · London · New York

Auf dem Einband: Peter Jacob Horemans, Konversationsstück,
Die kurbayerische und kursächsische Familie beim Musizieren und
Kartenspielen (Ausschnitt), 1761, Schloss Nymphenburg, vgl. Abb. 58;
© Archiv der Bayerischen Verwaltung der Staatlichen Schlösser,
Gärten und Seen

Die Deutsche Bibliothek verzeichnet diese Publikation in der Deutschen
Nationalbibliografie; detaillierte bibliografische Daten sind im Internet unter
http://dnb.ddb.de abrufbar.

© Prestel Verlag, München · Berlin · London · New York,
Sonderausgabe 2005

Prestel Verlag
Königinstraße 9
80539 München
Telefon 089/38 17 09-0
Telefax 089/38 17 09-35
www.prestel.de

Redaktionelle Betreuung: Hans F. Nöhbauer, München
Einbandgestaltung: Lachenmann Design, Unterhaching
Druck und Bindung: Aalexx, Großburgwedel

Printed in Germany
ISBN 3-7913-3505-7

Inhalt

DER AUFSTIEG
Vom Grafenamt zur Herzogswürde

7

AN DER SPITZE BAYERNS
Von der Belehnung bis zum Hausvertrag

25

DIE ZEIT DER LANDESTEILUNGEN
Vom Hausvertrag bis zum Primogeniturgesetz

71

DAS GEEINTE HERZOGTUM
*Von der Wiedervereinigung Bayerns
bis zur Rückgewinnung der Kurfürstenwürde*

131

GROSSMACHTPOLITIK
*Vom Dreißigjährigen Krieg
bis zum Spanischen Erbfolgekrieg*

181

SPÄTES KAISERTUM
Die letzten altbayerischen Wittelsbacher

263

DIE PFÄLZER KOMMEN

*Kurpfalzbayern zwischen Absolutismus
und Aufklärung*

287

DAS KÖNIGREICH

*Von der Französischen Revolution
bis zur deutschen Revolution*

315

Nachwort des Herausgebers

374

ANHANG

*Genealogische Übersichten 378
Die Wittelsbacher Herrscher 412
Historische Beinamen der Wittelsbacher 419
Ungebräuchliche Beinamen der Wittelsbacher 432
Verzeichnis der auf dem ›Konversationsstück‹
von Peter Jakob Horemans erscheinenden Personen 434
Verzeichnis und Nachweis der Abbildungen 438
Register 444*

Der Aufstieg

DER AUFSTIEG
Vom Grafenamt zur Herzogswürde
Um 1000-1180

Die Grafen von Scheyern

Bei Pfaffenhofen an der Ilm, im Westen des alten bairischen Herzogtums, stand bis zum Beginn des 12. Jahrhunderts unsere Stammburg Scheyern, nach der unsere ersten Vorfahren *Grafen von Scheyern* genannt wurden.

Aus Gründen, die uns nicht bekannt sind – vielleicht, weil sie in der Gegend größeren Besitz erworben hatten –, zogen die Grafen etwa um das Jahr 1113 einige Kilometer weiter westlich in die neuerbaute Burg zu Wittelsbach, auf einen Hügel nahe dem heutigen Aichach. Die Gebäude zu Scheyern wurden den Benediktinern überlassen, die dort ein Kloster einrichteten. Die Beziehungen unserer Familie zu ihrem Stammsitz blieben erhalten – Scheyern wurde ihr Hauskloster, und in der Kirche fanden bis ins späte 13. Jahrhundert die Mitglieder unserer Familie ihre letzte Ruhestätte; die sogenannte ›Genealogie‹ in der Schmerzhaften- oder Fürstenkapelle – zwanzig auf Holz gemalte Ahnenbilder – erinnern noch heute an diese Anfänge.

Wo und wann es aber mit den Grafen von Scheyern, die sich seit 1115 nach ihrer neuen Burg Grafen von Wittelsbach nannten, begonnen hat, woher sie gekommen und seit wann sie in Scheyern ansässig waren, ist trotz vieler Untersuchungen und ebenso vieler Theorien nicht eindeutig zu erhellen.

Ein Angehöriger des Pfälzer Zweiges der Wittelsbacher, der im Jahre 1550 geborene Pfalzgraf Johann I. von Zweibrücken, ließ in einem umfangreichen Werk die Geschichte der Familie bis in die fernste Vergangenheit zurückverfolgen und konnte schließlich einen alten Trojaner als Ahnvater präsentieren: den weisen Antenor, der seinen Landsleuten nachdrücklich geraten hatte, die schöne Helena den Griechen wieder zurückzugeben. Seinem Rat wurde, wie man bei Homer nachlesen kann, nicht gefolgt, woraus sich der Trojanische Krieg entwickelte.

Der Bischof und Geschichtsschreiber Otto von Freising, der mit den Wittelsbachern mancherlei Streitereien hatte (und sie deshalb in seinem Werk entsprechend schlecht behandelte), war vierhundert Jahre vor dem hinkenden Johann von Zweibrücken auf andere, sehr viel näherliegende Ahnen gestoßen – auf das alte bairische Herzogsgeschlecht der Luitpoldinger; in ihnen sah er die Vorfahren der Wittelsbacher und in dem nicht sehr gut beleumundeten Grafen Berthold – er soll im 10. Jahrhundert die Ungarn ins Land geholt haben – den unmittelbaren Urahnen.

Die Zeitgenossen des Bischofs, unter denen auch der erste wittelsbachische Herzog war, werden der gleichen Ansicht gewesen sein, von einem Widerspruch ist jedenfalls nichts bekannt.

Sehr viel später dann, als die Historiker die erhaltenen Dokumente aus der bairischen Frühzeit gesichtet und kommentiert hatten, sah man in den wittelsbachischen Familienangelegenheiten zwar manches klarer, doch sichere Beweise fehlten auch weiterhin. Vor allem, da ja die Familiennamen und die so hilfreiche lateinische Zählweise der nur unter ihren Vornamen bekannten Herren erst später gebräuchlich wurde.

Trotz dieser Schwierigkeiten und aller Vorbehalte spricht nach meiner Meinung vieles für die 1931 in Österreich veröffentlichte Genealogie des Freiherrn Otto von Dungern, bei dem die Geschichte unserer Familie um das Jahr 1000 beginnt, und zwar mit einem Grafen *Otto 1. von Scheyern*, dem ›Otto comes de Skyrum‹, wie er in einem zeitgenössischen Dokument genannt wird.

Mit Ottos gleichnamigem Sohn – nach unserer Zählweise also *Otto II. von Scheyern* –, der in zweiter Ehe die verwitwete Gräfin Haziga heiratete, bekommt die wittelsbachische Familiengeschichte erstmals festen Boden unter die Füße. Denn dieser zweite Otto – und daran besteht nun kein Zweifel mehr – ist der Urgroßvater jenes Grafen Otto, den Kaiser Friedrich Barbarossa im September 1180 mit der bairischen Herzogswürde belehnt hat. Aus diesem Urenkel Otto VIII. (nach anderen Zählweisen auch Otto V.) wurde dann, da bei den Herzögen – ebenso wie später bei den wittelsbachischen Königen – die Zählung neu beginnt, Otto I.

Urgroßvater Otto II. aber hatte vier Söhne, von denen vor allem zwei in der Geschichte des späteren bayerischen Herrscherhauses wichtig wurden.

Der älteste, *Arnold*, gründete wahrscheinlich vor dem Jahr 1100 die früh wieder erloschene Linie Dachau-Valley.

Sein Bruder *Eckhard* (auch Hecard) wurde Ahnherr der künftigen Wittelsbacher. Die Familiengeschichte hat es mit ihm etwas schwer, da sie einen Eckhard mit dem Beinamen ›der Bundschuh‹ kennt und annimmt, daß dieser Sohn Ottos II. es war, der sich diesen Titel verdient hat. Aber es könnte auch sein, daß es sich bei diesem ›Bundschuh‹ um Eckhards Sohn oder gar Neffen gleichen Namens handelt. Den Namen ›Bundschuh‹ soll sich einer dieser Eckhards in einem Gefecht mit den Ungläubigen erworben haben. Wenn es wirklich Eckhard I. war, so müßte er 1064 an der ›Betfahrt‹ teilgenommen haben, an der unter der geistlichen Leitung der Bischöfe von Regensburg, Passau und Bamberg etliche Grafen und dreitausend Baiern ins Heilige Land zogen. Als bei den Kämpfen das Banner verlorenging, soll der Graf von Scheyern seine schwarzen Bundschuhe mit drei roten Riemen an die Spitze seiner Lanze gebunden und dieses Zeichen zum Siege vorangetragen haben. Pfaffenhofen hatte übrigens später den Bundschuh in seinem Wappen und im Siegel. Im Text zu einem bayerisch-pfälzischen Stammbaum aus dem 15. Jahrhundert heißt es, die bayerischen Fürsten hätten die Geschichte vom Bundschuh »viel und oft aufmalen lassen«. Auch auf den Türen der Burg von Neunburg vorm Wald, das in der Geschichte unseres Hauses im Mittelalter eine wichtige Rolle spielte, findet sich das Bundschuh-Wappen eingemeißelt.

Wie Eckhard, der wahrscheinlich im Morgenland gestorben ist, waren auch seine beiden Brüder *Bernhard* und *Otto III.* in Palästina gewesen; Otto ist ebenfalls nicht mehr nach Baiern zurückgekehrt.

Von Scheyern nach Wittelsbach

Auch Eckhards Sohn Otto V. soll mit seinen Söhnen, dem späteren Herzog Otto I. und Konrad, der 1161 Erzbischof von Mainz wurde, ausgezogen sein, um die Heiligen Stätten vor den Muselmanen zu retten. Unter Otto V. überließen die Grafen ihren Scheyerer Besitz den Benediktinern und zogen in die Burg Wittelsbach – Otto V. ist so das erste Mitglied unserer Familie, das sich Graf von Wittelsbach nennt. (In der 1950 erschienenen Genealogie von Franz Tyroller ist dieser Otto V. als Otto IV. geführt, während dessen Sohn – der erste Herzog – als Otto V. vorgestellt wird. Tyroller leitete die spätere Herzogslinie nicht auf Eckhard zurück, sondern auf dessen Bruder Otto II. Eine ähnliche Filiation bietet auch W. K. Prinz zu Isenburg in seinen zwischen 1953 und 1961 erschienen ›Stammtafeln zur Geschichte der europäischen Staaten‹.)

Durch seine Heirat mit Heilika (auch Helika oder Elika), Tochter und Erbin des Friedrich von Lengenfeld, konnte Otto V. seinen Landbesitz erheblich vermehren. Die Braut brachte außer dem heutigen Burglengenfeld auch größere Gebiete um Kronach in die Ehe ein. Zu den Ländereien kamen für Otto V. auch noch Ehren, denn 1118 wurde er, der sich auch ›Palatinus de Lengenfeld‹ nannte, von Kaiser

Heinrich V., dem letzten Salier, zum Pfalzgrafen ernannt. Als solcher hatte er die Aufsicht über die in seinem Bereich liegenden Reichsgüter sowie Reichseinkünfte und war Stellvertreter des Kaisers als Richter. Es gab – da ›Pfalz‹ damals noch kein geographischer Begriff war – unter anderem Pfalzgrafen bei Rhein, von Sachsen und Schwaben. Der Pfalzgraf bei Rhein verwaltete Lothringen mit der Königsstadt Aachen. Daß die Krönungsstadt in seinem Gebiete lag, zeichnete ihn vor den anderen Pfalzgrafen besonders aus.

Otto V., der die Benediktiner nach Scheyern holte, stiftete noch zwei weitere Klöster. Auf lengenfeldischem Boden, an der oberpfälzischen Vils, weihte am Jakobstag 1123 der Bischof von Bamberg das südlich von Amberg gelegene Ensdorf; Otto erfüllte damit ein Gelübde seines Schwiegervaters, der das Kloster nicht mehr hatte bauen können. Die aus Holz errichteten Gebäude wurden den kluniazensischen Benediktinern aus Sankt Blasien übergeben. Ein weiteres Kloster stiftete der Pfalzgraf drei Jahre später in dem nördlich von Dachau, an der Glonn, gelegenen Indersdorf. Diese Gründung für die Augustinerchorherrn aus Marbach hatte ihm Papst Kalixtus II. zur Buße dafür auferlegt, daß er die Gefangennahme des vorangegangenen Papstes Paschalis durch Heinrich V. nicht verhindert hatte.

Beide Klöster behaupten, die Gebeine der ersten Wittelsbacher zu verwahren, die des Stifters Otto V. und seiner Gemahlin Heilika, ihres Sohnes Friedrich, eines Enkels Otto und der lengenfeldischen Eltern der Pfalzgräfin.

Pfalzgraf Friedrich, der 1173 als Laienbruder in Indersdorf eintrat (aber wahrscheinlich dann doch im Kreuzgang von Ensdorf beigesetzt wurde), hat in Ensdorf den Umbau von einem Holz- in einen Steinbau veranlaßt. Der zu hohen kirchlichen Ehren aufgestiegene Bruder Konrad hat diese Kirche im Mai 1180 geweiht. Auch ein dritter Bruder, der spätere Otto I., wird mit Ensdorf in Verbindung gebracht. Er soll kurz vor seiner Erhebung zum Herzog, als er zur

Beisetzung seines Sohnes Otto in das oberpfälzische Kloster gekommen war, der Stiftung seines Vaters ein Gut zu Vilshofen und eine Reliquie geschenkt haben.

Einige hundert Jahre später, nach der Reformation, ließ Pfalzgraf Ludwig VI. im säkularisierten Ensdorf die Gebeine seiner Vorfahren in vier Bleisärge legen und unter dem Hochaltar bestatten. Kurfürst Ferdinand Maria gab das Kloster den Benediktinern zurück, die es im 18. Jahrhundert erneuern und die Kirche durch Kosmas Damian Asam mit Deckenfresken schmücken ließen. Die vier Bleisärge wurden damals in ein neues Mausoleum gebracht, wo sie sich noch heute befinden. Der Stein, der sich bis 1571 über dem Grab des Stifters befand, kam – mit einer neuen Inschrift versehen – an die Seitenwand. Er ist, soweit man weiß, der älteste Grabstein unserer Familie.

Otto von Wittelsbach

Die bedeutendsten Söhne des ersten Grafen von Wittelsbach waren Otto und Konrad. Vater Otto V. scheint sich vor allem auf der Burg Lengenfeld aufgehalten zu haben, doch wurde sein gleichnamiger Sohn, der künftige erste wittelsbachische Herrscher Bayerns, wahrscheinlich um 1117 auf der Burg Kelheim an der Donau geboren. Die Anlage stand dort, wo sich jetzt das Landratsamt befindet. Zeit seines Lebens hat dieser Otto VIII., der im September 1180 *Otto I.* wurde, neben Münster an der Altmühl vor allem seine Geburtsstadt geliebt. Über seine Frau Agnes von Loon ist wenig bekannt. Sie scheint aus der Gegend von Lüttich gekommen zu sein.

Das Herzogtum Bayern wurde damals von Kaiser Lothars Schwiegersohn Heinrich dem Stolzen regiert, der aus dem schwäbischen Geschlecht der Welfen stammte. Er war zum Markgrafen von Tuscien (der späteren Toskana) ernannt worden und hatte überdies Sachsen und die braunschweigischen Güter geerbt. Um so größer war die Enttäuschung, als nach dem Tode des Schwiegervaters nicht er, sondern der erste Hohenstaufer, Konrad III., zum König gewählt wurde. Im Kampf mit ihm verlor der Welfe Bayern, konnte aber Sachsen behalten.

Herzog von Bayern wurde zunächst der Babenberger Leopold, der bald danach starb. Ihm folgte 1141 sein Bruder Heinrich, den man nach einer Redewendung, die er immer gebrauchte, ›Jasomirgott‹ nannte. Wittelsbach widersetzte sich den Babenbergern und siegte im Bündnis mit einem Bruder Heinrichs des Stolzen, Welf III., sowie mit König Geza von Ungarn.

Und während man noch stritt, kamen Hilferufe aus dem Heiligen Land. Nach einer Predigt, die der heilige Bernhard von Clairvaux an Weihnachten 1146 im Dom zu Speyer hielt, scharten sich Heinrich Jasomirgott, Welf III., der alte wittelsbachische Pfalzgraf Otto V., dessen wahrscheinlich noch nicht 30jähriger Sohn Otto VIII. sowie andere Grafen und bayerische Bischöfe um König Konrad III. zum Kreuzzug. Im Frühjahr 1147 begann von Regensburg aus die Fahrt. Das deutsche Heer kam jedoch nicht ans Ziel, und nur wenige Teilnehmer kehrten in die Heimat zurück. Unter ihnen waren die beiden Wittelsbacher.

In der Heimat stellten sich die Pfalzgrafensöhne im Streit zwischen Welfen und Ghibellinen auf die Seite der Welfen und gewannen auch den Vater dazu. Der Hohenstaufer verhängte auf dem Reichstag zu Regensburg im Jahre 1151 über die Wittelsbacher die Reichsacht und belagerte sie in ihrer Kelheimer Burg. Nach einigen Wochen ergaben sie sich. Der Sieger verzieh dem Vater und behielt den ältesten Sohn als Geisel. Die Folge war eine enge Freundschaft zwischen dem künftigen Herzog von Bayern und dem künftigen Kaiser Friedrich Barbarossa, einem Neffen des Kaisers Konrad. Diese enge Verbindung zwischen Kaiser und Herzog währte über dreißig Jahre, bis zum Tode des Wittelsbachers.

Von diesem ersten Herzog Otto I. gibt es – erstmals in der Geschichte unseres Hauses – eine Beschreibung. Acerbus Morena aus Lodi in Italien schildert ihn als groß, schön, mit langem, fast schwarzem Haar: »Otto comes palatinus de Guitelenspac«, heißt es da, »erat magne stature«, sei also eine von Kraft strotzende Persönlichkeit gewesen. Dabei nicht nur tapfer, sondern auch sprachgewandt und pflichtgetreu. Allzeit habe er dem Kaiser als einer seiner engsten Räte zur Seite gestanden. Rachwin von Freising berichtete, daß keine wichtige Entscheidung ohne ihn und den Kanzler, Erzbischof Rainald von Dassel, getroffen worden sei.

Friedrich Barbarossa hat sechs Züge nach Italien unternommen, um bei den übermächtig gewordenen lombardischen Städten sein Ansehen wiederherzustellen. Auf dem ersten dieser Züge im Jahre 1154 wurde er durch Hadrian IV., den einzigen englischen Papst, in Rom zum Kaiser gekrönt. Außer Otto V. und Otto VIII., den beiden Grafen von Wittelsbach, reiste im kaiserlichen Gefolge der Welfe Heinrich, ein etwas jüngerer Vetter Friedrich Barbarossas, der wegen seiner Tapferkeit im Kampf gegen die aufständischen Römer ›der Löwe‹ genannt wurde. Eine neue Erhebung am Tiber beschleunigte den Rückmarsch des Kaisers. Auf dem Heimweg vollbrachte der junge Otto von Wittelsbach in der Veroneser Klause seine bekannte Heldentat, die ihm das Herzogtum Bayern eintrug. Der italienische Raubritter Alberich hatte die den Engpaß beherrschende Höhe besetzt, um den Zug nur gegen Bezahlung durchzulassen. Der Bannerträger Otto ließ sich mit zweihundert Bayern durch Ortskundige über für unbesteigbar gehaltene Felsen in den Rücken des Feindes führen. Auf zusammengebundenen Lanzen erklommen sie, wie in der Chronik von Otto von Freising nachzulesen ist, die Wände und fielen plötzlich von oben über die verblüfften Wegelagerer her. Allen voran stürmte Otto von Wittelsbach mit dem Reichsbanner. Viele Feinde stürzten ab, andere wurden durch die bayerischen Schwerter getötet. Die

Überlebenden ließ der Kaiser zur Abschreckung am Wege aufhängen.

Die Pfingsttage 1156 scheint Barbarossa bei den Wittelsbachern auf der Burg Kelheim verbracht zu haben. Wenig später starb Otto v., und sein Sohn wurde Pfalzgraf von Bayern.

Die Pfalzgrafschaft bei Rhein verlieh der Kaiser seinem Halbbruder Konrad, der die Burg Heidelberg gründete, das Herzogtum Bayern aber (ohne Österreich) erhielt sein Vetter Heinrich der Löwe. Den Herzog von Böhmen machte Barbarossa 1158 zum König, was freilich keine Gleichstellung mit dem Römischen König bedeutete.

Friedrich Barbarossa hat im gleichen Jahr, offensichtlich um den Welfen nicht allzu mächtig werden zu lassen, die bisherige Ostmark unter dem Babenberger Heinrich Jasomirgott zum Herzogtum Österreich erhoben und damit Bayern gleichgestellt. Bis dahin waren die Markgrafen von Österreich wenigstens militärisch den Herzögen von Bayern unterstellt gewesen. Nach Ansicht verschiedener Historiker – unter anderem auch Otto von Dungerns – ist Österreich damals durch eine Fälschung für Bayern verlorengegangen.

Der Held der Veroneser Klause war im Zorn gefährlich. Als 1157 der päpstliche Legat Kardinal Roland auf dem Reichstag von Bisanz (Besançon) gegen den Kaiser auftrat und behauptete, er verdanke seinen Rang ja nur dem Papst in Rom, stürzte sich Otto mit gezogenem Schwert auf ihn. Barbarossa warf sich dazwischen und rettete dem Legaten das Leben. Aus Kardinal Roland wurde später Papst Alexander III. Daß er zeitlebens der erbittertste Feind des Wittelsbachers blieb, ist nur zu verständlich.

Pfalzgraf Otto zeichnete sich mit Rainald von Dassel auf der zweiten Italienfahrt dadurch aus, daß er zusammen mit seinem geistlichen Begleiter Ravenna im Handstreich eroberte. Otto VIII. war es auch, der Papst Hadrian ein Ultimatum des Kaisers überbrachte, in dem es hieß, nicht der Papst, sondern der Senat habe als oberste Instanz zu gelten. Wo immer der Kaiser hin zog, ob in den polnischen oder anschließend in den italienischen Feldzug – der Bayer ritt an seiner Seite. Auch beim Reichstag auf den Römischen Feldern und bei der Einnahme von Mailand war er dabei.

In den achtzehn Jahren der Kirchenspaltung, als es nicht weniger als vier Gegenpäpste gab, stand der Pfalzgraf von der Burg Wittelsbach treu an der Seite seines Kaisers und kam zusammen mit ihm deshalb auch in den durch den Nachfolger des Papstes Hadrian verhängten Kirchenbann. Dieser Nachfolger aber war der schon erwähnte Papst Alexander III., ehemals Kardinal Roland von Siena. Pfalzgraf Otto sollte nicht der letzte Wittelsbacher sein, den ein Papst mit dem Bann belegt hat. Diese Verurteilung war eine politische Maßnahme, die mit einer Exkommunikation aus religiösen Gründen nichts zu tun hatte. Das mit dem Banne zumeist verbundene ›Interdikt‹ traf auch die Bewohner der Länder des Gebannten. Es durften, solange dieser Fluch währte, keine Gottesdienste abgehalten und nicht einmal Kirchenglocken geläutet werden.

Kardinal Konrad,
der Ratgeber Barbarossas

Der neue Papst, der insgesamt 22 Jahre regierte, floh zweimal nach Frankreich. Da Ottos jüngerer Bruder, Erzbischof Konrad, dort mit ihm in Verbindung trat, kühlten die Verbindungen zwischen Wittelsbach und Hohenstaufen vorübergehend ab. Die Ursache dieser Verstimmung, *Konrad von Wittelsbach*, der alle Geschwister überleben sollte, war der erste Bischof und Kardinal in unserer Familie. Als Ratgeber Kaiser Barbarossas ist er auch in die deutsche Geschichte eingegangen. Er war eine charaktervolle Persönlichkeit. Wahrscheinlich in den zwanziger Jahren des zwölften Jahrhunderts geboren, begann er seine Studien im Seminar des Domstiftes zu Salzburg. Wie es damals in fürstlichen Familien üblich war, wurde er – gleich seinem Vetter Bernhard II. in Freising – als Laie Domherr von Salzburg. An der berühmten Universität von Paris vervollkommnete er sein Wissen und freundete sich mit seinem Kommilitonen Richard Löwenherz von England an. Er wurde Erzbischof von Mainz, versah anschließend einige Zeit das gleiche Amt in Salzburg und kehrte wieder nach Mainz zurück. In dieser Eigenschaft war er nach dem König der wichtigste Mann im Reiche. Sein Vorgänger, Seelenhof, war 1160 von den aufständischen Mainzern ermordet worden – auch das Leben eines Kirchenfürsten war in jenen Zeiten des Kirchenstreites sehr gefährdet. Konrad war mit dem Kaiser zum Konzil nach Pavia gereist, wo Viktor IV. als Gegenpapst zu Alexander III. gewählt wurde. Alexander zog sich daraufhin zunächst nach Apulien und dann nach Frankreich zurück.

Während einer Pilgerreise nach Santiago de Compostela traf Konrad in Frankreich mit Alexander III. zusammen und gewann die Überzeugung, daß er eigentlich der rechtmäßige Papst sei, blieb aber trotzdem an der Seite des Kaisers. Seine Absicht dabei war, den Regenten umzustimmen und das Schisma zu beenden.

Im Jahre 1162 waren die wittelsbachischen Brüder Otto und Konrad mit Barbarossa wieder in Italien, trafen im darauffolgenden Jahr zu Ostern in Worms erneut mit ihm zusammen und begleiteten ihn dann noch einmal nach Italien. Die Spannung zwischen Kaiser Friedrich und Papst Alexander III. nahm währenddessen noch weiter zu. Auf einer Kirchenversammlung hatten Frankreich, England, Schottland, Irland und Spanien diesen früheren Kardinal Roland als das einzige wahre Oberhaupt der Kirche anerkannt. Als dann der Gegenpapst Viktor im April 1164 starb, hoffte Konrad, mit seinem Versöhnungswerk Erfolg zu haben, doch die in Rom zurückgebliebenen Kardinäle wählten einen neuen Gegenpapst, Paschalis III. Das Schisma und der Widerstand der lombardischen Städte dauerten also fort.

Auch im Reich fand der Kaiser nicht nur Zustimmung. Es gab Unruhen, deretwegen sich Heinrich der Löwe von Sachsen nach Bayern begab. Friedrich Barbarossa wurde vor allem übelgenommen, daß er so oft abwesend war. Im Streit mit dem Papst errang er dadurch einen Erfolg, daß König Heinrich II. von England – wegen des Mordes an seinem Kanzler, Erzbischof Thomas Becket von Canterbury, vom Papst mit dem Bann belegt – zum Bundesgenossen des ebenfalls gebannten Kaisers wurde. Außer den französischen und spanischen Bischöfen blieben nur noch einige deutsche, englische und italienische Kirchenfürsten auf Alexanders Seite. Eine Antwort des Kaisers auf die Kirchenversammlung von Tours war der Reichstag von Würzburg im Jahre 1165. Die Fürsten und Bischöfe des Reiches schworen Paschalis III. Treue und versprachen, daß sie im Falle seines Todes einen Nachfolger seiner Partei wählen würden. Nur einer versagte hier seine Zusage – der Wittelsbacher Konrad. Er machte sich, seinem Gewissen folgend, in der Nacht auf den Weg nach Frankreich zu Alexander. Der Kaiser sah darin einen Verrat und antwortete mit der Verhängung der Reichsacht. Außerdem ernannte er seinen Kanzler Buche zum Erzbischof von Mainz. Papst Alexander III. kehrte in diesem Jahre 1165 wieder nach Rom zurück.

Konrads Bruder Otto, der Pfalzgraf, war indessen in kaiserlichem Auftrag zusammen mit dem Babenberger Herzog Heinrich Jasomirgott nach Konstantinopel gereist. Versehen mit reichen Geschenken, sollte er Kaiser Manuel Komnenos von Byzanz für ein Bündnis gewinnen. Dieser Komnenos war in erster Ehe mit einer Sulzbacherin verheiratet, einer Schwester der Gemahlin von Kaiser Konrad III. Die Orientreise des Wittelsbachers war jedoch vergebens.

Anno 1167 zog Kaiser Friedrich Barbarossa mit einem stattlichen Heer zum viertenmal nach Italien, an seiner Seite ritt diesmal ›sein‹ Mainzer Erzbischof, dessen Kriegskostümierung in einer Überlieferung beschrieben ist: Er trug einen hyazinthroten Waffenrock, einen stählernen Panzer und einen vergoldeten Helm, der mit ebenfalls vergoldeten Flügeln geschmückt war. Alexander aber schickte dem Kaiser des Heiligen Römischen Reiches deutscher Nation natürlich ›seinen‹ Erzbischof von Mainz entgegen, um ihm vor den Toren der Stadt Rom seine Verhandlungsbereitschaft mitzuteilen. Barbarossa zeigte sich bei diesem ersten Wiedersehen mit dem wittelsbachischen Kirchenmann verständlicherweise reserviert und ließ Alexander bestellen, es sollten am besten die beiden Päpste abdanken, damit ein dritter gewählt werden könne. Alexander lehnte ab, und während er zusammen mit Erzbischof Konrad nach Benevent floh, zog sein Gegner Paschalis III. in Rom ein.

Zu dieser Zeit etwa vernichtete die Pest fast das gesamte kaiserliche Heer; nur wenige Krieger kehrten mit ihrem Herrn ins Reich zurück und fanden die sächsischen Fürsten und Bischöfe im Aufstand gegen Heinrich den Löwen. Barbarossa berief 1169 einen Reichstag nach Bamberg ein, auf dem sich Kardinal Konrad – Papst Alexander hatte den Erzbischof inzwischen zum Kardinal erhoben – die ersten diplomatischen Sporen verdiente: Als unter den Anhängern von Papst Alexander auch Erzbischof Adalbert von Salzburg zusammen mit seinem Vater, dem König von Böhmen, erschien, wurden sie nicht vorgelassen. Adalbert floh daraufhin zu seinem Onkel, Herzog Heinrich Jasomirgott von Österreich. Als er sich mit diesem im Mai 1174 auf dem Reichstag zu Regensburg einfand, wurde er als Erzbischof von Salzburg durch den Propst Heinrich von Berchtesgaden abgelöst. Papst Alexander wollte Konrad entsenden, damit er den böhmischen Adalbert wieder nach Salzburg zurückbringe. Dem wittelsbachischen Kardinal schien das Unternehmen aussichtslos. Er lehnte ab und leistete damit wahrscheinlich unserer Familie einen unschätzbaren Dienst. Hätte er den päpstlichen Auftrag angenommen, wäre Wittelsbach kaum in den Besitz des alsbald frei werdenden Bayern gekommen.

Der fünfte Italienzug begann damit, daß die Lombarden nachzugeben schienen – und endete dann doch in der Niederlade bei Legnano im Jahre 1176. Die nach Papst Alexander III. benannte Stadt Alessandria hielt den Angriffen stand.

Die Weigerung Heinrichs des Löwen, mit seinem Heer dem Kaiser zu Hilfe zu kommen, dürfte dann über das künftige Schicksal Bayerns entschieden haben. Der Kaiser mußte beim Friedensschluß für die Lösung vom Kirchenbann die sogenannten Mathildengüter in Tuscien herausgeben. Es waren dies zahlreiche Besitzungen, die einst der Markgräfin Mathilde von Tuscien gehört hatten und die Kaiser Heinrich V. im Jahre 1115 an sich gebracht hatte, obwohl sie eigentlich der Kirche vermacht worden waren.

Der unrechtmäßige Erzbischof von Mainz führte Papst Alexander nach Rom zurück, und bei der Aussöhnung zwischen Papst und Kaiser in Venedig stand der rechtmäßige Mainzer Erzbischof, Kardinal Konrad von Wittelsbach, neben Alexander. Diesem Oberhirten fügte er sich auch, als verlangt wurde, Konrad möge zugunsten des kaiserlichen Kandidaten Buche auf das Erzbistum Mainz verzichten. Dafür erhielt er nach dem Rücktritt des Böhmen Adalbert das Erzbistum Salzburg unter Beibehalt des Bistums Sabina.

Kardinal Konrad war nun wieder an der Seite des Kaisers, unter anderem beim Zug nach Arles, wo Barbarossa die burgundische Krone empfing. Im Frühjahr 1179 reiste der Kirchenfürst mit seinem Bruder Otto zur Generalsynode im Lateran. Der Pfalzgraf von Bayern wurde hier von seinem Kirchenbann gelöst. Im Sommer darauf zog Konrad mit seinem jüngeren Bruder Otto IX. im Salzburger Kirchenstreit gegen die Gurker. Auf dem Augsburger Reichstag des Jahres 1179 erschienen die Wittelsbacher, nicht aber Heinrich der Löwe. Dieses Fernbleiben hat sicher weiter dazu beigetragen, daß sich seine Lage im darauffolgenden Jahr auf so dramatische Weise änderte. Im Mai 1180 weihte Kardinal Konrad, wie schon früher angedeutet, in Ensdorf die von seinem Bruder Friedrich gebaute Kirche.

In seiner neuen Pfalz zu Gelnhausen – ein Ort, der in der wittelsbachischen Familiengeschichte später noch eine Rolle spielen sollte – verhängte Friedrich Barbarossa vor den versammelten Kirchenfürsten die Acht über Heinrich den Löwen. Der Grund war, daß der Welfe vier Vorladungen zu Reichstagen keine Folge geleistet hatte.

Die Belehnung mit dem Herzogtum Bayern

Am 16. September 1180 belehnte Kaiser Friedrich in der nordöstlich von Gera gelegenen Altenburg in Thüringen den Pfalzgrafen Otto VIII. von Wittelsbach mit dem Herzogtum Bayern. Die Markgrafschaft Steiermark wurde zu einem selbständigen Herzogtum erklärt. Durch diesen kaiserlichen Akt wurde die wittelsbachische Geschichte für mehr als sieben Jahrhunderte zur bayerischen Geschichte.

Heinrich der Löwe konnte nur den Allodialbesitz seiner Mutter – Braunschweig und Lüneburg – behalten und mußte sich auf drei Jahre zu seinem Schwiegervater Heinrich II. von England begeben.

Kardinal Konrad, seit dem Vorjahr päpstlicher Legat für die bayerische Provinz, begleitete seinen Bruder auf der Huldigungsreise durch sein neues Herzogtum. Im darauffolgenden Jahr saß er im Konklave, wo als Nachfolger des Papstes Alexander III., dieses großen Gönners von Kardinal Konrad, Lucius III. zum Oberhaupt der Kirche gewählt wurde. Der wittelsbachische Kirchenfürst blieb ein Jahr in Rom.

Herzog Otto I. hielt sich 1183 in Konstanz auf, wo der Friede mit den lombardischen Städten verbrieft werden sollte. Auf dem Heimweg starb er am 11. Juli auf der Burg zu Pfullingen. An seiner Beisetzung in Scheyern nahmen neben seiner Witwe, seinem Sohn Ludwig und seinem Bruder Friedrich auch die Kaisersöhne teil.

An der Spitze Bayerns

AN DER SPITZE BAYERNS

Von der Belehnung bis zum Hausvertrag

1160-1329

An der Seite der Staufer

Die wittelsbachische Herzogszeit wäre vielleicht in jenen Sommertagen des Jahres 1183 bereits wieder zu Ende gegangen, wenn sich nicht der Bruder des verstorbenen Herzogs mit Eifer und großem politischen Verstand der bayerischen Angelegenheiten angenommen hätte. *Erzbischof Konrad* war damals gerade wieder von Salzburg in sein freigewordenes früheres Erzbistum Mainz zurückgekehrt. Zusammen mit seinem Bruder Friedrich übernahm er nun die Vormundschaft für den noch nicht neunjährigen Herzogssohn Ludwig, der später den Beinamen ›der Kelheimer‹ erhalten sollte.

Der wittelsbachische Erzbischof und Kardinal Konrad war der rechte Mann für diese schwierige Aufgabe, da ihm seine vielen Aufenthalte in der Nähe des Kaisers immer wieder die Möglichkeit gaben, für seinen kleinen Neffen zu sprechen. Wie hoch der Staufer den aus Bayern stammenden Kirchenfürsten schätzte, zeigte er durch viele Beweise seiner Gunst und seines Vertrauens:

So war Konrad zu Pfingsten 1184 Gastgeber, als Barbarossa seinen Söhnen Heinrich und Friedrich in einer feierlichen Zeremonie zu Mainz den Ritterschlag erteilte, und er begleitete den Monarchen 1186 auch bei dessen sechster und letzter Italienfahrt, wo der Kaisersohn, der schon 1169, mit vier Jahren, zum deutschen König gewählt worden war, die normannische Königstochter Konstanze heiratete.

Als erfahrener, in den politischen Geschäften versierter Kirchenfürst konnte der Wittelsbacher Konrad dem Kaiser vielfach nützlich sein – er versuchte für ihn in einem Streit mit dem Papst zu vermitteln, und er war auch zugegen, als Barbarossa in Mainz das Kreuz nahm, um im Frühjahr 1189 zum Zug ins Heilige Land aufzubrechen. Der Kardinal hätte sich dieser Heerfahrt sicher angeschlossen, wenn ihm nicht Kaiser Friedrich – der von diesem Kreuzzug nicht mehr zurückkehren sollte – zum Berater seines ältesten Sohnes Heinrich bestellt hätte.

Es war für unser Haus Wittelsbach zweifellos günstig, daß er in Deutschland zurückblieb, denn während die kaiserlichen Krieger auf ihrem langen, beschwerlichen, verlustreichen Weg waren, kehrte der nach England verbannte ehemalige Bayernherzog Heinrich der Löwe nach Braunschweig zurück, obwohl das gegen Barbarossas Gebot verstieß. Der Erzbischof vermittelte in dieser heiklen, kriegerischen Situation zwischen Kaisersohn und rebellischem Herzog (und hat bei dieser Gelegenheit sicher auch darauf gesehen, daß der ehemalige Herr Bayerns seinem Neffen Ludwig nicht gefährlich werde).

Nach dieser Mission reisten Heinrich und sein Mentor nach Sizilien, wo Tankred von Lecce die Erbschaft Konstanzes – die durch Todesfall freigewordene Königskrone – anfocht. Während dieser Italienfahrt konnte Kardinal Konrad den neugewählten Papst Cölestin dazu gewinnen, daß er endlich, nach längerem Zögern, den jungen Staufer als Nachfolger seines in Kleinasien ertrunkenen Vaters zum Kaiser krönte – zum Kaiser Heinrich VI.

Jetzt, da sein Schützling das hohe Ziel erreicht hatte, trennten sich die Wege: Der junge Kaiser belagerte – wegen einer ausbrechenden Seuche zunächst ohne Erfolg – die Stadt Neapel, und Konrad kehrte in sein Bistum zurück, wo er fünf Jahre später gegen seinen früheren Schützling votieren mußte.

Der Kampf um die staufische Vorherrschaft in Unteritalien und Sizilien war entschieden und durch ein grausames Strafgericht gefestigt. Heinrich kehrte als Sieger heim und wollte nun seiner Familie auch den deutschen Thron für kommende Zeiten sichern. Seinem Vorschlag, die deutsche Krone in Zukunft bei den Staufern von einer Generation zur anderen zu vererben, widersetzte sich Kardinal Konrad von Wittelsbach mit Erfolg. So war es schließlich vor allem ihm zu danken, daß das Wahlkönigtum erhalten blieb. Und der erste Regent, der 1196 mit ausdrücklicher Zustimmung des Mainzer Kirchenfürsten gewählt wurde, war – Heinrichs zweijähriger Sohn Friedrich, der später so berühmte, ja geradezu legendäre Friedrich II. der Staufer.

Bevor er das Königsamt ergreifen konnte sollten noch viele Jahre vergehen. Kurze Zeit nach der Königswahl, im September 1197, war nämlich sein Vater im Alter von nur 33 Jahren in Italien gestorben. Bei der anschließenden Königswahl in Deutschland wurde der kleine Prinz übergangen. Die zerstrittenen deutschen Wahlherren entschieden sich 1198 für seinen Onkel Philipp und für den Sohn des verstorbenen Heinrich des Löwen; Deutschland hatte wieder einmal König und Gegenkönig. Die Wittelsbacher standen in diesem Konflikt auf Seiten ihrer Wohltäter, der Staufer.

Heinrich VI. war bei den Vorbereitungen zu einer Kreuzfahrt gestorben. Als dann die streitbaren Christen 1197 ohne ihn aufbrachen, war der inzwischen um die siebzig Jahre alte Erzbischof von Mainz unter ihnen. Dann aber werden die Nachrichten über ihn spärlich. Im Januar 1198, so heißt es, krönte er den König von Armenien, im darauffolgenden Jahr rief ihn der Papst aus dem Heiligen Land zurück, damit er als Schiedsrichter und als Schlichter im Streit zwischen Staufern und Welfen sowie in den ungarischen Königshändeln auftrete. Auf dem Heimweg in sein Bistum starb er im Herbst des Jahres 1200, wahrscheinlich in der Nähe von Neustadt an der Aisch.

Ludwig der Kelheimer

Das Mündel, der Bayernherzog *Ludwig I.* oder *der Kelheimer*, war zu dieser Zeit etwa 26 Jahre alt und übte längst schon sein Amt aus – er war noch von Kaiser Heinrich VI. zum Ritter geschlagen worden und mit seinem Regenten anschließend nach Unteritalien und Sizilien gezogen, er hatte an Reichstagen zu Würzburg und Mainz sowie anschließend an einer neuen Italienfahrt seines Lehensherrn teilgenommen.

Der in Kelheim geborene Herzog Ludwig hat dem Kaiser treu gedient, obwohl er, im Gegensatz zu seinem Vater, kein säbelrasselnder Ritter war, sondern lieber seinen Landbesitz vermehrte und Städte gründete: so neben anderen im Jahre 1204 die Stadt Landshut.

Im Schloß zu Kelheim, in dem auch schon sein Vater aufgewachsen war, fand in jenem Jahr 1204, in dem Landshut gegründet wurde, eine Hochzeit statt, die im alten Bayern sicher großes Aufsehen erregte, denn mit kaum einem Grafengeschlecht waren die Wittelsbacher so tief verfeindet wie mit dem von Bogen – und ausgerechnet die Witwe des Grafen von Bogen, die böhmische Königstochter Ludmilla, holte sich der Herzog als Frau. Damit hatte er einen Feind weniger, bekam später noch reichen Landbesitz (als die Söhne des Grafen starben) und ein Wappen obendrein, das unsere Familie von 1240 an führte: jene weiß-blauen Rauten (oder heraldisch richtig bezeichnet als: Wecken) der Grafen von Bogen, die bis heute Bayern symbolisieren.

Nach einer alten Legende soll Ludmilla den stürmischen Werbungen des Bayernherzogs nicht getraut haben. Als er ihr nun wieder einmal von Liebe und von Treue schwärmte, zeigte die Bogenerin auf einen Wandteppich mit drei gemalten Rittersleuten: Vor diesem Trio, sagte sie, solle er sein Versprechen machen. Und als der Herzog die feierlichen Worte gesprochen hatte, traten drei leibhaftige Ritter hinter dem

Gobelin hervor und bezeugten die heiligen, feurigen Schwüre des Wittelsbachers.

Verärgert, so heißt es, sei Ludwig damals aus dem Zimmer geeilt – wer weiß, was die drei Herren alles gehört hatten – und habe ein Jahr lang die Witwe gemieden. Zuletzt ist aus den beiden vornehmen Personen aber doch noch ein Paar geworden, und im April 1206 wurde ihm das einzige Kind geboren, ein Sohn, der unter dem Namen Otto II. oder der Erlauchte im Register der wittelsbachischen Herrscher geführt wird.

Dieser künftige Herzog war gerade zwei Jahre alt, als ein anderer *Otto*, ein Vetter seines Vaters Ludwig, am 21. Juni 1208 zu Bamberg seinen Freund, den deutschen König Philipp von Schwaben ermordete. Die blutige Geschichte hat natürlich im Reiche die Runde gemacht, und weil sich kein anderes Motiv denken ließ, sagte man, der wittelsbachische Otto (er wird in der Genealogie zumeist als Otto VIII. geführt) habe Philipp die Schlagader durchgeschlagen, weil dieser ihm zweimal eine Ehe verhindert habe, einmal die Heirat mit seiner, der Königstochter. Und zum zweiten die Ehe mit Philipps Nichte, die justament an diesem Junitag vermählt wurde – mit einem anderen Mann.

Otto, der dem Stauferkönig gerne artistische Stückchen mit dem Schwert vorführte, soll nach dem Brautmahl in das Zimmer gegangen sein, in dem der Bischof von Speyer und Heinrich von Waldburg dem Monarchen Gesellschaft leisteten. Für Zaubertricks, meinte Philipp, sei er im Moment nicht aufgelegt. Doch statt nun sein Schwert wieder in die Scheide zu stecken und abzuziehen, meinte Otto, er sei ja gar nicht gekommen, um ihn zu unterhalten, diesmal sei es ernst ...

Der von Waldburg wollte das Unheil noch verhindern, bekam aber einen Hieb auf das Kinn und mußte mit ansehen, wie Philipp verblutete.

An jenem 21. Juni konnte Otto in der allgemeinen Verwirrung entkommen. Der Bischof von Bamberg und der

Markgraf von Istrien, zwei Brüder aus dem Andechser Grafengeschlecht, gerieten in den Verdacht, mit dem Mörder gemeinsame Sache gemacht zu haben. Sie entkamen zu ihrem Schwager, dem ungarischen König, ehe sie in Reichsacht und Friedlosigkeit verfielen (erst viel später stellte sich ihre Unschuld heraus). Dem Wittelsbacher wurde die Pfalzgrafenwürde aberkannt – die dann dem Grafen von Ortenburg übertragen wurde –, und als ihn der Reichsmarschall von Kalden in einer Scheune bei Kelheim entdeckte (wollte sich der Geächtete zu seinem herzoglichen Verwandten flüchten?) gab es kurzen Prozeß: Otto wurde auf der Stelle geköpft, das Haupt in die Donau geworfen und der Leichnam in ungeweihter Erde verscharrt. Die Burg zu Wittelsbach aber wurde dem Erdboden gleichgemacht. In aller Heimlichkeit, so heißt es, habe Herzog Ludwig die Überreste seines unglücklichen Vetters ausgraben und in das von ihren gemeinsamen Vorfahren gestiftete Kloster Indersdorf bringen lassen.

Die Erwerbung der Pfalz

Während der pfalzgräfliche Seitenzweig der ersten bayerischen Familie mit dem Königsmord von Bamberg an sein Ende kam, erweiterte der Herzog mit Umsicht seinen Besitz. Er, der an der Seite des Staufers Philipp gekämpft und bis nach Sizilien gezogen war, wechselte jetzt die Front und schloß sich dem neuen, dem welfischen König Otto IV. an. Sein eigener Sohn konnte ihm dabei einen wertvollen Dienst leisten: Er wurde im Alter von sechs Jahren mit Agnes, der Erbin der Pfalz, verlobt.

Im 12. Jahrhundert war die Pfalzgrafschaft an Barbarossas Halbbruder Konrad verliehen worden; dieser vererbte sie, um Vogtei- und Schutzrechte über rechts- wie linksrheinische Kirchengüter erweitert, an seinen welfischen Schwiegersohn Heinrich den Älteren weiter. Als dessen Sohn Heinrich der Jüngere, ein Enkel Heinrichs des Löwen, im Jahre 1213

Wittelsbacher und Weltgeschichte

1 Der Sieg bei Gammelsdorf im November 1313 hatte den bayerischen Herzog LUDWIG (1282-1347) bei den Fürsten im Reiche bekanntgemacht, und als im darauffolgenden Jahr ein neuer Kaiser zu wählen war, entschied sich die Mehrheit der Kurfürsten für den 32jährigen Münchner. Fast zur gleichen Zeit war Friedrich der Schöne zum Gegenkönig gewählt worden — und Ludwigs Bruder Rudolf gehörte zu den Fürsten, die ihm, dem Habsburger, die Stimme gegeben hatten.

2 Erst im Jahre 1322, in der Schlacht von Mühldorf und Ampfing — der letzten Ritterschlacht — hat LUDWIG den Kampf um die deutsche Krone für sich entschieden. Die Auseinandersetzung jedoch mit einem anderen mächtigen Gegner ging weiter: Der Papst in Avignon weigerte sich weiterhin, die Wahl des Wittelsbachers anzuerkennen. Verächtlich nannte er ihn nur ›Ludwig den Bayern‹. Als sich der im Kirchenbann lebende König Ludwig am 30. Mai 1327 in Mailand die Eiserne Krone der Lombardei aufs Haupt setzen ließ, nahm diese Zeremonie der ebenfalls gebannte Bischof Guido Tarlati di Pietramala vor.

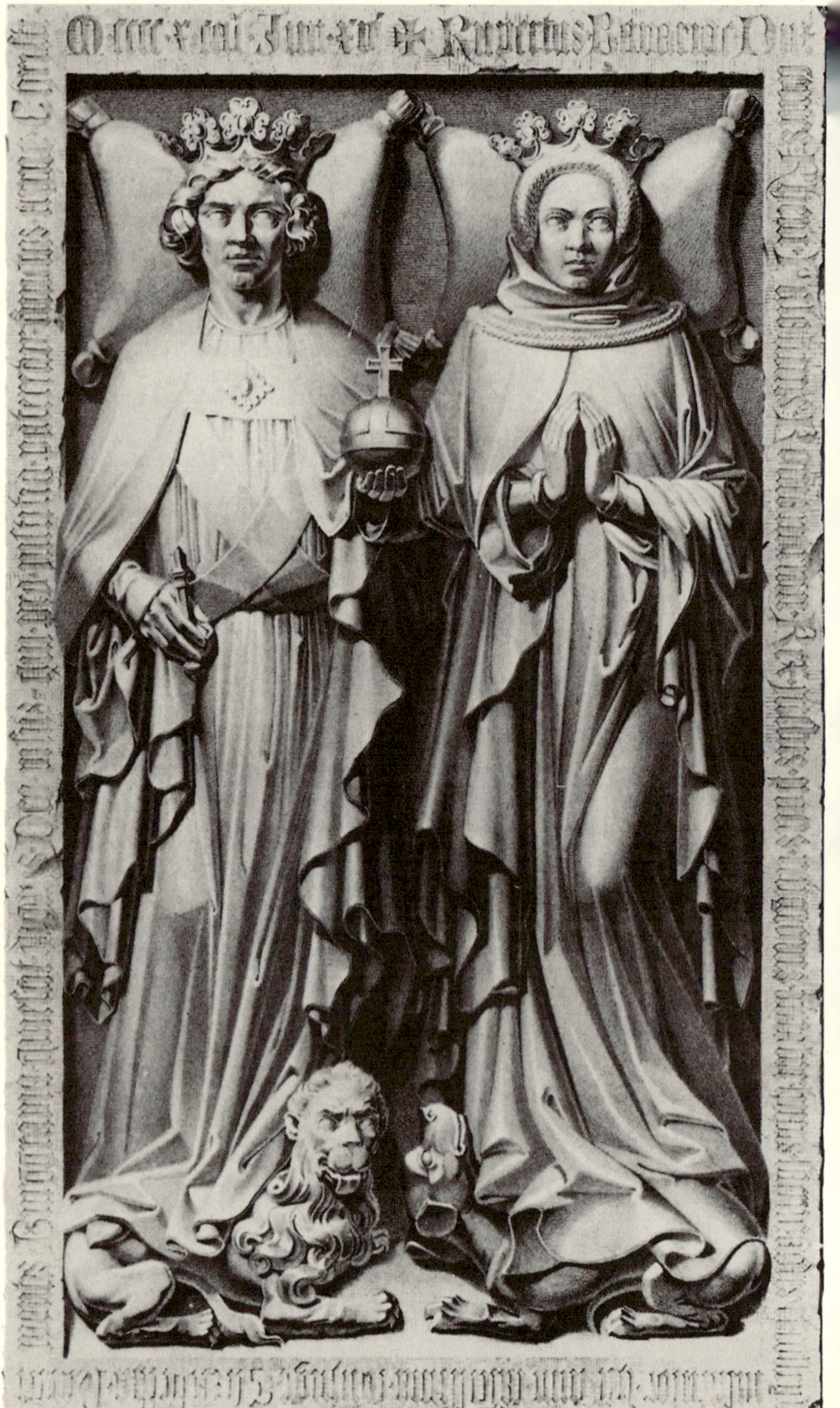

4 Als ein sehr vornehmes Paar hat Adriaen Pietersz van de Venne 1629 den böhmischen König FRIEDRICH (1596-1632) und seine Frau Elisabeth, Tochter eines englischen Stuartkönigs, gemalt. Zu der Zeit war freilich längst schon aller Glanz aus dem Leben des wittelsbachischen Regenten gewichen: Er, der zehn Jahre zuvor zum König von Böhmen gekrönt worden war, hatte nur ein Jahr regiert und war dann – als ›Winterkönig‹ verspottet – auf abenteuerlichen Umwegen in sein holländisches Exil geflohen. Drei Jahre nach der Entstehung dieses Bildes ist er im Alter von nur 36 Jahren gestorben.

3 Mit dem schwierigen und oft haltlosen König Wenzel, dem Sohn Kaiser Karls IV., waren die deutschen Fürsten so unzufrieden, daß sie ihn am 20. August 1400 absetzten und am darauffolgenden Tag den Pfalzgrafen RUPPRECHT III. Klem (1352-1410) auf den Thron brachten. Da die Stadt Aachen dem neuen Regenten die Tore verschloß, wurde er in Köln gekrönt. Auf seinem Grabmal in Heidelberg ist er zusammen mit seiner Frau Elisabeth, Tochter des Burggrafen Friedrich von Nürnberg, dargestellt, die vier Jahre lang mit Wenzel verlobt gewesen war, ehe sie 1374 mit sechzehn Jahren den Wittelsbacher heiratete.

5 Im Herbst 1597, als Herzog MAXIMILIAN I. (1573-1651) zu regieren begann, war Bayern ein verarmtes Land. Ein halbes Jahrhundert später, als ihm sein Sohn Ferdinand Maria folgte, zählte man das Herzogtum zu den angesehensten und bedeutendsten Staaten Europas — und dies, obwohl es im Dreißigjährigen Krieg (1618-1648) große Verwüstungen erlitten und den größten Anteil an den Kriegskosten der katholischen Liga getragen hatte. Maximilian I., dieser bedeutendste aller wittelsbachischen Herrscher, war der einzige Fürst, der den Krieg von Anfang bis zum Ende erlebt hat, und er war wohl auch der einzige, der trotz der großen Verluste sein Ziel erreicht hat: 1623 war die Kurwürde an Bayern zurückgegeben worden und 1628 wurde die Oberpfalz den pfälzischen Wittelsbachern genommen und den bayerischen gegeben. (Nach dem Ende des Dreißigjährigen Krieges wurden die Pfälzer Wittelsbacher im Westfälischen Frieden 1648 mit der Errichtung einer achten Kur entschädigt.) Als Nikolaus Prugger den Kurfürsten Maximilian zusammen mit seinem Sohn Ferdinand Maria malte, hatte der Regent nur noch wenige Jahre zu leben.

V.P. Dominicus Generoso vectus equo in manibus Crucifixum, & in pectore pendente B.V. Mariæ imaginē gestans, Duces militū, militesq3 animose corroborans fusis 100000 hostiū miraculosā obtinet Victoria 1620

6   Mit erhobenem Kreuz, den bayerischen Herzog MAXIMILIAN an seiner Seite, reitet der aragonische Karmeliterpater Dominicus a Jesu Maria in die Schlacht am Weißen Berg. Daß die katholischen Truppen am 8. November 1620 siegten und bald schon in Prag einmarschierten (die Stadt ist im Hintergrund zu sehen), war nach Meinung des Wittelsbachers vor allem den Gebeten des frommen Mönchs zu danken. Eine der Folgen dieses Sieges war die Rückgabe der Kur an Bayern.

7   In einer feierlichen Zeremonie wurde Herzog MAXIMILIAN am 6. März 1623 im Rittersaal der Bischofsburg zu Regensburg die Kurwürde verliehen, die man Bayern zweieinhalb Jahrhunderte zuvor genommen hatte. Ein unbekannter Künstler hat diese für die Geschichte des Landes so wichtige Szene für die Wittelsbachische Genealogie im Kloster Scheyern gemalt: Auf dem Thron sitzt Kaiser Ferdinand II., der in erster Ehe mit einer Schwester Maximilians verheiratet war, vor ihm kniet der neue Kurfürst. Teilnehmer und Zuschauer dieser Verleihung sind die deutschen Kurfürsten (im Hermelin), Maximilians Bruder Albrecht (zu erkennen am bayerischen Wappenschild) und der Salzburger Erzbischof Paris Lodron. Aus dem Fenster beobachten unter anderen die Gemahlinnen Ferdinands und Maximilians die Vorgänge.

8 Der größte Triumph im Leben des Kurfürsten MAX EMANUEL war die Eroberung Belgrads am 6. September 1688. In dieser Schlacht kämpfte er selbst in der vordersten Reihe und seine Gegner nannten ihn hinfort voller Bewunderung Mavi Kral, ›der Blaue Kurfürst‹. Welche Bedeutung Max Emanuel diesem Siege bis zu seinem Lebensende beimaß, zeigt sich darin, daß er ›Die Erstürmung Belgrads 1688‹ noch wenige Jahre vor seinem Tod durch Franz Joachim Beich für den Viktoriensaal des Schlosses in Schleißheim malen ließ.

9 Um seine Residenzstadt an diesen Siegen teilnehmen zu lassen, schickte der Kurfürst türkische Gefangene nach München — die muselmanischen Sänftenträger waren bald berühmt. Neben vielen kunstvoll geschmiedeten Türkenwaffen und dem berühmten Audienzzelt des Großwesirs, das bis ins 19. Jahrhundert als bayerisches Manöverzelt benutzt wurde, kam auch eine Türkenfahne an die Isar. In der Frauenkirche erinnerte sie an die erfolgreichen Kriegsfahrten MAX EMANUELS. Gegen Ende des letzten Krieges ist sie verlorengegangen.

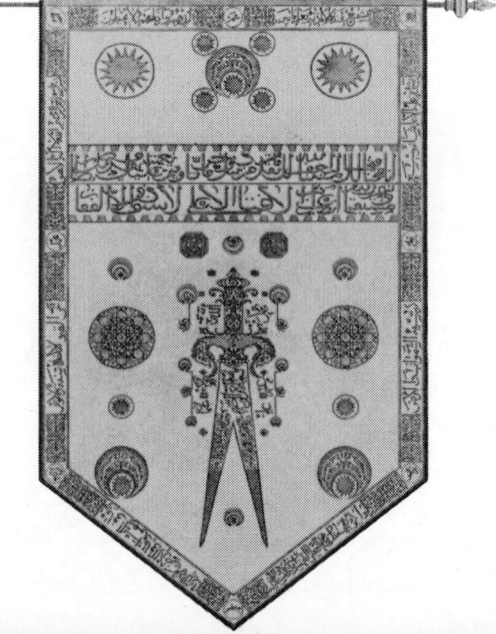

10 Die Schlacht von Harsán lag schon beinahe ein Vierteljahrhundert zurück, als sich Kurfürst MAX EMANUEL (1662-1726) von Vivien in der Pose des Siegers malen ließ. Als junger Fürst hatte der Wittelsbacher in den Türkenkriegen Ruhm geerntet. 1683 hatte er entscheidend dazu beigetragen, die Stadt Wien freizukämpfen, 1687 folgte der Sieg bei Harsán und im darauffolgenden Jahr errang er seinen größten Triumph — durch die Eroberung der Veste Belgrad wurde Max Emanuel zum Helden Europas.

11   Der große Wunsch des Blauen Kurfürsten war eine Krone. Was ihm versagt geblieben war, schien sich
für seinen am 28. Oktober 1692 geborenen Sohn JOSEPH FERDINAND zu erfüllen, denn der spanische König
setzte den bayerischen Kurprinzen 1698 als seinen Erben ein. In aller Eile wurde der junge Wittelsbacher
von München nach Brüssel gebracht. Der Maler Joseph Vivien hat (wahrscheinlich 1698) den Kurprinzen
gemalt, wie er, neben dem Globus stehend — er symbolisiert sein künftiges weltumspannendes Reich —
auf die im Hafen liegende Flotte weist, die ihn nach Spanien bringen soll. Kurz vor der Abreise aber erkrankte
Joseph Ferdinand und starb im Februar 1699. Max Emanuels Traum von der Erhöhung des Hauses
Wittelsbach hat sich damals nicht erfüllt.

12 Eine der faszinierendsten, rätselhaftesten Herrschergestalten der europäischen Geschichte ist König KARL XII. (1682-1718), der Wittelsbacher auf dem Schwedenthron. Mit 15 Jahren war er seinem Vater nachgefolgt, und da die Nachbarn meinten, ein so junger König könne ihnen nicht gefährlich werden, schlossen sie ein Bündnis gegen das mächtige Schwedenreich. Doch Karl zog gegen sie ins Feld, er schlug die Dänen wie die Polen und drang weit nach Rußland vor, ehe er schließlich 1709 bei Poltawa geschlagen wurde. Im Jahre 1718 wurde der Regent, der sehr bescheiden lebte und — wie auf dem Bild von Swartz — nur einen einfachen blauen Rock trug, bei der Belagerung von Fredrikshald, dem heutigen Halden (Norwegen), von einer Kugel tödlich getroffen, wobei bis heute nicht geklärt ist, ob sie von Freundes- oder Feindesseite stammte.

13 Mit dem bayerischen Kurfürsten KARL ALBRECHT (1697-1745) wurde am 12. Februar 1742 noch einmal ein Wittelsbacher zum deutschen Kaiser gekrönt. Am darauffolgenden Tag schrieb Kaiser Karl VII. Albrecht seinem Feldmarschall Törring, daß er, den man eben mit so großem Prunk in sein Amt eingeführt habe, in Wirklichkeit mit dem armen Hiob zu vergleichen sei. Und in der Tat folgte der feierlichen Zeremonie im Frankfurter Sankt-Bartholomäus-Dom ein mehr als zweijähriges Exil in Armut. Daheim in seiner Residenzstadt München aber saßen die Österreicher.

14 Da er eine Tochter des Kaisers Joseph I. geheiratet hatte, glaubte Kurfürst KARL ALBRECHT Ansprüche auf das habsburgische Erbe zu haben. Unterstützt von Preußen und Frankreich zog er 1740 gegen Maria Theresia in den Krieg — und verlor. Er, unter dem die höfische Rokokokultur am Münchner Hof ihren Höhepunkt erreicht hatte, war nun ein Kaiser ohne Land, der in Frankfurt von der Unterstützung seiner Freunde lebte. Goethes Mutter, damals noch ein junges Fräulein Textor, erzählte später Bettina von Brentano, welch tiefen Eindruck ihr die traurigen Augen der deutschen Majestät gemacht hatten.

Kaiser Carl Albrecht VII
† 1745

15 Der griechische Freiheitskämpfer Koletis zeigt seinen Landsleuten das Bild ihres Königs, des 17jährigen
OTTO von Bayern (1815-1867). Nach jahrhundertelanger Unterdrückung durch die Türken war das
Land 1830 frei, und der Bayernprinz sollte es nach dem Willen der Schutzmächte England und Frankreich
als König regieren. Mit großen Erwartungen wurde der Sohn Ludwigs I. von Bayern, dieses berühmten
Philhellenen, in seiner neuen Heimat empfangen. Es ist diesem Wittelsbacher aber nicht gelungen, sich die
Liebe und das Vertrauen des Volkes zu erhalten. Im Jahre 1862 wurde Otto aus Griechenland vertrieben,
fünf Jahre später ist er in seinem Bamberger Exil gestorben.

LUDWIG DER KELHEIMER

kinderlos starb, wurde der Wittelsbacher Ludwig der Kelheimer belehnt – denn sein Sohn Otto war seit zwei Jahren mit der Schwester des verstorbenen Pfalzgrafen verlobt.

Während die kostbare Erbin zusammen mit ihrem künftigen Ehemann in den Schlössern von Kelheim und Landshut aufwuchs, verwaltete der Bayernherzog neben seinem eigenen Land von 1214 an auch die Pfalz mit ihrer Residenz zu Heidelberg.

Zusammen mit der pfälzischen Provinz, die (wenn auch regional etwas verändert und im Dritten Reich praktisch nur de nomine) bis 1945 zu Bayern gehörte, hatte das in jenen Jahren vornehmlich zu Landshut residierende Herrscherhaus den goldenen Löwen auf schwarzem Grund erhalten. Ebenso wie die angeheirateten weiß-blauen Rauten ist auch dieses ehemalige Amtswappen der welfischen Pfalzgrafen noch heute ein Teil des Bayerischen Staatswappens.

Im Mai des Jahres 1222 wurde die Verbindung der beiden Landesteile dadurch bekräftigt, daß der noch nicht ganz sechzehnjährige Sohn Otto der Erlauchte des wittelsbachischen Herzogs in Anwesenheit zahlreicher Fürsten zu Worms die um rund fünf Jahre ältere Agnes heiratete und anschließend als erster Herrscher der Familie in das Schloß zu Heidelberg zog.

Als diese dynastisch so wichtige Heirat stattfand, war der Vater des Bräutigams bereits wieder einige Zeit von einer gefährlichen, blamablen Reise zurück. Zusammen mit bayerischen Rittern und Bischöfen war er 1221 auf Wunsch von Kaiser Friedrich II. nach Ägypten aufgebrochen. Die Kreuzfahrt wurde ein Mißerfolg, der Herzog geriet – wie schon einmal, Anno 1214, während eines Feldzuges am Niederrhein – in Gefangenschaft. Erst gegen die Herausgabe der Stadt Damiette wurde er zusammen mit neunzehn weiteren vornehmen Mitstreitern wieder freigelassen.

Die Teilnahme an einer weiteren Palästinareise wurde dem in Kriegsdingen offensichtlich nicht sehr geschickten

Ludwig erlassen; der Kaiser betraute ihn lieber mit der Reichsverwesung und der Vormundschaft über seinen zum Nachfolger gewählten Sohn Heinrich.

Als Papst Gregor IX. im Herbst 1227 den Kaiser bannte und mit dem Bayern über die Absetzung seines Mündels verhandelte, erhob sich Heinrich – der spätere Heinrich VII. – und schlug Ludwig im Sommer 1229 an der Donau, wahrscheinlich irgendwo zwischen Regensburg und Passau.

Das Attentat von Kelheim

Nach dieser Niederlage hielt sich der Herzog vor allem in Kelheim auf, und dort näherte sich ihm am 14. September 1231 auf der Donaubrücke ein Unbekannter mit einer Bittschrift. Als sich der Herzog ihm zuwandte, zückte der Fremdling, den man nie zuvor in der Stadt gesehen hatte, einen Dolch und ermordete Ludwig I., der deswegen den Beinamen ›der Kelheimer‹ erhielt.

Da die Begleiter des Wittelsbachers den Attentäter unmittelbar nach der grausigen Tat lynchten, konnte nicht mehr festgestellt werden, ob er die Tat in geistiger Umnachtung begangen hatte oder zu ihr vom Kaiser angestiftet worden war. Der Sohn des Ermordeten war jedenfalls davon überzeugt, daß der Mord in allerhöchstem Auftrag begangen wurde; die Beziehungen zwischen den Wittelsbachern und Hohenstaufen kühlten sich dadurch merklich ab.

Während man den zweiten Herzog aus der wittelsbachischen Familie neben seinem Vater in Scheyern beerdigte und in der Nähe der Kelheimer Mordbrücke (die nicht mehr steht) eine Sühnekapelle errichtete, die nach ihrem Stifter – und nicht nach dem Opfer – benannte Ottokapelle (heute Spitalkirche Sankt Johannes), zog sich Ludwigs Witwe Ludmilla für den Rest ihres Lebens in das 1232 von ihr gegründete Zisterzienserinnenkloster Seligenthal bei Landshut zurück. Dort stehen sie und ihr Mann als kleine Holzfiguren (aus der Zeit um 1330-40) in streng herrscherlicher Haltung an der Emporenbrüstung. Viele Damen des bayerischen Hochadels sind im Laufe der Jahrhunderte Ludmillas Beispiel gefolgt und haben in Seligenthal den Schleier genommen.

Obwohl das bei seiner Gründung weit vor den Toren der Stadt gelegene Kloster inzwischen längst schon eingemeindet ist, scheint Seligenthal auch heute noch der Zeit und ihrem lärmenden Verkehr entrückt zu sein. In der strengen Klausur herrscht wohltuender Friede, und die Zisterzienserinnen in ihren weiß-schwarzen Gewändern beten noch wie schon vor siebenhundert Jahren für ihre Stifterin sowie für alle lebenden und toten Angehörigen unserer Familie. Die Grablege selbst ist allerdings im Dreißigjährigen Krieg zerstört worden; etwa fünfzig Särge wurden damals geplündert.

Wittelsbach-staufische Allianz

Alle Schwierigkeiten, die Ludwig der Kelheimer in seinen späten Jahren mit Kaiser Friedrich und dessen Sohn gehabt hatte, schienen sich in Bayern vererbt zu haben, und zwei Jahre nach der Übernahme des Herzogamtes, mußte sich *Otto II.* – der aus unerfindlichen Gründen ›der Erlauchte‹ genannt wird – im Sommer 1233 des neuerlich in Bayern einfallenden Kaisersohnes Heinrich erwehren. Es gab zwar Frieden, doch der Wittelsbacher wurde diesen rebellischen Gegner erst los, als der kaiserliche Vater eingriff: Im Jahre 1235 zog Friedrich II. von Italien nach Deutschland und versöhnte sich zunächst einmal auf der Burg Trausnitz mit dem Bayernherzog. Um diesem Bündnis vor aller Augen Nachdruck und Dauer zu verleihen, verlobte er seinen siebenjährigen Sohn Konrad im Frühjahr dieses Jahres mit Ottos achtjähriger Tochter Elisabeth.

Heinrich, Friedrichs älterer Sohn (aus einer früheren Ehe), hatte jetzt keine Chance mehr, und ein halbes Jahr später wurde er von seinem eigenen Vater dem Bayern übergeben, der ihn in Heidelberg gefangenhielt. Später wurde Heinrich VII., dessen römische Ziffer fast immer in Klammern geschrieben wird (da der offizielle Heinrich VII., ein Luxemburger, erst im 14. Jahrhundert in der deutschen Herrscherliste steht), nach Apulien gebracht, wo er schließlich nach einer Wanderschaft durch mehrere Gefängnisse im Alter von 31 Jahren gestorben ist, wahrscheinlich durch Selbstmord. Zu dieser Zeit war ihm sein Halbbruder als Konrad IV. bereits in der deutschen Königswürde nachgefolgt.

Der thüringische Gegenkönig Heinrich Raspe hat dem jungen Staufer das deutsche Erbe zwar streitig gemacht, doch allzu groß dürften seine Erfolge dabei nicht gewesen sein, da bereits drei Wochen nach einer Schlacht, die er gewonnen hatte, sein staufischer Gegner in dem östlich von Ingolstadt gelegenen Schloß Vohburg die Herzogstochter Elisabeth heiratete – die Wittelsbacher waren durch die Hochzeit vom 1. September 1246 zu engen Verwandten der ersten Familie des Heiligen Römischen Reiches geworden, und da Konrad die meiste Zeit in Italien zubringen mußte, durfte ihn sein Schwiegervater in Deutschland vertreten.

Die beiden Familien hatten nicht immer nur enge Freundschaft gepflegt, und in den mittleren dreißiger Jahren des 13. Jahrhunderts hatten sich die Verbindungen sogar so sehr gelockert, daß man einander mißtrauisch und sogar feindselig gegenüberstand. Jetzt aber, da das Bündnis offiziell und feierlich besiegelt war, reagierte der Papst auf diese wittelsbachisch-staufische Allianz mit seiner härtesten Strafe: Er verhängte über den Bayern, wie schon im Jahre 1231, den Kirchenbann. Ausgeschlossen von den christlichen Sakramenten starb Otto II. im November 1253 zu Landshut unter merkwürdigen Umständen. Es sei am Abend zuvor auf der Trausnitz viel gefeiert worden, hieß es nun, und ein dem Herzog offensichtlich feindlich gesinnter Autor wollte sogar wissen, der 47jährige Wittelsbacher sei an zu viel Wein erstickt.

Der jähe Tod hat Otto, der seiner Kirche allzeit wohl gesinnt war, möglicherweise daran gehindert, seinen Frieden mit dem Papst in Rom zu machen. Zu der Stunde, als er dahingerafft wurde, war gerade der berühmte Bußprediger Berthold von Regensburg auf der Herzogsburg, um mit Otto über die Versöhnung zu sprechen.

Weil diese Versöhnung nicht zustande kam und der Bann nicht gelöst wurde, konnte der dritte bayerische Herzog zunächst auch nicht neben seinen Ahnen beigesetzt werden. Erst zwölf Jahre später hat Rom dann erlaubt, daß man ihn in der traditionellen wittelsbachischen Grablege zu Scheyern beisetzte. Otto II. war dann der letzte Wittelsbacher, der hier bestattet wurde.

In den etwas mehr als zwei Jahrzehnten, die der Enkel des ersten Herzogs über das Land regiert hatte, war der Besitzstand vor allem durch Erbschaften kräftig vermehrt worden. Wittelsbachisch wurden damals unter anderem Valley und Bogen (das anfiel, weil die drei Söhne der Herzogin Ludmilla aus erster Ehe kinderlos gestorben sind). Unter dem neu erworbenen, ebenfalls ererbten Rautenwappen wurden aber auch Wasserburg und Wolfratshausen, Andechs und Dießen, Neuburg am Inn und Schärding versammelt. Das Herzogtum Bayern war bei dem Tode Ottos II. dreimal so groß wie siebzig Jahre zuvor unter Otto I.

Wäre er im Umgang mit der Macht tatsächlich so entschlossen gewesen, wie es ihm gelegentlich nachgesagt wird, dann hätte dieser zweite wittelsbachische Otto im Jahre 1246, als Österreich durch den Tod des letzten Babenbergers wieder frei wurde, das Land für sich gewonnen; schließlich war es ja früher einmal vom Herzogtum Bayern abgetrennt worden.

Otto hat damals nicht zugegriffen: Doch auch ohne seine ehemals südlichen und südöstlichen Provinzen war dieses bayerische Land das mächtigste, angesehenste deutsche Herzogtum.

Beginn der Landesteilungen

Wahrscheinlich hätte der ›erlauchte‹ Herzog Otto, wenn er in die Jahre gekommen wäre, seine letzten Dinge in Bayern noch in Ordnung gebracht und sein Erbe genau geregelt. Der schnelle, unerwartete Tod hat ihm die Möglichkeit dazu genommen, und so ging der riesige, der stolze Besitz an seine zwei Söhne – an beide gemeinsam, an beide mit dem gleichen Rechtsanspruch.

Der 24jährige Ludwig und der 17jährige Heinrich regierten eineinhalb Jahre so einträchtig und harmonisch miteinander, wie ihr Vater es sich unter den gegebenen Umständen nur hätte wünschen können. Dann aber dachten sie sich eine Regierungsform aus, die Bayern 250 Jahre lang immer wieder in neues Unglück und Elend stürzen sollte: Am 28. März 1255 beschlossen die beiden Herzöge, ihr Land zu teilen.

Ludwig II. bekam damals (wahrscheinlich wegen der Reichsverwesung während der Vakanz des Königsthrones) die Rheinpfalz mit Heidelberg sowie das westliche Bayern, das sogenannte ›Obere Bayern‹ mit der Hauptstadt München, die damals gerade 97 Jahre alt war. Der Besitz Ludwigs reichte von Ingolstadt über Wasserburg bis Kufstein, Rattenberg und Kitzbühel; außerdem gehörten dazu auch die wittelsbachischen Besitzungen im Nordgau, in der späteren Oberpfalz.

Für *Heinrich I.* (der oft auch Heinrich XIII. genannt wird, da er der dreizehnte bayerische Herzog dieses Namens ist, wenn auch der erste aus unserem Hause Wittelsbach) blieb bei der Teilung das östliche, das sogenannte ›Niedere Bayern‹; dazu gehörten unter anderem die Residenzstadt Landshut, Burghausen, Bogen, die Markgrafschaft Cham und das östliche Innviertel.

Da sich die beiden jungen Söhne des Herzogs Otto des Erlauchten vorgenommen hatten, nur den Nutzen aus ihren Landesteilen zu ziehen, ansonsten Bayern aber ungeteilt belassen wollten, behielten sie ihren gesamtbayerischen Titel auch weiterhin bei und nannten sich jeder ›Herzog von Bayern und Pfalzgraf bei Rhein‹.

Ein Todesurteil aus Eifersucht

Am Anfang von Ludwigs II. Alleinregierung steht ein in Jähzorn und Eifersucht begangener Mord: Der Herzog war im Westen des Reiches unterwegs und seine Frau, eine Herzogstochter aus Brabant, erwartete auf der Burg Mangoldstein über Werd (dem heutigen Donauwörth) seine Rückkehr. Was in jenen Tagen passierte, haben die Chronisten und die Dichter oft erzählt und im Erzählen ausgeschmückt. Unter allen Versionen scheint mir diese am glaubwürdigsten: Die erst seit eineinhalb Jahren verheiratete Herzogin schrieb ihrem Mann einen Brief, in dem sie ihn bat, sehr bald zu ihr zurückzukehren. Gleichzeitig bat sie in einem anderen Brief den Grafen Kyrburg, er möge den Herzog (in dessen Begleitung er sich befand) zur Heimreise überreden. Der Graf, so heißt es, habe seine Herrin nach minneritterlicher Art verehrt, und so mag es sehr wohl sein, daß die Angebetete, um ihrer Bitte Nachdruck zu verleihen, etwas freundlicher und vielleicht auch ein wenig herzlicher schrieb, als das einer verheirateten Herzogin von Bayern anstand. Dem analphabetischen Boten war freilich ein Brief wie der andere, und so hat er sie beide zu seinem und anderer Leute Unglück verwechselt.

Sein hoher Herr ließ sich den Brief wohl vorlesen – denn dazumal waren Herr wie Knecht fast gleichermaßen des Schreibens und Lesens unkundig –, glaubte einen Beweis für die Untreue seiner Frau zu haben und stach in seinem großen Ärger zunächst einmal den unschuldig-schuldigen Kurier nieder, ritt dann gen Werd, ließ dort das Hoffräulein vom Turm in den Burggraben werfen und seine Frau um die Mitternacht des 18. Januar 1256 enthaupten.

Mit seiner Schuld wandte sich der Herzog nun an den Papst in Rom, und der verlangte, daß Ludwig zur Sühne ein

Kloster stifte. Wie seine Großmutter Ludmilla die Zisterzienserinnen nach Seligenthal, berief er 1263 die Zisterzienser ›in campum principum‹, in das beim heutigen Fürstenfeldbruck gelegene, von ihm erbaute Kloster Fürstenfeld.

Vorher schon, vier Jahre nach dem Mord an seiner ersten Frau, hatte Ludwig II. wieder geheiratet, eine Herzogstochter aus Schlesien-Glogau. Man hat in diesen Zeiten einer grausam strengen Justiz die unbeherrschte Tat an einer Frau, deren Unschuld sich bald erwies, nicht allzu ernst genommen, und in der Geschichtsschreibung bekam Ludwig für den Mord von Werd nur den vorsichtig tadelnden Beinamen ›der Strenge‹.

Man wird dem einzelnen Schicksal vielleicht gar nicht so viel Aufmerksamkeit gewidmet haben, da die politischen Wirren, in denen Könige mit Gegenkönigen stritten, sehr viel aufregender und bewegender waren.

Die Wittelsbacher und der letzte Staufer

Ludwig der Strenge war in diese Kämpfe verwickelt, da er zum Vormund über seinen Neffen, den staufischen Königssohn Konradin, bestellt war. Die Beziehungen zu diesem Sohn seiner älteren Schwester Elisabeth, die 1246 auf dem wittelsbachischen Schloß Vohburg König Konrad IV. geheiratet hatte, waren besonders eng und herzlich: Konradin war 1252 auf Wolfstein bei Landshut geboren und nach dem Tod seines Vaters 1254 am Hofe des Onkels Ludwig erzogen worden. Als dieser wittelsbachische Staufer sich mit 15 Jahren entschloß, nach Italien zu ziehen, um sein Land zurückzuerobern – der Papst hatte es dem französischen Karl von Anjou gegeben –, konnte ihn Herzog Ludwig von dieser gefährlichen Expedition nicht abhalten. Nachdem sich Konradin auf der Burg Hohenschwangau von seiner Mutter verabschiedet hatte – es sollte ein Abschied für immer sein –, gab ihm Ludwig noch über die Alpen bis Verona das Geleit.

Ein Jahr später war das Schicksal des letzten Staufers besiegelt. Konradin war in der Schlacht bei Tagliacozzo geschlagen und wenig später auch gefangen worden. Am 29. Oktober 1268 wurde er in Neapel enthauptet.

Den beiden wittelsbachischen Brüdern aber fiel die ›Konradinische Erbschaft‹ zu: Ludwig der Strenge erhielt die staufischen Güter in Schwaben, darunter Donauwörth und Schongau, sowie in der Oberpfalz die Orte Amberg und Neumarkt. Der niederbayerische Herzog Heinrich 1. erbte ebenfalls Besitzungen in der Oberpfalz. Die Stadt und Burg Nürnberg sowie die Städte Lauingen und Nördlingen aber wurden den beiden Brüdern zur gemeinsamen Verwaltung übertragen.

Auseinandersetzung mit Ottokar von Böhmen

Die Söhne Ottos des Erlauchten sind auch nach der Landesteilung von 1255 zusammengestanden, und gemeinsam sind sie dem Böhmenkönig Ottokar entgegengetreten, der sich aus Heinrichs niederbayerischem Besitz die Städte Neuburg am Inn und Schärding rauben wollte.

Ludwig war damals, im Sommer 1257, von der Pfalz aus mit seinem Heer angerückt, um seinem Bruder beizustehen; vor allem seine Krieger haben dann auch den Böhmen am Innübergang bei Mühldorf entscheidend geschlagen. Sie hatten dabei freilich Glück. Die Brücke, über die sich das flüchtende Heer ans andere Ufer retten wollte, brach zusammen und riß viele Böhmen in den Tod. Einige hundert Gefolgsleute des Königs Ottokar, denen jetzt der Weg versperrt war, zogen sich vor den anrückenden Bayern in einen der Mühldorfer Stadttürme zurück, der »in Folge eines plötzlichen Zornanfalles des Herrn Herzog Ludwig« niedergebrannt wurde.

Als Ottokar neun Jahre später noch einmal kam, stand der Oberbayer seinem Landshuter Bruder nicht mehr bei. Er hatte sicher einige Ausreden: Seine zweite, die schlesischglogauische Frau war mit dem Přemysliden Ottokar verwandt, und überdies mußte er, der Vormund, sich um die Vorbereitungen für Konradins Italienzug kümmern.

In Wirklichkeit war aber damals die brüderliche Harmonie, die so groß und herzlich ohnedies nie gewesen war, zerstört. Die Königswahl von 1273 aber brachte die endgültige Trennung. Während Ludwig, der selbst als Kandidat angetreten war, für seine Person verzichtete und den aus dem Schweizerischen stammenden Habsburger Grafen Rudolf für die Wahl zu Frankfurt vorschlug und auch durchsetzte, grollte Bruder Heinrich, sprach dem Oberbayern gar das Wahlrecht ab und votierte selbst für den Gegenkandidaten – und das war ausgerechnet jener Ottokar aus Böhmen, der noch wenige Jahre zuvor bei ihm plündernd eingefallen war.

Daß Heinrich den Favoriten seines Bruders nicht gerne in der höchsten deutschen Würde sah, war verständlich, da ihn ja ein mächtiger Habsburger daran hinderte, sein niederbayerisches Land um österreichisches Gebiet zu erweitern; der neue König hatte sich nämlich dort festgesetzt.

Ausgerechnet sein Bruder und Mitregent hat den Wittelsbacher Heinrich also in seinen territorialen Plänen gestört und wurde dafür auch noch reich belohnt. Denn am Abend jenes Tages, der mit der Krönung Rudolfs I. von Habsburg begonnen hatte – »des selbin abindes siner wihunge«, wie es in einer alten Chronik heißt –, wurde Ludwig II. von Bayern, seit kurzem wieder Witwer, mit der 22jährigen Tochter des neuen deutschen Königs vermählt. Der Bräutigam war genau doppelt so alt wie seine neue, seine dritte Frau.

Die deutsche Königswahl hatte die Verhältnisse im Osten und Südosten Bayerns für den Landshuter Herzog auf eine höchst unerfreuliche Weise verwirrt. Der Přemyslide und der Habsburger standen sich feindselig gegenüber, und es war daher ratsam, sich den Partner sehr genau auszusuchen; schließlich wollte man sich ja nicht im Lager des Verlierers wiederfinden. In seiner Bedrängnis hat sich Heinrich I. (oder

XIII.) durchlaviert, so gut es ging. Er brach mit Ottokar, der ihm einst seine Freundschaft mit reichen Geschenken bezahlt hatte, und näherte sich dem deutschen König Rudolf. Freilich, er traf seine Entscheidungen immer nur mit halbem Herzen und dem heimlichen Vorbehalt, sich schnell wieder neu zu orientieren, wenn es ihm nötig erschiene – so löste er sich vom Böhmen nicht ganz und war auch dem Habsburger nur ein zögernder, zaudernder Verbündeter. Ein Grundmuster späterer bayerischer Politik – besonders deutlich sichtbar bei Max Emanuel – zeichnet sich hier zum ersten Male ab. Es ist die Politik eines Mittelstaates, der zwischen zwei Großen überleben und nach Möglichkeit auch etwas gewinnen will.

Es war also ein Pendeln zwischen den Fronten, für das sich Heinrich entschied, und zuletzt konnte er froh sein, als mit dem Tode Ottokars II. bei Dürnkrut Anno 1278 alles ein Ende nahm. Denn so wie er sich seinen Weg suchte, wäre er sicher eines Tages zwischen den böhmischen und habsburgischen Interessen kläglich zugrunde gegangen.

Nun aber konnte er aus den Trümmern seiner nicht sehr glücklichen Schaukelpolitik wenigstens eine vornehme Braut für seinen Sohn Otto retten, eine Tochter des Königs Rudolf. Außerdem bekam er durch dieses Ehebündnis (allerdings nur für einige Zeit) oberösterreichisches Land und ein Heiratsgut, das dann um einiges kleiner ausfiel, als ursprünglich abgemacht, da Heinrich zwischen Eheversprechen und Eheschließung wieder einmal mit Böhmen geliebäugelt hatte.

Es ist dem Herzog Heinrich I. in seinen 36 Regierungsjahren nicht viel geglückt, und damit wenigstens für die Zukunft vorgesorgt sei und das Erbe erhalten bleibe, verfügte er vor seinem Tode – er starb 1290 auf der Feste zu Burghausen –, sein Sohn Otto III. solle in den ersten vier Jahren alleine und ungestört von den Brüdern Ludwig und Stephan regieren.

Der Oberbayer Ludwig der Strenge, mit dem sich Heinrich 1276 wieder versöhnt hatte – ohne daß man sich deswegen in brüderlicher Herzlichkeit näherkam –, war in seinen politischen Aktionen erfolgreicher gewesen. Ihm war es gelungen, seinen Besitzstand zu mehren, am Rhein neue Ländereien zu gewinnen und auch anderwärts von Fall zu Fall das eigene Revier zu arrondieren. Um Ererbtes wie Erworbenes gut zu verwalten, führte er als wichtigste Regierungshilfe den herzoglichen Rat ein.

Zuletzt war dieser Regent mit seinem halben Bayern und der Pfalz einer der wohlhabendsten Fürsten im ganzen Reich, und als er im Februar 1294 in seiner Heidelberger Residenz starb, trauerte das Land. »Wahrlich«, schrieb einige Zeit später ein Chronist, »ganz Bayern mußte den Tod dieses Fürsten beklagen, der alle anderen an sittlicher Zucht übertraf und unter dem das Land Wohlstand und Fülle des Friedens genoß, während seit seinem Dahinscheiden Gefahr und Drangsale und jede Art von Ungemach kein Ende nahm.«

Was hier beklagt wird, hat schon wenige Wochen nach dem Tode des regierenden Herzogs angefangen, als sich dessen ältester, zwanzigjähriger Sohn Rudolf in ungebührlicher, provokanter Hast mit der Tochter des deutschen Königs Adolf von Nassau verlobte.

Nach dem Tode König Rudolfs im Sommer 1291 hätte der Oberbayer Ludwig der Strenge (der ja mit einer Tochter des Verstorbenen verheiratet war) gerne wieder einen Habsburger auf dem deutschen Thron gesehen, doch gewählt wurde wenig später ein Antihabsburger – und ausgerechnet dessen Tochter war nun am 1. September 1294 Herzogin von Bayern und Pfalzgräfin bei Rhein geworden.

Die Jugend Ludwigs des Bayern

Verärgert zog die Witwe Ludwigs des Strengen daraufhin mit ihrem zweiten Sohn Ludwig – der später den Beinamen ›der Bayer‹ erhalten sollte – zur eigenen Familie nach Wien. Dort ist der Bub, dessen Geburtsdatum nicht bekannt ist – er war damals zwölf, vielleicht aber auch erst sieben Jahre alt –, zusammen mit seinem habsburgischen Vetter Friedrich, der später ›der Schöne‹ hieß, erzogen worden.

Vor der Reise nach Wien muß sich im Alten Hof zu München begeben haben, was die bayerischen Schullesebücher immer gerne erzählt haben: Ein Affe, der als Haustier in der alten Residenz herumhüpfte – die Herzöge unseres Hauses haben sich gerne exotische Tiere gehalten –, entführte den kleinen Ludwig aus der Wiege, schwang sich flink durchs Fenster und kletterte mit seiner wertvollen Beute hinauf aufs Dach. Dort saß er, und nur dem guten Zureden einer Amme war es zu danken, daß er schließlich wieder in waghalsiger Kletterpartie in die herzogliche Stube zurückkehrte. So blieb Bayern und dem deutschen Reich ein Knabe erhalten, der einstmals in der Geschichte eine mächtige Rolle spielen sollte.

Die deutschen Verhältnisse änderten sich indes bald, da sich König Adolf durch seine territorialen Pläne ringsum im Lande Feinde schuf. Es kam zum Krieg, und am 2. Juli 1298 ist der Nassauer, den man zuvor schon abgesetzt hatte, in der Schlacht bei Göllheim gefallen. Damit war der Weg frei für Österreich: Albrecht von Habsburg wurde deutscher König.

Der Oberbayer *Rudolf* und dessen niederbayerischer Vetter Otto III., die beide auf der Seite des Verlierers gestanden hatten (und Otto war bei Göllheim sogar verwundet worden), mußten nun ihren Frieden mit den gehaßten neuen Herren schließen, zumindest vorläufig.

Otto III. erhält die Stephanskrone

Für den Herzog *Otto III.* von NIEDERBAYERN, dessen habsburgische Frau Katharina nach nur dreijähriger Ehe verstorben war, boten sich einige Jahre nach dem Debakel von Göllheim große Aussichten: Ihm, dem Sohn einer ungarischen Königstochter aus dem Geschlechte Arpads, wurde

1301 die Stephanskrone angetragen. Otto lehnte ab, da es bereits einen Bewerber gab, und wurde schließlich noch einmal, und diesmal dringlicher, gerufen, als der 12jährige böhmische Königssohn Wenzel, den sie gekrönt hatten, wieder heimzog zu seinem Vater – und den ungarischen Kronschatz mitnahm.

Der Weg des Bayern, der nun akzeptierte und von Wenzel die Kleinodien ausgehändigt bekam, führte durch habsburgisches – und das hieß für ihn: feindliches – Gebiet. Es muß eine abenteuerliche Reise gewesen sein, die den designierten König in sein neues Reich führte. Er hatte sich als Kaufmann verkleidet und mußte bei Nacht und Nebel die Donau überqueren. Zuletzt ist er dann zusammen mit der Krone, die ihm in einem Sumpf beinahe für immer verlorengegangen wäre – welch ein Symbol für sein späteres Schicksal –, erschöpft, doch wohlbehalten in Stuhlweißenburg angekommen. Und am 6. Dezember 1305 wurde in einer feierlichen Krönungszeremonie aus dem bayerischen Herzog Otto III. ein ungarischer König, Bela V.

Dieser neuen Würde konnte er sich allerdings nicht lange erfreuen, da eine Brautwerbung für den seit mehr als zwanzig Jahren verwitweten König die Regentschaft abrupt beendete.

Einer der mächstigsten Männer im Lande, der siebenbürgische Fürst Ladislaus Apor, wollte seine vom König zur Frau ausersehene Tochter nicht in die Residenz bringen, da das, wie er sagte, gegen die Landessitte verstoße. So begab sich der König zusammen mit seinem künftigen Schwiegervater im Frühjahr 1307 »auf einem wilden Weg« zur Braut. Die lange Reise endete für Bela V. freilich in einer »abgelegenen Klause«, der Chronist versäumt jedoch nicht zu berichten, daß man den Herrn wenigstens gut verpflegt habe.

Nach drei Tagen trat Apor in die enge Zelle, und nun erfuhr der König endlich, warum man ihn verschleppt hatte – Apor verlangte die Krone für sich.

Wie unser Wittelsbacher schließlich wieder freikam, ist nicht genau bekannt. Er sei von einem Diener befreit worden, schreibt ein Autor, und daß ihm die Frau des ungetreuen Fürsten aus dem Gefängnis half, ein anderer.

Zunächst floh der gedemütigte, entthronte König ostwärts zu einem Verwandten, dem Ruthenenfürst Georg. Der weite Weg zurück nach Bayern führte über Schlesien, wo Bela, aus dem inzwischen wieder ein Otto geworden war, einer Herzogstochter das Eheversprechen gab.

So hatte der Herzog von Bayern also doch noch eine Braut gefunden, und einige Monate nach seiner Heimkehr, im Februar 1308, war in Straubing die Hochzeit.

Die Regierungsverhältnisse in Niederbayern wurden nun, da Otto III. wieder zurückgekehrt und jeder Herzogssohn erbberechtigt war, etwas unübersichtlich:

Herzog Ludwig war kinderlos gestorben, so blieben nur noch der ebenfalls mit einer Schlesierin verheiratete zweite Bruder, Herzog Stephan I., der bei seinem Tode 1310 sein Erbe an die beiden Söhne Otto IV. und Heinrich XIV. (nach anderer Zählweise auch Heinrich II.) weitergab – Niederbayern wurde also nunmehr von dem Triumvirat Otto III., Otto IV. und Heinrich XIV. regiert.

Zwei Jahre später, im September 1312 starb Otto III., weiland König von Ungarn, und hinterließ einen dreizehn Tage alten Sohn Heinrich XV. (oder III.), dem nun offiziell, zusammen mit seinen Vettern Otto IV. und Heinrich XIV., das niederbayerische Land gehörte.

Im August 1331 haben die drei Wittelsbacher ihren Besitz geteilt, der 26jährige Heinrich XIV., der vorübergehend gute Aussichten hatte, deutscher König zu werden, übernahm von Landshut aus die Besitzungen Straubing, Schärding, Pfarrkirchen; sein 24jähriger Bruder Otto IV. regierte von Burghausen aus über Ötting, Traunstein, Reichenhall, Rosenheim, und für den vornehmlich auf dem Natternberg bei Deggendorf residierenden – und daher auch ›Natternberger‹

genannten – Heinrich XV. blieben Deggendorf, Landau, Dingolfing und Vilshofen.

Dieser niederbayerischen Linie war aber kein langes Leben gegönnt: Zwischen dem Juni 1333 und dem September 1339 sind alle drei Herrscher gestorben. Und im Dezember 1340 trug man dann auch noch den letzten Erben zu Grabe, den elfjährigen Sohn Johann I. des Herzogs Heinrich XIV.

Ludwig der Bayer und die Schlacht bei Gammelsdorf

Als die beiden Herzöge Stephan I. und Otto III. kurz hintereinander starben, waren die drei niederbayerischen Erben noch unmündig, der älteste war gerade acht Jahre alt.

Es lag ein Letzter Wille vor, der *Ludwig IV.* von OBERBAYERN zum Vormund der herzoglichen Kinder bestellte, doch die beiden Witwen und ein Großteil des niederbayerischen Adels wünschten sich für diese Aufgabe Friedrich den Schönen von Habsburg.

In einem Gespräch wollten die beiden Anwärter auf die Vormundschaft die Angelegenheit zu Landau an der Isar bereinigen – und gerieten in Streit. Der unbeherrschte Ludwig zog das Schwert, und es hat wenig gefehlt, und die Auseinandersetzung hätte für den Österreicher ein tödliches Ende genommen. Als er den Saal verließ, soll er gedroht haben, er werde wiederkehren und sich sein Recht holen.

Für den Feldzug, der nun unvermeidlich war, hat sich Friedrich einen taktischen Plan ausgedacht: Während er seine Krieger zusammen mit niederbayerischen Gefolgsleuten von Osten her aufmarschieren ließ, ritt er selbst zu seinem Bruder nach Schwaben, um mit dessen Truppen dann von Westen her den Vetter und Jugendfreund in die Zange zu nehmen.

Der stand bei dem nordöstlich von Moosburg gelegenen Gammelsdorf zum Kampfe bereit, und als die Österreicher kamen, griff er sie am 9. November 1313 aus dem Nebel heraus an. Einen Tag lang, so heißt es, hätten sich die beiden

Heere immer neu formiert, um dann erneut gegeneinander anzurennen. Bei Einbruch der Dunkelheit war aber der Waffengang entschieden – das Heer der Habsburger, das dem der Bayern zahlenmäßig überlegen war, floh in wilder Panik.

Und Ludwigs Waffengefährte, der Oberpfälzer Schweppermann, der besonders tapfer gekämpft hatte, bekam nach der Schlacht, beim offensichtlich recht bescheidenen Siegesmahl, jene sprichwörtliche Auszeichnung, die heute noch manchmal zitiert wird: »Jedem Mann ein Ei, dem braven Schweppermann aber zwei.« (Die Überlieferung ist sich aber nicht sicher, ob der Ritter die bescheidene Belohnung von seinem König nicht erst neun Jahre später bekommen hat, bei der Schlacht von Mühldorf.)

Der Verlierer dieser Gammelsdorfer Bataille, der habsburgische Markgraf Friedrich, hat am Lech von der Niederlage seines Heeres gehört, und da er nun mit seiner zweiten Armee zu spät kam, verzichtete er auf die niederbayerische Vormundschaft und schloß mit Ludwig Frieden.

Die Königswahl

Einige Monate vor der Gammelsdorfer Schlacht war Heinrich VII. aus dem Hause Luxemburg an vergiftetem Wein gestorben, und da sein Sohn Johann noch zu jung war, entschied man sich am 20. Oktober 1314 zu Frankfurt bei der Wahl des neuen Königs für Ludwig von Wittelsbach: Er war etwa dreißig Jahre alt und tapfer, besaß keine starke Hausmacht und kam nicht aus dem habsburgischen Lager.

Die Konkurrenz war allerdings schneller gewesen und hatte am Tage zuvor den habsburgischen Kandidaten Friedrich zum König gewählt. Während für Ludwig am 20. Oktober vier Stimmen abgegeben wurden, hatte sein Gegenspieler am 19. Oktober nur zwei Stimmen erhalten – die erste Stimme für Friedrich, der erst später den Beinamen ›der Schöne‹ bekam, hatte Ludwigs Bruder Rudolf abgegeben.

Da doppelt gewählt war, wurde auch doppelt gekrönt. In Aachen, wo schon Karl der Große die deutsche Krone empfangen hatte, war Ludwig zusammen mit seiner schlesisch-glogauischen Frau Beatrix am 25. November 1314 festlich in seine neue Würde eingeführt worden.

Da am traditionsreichen deutschen Krönungsort bereits der Wittelsbacher saß, gingen die Anhänger des Österreichers nach Bonn. Und mochte ihr König auch im Unrecht sein, so hatte er doch einen Trumpf in seiner Hand: Denn er und nicht Ludwig besaß die Reichskleinodien!

Die Verhältnisse waren freilich noch komplizierter, denn der Bayer war zwar mit den meisten Stimmen gewählt und am rechten Ort gekrönt worden, doch die Zeremonie nahm der Erzbischof von Mainz vor, der dazu nicht berechtigt war. In Bonn aber wurde dem Österreicher von jenem Erzbischof aus Köln die Krone aufgesetzt, der dazu von alters her legitimiert war.

Als Ludwig wieder in sein Herzogtum zurückkehrte, empfing ihn zusammen mit einer jubelnden Menschenmenge auch sein Bruder Rudolf, der doch eben noch dafür gesorgt hatte, daß er einen Gegenkönig bekam. Die Beziehungen der beiden Brüder waren durch die Vorgänge in Frankfurt und in Bonn natürlich noch weiter gestört worden, und als er erkannte, daß er in diesem Streit die schwächere Position hatte, zog sich Rudolf nach Wolfratshausen und nach Kufstein zurück. Er war aber dann sofort wieder zum Kampfe gegen den jüngeren Bruder bereit, als die Österreicher in Bayern einfielen. Dabei hatte er freilich sich und seinen Freunden zu viel zugetraut, zuletzt mußte er aus Oberbayern in die pfälzischen Besitzungen fliehen. Im Dezember 1317 ließ er sich gegen eine Abfindung dazu überreden, in aller Form auf die Teilnahme an den Regierungsgeschäften zu verzichten. Zwei Jahre später ist er, 45 Jahre alt, gestorben. Zu dieser Zeit hatte sich dieser bayerische Herzog Rudolf der Stammler bereits so sehr aus den politischen Geschäften hinausmanövriert, daß nicht einmal sein Sterbeort registriert wurde; es ist lediglich eine Vermutung, daß dieses unglückliche Leben in England endete.

Die letzte Ritterschlacht

Der feindliche Bruder war nun tot, doch das entscheidende letzte Gefecht mit dem habsburgischen Gegenkönig stand noch aus. Das Reich hatte bereits im achten Jahr das Regiment der beiden Könige, als die Entscheidung fallen sollte: In Österreich sowie in ihren schwäbischen und elsässischen Besitzungen sammelten Friedrich und seine Brüder im Sommer 1322 ein riesiges Heer, dem sich der König von Ungarn mit seinen gefürchteten Reitern anschloß.

Ludwigs Heer marschierte bei Regensburg auf, der Nürnberger Burggraf kam mit seinen Leuten hinzu, dazu der König von Böhmen und auch der Herzog von Schlesien, da Ludwig ja mit einer schlesischen Herzogstochter verheiratet war, die allerdings einige Wochen vor der Schlacht im Alter von 32 Jahren starb.

Von drei Richtungen her marschierten die Heere nun gegen Mühldorf, wo die Wittelsbacher ihre Gegner schon zweimal geschlagen hatten. Das hätte Friedrich eigentlich bedenklich stimmen müssen. Statt dessen vertraute der Österreicher aber seiner Strategie und war zuversichtlich: Er hatte ja gut gerüstet, und von Westen war sein Bruder Leopold im Anmarsch. Diesmal, so glaubte er, könnte Habsburg die Bayern schlagen und damit die deutsche Königswürde endgültig für sich gewinnen.

Als Ludwig seinem alten Freund und Gegner Friedrich am 27. September 1322 einen Herold schickte und für den nächsten Tag das große Treffen vorschlug (damals hat man mit seinem Gegner noch Ort und Zeit einer Schlacht abgesprochen), nahm Friedrich wider den Rat seiner Gefolgsleute an.

So schlugen am 28. September 1322 an einem bis heute

nicht ganz genau lokalisierbaren Ort zwischen Mühldorf und Ampfing (aber wahrscheinlich doch ein Stück weiter von Ampfing entfernt, als früher angenommen) zwei schwergerüstete Reiterheere aufeinander ein.

Das etwa 5000 Mann starke Heer des Bayern mag leicht in der Überzahl gewesen sein, die Entscheidung aber war, wie die alten Kriegsberichte vermuten lassen, vor allem Ludwigs Taktik zu danken. Er mischte sich nämlich, im Gegensatz zum tapferen Österreicher, nicht selbst in das Getümmel, sondern beobachtete von einem kleinen Feldherrnhügel aus den Kampf und gab, während sein Kontrahent im Nahkampf die Übersicht verlor, aus dieser günstigen Position seine Anweisungen:

Da er sah, wie schwerfällig die eisenbewehrten Reiter gegeneinander anritten, ließ er seine Soldaten absitzen und zu Fuß kämpfen. So waren sie wendiger, und nachdem zu Beginn der Schlacht ein halbes Tausend Böhmen von den Österreichern aus dem Sattel gehoben worden war, wendete sich nun das Kriegsglück – Friedrichs Truppen wichen in Richtung Ampfing zurück.

Als die Flüchtenden sahen, daß sich von Westen her ein galoppierendes Reiterheer näherte, waren sie sicher, daß nun endlich die schwäbische Verstärkung anrücke und die Schlacht entscheide. In Wirklichkeit kam aber der Burggraf von Nürnberg, den der Wittelsbacher hinter Ampfing, auf den Höhen von Zangberg, postiert hatte. Zwischen den nachrückenden Bayern und den Burggräflichen war die Lage für die österreichischen Truppen aussichtslos, und als Graf Eberhard von Moosburg den Markgrafen Friedrich von Habsburg gefangennahm, war die Schlacht von Mühldorf entschieden.

Erst später hat der Verlierer erfahren, warum ihn sein Bruder Leopold bei dem schweren Gang allein gelassen hatte: Mönche des Klosters Fürstenfeld, die dem Bayernkönig treu ergeben waren, hatten Friedrichs Boten abgefangen, und so wartete der habsburgische Markgraf mit seinen Truppen bei Alling auf eine Nachricht, während sich 120 Kilometer weiter östlich das Schicksal seines gekrönten Bruders entschied.

Auf solche Weise hat Leopold ein historisches Ereignis versäumt, denn an jenem 28. September 1322 waren zum letzten Male in der Geschichte die Bogenschützen und die Ritter mit ihren Speeren und Lanzen ins Feld gezogen. Nie mehr wieder wurde eine Ritterschlacht geschlagen, die martialische Zukunft gehörte den Gewehren und Kanonen.

Acht Jahre nach seiner Krönung konnte der Wittelsbacher nun endlich alleine, ohne Gegenkönig, regieren. Seinen Rivalen und Vetter Friedrich schickte er auf die bei Pfreimd in der Oberpfalz gelegene Burg Trausnitz im Tal, er selbst aber zog triumphal in München ein. Am Isartor (das damals noch nicht gebaut war) erinnert ein von König Ludwig I. in Auftrag gegebenes Fresko noch heute an diese große Stunde des Siegers von Gammelsdorf und Ampfing.

Jetzt, da er die Auseinandersetzung um die Krone für sich entschieden hatte, schlug sich mancher ehemalige Feind auf seine Seite, doch ein guter Freund ging auch verloren. König Johann von Böhmen hatte gehofft, sein Sohn Karl (der spätere Karl IV.) werde die Markgrafschaft Brandenburg verliehen bekommen. Statt dessen machte Ludwig aber im Jahre 1323 seinen gleichnamigen Sohn, ein Kind von elf Jahren, zum Herrn des Landes, das durch den Tod des neunten und letzten Askaniers im Sommer 1320 ans Reich zurückgefallen war.

Diese Kluft hat sich noch weiter vertieft, als König Ludwig etwa zur gleichen Zeit seine älteste Tochter Mechthild mit dem Markgrafen von Meißen verheiratete, obwohl dieser bereits mit der böhmischen Königstochter verlobt war.

Jetzt aber, da er seinen österreichischen Herausforderer besiegt und seinem Sohn ein Lehen im Nordosten des Reiches verschafft hatte, dachte der Regent auch an seine privaten

Angelegenheiten und schickte Abgesandte aus, damit sie für ihn um die Hand von Margarete, der dreißig Jahre alten Tochter des Herzogs von Holland, anhielten. Bei der Hochzeit, die im Februar 1324 in Köln stattfand, konnte der Wittelsbacher noch nicht ahnen, daß dieser Ehebund seinem Hause eines Tages einen großen Zugewinn bringen würde.

Die politischen Geschäfte im Reiche liefen günstig, Ludwig hatte Erfolg; doch als er sich nun – wie es die Tradition von einem deutschen König verlangte – um Italien kümmerte, meldete sich aus Avignon sein alter Feind, Papst Johannes XXII.

Er vertrat noch immer die Meinung, der zu Aachen Gekrönte dürfe sich ohne päpstliche Bestätigung nicht König nennen, und da Johannes ohnedies auch gegen Ludwigs italienische Interessen war (vor allem weil auch Robert von Anjou, dem er die Wahl zum Papst verdankte, seine eigenen italienischen Pläne hatte), verschärfte sich der Streit – und führte schließlich dazu, daß er König Ludwig am 23. März 1324 mit dem Kirchenbann belegte. Da er ihm auch alle königlichen Rechte absprach, so nannte er Ludwig auch nicht mehr König, sondern erfand für ihn die Bezeichnung ›Ludovicus Bavarus‹ – ›Ludwig der Bayer‹. Was als ein Schimpfwort, als eine Anrede voller Verachtung gedacht war, wurde später ein ehrender Titel, und die Geschichte kennt diesen großen Vorfahren unserer Familie, diesen bedeutendsten Wittelsbacher des Mittelalters, noch heute als Ludwig den Bayern.

Der Gegenkönig saß währenddessen in der Oberpfalz und sann seinem bitteren Schicksal nach. Fast auf den Tag genau ein Jahr nach der Verhängung des Kirchenbannes über Ludwig aber gab er auf. Und da für ihn nun nichts mehr zu gewinnen war, wollte er zu seinen Brüdern reisen, um auch sie für diesen Verzicht zu gewinnen. Großmütig ließ Ludwig ihn nun heimwärts ziehen. Doch für Bruder Leopold, den eifrigsten Befürworter der habsburgischen Königspläne, gab es keinen Grund, ausgerechnet jetzt zu resignieren. Sicher, Friedrich saß nun bereits 28 Monate eingesperrt auf der Trausnitz, aber seit der Papst in Avignon den Wittelsbacher gebannt hatte und ihn, den Markgrafen Leopold, favorisierte, hatte das Haus Österreich gute Aussicht, die deutsche Königs- und Kaiserfrage am Ende doch noch für sich zu entscheiden.

Da also eine Zustimmung der Brüder zur Verzichterklärung nicht zu erreichen war, kehrte Friedrich der Schöne nach ein paar Monaten wieder in die Gefangenschaft des Bayern zurück. Der aber ersparte seinem hochgeborenen Gefangenen den Weg in sein ritterliches Gefängnis und nahm ihn zu sich in seine Residenz am Alten Hof zu München. Eingedenk ihrer verwandtschaftlichen Beziehungen sowie der langjährigen Freundschaft bot er ihm in einem geheimen Vertrag vom September 1325 sogar die Mitregierung an; sie wollten das Land wie eine Person regieren, und wie die engsten, treuesten Freunde haben sie auch gelebt und angeblich sogar Tisch und Schlafgemach miteinander geteilt.

Der unversöhnliche Markgraf Leopold hatte diese Entwicklung in der deutschen Königsfrage nicht mehr lange mitangesehen, denn bereits 1326 ist er zu Straßburg gestorben. Und vier Jahre später folgte ihm sein Bruder Friedrich der Schöne im Tode nach. Er war inzwischen auf seine niederösterreichische Burg Gutenstein zurückgekehrt und dort, so heißt es in der ›Chronik der Herzöge von Bayern‹, hätten ihn die Läuse aufgefressen.

Die Kaiserkrönung

Beinahe drei Jahrzehnte nach seiner Krönung war Ludwig der Bayer nun wirklich und endgültig der alleinige deutsche König. Zu dieser Zeit konnte er sich auch bereits Kaiser nennen. Im Frühjahr 1327 war er nämlich mit seinem Gefolge zur Krönung nach Italien gezogen. Wie verwirrt die Verhältnisse aber damals waren – die Reise hatte ja den Haß, mit dem der Papst den Bayern verfolgte, nur noch verstärkt –, zeigt ein Bericht des Florentiners Villani: »Am Pfingsttag, dem 30. Mai des Jahres 1327, um die neunte Stunde, ließ sich der Bayer in der Kirche des heiligen Ambrosius zu Mailand mit der eisernen Krone durch den abgesetzten und exkommunizierten Bischof von Arezzo, Guido de' Tarlati, und den ebenfalls abgesetzten und gebannten Bischof von Brescia aus dem Hause Maggio krönen, während der Bischof von Mailand, dem die Krönung zustand, sich weigerte, in Mailand zu erscheinen.«

Die Krönungszeremonie, so heißt es weiter, habe »ein wenig festliches Aussehen« gehabt. Aber der Höhepunkt stand ja noch bevor, denn nach der lombardischen Eisernen Krone sollte Ludwig der Bayer in Rom die Kaiserkrone erhalten. Viertausend Ritter, so schätzten die Zeitgenossen, empfingen den König am 7. Januar 1328 und geleiteten ihn in die Stadt, wo dann zehn Tage später die Zeremonie stattfand. In einem weißen Atlasgewand und auf einem weißen Roß ritt die Königin neben ihrem Mann, ihnen voraus 56 Bannerträger zu Pferd und unmittelbar vor dem Regenten ein Richter mit dem aufgeschlagenen Buch der Reichsgesetze sowie ein hoher Adeliger mit dem entblößten Schwert. Im Petersdom wurden sie von Sciarra Colonna erwartet, der sie im Namen der Römer krönte.

Wenn Ludwig nun auch Kaiser war, so änderte das nichts an dem zähen, unerbittlichen Haß, mit dem er und der Papst einander gegenüberstanden. Im Gegenteil: Bereits vier Tage nach der Krönung – die Nachricht von diesen Ereignissen konnte Avignon noch gar nicht erreicht haben – rief Johannes XXII. zum Heiligen Krieg gegen den Monarchen auf und versprach jedem, der daran teilnahm, Gnade, wie sie sonst nur durch Kriegsfahrten ins Heilige Land zu erreichen war.

Ein Vierteljahr später, am 23. April 1328, antwortete der Bayer Ludwig mit einem Gesetz, das jeden Papst dazu ver-

LUDWIGS DES BAYERN KAISERKRÖNUNG 69

pflichtete, in Rom zu residieren. Damit war Johannes XXII., zumindest nach dem Wunsch und der Meinung des Kaisers, aus seinem hohen Amt entfernt und der Weg für einen neuen Papst frei: Am 22. Mai wurde auf dem Petersplatz der fromme Franziskanermönch Pietro Rainaluci zum Papst Nikolaus V. gewählt. Zehn Tage später setzten sich das neugewählte Oberhaupt der Katholischen Kirche (das heute in den Papstregistern meist gar nicht mehr offiziell geführt wird) und der wittelsbachische Kaiser des Heiligen Römischen Reiches gegenseitig die Krone auf. Aber schon im Hochsommer jenes Jahres, acht Monate nach dem festlichen Einzug, mußten der Kaiser und sein Papst aus der Stadt fliehen. Roms Bürger, die eben noch gejubelt hatten, warfen mit Steinen nach ihnen und riefen Verwünschungen hinterher.

Es scheint ein armseliger Haufen von Rittern und Knechten gewesen zu sein, der da nordwärts zog. Der Bischof von Huesca, der dem kaiserlichen Troß begegnete, schrieb an seinen aragonesischen Herrscher in nicht gerade klassischem Latein: »Bauarus est multum pauper ...«, was hieß, daß der Bayer sehr arm sei.

Auf dem mühseligen Weg zurück nach Deutschland traf Ludwig am 4. August 1329 in Pavia mit den Söhnen seines Bruders Rudolf zusammen und schloß mit ihnen den sogenannten ›Hausvertrag von Pavia‹, in dem er – »Wir Ludowig von Gots gnaden Roemischer cheiser« – mit seinen »lieben vettern« Rudolf II., Rupprecht I. und deren vierjährigen Neffen Rupprecht II. das seit 1255 bestehende oberbayerisch-pfälzische Herzogtum »freuntlich und lieplich« teilte.

Fast viereinhalb Jahrhunderte lang, bis zum Jahre 1777, sollte es nun eine pfälzische und eine bayerische Linie des Hauses Wittelsbach geben.

Die Zeit der Landes-teilungen

DIE ZEIT DER LANDESTEILUNGEN

*Vom Hausvertrag
bis zum Primogeniturgesetz*

1329-1506

Der Hausvertrag von Pavia

Zehn Jahre nach dem Tode des Kaiserbruders Rudolf war mit dem Vertrag von Pavia das oberbayerisch-pfälzische Herzogtum offiziell unter den zwei wittelsbachischen Linien aufgeteilt worden. Ein neues Kapitel unserer Familiengeschichte hat damit begonnen.

An seinem Anfang steht die in der oberitalienischen Stadt Pavia ausgefertigte Urkunde, in der die Aufteilung der einzelnen Besitzungen an die zwei Linien unserer Familie Stadt für Stadt, Markt für Markt und Burg für Burg protokolliert wurde.

Die Nachkommen des Herzogs Rudolf – die sogenannte Rudolfinische Linie – bekamen neben der Pfalzgrafschaft bei Rhein auch noch den größten Teil des alten bayerischen Nordgaus, der später so benannten Oberpfalz. Das waren vor allem die Gebiete um Amberg, Nabburg, Weiden und Auerbach. *Ludwig der Bayer* erhielt für sich und seine Erben das ganze Oberbayern, dazu noch kleinere Bezirke in dem nördlich von Regensburg gelegenen Nordgau. Die Güter in der Wachau verblieben beiden Familienzweigen, »auch suln wir und si di Wachow in Österreich und swaz dazu gehort mit einander losen und gelich haben und niezzen«.

Daß sie trotz der nun vollzogenen Trennung zusammengehörten, schrieben sich die Wittelsbacher ausdrücklich in ihren Vertrag: Wenn eine Linie erlösche, sollten ihre Ländereien und Rechte der anderen zufallen. Die Kur aber sollte abwechselnd geübt werden. So stand sie bei der nächsten Wahl des Römischen Königs den Pfälzern zu, bei der übernächsten den Bayern, dann wieder den Pfälzern, darauf den Bayern und so weiter.

Zusammen mit der damals vom Aussterben bedrohten niederbayerischen Linie, die in Pavia nicht beteiligt war, gab es nun einen pfälzischen und zwei bayerische Zweige unseres Hauses, die Residenzen waren München, Landshut und Heidelberg.

Trotz Bann und Verfolgung aus Avignon war Ludwig der Bayer ein gottesfürchtiger, tief religiöser Mann, der bei seiner Rückkehr aus Italien, als er hinter Garmisch aus dem Gebirge kam und erstmals wieder den Boden der bayerischen Heimat betrat, »got ze lob und unser frawen ze ern« das Kloster Ettal gründete. Der Kaiser hatte aus Italien eine kleine Muttergottes-Statuette aus Marmor mitgebracht. Die Legende berichtet, die Madonna sei plötzlich so schwer geworden, daß niemand sie mehr tragen konnte. An dieser Stelle im Graswangtal wurde, vielleicht als eine ferne Erinnerung an die Gralsburg, das Kloster gebaut.

Ludwig versuchte immer wieder, mit der Kirche seinen Frieden zu machen, aber die Reden seiner Abgesandten verhallten in den weiten Hallen des Papstpalastes zu Avignon, und als Johannes XXII. im Jahre 1334 starb und sein frommer Nachfolger Benedikt XII. eine Versöhnung herbeiführen wollte, widersetzte sich König Philipp VI. von Frankreich, da er die Kaiserkrone für seinen Enkel gewinnen wollte. Daraufhin schloß Ludwig ein Bündnis mit England, und die deutschen Kurfürsten erklärten im Juli 1338 zu Rhense, Ludwig trage seinen Königstitel zurecht, denn der von ihnen – den fürstlichen Wahlmännern – Gekürte, bedürfe keiner päpstlichen Bestätigung.

Ludwig der Bayer, der als Kaiser heimfallende Lehen wieder vergeben konnte, hat diese Möglichkeit, wie im Falle Brandenburgs, auch für seine Familie genutzt und überdies auch noch Glück im Erben gehabt. Nach dem Tode des elfjährigen Herzogs Johann von Niederbayern wurde dieses Land nach einer Trennung von 85 Jahren wieder mit Oberbayern vereint; Tirol und Holland kamen noch dazu.

Ludwig der Brandenburger erheiratet Tirol

In TIROL waren die Verhältnisse kompliziert. Die Herzogin Margarete Maultasch (von der man behauptete, sie sei die häßlichste Frau ihrer Zeit gewesen) war mit zwölf Jahren an den achtjährigen Sohn des Böhmenkönigs Johann verheiratet worden, der eines Tages – und das war die Absicht dieses Ehebundes – in das riesige Erbe seines Schwiegervaters Heinrich eintreten sollte. Damit wäre er Herr über Kärnten und Tirol geworden.

Als aber dieser reichbegüterte Herzog Heinrich 1335 auf Schloß Tirol starb, verlieh Kaiser Ludwig das Kärntner Land nicht an den Schwiegersohn des Verstorbenen, sondern an die habsburgischen Brüder Albrecht und Otto. Die ohnedies schon gestörten Beziehungen des Bayern zum Böhmenkönig, der ihm bei der Schlacht von Ampfing noch so tapfer gegen die Habsburger beigestanden hat, verschlechterten sich dadurch.

Aber Ludwig ging noch weiter. Als die Frau des mit Brandenburg belehnten Kaisersohnes Ludwig, eine dänische Königstochter, in Berlin verstarb, wünschten sich die Tiroler, der Witwer solle ihre Herzogin Margarete heiraten. Sie liebten deren böhmischen Mann nicht, und angeblich war auch die Ehe nie vollzogen worden. So stand der inzwischen 21jährige Königssohn und Maultaschgatte eines Tages, als er von einer Reise zurückkehrte, vor gesperrten Paßstraßen. Statt zu seiner Frau, konnte er nur noch zu seinem Vater heimkehren. Der 30jährige Kaisersohn Ludwig aber trat 1342, nachdem die Ehe zwischen Böhmen und Tirol gelöst war, an seine Stelle.

Der neue Ehemann der Maultasch hatte damit das Land Tirol und den ungestörten Zugang Bayerns zu Tirol gewonnen. Er war in Brandenburg ohnedies nie glücklich gewesen, auch wenn er, ironischerweise, in die Geschichtsbücher unter dem Namen *Ludwig der Brandenburger* eingegangen ist. Da die Bewohner dieses Landes ihren alten askanischen Regenten nachtrauerten, war keine gedeihliche Verbindung zustande gekommen, und beide Seiten werden froh gewesen sein, als Ludwig südwärts gen Tirol zog.

Drei Jahre nach der Hochzeit des bayerischen Herzogs Ludwig gab es für dessen Vater neue Möglichkeiten, das Land zu vergrößern. Nach der Ermordnung seines Schwagers, des letzten Grafen von Holland, verlieh er nämlich dessen Besitzungen – die Ländereien Holland, Seeland, Friesland und Hennegau – an seine Frau und deren Söhne. Der wittelsbachische Besitz reichte nun im Süden bis Italien und im Norden ans Meer. So viel Machtzuwachs erregte Neid und erbitterte die Gegner noch mehr. Die Heirat in Tirol gab daneben auch der Abneigung am Papsthof zu Avignon neue Nahrung. Mit Clemens VI. sein Vorgänger war 1342 verstorben – war dort ein verschworener Anhänger des Hauses Luxemburg-Böhmen auf den päpstlichen Stuhl gekommen. Er erreichte mit Frankreichs Hilfe, daß sein ehemaliger Zögling, der neue Böhmenkönig Karl I., im Juli 1346 von einigen Kurfürsten in Rhense zum Gegenkönig Karls IV. gewählt wurde. Auf dem Städtetag von Speyer erklärten die rheinischen Städte und viele Grafen, daß sie diese Wahl nicht anerkennen wollten, doch der Aufstieg des Königs Karl war nicht mehr aufzuhalten.

Am Anfang seiner Regierungszeit fiel der in Frankreich erzogene Karl in Tirol ein, um seinen Bruder zu rächen. Er wurde aus dem Etschtal hinausgetrieben und faßte daraufhin den Plan, gegen Bayern zu marschieren. Er hat aber diesen Kriegszug nicht mehr durchgeführt, denn sein mächtiger Gegner, der seit mehr als drei Jahrzehnten regierende Kaiser

Ludwig der Bayer, war am 11. Oktober 1347 plötzlich verstorben. Bei dem in der Nähe von Fürstenfeldbruck gelegenen Dorf Puch war er vom Pferd gesunken und in den Armen eines Bauern verschieden. Die letzten Worte dieses im Kirchenbann verstorbenen Fürsten waren ein Gebet: »Süzze künigin, unser frawe, bis pei meiner schidung.«

Die Erben Ludwigs des Bayern

Die Regierung Ludwigs des Bayern bildete den Höhepunkt unserer Familiengeschichte im Mittelalter. Gerade auch wegen der Verfolgung und der Rückschläge, die dieser Kaiser ertragen mußte, hat ihn das Bayernvolk geliebt und zu ihm gestanden.

Aus der ersten Ehe hinterließ der Kaiser drei Kinder, die mit dem Markgrafen von Meißen verheiratete Mechthilde und zwei Söhne: Ludwig den Brandenburger, der die Tiroler Gräfin, und Stephan II., der eine sizilianische Königstochter aus dem Hause Aragon zur Frau genommen hatte. Wegen einer Spange, mit der er seinen Rock schloß – einem wahrscheinlich sehr merkwürdigen, auffallenden Schmuckstück – soll er seinen Beinamen ›mit der Hafte‹ erhalten haben.

In der Ehe mit der holländischen Grafentochter Margarete waren Ludwig zehn Kinder geboren worden, die bei seinem Tode alle noch lebten: Margarete heiratete Herzog Stephan von Kroatien, Dalmatien und Slavonien, einen Königssohn aus dem Hause Anjou; Anna trat als Nonne in das Zisterzienserinnenkloster Fontenelles bei Valenciennes ein; Ludwig der Römer – er war in Rom geboren worden, während des Kaiserzuges – ging für seinen Stiefbruder gleichen Namens nach Brandenburg; Elisabeth vermählte sich mit dem Fürsten Cangrande della Scala von Verona und nach dessen Ermordung mit einem Sohn des Württembergers Eberhard des Greiners; Wilhelm und Albrecht waren mit Holland bedacht worden; Beatrix wurde als Gemahlin

Erichs XII. aus dem Hause Folkunger Königin von Schweden; Agnes lebte als Klarissin im Münchner Angerkloster. Der im Jahr vor Kaiser Ludwigs Tod geborene Sohn Ludwig starb bereits 1348.

Teilungen in der Pfalz

In der PFALZ hatten sich die drei im Vertrag von Pavia genannten Wittelsbacher das Schloß in Neustadt an der Hardt und die in der Nähe gelegene Burg Winzingen zur Residenz gewählt. Am 18. Februar 1338 teilten aber auch sie ihren Besitz, der älteste Bruder *Rudolf II.* erhielt dabei den Hauptteil der Rheinpfalz und einen Teil der im Nordgau gelegenen Besitzungen, der Rest fiel an die beiden Rupprechte.

Wenige Monate nach dieser Teilung vermachte Rudolf II. der Blinde das ihm zugefallene Gebiet auf vier Jahre den Söhnen Kaiser Ludwigs und verheiratete 1349 seine Tochter Anna an Ludwigs Nachfolger, den verwitweten deutschen Kaiser Karl IV., seinen Nachbarn im Osten.

Rupprecht I. der Rote erbte 1353, beim Tode seines Bruders Rudolf, auch dessen Teil und behielt die Kurstimme. Sein Besitz war nun ansehnlich, und da er Angst hatte, daß in künftigen Zeiten Erben diese Ländereien wieder unter sich aufteilen könnten, führte er am 26. August 1368 das sogenannte ›Kurpräzeptum‹ ein, durch das gewisse rheinpfälzische und pfälzisch-nordgauische Gebiete zum unantastbaren Grundstock für den jeweiligen ältesten pfälzischen Prätendenten erklärt wurden.

Der in Amberg geborene Neffe *Rupprecht II.* machte durch die 1395 verkündete ›Rupertinische Konstitution‹ aus dieser Bestimmung eine Art Primogeniturgesetz, das dem erstgeborenen Pfälzer bestimmte unveräußerbare Ländereien vorbehielt, während den Agnaten nur kleine, von der Kur verliehene Gebiete zufielen, die später, wenn die männliche Erbfolge erlöschen sollte, wieder an die Kur zurückgingen. Diese weitsichtigen Ansätze zur Entwicklung eines geschlossenen pfälzischen Staates ließen sich jedoch in den folgenden Generationen nicht weiterführen.

Wenige Jahrzehnte nach der Unterzeichnung des Vertrages von Pavia hatte König Karl IV. erfolgreich damit begonnen, seinem blinden Schwiegervater Rudolf II. ein Stück des pfälzischen Nordgaus nach dem anderen als Pfand zu entlocken, und 1353 konnte er Sulzbach zur Hauptstadt des sogenannten ›Neuböhmen‹ machen, das bis nahe an Bayreuth und Nürnberg heranreichte. Am südöstlichen Chorpfeiler der Sulzbacher Mariä-Himmelfahrt-Kirche, seiner Stiftung, steht noch heute eine Porträtfigur des Königs Karl, der seine Nebenresidenzstadt Sulzbach – seine Hauptresidenz blieb Prag, sein Lieblingsaufenthaltsort war Nürnberg – bereits zwei Jahrzehnte später in einem Tauschhandel an die bayerischen Wittelsbacher abtrat.

Verlust der bayerischen Kurstimme

Der Böhme Karl war bei seiner Königswahl gegen Ludwig den Bayern angetreten. Er war zunächst nur Gegenkönig und konnte auch nach dem Tod des Wittelsbachers nur kurze Zeit alleine regieren, denn die Söhne Ludwigs des Bayern, allen voran Ludwig der Brandenburger, unterstützen die Wahl des Grafen Günther von Schwarzburg zum deutschen König im Januar 1349. Dieser 45jährige König Günther war aber schwer krank und so ließ er sich, als Karl mit seinen Truppen anmarschierte, bereits einige Monate später zum Verzicht auf die Königswürde überreden. Da der Böhme den Wittelsbachern noch am gleichen Tage vertraglich zusicherte, sie dürften alle ihre Besitzungen behalten, waren auch sie für die Abdankung König Günthers zu gewinnen – Karl IV. aus dem Hause Luxemburg war damit unbestrittener und einziger deutscher König, und als er sich in Rom zum Kaiser krönen ließ, war der wittelsbachische Herzog Stephan II. mit der Hafte unter den Gästen.

Diese festliche Zeremonie fand im Frühjahr 1355 statt, und etwa ein Jahr später, am 10. Januar 1356, schaltete der Kaiser in der ›Goldenen Bulle‹ den in Bayern regierenden Zweig unserer Familie von der Kur aus, die nach dem Hausvertrag von Pavia abwechselnd von den Pfälzern und den Bayern ausgeübt werden sollte. So hatten nun die Verwandten im Westen neben dem Recht, an der Kaiserwahl teilzunehmen, auch das Privileg, vom Tode eines Römischen Königs bis zur Wahl seines Nachfolgers als Stellvertreter des Königs alle seine Rechte – ausgenommen die Vergebung von Fahnenlehen und Verkauf von Reichsgut – in Schwaben, Franken und Rhein wahrzunehmen, während in den Ländern sächsischen Rechts der Kurfürst von Sachsen dieses Amt ausübte.

In der zu Nürnberg erlassenen ›Goldenen Bulle‹ wurden die Aufgaben unter den allein wahlberechtigten Kurfürsten bei der Kur des Königs neu festgesetzt: Die drei geistlichen Kurfürsten von Mainz, Köln und Trier übten die Funktion der Erzkanzler für Deutschland, Italien und Burgund aus; von den vier weltlichen war der König von Böhmen Erzmundschenk, der Kurfürst von der Pfalz Erztruchseß, der von Sachsen Erzmarschall und der von Brandenburg (also der Wittelsbacher aus der bayerischen Linie) Erzkämmerer. Somit hatten die Bayern, wenn es dem Kaiser gelang, ihnen auch Brandenburg zu entreißen, bei künftigen Königswahlen keine Rechte mehr.

Teilungen und kein Ende

Noch war freilich das Kurfürstentum Brandenburg in bayerisch-wittelsbachischen Händen, und Kaiser Ludwig der Bayer hatte testamentarisch bestimmt, daß seine Erben die weitverzweigten Länder zwanzig Jahre lang gemeinsam regieren sollten – nur so, mag er gedacht haben, könnte der Besitz bewahrt werden.

Doch bereits am 13. September 1349, noch nicht einmal zwei Jahre nach dem Tode des Regenten, teilten die Kaiser-

Wittelsbacher Residenzen

16 Von der namengebenden Stammburg der Wittelsbacher auf dem Burgberg *Oberwittelsbach* bei Aichach ist nach der Schleifung 1209 nichts übriggeblieben als die — 1979 ausgegrabenen — Grundmauern. Die Kirche entstand erst Anfang des 16. Jahrhunderts, der neugotische Gedenkstein wurde bei einer Feier 1834 (im Bild) aufgestellt.

17-18 Von 1253 bis etwa 1510 residierten die Münchner Wittelsbacher im *Alten Hof* (Abb. 17), dessen heutige Erscheinung allerdings aus den Jahren 1460/70 stammt. Trotz seines Namens hat also das Affentürmchen mit jenem Kindheitserlebnis Ludwigs des Bayern nichts zu tun. Mit Wilhelm IV. zogen die Herzöge endgültig in die seit 1385 entstandene Neuveste (Abb. 18, links) um, die dann Maximilian (Porträt: Abb. 5) 1601-20 mit jener Residenz (rechts) erweiterte, die Gustav Adolf gerne auf Rollen gestellt und nach Schweden mitgenommen hätte.

19 Als 1255 das Herzogtum Bayern erstmals geteilt wurde, wählte die niederbayerische Linie der Wittelsbacher die Stadt *Landshut* zur Residenz und zum Sitz die Burg, die bei der Gründung der Stadt durch Ludwig den Kelheimer 1204 angelegt worden war, aber den Namen *Trausnitz* erst 1543 erhielt, als Ludwig X. (Porträt: Abb. 34) in seine neue Stadtresidenz (Abb. 35) übersiedelte. Obwohl 1503 die Linie Bayern-Landshut ausstarb, beherbergten Stadt und Burg noch wiederholt Hofhaltungen, die dann dem Zeitgeschmack entsprechend für Umbauten und Neuausstattungen sorgten. Besondere Berühmtheit besitzt dabei die ›Narrentreppe‹, ein großartiges Zeugnis für die Wertschätzung der ›Commedia dell'arte‹ nördlich der Alpen.

20 Mit der Dritten großen Landesteilung von 1392 wurde auch *Ingolstadt* Residenz eines wittelsbachischen Teilherzogtums. Als Ludwig dem Gebarteten der noch von Ludwig dem Strengen nach 1255 errichtete ›Herzogskasten‹ nicht mehr genügte, ließ er sich 1418-32 das *Neue Schloß* (im Bild) errichten, in dessen übereckgestellten Türmen sich deutlich die Erfahrungen des Herzogs aus der Zeit seines Aufenthaltes am Hofe Frankreichs niederschlagen. Nach jahrhundertelanger Entstellung wurde das Schloß in den sechziger Jahren im ursprünglichen Zustand restauriert und beherbergt heute das Bayerische Armeemuseum. Die spätgotischen gewölbten Räume des Schlosses hat Josef Hofmiller enthusiastisch beschrieben.

21 Als für die beiden Nachkommen Herzog Georgs des Reichen von Landshut 1505 die ›Junge Pfalz‹ errichtet wurde, erhielt auch *Neuburg an der Donau* — das vorher schon wiederholt den Ingolstädter Hof beherbergt hatte — den Rang einer Residenz (bis 1685). Das *Schloß*, das 1530-38 Pfalzgraf OTTHEINRICH (Porträt: Bild 88) aufführen und PHILIPP WILHELM 1665-68 mit der majestätischen Ostfassade versehen ließ, beherrscht noch heute den Ort und verleiht ihm damit eine der eindrucksvollsten Silhouetten deutscher Stadtbaukunst. — Ottheinrichs Neuburger Schöpfung verbindet sich mit seinen Heidelberger Bauten (Abb. 22) und der Stadtresidenz seines Landshuter Vetters Ludwig X. (Abb. 34 und 35) zu einer künstlerischen Trias, in der sich die kongeniale Rezeption der Italienischen Renaissance auf deutschem Boden beispielhaft manifestiert und als besondere Wittelsbacher Kulturleistung darstellt.

22 Die Wittelsbacher, die 1214 die Pfalzgrafschaft bei Rhein geerbt hatten, wählten 1329 *Heidelberg* zur kurfürstlichen Residenz und bauten in der Folge die vorgefundene Burg zu einem schon von den Zeitgenossen bewunderten Schloß aus, zu dessen Sehenswürdigkeiten der vielgepriesene Schloßgarten und die wertvolle Heidelberger Bibliothek gehörten. Nach den Zerstörungen durch die Franzosen 1689 und 1693 sowie einem verheerenden Brand 1764 wurde das *Heidelberger Schloß* zur ›schönsten‹ und berühmtesten Ruine der Neuzeit und zu einem programmatischen Künstlermotiv der deutschen Romantik. Im Bild der Schloßhof mit dem Bibliotheksbau (ganz links), in dem bis 1622 die Palatina untergebracht war, daran anschließend der Frauenzimmerbau, der im 19. Jahrhundert restaurierte Friedrichsbau und Gläserne-Saal-Bau (beide im Hintergrund), schließlich der Ottheinrichsbau, mit dem Kurfürst OTTHEINRICH, nach seiner Übersiedlung von Neuburg (Abb. 21), 1556-1559 eines der schönsten und reinsten Werke deutscher Renaissance geschaffen hat.

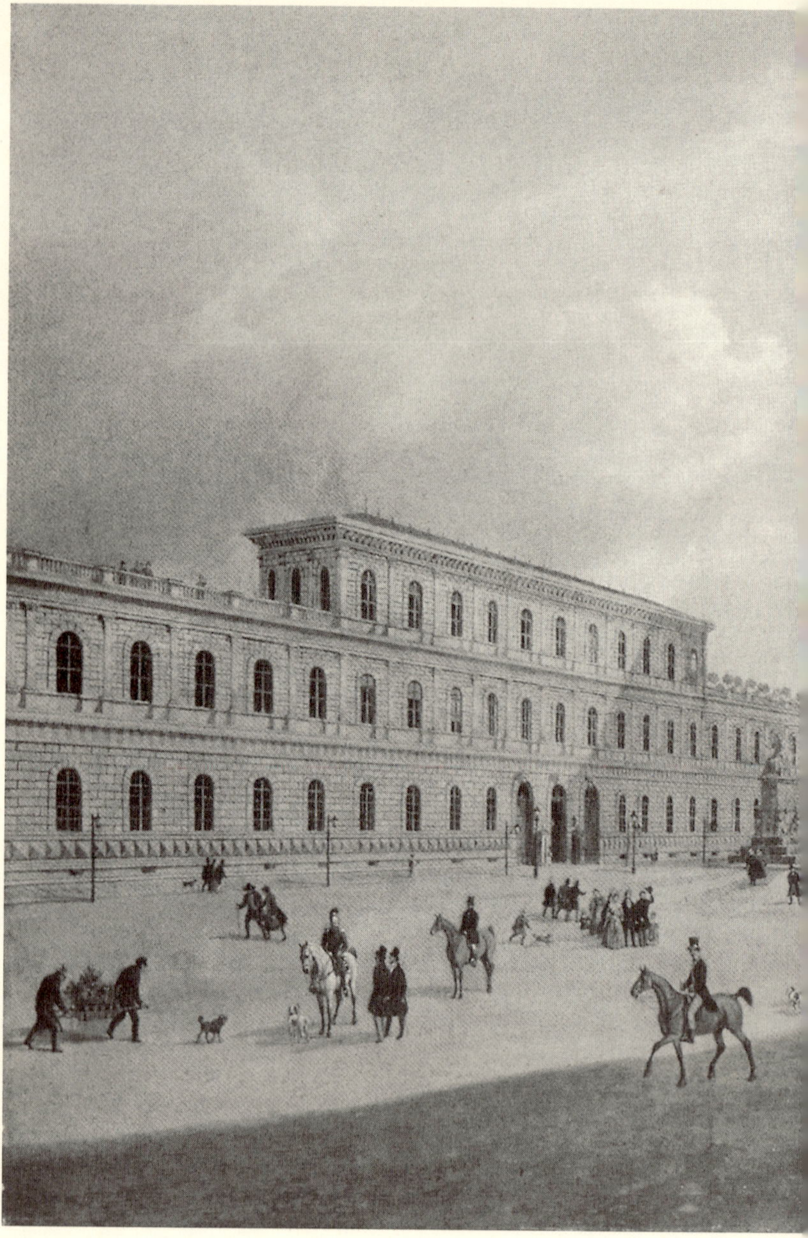

23 Mit dem Wirken König LUDWIGS I. (1786-1868, Abb. 43) erfuhr die *Münchner Residenz*, die seit der Anlage der Neuveste 1385 (Abb. 18) kontinuierlich gewachsen und 1806 in den Rang einer Königsresidenz aufgestiegen war, eine großzügige Erweiterung und erreichte dabei ihre heutige Ausdehnung. An der südlichen Stadtseite errichtete Leo von Klenze 1826-35 den eindrucksvollen *Königsbau* (links), zu dessen Gestaltung der Palazzo Pitti in Florenz Pate gestanden hat. Das schon unter MAX I. JOSEPH 1811-18 von Karl von Fischer errichtete klassizistische *Nationaltheater* ist das letzte noch in der historischen Tradition stehende europäische, große Opernhaus vor dem Historismus. In ihm wurden unter anderem vier Wagneropern uraufgeführt (siehe Abb. 47).

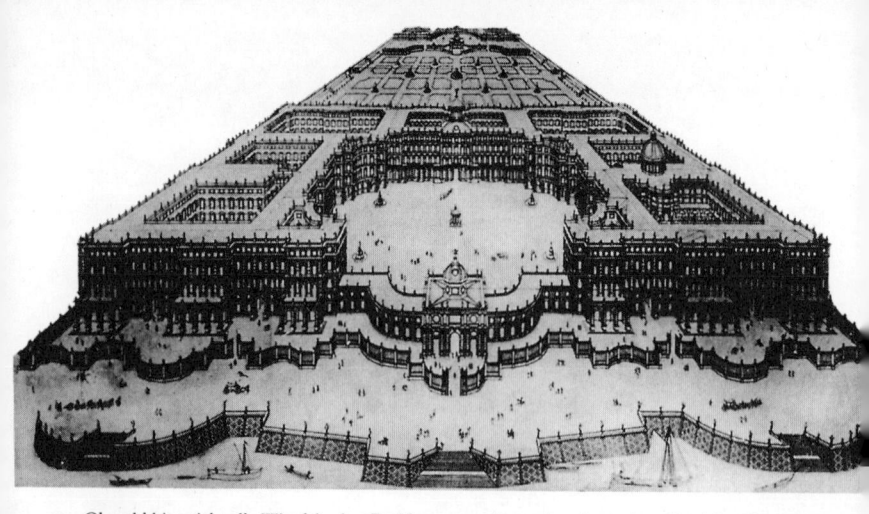

24   Obwohl hier nicht alle Wittelsbacher Residenzen gezeigt und noch weniger die vielen Planungen berücksichtigt werden können, soll doch zumindest ein Projekt erwähnt werden, das spektakulärste, das je für einen Wittelsbacher ersonnen worden ist: der Entwurf für ein gewaltiges Residenzschloß, das in der Rheinebene bei Schwetzingen liegen sollte und das Würzburg, Berlin und Schönbrunn, ja sogar Versailles weit in den Schatten gestellt hätte. Graf Matteo Alberti hat ihn für Kurfürst JAN WELLEM (1658-1716, Abb. 37) ausgearbeitet.

25   Das *Schloß*, das dann zwischen 1720 und 1760, nach der Verlegung der Residenz von Heidelberg, unter KARL PHILIPP (1661-1742) und KARL THEODOR (1724-99, Abb. 56) in *Mannheim* entstand, kam zwar den Planungen Jan Wellems (Abb. 24) nicht nahe, gewann aber dennoch durch seine Größe — Stadtfront von 600 Metern, Fassaden mit 1500 Fenstern! — den Ruf, eine der ausgedehntesten Anlagen Europas darzustellen. Im Bild der Cour d'honneur mit dem Corps de logis sowie der Schloßkapelle (rechts) und Bibliothek (links).

26 Die bayerische Sekundogenitur auf dem fürstbischöflichen Stuhl von Köln, die fast zweihundert Jahre — von 1583 bis 1761 — Bestand hatte, bescherte dem niederrheinischen Kurfürstentum und großen Teilen Westfalens unter der Ägide der weißblauen Rauten eine zum Teil deutlich bayerisch-süddeutsch gefärbte Kunstblüte. So errichtete Enrico Zuccalli, der Baumeister der Münchner Theatinerkirche und des Schlosses Schleißheim (Abb. 36), 1697 bis 1702 für JOSEPH CLEMENS (1671-1723) die *Kurfürstliche Residenz zu Bonn*. Die später noch beträchtlich erweiterte Anlage ist seit 1818 Domizil der Friedrich-Wilhelms-Universität. Der Neffe und Nachfolger, CLEMENS AUGUST (1700-61, siehe auch Abb. 58), aber schuf mit seinem *Lust- und Jagdschloß Augustusburg bei Brühl* (Abb. 27) das bedeutendste Barockschloß des Rheinlands: 1725-40 haben es Johann Konrad Schlaun und François Cuvilliés erbaut und 1740-48 Balthasar Neumann durch sein prunkvolles Treppenhaus gekrönt. Das Wittelsbacher Schloß am Rhein dient heute der Bundesrepublik als festlicher Rahmen für Staatsempfänge.

28 Von 1654 bis 1718 herrschten drei Wittelsbacher aus dem Hause Zweibrücken-Kleeburg über Schweden. Der letzte und ruhmreichste von ihnen, KARL XII. (1682-1718, Abb. 12), ließ in der Residenzstadt *Stockholm* durch Nicodemus Tessin d. J. den ausgedehnten Komplex des *Neuen Schlosses* errichten, dessen Vollendung der Bauherr nicht mehr erlebte. Hier die mächtige Fassade der Stadtseite mit der pompösen Auffahrt ›Lejonbacken‹. Über dem Portal der Balkon, auf dem der König Huldigungen entgegennahm.

29 Für den von den europäischen Schutzmächten 1832 zum König von Griechenland ausersehenen Sohn OTTO (Abb. 15) des bayerischen Königs und Philhellenen Ludwig I. (Abb. 43) schuf der Münchner Architekt Friedrich von Gärtner 1836-45 die *Königliche Residenz zu Athen*. Damit kehrte griechische Klassik in der Verkleidung des europäischen Klassizismus bayerischer Prägung — allerdings vom sparsamen König Ludwig drastisch vereinfacht — wieder in sein Ursprungsland zurück. 1862 endete das Wittelsbacher Königtum — das dem Land die bis heute geltenden Farben Weiß und Blau hinterlassen hat — in einer Revolution. In der Residenz tagt heute das Griechische Parlament.

söhne ihr großes Erbe. Die Nutznießer der Uneinigkeit waren vor allem die Luxemburger und die Habsburger. Vielleicht wäre es Ludwig dem Brandenburger gelungen, die weitverstreuten Provinzen zusammenzuhalten, aber seine fünf Brüder wollten eigene Herren im eigenen Land sein, und so wurde bestimmt, daß Ludwig der Brandenburger, Ludwig der Römer und Otto V. gemeinsam Oberbayern, Tirol, die Mark Brandenburg und die Lausitz übernehmen, während der übrige Besitz – Niederbayern und Holland – an die Brüder Stephan II. mit der Hafte, Wilhelm I. und Albrecht I. fallen sollte. Nach zwei Jahren überließ der ältere Ludwig das brandenburgische Land den Miterben Ludwig dem Römer und Otto. Er selbst behielt Oberbayern und Tirol.

Dieser Abgrenzung von ›Regierungsbezirken‹ folgte im Juni 1353 in der anderen bayerischen Hälfte eine neue, die inzwischen bereits sechste bayerische Landesteilung: Stephan mit der Hafte bekam Landshut und den größeren Teil Niederbayerns, auf Wilhelm und Albrecht entfiel der Rest, nämlich Straubing, Landau und Cham mit dem kleineren Teil von Niederbayern sowie die holländischen Provinzen.

Ein Dutzend Jahre nach dem Tode Kaiser Ludwigs machte die Kirche ihren Frieden mit dessen ältestem Sohn, der immer noch in jenem Bann lebte, der in den Tagen Johannes' XXII. über ihn und seinen Vater verhängt worden war. Am 2. September 1359 wurde Ludwig der Brandenburger zusammen mit seiner Frau und dem 15jährigen Sohn Mainhard in der alten Münchner Frauenkirche durch den Bischof von Freising vom Kirchenbanne losgesprochen. Ludwig und die Maultasch wurden noch einmal und diesmal kirchlich getraut.

Der Verlust Tirols und Brandenburgs

Diese neue Ehe hat nicht sehr lange gedauert, da der Herzog fast genau zwei Jahre später, am 13. September 1361 bei Zorneding tot vom Pferde sank. Er war erst fünfzig Jahre alt gewesen und nun auf die nämliche Art gestorben wie sein Vater. Ludwigs Sohn Mainhard kehrte nun, weil seine Mutter es wünschte, von München nach Tirol zurück, wo er vier Monate später mit erst neunzehn Jahren an Lungenentzündung starb.

In diesem jähen Sterben der beiden Wittelsbacher wollten viele Zeitgenossen natürlich das Werk der Margarete Maultasch sehen, und sie hat dieses Mißtrauen noch dadurch genährt, daß sie bereits einige Wochen nach dem Tode des mit einer habsburgischen Herzogstochter verheirateten Mainhard das Land Tirol an Österreich verschrieb. Ihr Schwager Stephan kämpfte vergeblich um diese schöne Provinz, die für Bayerns Vormachtstellung im süddeutschen Raum entscheidend war.

Die Republik Österreich erhielt 1963, als sie den 600. Jahrestag dieses Ereignisses feierte, vom Lande Bayern die Übertragungsurkunde der Margarete Maultasch zurückerstattet; in der napoleonischen Zeit war dieses Dokument nach München gekommen.

Was Bayern damals, am 26. Januar 1363, von Tirol verblieb, war Kufstein, Rattenberg und Kitzbühel – wenige, aber wegen ihrer Bergwerke und Silbergruben dennoch bedeutende Städte, denen die späteren Herzöge von Niederbayern ihren sagenhaften Reichtum zum Teil verdanken sollten.

Nicht sehr viel erfreulicher war die Entwicklung in Bayerns nordöstlichstem Besitz, in BRANDENBURG. Die Wittelsbacher sind in diesem Lande verständlicherweise nie heimisch geworden, und als Ludwig der Römer 1365 kinderlos starb, war *Otto V.* alleiniger Herr der Mark. Da er aber den Beinamen ›der Faule‹ bekam, dürfte er sich um diese ererbte Provinz nicht allzu eifrig gekümmert haben. Das konnte Kaiser Karl nur recht sein, denn sein Sinn stand danach, die Mark zu erwerben, und im August 1373 hat er sein Ziel auch tatsächlich erreicht. Im Vertrag von Fürstenwalde lieferte Otto seinem Schwiegervater – er war mit einer Tochter aus Karls IV. erster Ehe verheiratet – gegen ein Jahresgehalt von 12000 Gulden die Mark aus und verpfändete für 200000 Gulden die Reichsstädte Nördlingen, Donauwörth, Dinkelsbühl und Bopfingen.

Otto zog sich auf die Burg Wolfstein bei Landshut zurück und lebte dort noch sechs Jahre. Seine Frau, mit der er früher längere Zeit in Prag gelebt hatte, war ihm offensichtlich nicht in seinen Ruhestand gefolgt. Sie starb in Wien und wurde dort begraben, Otto aber fand seine letzte Ruhestätte im Kloster Seligenthal.

Die bayerischen Wittelsbacher und die Luxemburger

Karl IV. hatte bereits früh damit begonnen, seinen Sohn Wenzel als Anwärter auf die nächste deutsche Königskrone ins Gespräch zu bringen. In dieser Absicht traf er sich im Oktober 1374 zu Nürnberg mit den bayerischen und pfälzischen Wittelsbachern. Man versicherte sich des gegenseitigen Länderbesitzes, und der Kurfürst aus der Pfalz versprach, gegen eine angemessene Zuwendung seine Stimme dem Kaisersohn zu geben. Da Karl auch andere Kurfürsten für diese Wahl gewann, wurde Wenzel kurz vor dem Tod seines Vaters im Sommer 1378 zum König gekürt.

In jenen Jahrzehnten war, von den Fürsten zunächst gefördert, die Macht der Städte gewachsen, und weil die einst am Rande des Stadtgebietes von München, unmittelbar an der nördlichen Stadtmauer gelegene, von Ludwig dem Strengen erbaute Residenz, der später so benannte ›Alte Hof‹, inzwischen ringsum von der auch damals schon schnell wachsenden Stadt eingekreist war, zog man ostwärts: Man wollte im Falle von Bürgerunruhen sicherer wohnen. So entstand, wieder am Rande der Stadt, in der Gegend des heutigen Marstallplatzes, eine neue Burg, die sogenannte ›Neuveste‹.

Die Bauherrn nutzten einige inzwischen unterirdisch verlaufende Wasserarme und errichteten die neue Residenz der Wittelsbacher als eine Wasserburg mit Wehrtürmen, einem Turnierplatz und allem, was zu einer mittelalterlichen Hofhaltung gehörte.

Nach dem Tode der oberbayerischen Herzöge – Ludwig des Brandenburgers und Mainhards – übernahm der in Landshut residierende Herzog *Stephan mit der Hafte* zu seinem niederbayerischen auch noch den oberbayerischen Teil des väterlichen Erbes.

Diesen großen Besitz vererbte er an seine drei Söhne, an Stephan III., Friedrich I. und Johann II., die ihm seine erste Frau, die sizilianisch-aragonesische Königstochter Elisabeth, in zwanzig Ehejahren geboren hatte. Aus dieser Verbindung stammte auch eine etwa 1338 geborene Tochter Agnes, die Jakob I., König von Cypern, Jerusalem und Armenien, heiratete.

Nach dem Tode des Vaters im Mai 1375 regierte das landshutisch-münchnerische Herzogstrio das Land mit einer kurzen Unterbrechung, in der man getrennte Wege ging, bis zum November 1392 gemeinsam.

Der bis dahin sanfte und bescheidene Kaiserenkel *Johann II.*, ein Witwer von 51 Jahren, hatte diese achte Landesteilung plötzlich gefordert. Um dabei München für sich selbst zu bekommen, besetzte er mit den ihm gewogenen Bürgern die Neuveste, außerdem verlangte er das Gebiet zwischen Lech und Isar – und damit einen großen Teil des einstmals von Ludwig dem Strengen regierten Oberen Bayern –, dazu noch Schwandorf, Kallmünz und Burglengenfeld.

Er, der vor allem die Jagd und seine Falken liebte, setzte die Münchner Linie unseres Hauses fort. Seine schöne Tochter Sophie wurde 1389 die zweite Gemahlin des Römischen Königs Wenzel, der den Prager Generalvikar Johannes von Pomuk 1393 fesseln und in die Moldau stoßen ließ. Die Legende berichtet, der Priester habe sterben müssen, weil er nicht preisgab, was ihm die 17jährige Königin in der Beichte anvertraut hatte. In Wirklichkeit war Nepomuk, der spätere Schutzheilige Böhmens und auch Bayerns, ein Opfer des Streites zwischen König und Kirche geworden.

Der älteste Sohn Stephans II. mit der Hafte war *Stephan III*. Er, der den Beinamen ›der Knäuffel‹ oder ›der Kneißel‹ trägt (was auf eine besonders luxuriöse Kleidung schließen läßt), zog nach Ingolstadt. Ihm gehörten hinfort das nordwestliche Oberbayern, außerdem Kufstein, Rattenberg, Kitzbühel sowie Donauwörth und andere schwäbische Städte.

Friedrich der Weise

Für *Friedrich I.* blieb somit NIEDERBAYERN mit der Residenz zu Landshut; allerdings ohne das Gebiet um Straubing, das Albrecht II. für seinen in Holland regierenden Vater Albrecht I. verwaltete.

Der Niederbayer Friedrich war ein Freund Mainhards gewesen, hatte in Tirol und Brandenburg gekämpft und war Anfang der siebziger Jahre des 14. Jahrhunderts zusammen mit seinem Bruder Stephan dem Knäuffel als Kreuzfahrer gegen die heidnischen Litauer gezogen.

Aus seiner ersten Ehe mit einer Gräfin von Graisbach hatte Friedrich nur eine Tochter Elisabeth, die Marco Visconti von Mailand heiratete. Die Schwester seines Schwiegersohnes, die Visconti-Tochter Magdalena, wurde später dann Friedrichs zweite Frau. Sehr viel früher schon hatte der Ingolstädter, Stephan der Knäuffel, eine Schwester von Marco und Magdalena geheiratet, so daß nun auf drei verschiedenen Wegen Viscontiblut in die wittelsbachische Familie kam. Das Visconti-Wappen, ein schlangenförmiger Drache, der ein Kind verschlingt, ist noch verschiedentlich an Bauten unserer Familie zu sehen, zum Beispiel über dem Burgtor am Alten Hof zu München oder in der Schloßkirche von Blutenburg.

Die Nachwelt nennt Friedrich I. auch ›den Weisen‹, und in einer alten Reimchronik war über ihn einst gedichtet worden:

> *Ein gescheider Furst ward Friderich*
> *Daher man noch sagt, Hertzog Fritz*
> *War klug, pflag alle Zeit den Witz ...*

Diesem klugen Niederbayern und einem Krieg verdankt unsere Familie eine ihrer berühmtesten, ruhmreichsten (und unglücklichsten) Heiraten.

Im Sommer 1383 hielt sich nämlich Herzog Friedrich I. aus Landshut in Arras auf, im Lager des jungen Franzosenkönigs Karl VI., und der Dichter Froissard behauptet, die beiden Herren, der 15jährige Regent aus Paris und sein 43jähriger bayerischer Waffengefährte – der Hundertjährige Krieg gegen England war seit vierzig Jahren im Gange – hätten sich bei dieser Gelegenheit herzlich angefreundet.

Eines Tages wurde Friedrich von einem Onkel des Königs gefragt, ob er für den König nicht eine heiratsfähige Tochter habe. Er nicht, erwiderte Friedrich, aber sein Bruder Stephan. Den Rest besorgte Johanna, die erste Frau König Wenzels.

Die burgundische Doppelhochzeit

Die Ehestifterin kam aus dem Hause STRAUBING-HOLLAND. Hier hatte der Kaisersohn Wilhelm den holländischen Teil erhalten, während sein jüngerer Bruder Albrecht I. in Straubing geblieben war. Als aber Wilhelm in eine Geisteskrankheit verfiel und schließlich in Quesnoy in Gewahrsam kam – das Volk nannte ihn den ›Tollen Grafen‹ –, mußte Albrecht 1358 mit seiner schlesischen Frau Margarete nach dem Haag ziehen. Ihre erste, wohl noch in Straubing geborene Tochter Johanna war eben jene, die mit sechzehn Jahren die Frau des Böhmenkönigs Wenzel wurde. In Holland wurden dem Paar weitere sechs Kinder geboren, drei Söhne und drei Töchter, und zwei dieser Kinder – Margarete und Wilhelm –

VERBINDUNGEN MIT BURGUND UND FRANKREICH 95

heirateten 1385 in einer Doppelhochzeit zu Cambrai burgundische Geschwister, den Herzog Johann, der unter dem Beinamen ›sans Peur‹ (Ohnefurcht) einer der großen Herrscher Burgunds wurde, und dessen Schwester Margarete.

Das prachtvolle Marmorgrabmal des Herzogspaares im Flamboyant-Stil ist noch erhalten: Auf der Grabplatte liegen Johann und Margarete mit gefalteten Händen, zu ihren Häuptern und Füßen Engel, Wappen und Löwen. Der Sarkophag – schwarze Marmorplatten, weißer Alabaster und farbig gefaßte Herzogsfiguren – stand ursprünglich in der Kartause von Champmol (und war eine aus der Mitte des 15. Jahrhunderts stammende Replik des Sarges von Johanns Vater, Philipp dem Kühnen). Nachdem das Kloster während der Französischen Revolution teilweise zerstört und anschließend in eine Irrenanstalt verwandelt worden war, brachte man das Monument in den Gardensaal des ehemaligen Herzogspalastes von Dijon (heute Musée des Beaux-Arts), wo es als eines der eindrucksvollsten Zeugnisse burgundischer Hofkunst zu besichtigen ist.

Isabeau de Bavière

Bei der Doppelhochzeit in Cambrai bahnte nun Johanna die Vermählung der Tochter des Ingolstädter Herzogs Stephan III. des Knäuffels mit dem französischen König an. Damit die erste Begegnung der für einander bestimmten Kinder Elisabeth und Karl möglichst harmlos erscheine und auch noch zu keiner Bindung verpflichte, schickte man die 14jährige Ingolstädterin zu einer Wallfahrt nach Amiens, wo sie den noch nicht 16jährigen Franzosen zum erstenmal sah.

Zuvor soll dem jungen Monarchen ein Bild gesandt worden sein, das ihm zeigte, wie die Auserwählte aussah. Und Karl, heißt es, sei von der Schönheit der zierlichen Elisabeth tief beeindruckt gewesen. Das Bild befindet sich heute im Louvre und ist angeblich das älteste naturgetreue Porträt in unserer Familie.

Jetzt, da er die Bayerin persönlich sah, gefiel sie ihm so außerordentlich, daß die Hochzeit schon ein paar Tage später und noch in Amiens stattfand. Die Mitgift schickte er an den Brautvater zurück: Er wolle nichts anderes als dieses wunderschöne Mädchen, sagte er.

Diese Hochzeit von 1385 war die erste Verbindung der Wittelsbacher mit Frankreich; dem Beispiel der Elisabeth folgten später Elisabeth Charlotte, die berühmte Liselotte von der Pfalz, Maria Anna, die Tochter des Kurfürsten Ferdinand Maria, und Sophie, die zeitweise mit dem Bayernkönig Ludwig II. verlobte Tochter des Herzogs Max in Bayern, um nur einige zu nennen.

Streitigkeiten in Oberbayern

Sieben Jahre nach der Heirat des Valois mit einer Wittelsbacherin erfolgte in BAYERN die Teilung von 1392, und der Vater der französischen Königin zog aus dem Münchner Alten Hof, wo Elisabeth – die Franzosen nennen sie Isabeau de Bavière – geboren worden war, in die Residenz zu Ingolstadt.

Ein Jahr später, 1393, ist der Landshuter Herzog Friedrich I. sehr plötzlich gestorben. Er war sehr beliebt gewesen und hatte in der Residenzstadt wie im niederbayerischen Land so viel gebaut, daß vom großen Reichtum seiner Magdalena Visconti nicht mehr sehr viel übrig geblieben war. Sein Sohn Heinrich war zu der Zeit erst sieben Jahre alt, so kam er unter die Vormundschaft seiner beiden Onkel, Stephans des Knäuffels und Johanns von München.

Diese doppelte Vormundschaft mißfiel nun aber Johann, er wollte dieses Amt alleine ausüben und so verbündete er sich mit Österreich und dem Bischof von Freising. Stephan III., auf solche Weise in Bedrängnis gekommen, reiste zu seiner Tochter nach Paris, während gleichzeitig sein Sohn Ludwig über Freising herfiel.

Stephans künftiger Erbe war nur zufällig in Ingolstadt gewesen, als der Unfrieden ausbrach. Zumeist hielt er sich am Hofe seiner Schwester Isabeau auf, die ihm zu Reichtum, hohen Stellungen und zu seinen beiden Frauen aus der französischen Hocharistokratie verhalf. Nach französischer Mode trug Ludwig einen Bart, was daheim in Bayern so sehr auffiel, daß man ihn ›den Gebarteten‹, ›Ludwig im Barte‹ oder ›Ludwig mit dem Barte‹ nannte.

Der Streit zwischen den beiden oberbayerischen Zweigen, in dessen Verlauf Johann die Orte Friedberg und Markt Schwaben verwüstete, nahm erst ein Ende, als Stephan der Knäuffel mit einem Heer unter Herzog Johann Ohnefurcht von Burgund aus dem Westen anrückte. Die Brüder versöhnten sich und warfen ihre Länder im November 1395 wieder zusammen. Noch nicht einmal zwei Jahre später ist dann Johann gestorben; seine beiden Söhne Wilhelm und Ernst behielten diese gemeinsame Regierung bis zum Jahre 1402 bei.

Aber es gab wieder Streit, da beide Parteien München besitzen wollten. Die Bürger waren für den Ingolstädter, die Patrizier und der Stadtrat für die Brüder. Im Jahre 1398 – die Auseinandersetzung fand also in einer Zeit statt, in der offiziell gemeinsam regiert wurde – unterwarf sich Stephan III. einem Fürstengericht unter Pfalzgraf Rupprecht und Graf Eberhard von Württemberg.

Der Schiedsspruch verlangte, daß die vier Herzöge zusammen Oberbayern regieren sollten. In dem folgenden Kampf zwischen den Patriziern und den Zünften nahmen letztere die Alte Veste, verjagten die Patrizier und köpften Bürger. Erst im Jahre 1403 konnten die Brüder Ernst und Wilhelm mit Heinrich von Landshut die Ruhe wiederherstellen.

Die Pfälzer erwerben Zweibrücken

In der PFALZ kam unter Kurfürst *Rupprecht I. dem Roten* die Grafschaft Zweibrücken in die Familie. Der Vorbesitzer, Graf Eberhard, vermachte ihm die Stadt sowie die halbe Burg

Zweibrücken, dazu noch Hornbach und Bergzabern. Für die andere Hälfte erkannte er die pfälzische Oberhoheit an. Dazu erhielt Rupprecht von König Wenzel die Burg Kirkel als Lehen. Das hinderte ihn freilich nicht, zusammen mit den bayerischen Herzögen und dem Grafen Eberhard von Württemberg den König abzusetzen. Wenzel verbündete sich daraufhin mit den Reichsstädten und verwüstete 1388 Teile von Bayern, Schwaben und Franken.

Der dies mit verursacht hatte, Rupprecht I. der Rote, starb zwei Jahre später zu Neustadt, sein inzwischen 65jähriger Neffe *Rupprecht II*., der Schöpfer der ›Rupertinischen Konstitution‹, folgte ihm in der Kurwürde nach. Als er acht Jahre später, Anno 1398, starb, trat sein Sohn *Rupprecht III. Klem* das Erbe an.

In seiner Ehe mit Elisabeth, der Tochter des Nürnberger Burggrafen Friedrich V., wurden sechs Söhne und drei Töchter geboren, die Erbfolge schien, anders als bei seinem Vater – der nur ihn hinterlassen hatte – gesichert. Tatsächlich sind dann aber die beiden ältesten Söhne Rupprechts III. jung verschieden. Rupprecht, mit dem Beinamen ›Pipan‹ (was ›der Junge‹ bedeuten soll), war krank aus einem Ungarnkrieg zurückgekehrt und mit 24 Jahren in Amberg gestorben; sein Hochgrab, auf dem er lebensgroß mit einer Rautenfahne abgebildet ist, ist in der Sankt-Martin-Kirche zu Amberg erhalten. Vier Jahre später, 1401, ging das Leben seines Bruders Friedrich zu Ende, er war ebenfalls nur 24 Jahre alt geworden.

Vier Tage vor Pipan war in Kelheim der 29jährige Albrecht von Wittelsbach gestorben. Er hatte als Statthalter seines in Holland residierenden Vaters Albrecht I. das Straubinger Land verwaltet. Als man ihn zur letzten Ruhe bettete, schmückte man das Grab mit einer Figur, die fast identisch ist mit der des Pipan. Der einzige Unterschied besteht darin, daß man der Gestalt auf Albrechts Grab eine Pelzmütze aufsetzte.

In INGOLSTADT war Stephan der Knäuffel inzwischen verwitwet, seine Visconti-Frau war 1381 gestorben (dreizehn Jahre später, im September 1394, heiratete der Münchner Herzog Ernst zu Pfaffenhofen an der Ilm eine Schwester der Ingolstädter Visconti-Herzogin).

Das unglückliche Schicksal der Isabeau

Während Stephan III. seine Residenzstadt ausbaute, und sein Sohn mit dem Barte in FRANKREICH ein schönes, üppiges Leben führte, hatte das Glück der *Isabeau* ein frühes Ende genommen, denn 1392, sieben Jahre nach der Hochzeit von Amiens, war ihr Gemahl Karl VI. geisteskrank geworden. Zu der Zeit hatte sie, die Bayerin auf dem französischen Thron, bereits fünf Kinder geboren: Charles und Jeanne waren kurz nach der Geburt wieder gestorben; Isabella heiratete in erster Ehe jenen Richard II., mit dem Shakespeares Königsdramen beginnen (Isabellas Schwester Catherine heiratete beinahe drei Jahrzehnte später einen anderen Shakespeare-Helden, König Heinrich V.); eine zweite Jeanne wurde mit Jean von Montfort verheiratet, und ein zweiter, 1392 geborener, Charles starb wie sein gleichnamiger Bruder sehr jung. Insgesamt hat Isabeau zwölf Kindern das Leben geschenkt.

Die schöne Königin aus Bayern geriet in die blutigen Wirren der französischen Politik. Zwischen Armagnacs und Burgundern mußte sie, der kein starker König zur Seite stand, sich ihren Weg suchen. Daß sie mit dem Bruder des Königs sehr vertraute Beziehungen unterhielt und 1420 im Frieden von Troyes den englischen König Heinrich V. als Erben der französischen Krone anerkannte, hat man ihr häufig zum Vorwurf gemacht (und einer ihrer schärfsten Kritiker war Friedrich von Schiller in der ›Jungfrau von Orleans‹). Von der Gicht geplagt, an den Rollstuhl gefesselt, ist die Königin Isabeau de Bavière im Herbst 1435 gestorben. Man hat zuletzt offensichtlich so wenig Notiz von ihr genommen, daß nicht einmal mehr das genaue Todesdatum bekannt ist.

In HOLLAND und SEELAND ist es, wie Johan Huizinga in seinem Erasmus-Buch schreibt, dem bayerischen Hause nicht gelungen, einen Anschluß an das Reich zustande zu bringen, »im Gegenteil, angezogen von Paris und alsbald umschlungen von den ausgreifenden Armen Burgunds, mit dem es sich durch doppelte Heirat verband, hat sich dieses Geschlecht selbst in kurzer Zeit französisiert«.

Der eine Partner dieser Doppelhochzeit von Cambrai, mit der die Umarmung mit Burgund begann, der wittelsbachische Herzog Wilhelm, folgte seinem Vater Albrecht I. in der Regierung nach, seine Schwester aber lebte zumeist mit ihrem Mann am Hofe von Dijon.

Der zweite Wittelsbacher auf dem deutschen Königsthron

Das 15. Jahrhundert begann in der PFALZ mit einem für das Haus Wittelsbach höchst bedeutsamen Ereignis, mit der Wahl des pfälzischen Kurfürsten *Rupprecht III. Klem* zum Römischen König, obwohl König Wenzel noch lebte und in zweiter Ehe – wie schon erwähnt – wieder mit einer Wittelsbacherin verheiratet war, mit Sophie, der Tochter des Münchner Herzogs Johann, die man allgemein nur die ›Schöne Offnei‹ nannte.

Die in Rhense versammelten Kurfürsten erklärten jedoch am 20. August 1400, Wenzel sei dieses Titels nicht würdig, und wählten bereits am darauffolgenden Tage Rupprecht zum Nachfolger. Am 6. Januar des Jahres 1401 wurde er zu Köln als zweiter Fürst aus unserer Familie gekrönt. Man hat ihm freilich sein königliches Leben sehr schwer gemacht, da Wenzel, der ihn um neun Jahre überleben sollte, die Unterstützung der Städte fand. Auch ein Vorstoß gegen die böhmische Residenzstadt Prag brachte nur vorübergehenden

Erfolg. Der Ingolstädter Verwandte Ludwig der Gebartete unterstützte – anders als die Münchner Ernst und Wilhelm – den pfälzischen Verwandten, und mit seiner Hilfe konnten wenigstens die oberpfälzischen Burgen und Städte zurückerobert werden. Der Gebartete war auch an Rupprechts Seite, als dieser von Augsburg aus zur Kaiserkrönung aufbrach. Er wollte die Macht der Visconti in Mailand brechen, mußte aber nach seiner Niederlage bei Brescia umkehren. Die Kaiserkrönung scheiterte schließlich überhaupt an Geldmangel und den schweren Bedingungen des Papstes Bonifaz IX. König Rupprecht starb am 18. Mai 1410 auf seiner Burg Landeskron bei Oppenheim.

Zunächst regierte der älteste lebende Sohn *Ludwig III.*, den man wegen seines roten Bartes (oder vielleicht auch wegen einer roten Rüstung) ›den Roten‹ nannte. Das Testament beließ ihm die Kurwürde, verlangte aber ansonsten eine dritte pfälzische Teilung, die am 3. Oktober 1410 stattfand:

Ludwigs Bruder *Johann* bekam dabei den größten Teil der pfälzisch-nordgauischen Gebiete. Seine Linie Neunburg oder Neumarkt starb jedoch mit dem Sohn Christoph schon wieder aus.

Bruder *Stephan* fielen Anteile der Grafschaft Zweibrücken zu: Bolanden, Annweiler mit dem Trifels, Hornbach, Bergzabern, die Burgen Kirkel und Neustein sowie andere Teile und Anwartschaften. Dazu brachte ihm seine Frau Anna von Veldenz auch noch ihre Gebiete, nämlich Simmern und einen Teil der Grafschaft Sponheim ein. Zur Residenz wählte sich Stephan die Burg von Zweibrücken und seinen Besitz in Meisenheim.

Der jüngste Bruder *Otto* – das neunte Kind des Königs Rupprecht – mußte sich mit den Gebieten am Neckar bei Mosbach begnügen. Die von ihm begründete Linie trägt den Namen dieses Besitzes.

Heimkehr mit unermeßlichen Schätzen

Bei den Wittelsbachern in BAYERN gab es in diesem ersten Jahrzehnt des 15. Jahrhunderts, als die Pfälzer ihr Land zersplitterten, vier Linien:

In München teilten sich zwei Brüder die Macht, Herzog *Ernst*, seine Visconti-Gattin schenkte ihm drei Töchter und den mit der später so unglücklich endenden Agnes Bernauer liierten Sohn Albrecht III., und Herzog *Wilhelm*, dessen einziger Sohn Adolf im Jahre 1441 bereits als nur siebenjähriger Knabe verstarb.

In Landshut herrschte seit dem Dezember 1393 – bis zum Jahre 1404 unter Vormundschaft – Herzog *Heinrich XIV.* genannt ›der Reiche‹ oder ›der Schwarze‹.

In Holland, wo *Wilhelm II.* noch bis zum Jahre 1417 lebte – sein Wahlspruch war: ›Das Recht bereitet den Sieg vor‹ –, fehlte ein männlicher Erbe, und auch die einzige Tochter Jakobäa blieb in vier Ehen (eine davon mit einem Sohn der wittelsbachischen Isabeau) kinderlos.

In Ingolstadt, bei der vierten bayerischen Linie, saß der Thronerbe zumeist in Frankreich. *Ludwig der Gebartete* soll unermeßliche Schätze nach Hause gebracht haben, Gold vor allem, dazu aber auch noch viele Kunstgegenstände und Juwelen, die leider nur zum geringsten Teil erhalten geblieben sind. Das berühmte ›Goldene Rössel‹ von 1403 – ein Neujahrsgeschenk der Isabeau an ihren königlichen Gemahl und ein Meisterwerk der französischen Goldschmiedekunst – gehört zu den geretteten Kostbarkeiten. Es war 1404 gegen ein Darlehen in den Besitz des Ingolstädters übergegangen und später der Altöttinger Gnadenkapelle gestiftet worden, wo es heute in der Schatzkammer verwaltet wird.

Nach dem frühen Tod seiner ersten Gemahlin, Anna von Bourbon, zu deren Vorfahren Ludwig der Heilige gehört, heiratete der Gebartete Katharina, die Tochter des Grafen von Alençon. Bei der Hochzeit im Jahre 1413 gab es – die

Zeiten waren unruhig – einen Volksaufstand, bei dem die ganze fröhliche Gesellschaft in Gefangenschaft geriet. Ludwig wurde einige Monate im Turm des Louvre gefangengehalten und ist nur mit Glück dem Galgen entgangen.

Bei seinem Regierungsantritt in Ingolstadt im Herbst 1413 wurde er als ›Franzose‹ mit Vorbehalt aufgenommen. Als er aber mit seinem Reichtum die Residenzstadt ausbaute und verschönerte, gewann er rasch das Vertrauen seiner Untertanen. Die Frauenkirche, mit deren Bau 1425 begonnen wurde, und das ›Neue Schloß‹ sind sein Werk – und erlesene Zeugnisse der Spätgotik. Beide Bauwerke verraten französische Einflüsse; die nach französischer Sitte übereck gestellten Türme der Kirche Unserer Lieben Frau erinnern an Rouen, das Schloß aber ähnelt der Residenz seiner Schwester in Vincennes.

Familienzwist auf dem Konzil zu Konstanz

Die Kirche hatte in jenen Jahren zeitweise drei Päpste, und um hier den Falschen vom Richtigen zu scheiden und die Kirchenspaltung zu beseitigen, trafen sich geistliche und weltliche Fürsten zu Konstanz. Der bei diesem Konzil (das eigentlich gar kein Konzil war) erschienene Papst Johannes XXIII. (der eigentlich gar kein Papst war und deswegen in den offiziellen Papstlisten auch nicht geführt wird), mußte sehr bald nach seinem Einzug in Konstanz abdanken und – mit Hilfe des Herzogs Friedrich von Österreich – aus der Stadt fliehen. Der zum Protektor der Kirchenversammlung bestellte Kurfürst Ludwig III. von der Pfalz setzte ihn zunächst im Schloß Gottlieben und dann in seinem eigenen Hause bei Mannheim fest.

Die Pfälzer waren in einem machtvollen Zuge nach Konstanz gekommen. Den Kurfürsten begleiteten seine regierenden Brüder Stephan und Otto sowie 400 Reiter. Für die Ehre, den vielen hohen Herren als Protektor vorzustehen, mußte der Pfälzer freilich teuer zahlen. Zu seinen Aufgaben gehörte es nämlich, das Urteil am Prager Professor Hus, der gegen Zusicherung freien Geleites an den Bodensee gekommen war, zu vollziehen. So war es nicht verwunderlich, daß sich die Wut der Hussiten vor allem gegen das ihnen benachbarte pfälzisch-nordgauische Land richtete. Doch ausgerechnet die Pfälzer, die hier so streng gegen einen Reformator vorgehen mußten, gehörten später zu den eifrigsten Anhängern des neuen Glaubens.

Für unsere Familiengeschichte ist es wichtig, daß König Sigmund 1417 in Konstanz Friedrich von Hohenzollern, den Burggrafen von Nürnberg, zum Dank für dessen Beistand bei der Kaiserwahl, zum Markgrafen von Brandenburg ernannte. Bei der Belehnung trugen der Pfälzer das Reichsschwert und Herzog Heinrich von Bayern das Zepter und den Reichsapfel. In den Haß, mit dem der Ingolstädter Ludwig im Barte den ›Neuedel‹ verfolgte, schloß er seinen niederbayerischen Vetter aus gutem Grunde mit ein, schließlich wirkte er nicht nur bei der feierlichen Zeremonie mit, sondern war auch noch ein Schwager des neuen Markgrafen; die Landshuterin Elisabeth – allgemein nur ›die schöne Els‹ geheißen – wurde durch ihre Ehe mit diesem ersten Brandenburger die Stammutter der Hohenzollern. Der reiche Herzog Heinrich aber konterte die Angriffe Ludwigs und nannte den Bärtigen einen ›Bluthund‹ – die Feindschaft war damit besiegelt.

Ehe die Wittelsbacher im darauffolgenden Jahr auf Antrag Ludwigs zur Bereinigung ihrer Probleme nach Konstanz zogen, hatte der Herzog von der Landshuter Trausnitz mit den beiden Münchner Brüdern und dem Oberpfälzer Johann ein Schutz- und Trutzbündnis gegen den Vetter mit dem Barte geschlossen.

So traten sie sich in Konstanz also feindlich gegenüber: der Herr aus Ingolstadt, der zugleich als Vertreter seines königlich-französischen Schwagers mit großem Prunk auftrat, und auf der Seite des Brandenburgers, der wegen Friedensbruches sogar die Verhängung der Reichsacht verlangte, die verbündeten Verwandten aus Bayern-Landshut und aus Bayern-München.

Eines Tages, nachdem Ludwig wieder einmal den niederbayerischen Herzog öffentlich beleidigt hatte, nahm dieser Rache: Er lauerte seinem Vetter mit fünfzehn Bewaffneten auf, als dieser, nur von zwei Pagen begleitet, von einem Essen nach Hause ritt. Der starke, gewandte Ingolstädter konnte Heinrich zwar noch das Schwert entreißen, dann aber sank er, aus vielen Wunden blutend, von seinem Pferd.

Nur weil der Brandenburger dann König Sigmund fußfällig um Gnade bat, wurde über Heinrich die Acht nicht verhängt. Er konnte entfliehen, doch die Auseinandersetzungen waren damit nicht beendet. Im Gegenteil: Ludwig, der von seinen schweren Verletzungen wieder genesen war, verlangte nun vom König das Geld zurück, das er ihm geliehen hatte, und da der Hohenzoller gebürgt hatte, sollte er für den zahlungsunfähigen Sigmund eintreten. Der aber leugnete, je eine Bürgschaft übernommen zu haben, und so griff man, um den Streit zu bereinigen, wieder einmal zu den Waffen ...

Durch die Vermittlung des Salzburger Erzbischofs Eberhard konnte in jenem Jahre 1419 eine vorübergehende Versöhnung erzielt werden. Der Argwohn und der Haß waren freilich nicht geschwunden, die Auseinandersetzung war nur vertagt.

Wären die Wittelsbacher in jenen Jahren zusammengestanden, so hätte ihnen niemand im Reiche die Vormachtstellung streitig machen können. Ein starkes Wittelsbach wollte der Brandenburger in seinem eigenen Interesse verhindern und so schürte er den Zwist. Zuletzt hetzte er nicht weniger als 36 Herzöge, Fürsten, Bischöfe, Grafen, Ritter – darunter auch den Herzog von Lothringen und den Erzbischof von Magdeburg – sowie acht Städte gegen den Gebarteten aus Ingolstadt auf.

Zusammen mit dem einzigen bayerischen Ritterbund und

den mit ihrem Herzog unzufriedenen Niederbayern nahm Ludwig 1420 die Herausforderung an. Er zündete mit seinen Leuten die Burg zu Nürnberg an und bedrängte den Brandenburger so heftig, daß dieser über Kadolzburg, Ansbach und Heilsbronn zuletzt auf die Plassenburg ausweichen mußte. Und war er auch geflohen, so konnte er doch noch Rache nehmen und Parkstein in der Oberpfalz sowie andere wittelsbachische Plätze besetzen. Über 500 Ortschaften wurden während dieses Streites zerstört.

Weil die Oberbayern in diese Kämpfe eingegriffen und die ingolstädtische Stadt Friedberg niedergebrannt hatten, rückten Ludwigs Krieger auch gegen München vor. Daß sie auf diesem Zuge alles in Flammen aufgehen ließen, rettete die oberbayerische Residenzstadt. Als man nämlich in der Ferne Rauch aufsteigen sah, marschierten Herzog Ernst, dessen Sohn Albrecht III. und Herzog Wilhelm zusammen mit den Münchner Zünften dem Ingolstädter Heer entgegen.

Bei dem südlich von Fürstenfeldbruck gelegenen Alling wurden am 22. September 1422 die Angreifer in einer blutigen Schlacht geschlagen. Der Wittelsbacher Albrecht, ein Heißsporn von 21 Jahren, wollte sich in diesem Handgemenge die Standarte des Herzogs mit dem Barte holen. Als er plötzlich von lauter Feinden umringt war, hat ihn sein Vater Ernst in einer kühnen Aktion aus dieser gefährlichen Lage herausgeschlagen. Zur Erinnerung an die Rettung seines Sohnes ließ er später in Hoflach, wo die Schlacht am heißesten entbrannt war, die heute noch stehende Gedächtniskapelle errichten, in der ein Wandgemälde die wichtigsten Figuren jenes Kampfes zeigt.

Der Ingolstädter war empfindlich getroffen und bat nun König Sigmund um Gnade. Der nahm ihn, wahrscheinlich um die Verhältnisse in Bayern zu beruhigen, mit sich nach Preßburg.

Das Ende der Wittelsbacher in Holland

1425, als der streitlustige Sohn des Kneißel in sein Schloß zurückkehrte, starb mit Johann III. die bayerische Linie STRAUBING-HOLLAND aus. Im niederländischen Teil des Besitzes kämpfte Jakobäa noch einige Zeit um das Erbe: Da sich aber der Schwerpunkt Burgunds von Dijon nach Norden verlagert hatte, war das Ende absehbar geworden. Johann der Gute hielt sich – als wollte er den Erwerb dieser Provinz persönlich vorbereiten – am liebsten in Gent oder Brügge auf, und der Flame Jan van Eyck wurde sein Hofmaler.

Jakobäa von Bayern – ihrer spitzen Haube wegen ›Henin‹ genannt – hatte in ihrem turbulenten Leben viel Ähnlichkeit mit der ebenfalls wittelsbachischen Isabeau de Bavière. Sie beide gerieten in die Wirren des Hundertjährigen Krieges. Als 16jährige Witwe des ersten Dauphin wurde Jakobäa mit dem schwächlichen Chef der burgundischen Sekundogenitur verheiratet. Nach England geflüchtet, vermählte sie sich, um ihr niederländisches Erbe zu erkämpfen, mit Herzog Humphrey von Gloucester, einem Bruder König Heinrichs V.

Philipp der Gute sah die Gefahr für seine Pläne, und so zog er, damit die Engländer sich nur nicht in den Niederlanden festsetzen können, gegen seine Kusine zu Feld. Da diese aber von Humphrey hintergangen worden war, überließ sie ihr Erbe den Burgundern. Schließlich hat sie noch ein viertes Mal geheiratet, und jetzt erst, an der Seite des burgundischen Statthalters Franz von Borselen, fand sie ihr Glück.

Doch damit war Wittelsbachs Rolle in Holland zu Ende gespielt. Der andere Straubinger Teil des Herzogtums wurde im Auftrag des deutschen Königs zu Preßburg durch ein Schiedsgericht in vier Teile zersplittert:

Der Herzog *Ernst* in München erhielt Straubing, Bogen und Mitterfels, während auf den mitregierenden Bruder Wilhelm Abbach, Kelheim, Falkenstein, Furth im Walde und Deggendorf entfielen.

Dem Landshuter *Heinrich* sprachen die Schiedsrichter Vilshofen, Landau und Plattling zu.

Für den Ingolstädter *Ludwig* aber blieben nur die Festung Schärding sowie Dingolfing und einige andere Orte übrig.

Protektorat über das Konzil von Basel

Der jüngere Sohn des Kurfürsten von der PFALZ Rupprecht III. Klem, Pfalzgraf *Johann der Oberpfälzer*, hatte damals andere Sorgen. Die Hussiten waren eingefallen, und erst am 21. September 1434 konnten seine nur mit Dreschflegeln und Sensen bewaffneten Leute in unmittelbarer Nähe seiner Neunburger Residenz über die bis dahin siegreichen sektiererischen Haufen triumphieren. Diese wichtige Schlacht wird nach dem Ort Hiltersried benannt.

Zu der Zeit – nämlich von 1431 bis 1449 – tagte in Basel ein Konzil, das den Frieden wiederherstellen und die Kirche reformieren sollte. War das vorausgegangene Konstanzer Konzil unter dem Protektorat des pfälzischen Ludwig III. gestanden, so vertraute man jetzt in Basel dieses Amt einem bayerischen Wittelsbacher an, dem Münchner Herzog Wilhelm, der aber bereits im Herbst 1435 starb.

Am vorletzten Tag des darauffolgenden Jahres starb auch Ludwig III., ein Mann der Künste und der Wissenschaften. Sein besonderes Interesse hatte dem Ausbau der berühmten ›Bibliotheca Palatina‹ zu Heidelberg gegolten. Nachdem Tilly für seinen Kurfürsten 1622 die Stadt Heidelberg erobert hatte, schenkte Maximilian von Bayern auf einen diskret vorgetragenen Wunsch hin die wertvolle Handschriftensammlung dem Papst zu Rom: Fünfzig Frachtwagen voller Manuskripte wurden nach München gebracht, dort in nahezu zweihundert Kisten umgepackt, dann auf Maulesel geladen und im Schutz einer Soldateneskorte über die Alpen transportiert.

Der Pfälzer hielt sich gelegentlich auch in seiner zweiten

Residenz zu Amberg auf, wo er 1417 mit dem Bau des Pfalzgrafenschlosses (dem heutigen Landratsamt) begann.

Den von König Sigmund gegebenen Reichspfändern seiner Kurpfalz fügte er unter anderem Oggersheim hinzu und erwarb Teile der für die Wittelsbacher so wichtigen Grafschaft Sponheim.

Die mächtigen Grafen von Sponheim stammten aus der Gegend von Kreuznach und hatten sich im Laufe der Zeit in mehrere Linien gespalten. Nach dem Aussterben des Kreuznacher Zweiges ging 1417 ein Fünftel des Besitzes an die Kurpfalz über. Später kam die ganze Grafschaft Sponheim zu gleichen Teilen an Veldenz und Baden.

Der jüngere Bruder des dritten Ludwig, *Johann*, hatte wie sein Vater Rupprecht III. Klem das Schloß zu Neunburg – Reste der Anlage und die Bergkirche Sankt Georg erinnern noch daran – zu seiner Residenz gewählt. Von hier aus verwaltete er seinen Anteil des Landes, zu dem Sulzbach, Hersbruck, Altdorf, Schwandorf und Cham gehörten.

Von der Oberpfalz auf den dänischen Königsthron

Von den sieben Kindern dieses Pfälzers – er trägt nicht nur den Beinamen ›der Oberpfälzer‹, sondern auch ›der Neunburger‹, ›der Neumarkter‹ und ›der Sulzbacher‹ – sind sechs sehr jung gestorben, das jüngste aber ist in Europa zu hohen Ehren aufgestiegen. Die Mutter dieses 1416 zu Neumarkt geborenen *Christoph III.* war eine Tochter des Herzogs Wratislaw von Pommern und Schwester des Königs Erich von Dänemark, der sein Land mit unglücklicher Hand regierte. Nachdem man ihn schließlich vertrieben und abgesetzt hatte, wählte man 1440 Christoph zum König von Dänemark, Schweden und Norwegen. Er machte Kopenhagen zur Hauptstadt seines Reiches und erließ das erste allgemeine schwedische Landesrecht. Er starb bereits 1448.

Da seine Ehe mit der brandenburgischen Kurfürstentochter Dorothea kinderlos geblieben war, starb mit dem 32jährigen Christoph III. die Linie Neunburg aus. Ihre Länder fielen an die pfälzisch-wittelsbachischen Linien Simmern-Zweibrücken-Veldenz (die sich von Johanns Bruder Stephan ableitete) und an die Linie Mosbach (von Johanns Bruder Otto).

Die Erbschaft Veldenz

Der Zweibrücker *Stephan* trennte sich sehr schnell wieder von diesem Erbe und verkaufte es im Juni 1448 an den Bruder Otto, er hatte seinen Besitz auf andere Weise vermehrt – durch Heirat mit der Erbtochter des Grafen von Veldenz im Jahre 1410 hatte er sich die Anwartschaft auf dieses Land erworben. Im Jahre 1444 hat er es dann mit seinem eigenen Besitz vereint.

Allein die Tatsache, daß sich fortan alle Pfalzgrafen auch Grafen von Veldenz nennen und daß das Wappen dieser Grafschaft – der blaue Löwe auf silbernem Grund – noch ins letzte bayerische Königswappen aufgenommen wurde, beweist die Bedeutung der bis ins sechste Jahrhundert zurückreichenden Grafschaft Veldenz für unsere Familie. Reste der Veldenzer Burg auf einer Höhe nicht weit von Bernkastel an der Mosel zeigen, daß es sich um eine große Anlage gehandelt hat. Von hier aus wurde ein Gebiet beherrscht, zu dem neben Veldenz auch noch Lichtenberg, Remigiusberg, Nohfelden, Pfeddersheim, Lauterecken, Landsberg und Moschel gehörten; Hauptstadt war Meisenheim.

Die Tragödie der schönen Bernauerin

In dem an BAYERN-MÜNCHEN gefallenen Straubing aber hatte sich in diesen frühen Jahrzehnten des 15. Jahrhunderts eine Tragödie begeben, die über die Zeiten hinweg und bis zum heutigen Tage in Erinnerung bleiben sollte:

Albrecht III., der von seinem Vater bei Alling aus höchster Gefahr gerettet wurde, soll auf der Burg Vohburg an der Donau seine Geliebte, die Augsburger Baderstochter Agnes Bernauer, in aller Heimlichkeit geheiratet haben. Er war Statthalter in Straubing und eines Tages Erbe des ganzen Herzogtums, da der mit Albrechts Vater Ernst regierende Herzog Wilhelm früh starb und nur einen kleinen Sohn hinterließ, der bereits mit sieben Jahren dem Vater ins Grab nachfolgte.

Während Herzog Albrecht bei seinem Landshuter Vetter an einer Jagd teilnahm, ließ sein Vater die Bernauerin in Straubing gefangennehmen und am 12. Oktober 1435 als Hexe in der Donau ertränken. Auf solche Weise wollte der Münchner Herzog die Erbfolge sichern, denn die Zukunft der Linie Bayern-München hing an diesem Wittelsbacher, und mit der Baderstochter als Gemahlin hätte er die Nachfolge niemals antreten können.

Es ist verständlich, daß Albrecht allen Beteiligten Rache schwor. Er ritt zunächst nach Ingolstadt, um den ohnedies sehr rebellischen Herzog mit dem Barte für sich zu gewinnen. Der erste Anschlag galt Herzog Heinrich auf der Trausnitz, denn er war mit Herzog Ernst im Einverständnis und hatte die Jagd an diesen Oktobertagen einzig in der Absicht veranstaltet, Albrecht aus seiner Straubinger Residenzstadt wegzulocken.

Sehr lange hat sich die Fehde zwischen dem alten und dem jungen Münchner Fürsten nicht hingezogen. Der Kaiser stiftete die Versöhnung, und Herzog Ernst ließ auf dem Petersfriedhof zu Straubing eine Sühnekirche bauen. Das Relief auf der bekannten Grabplatte soll ein wirklichkeitsnahes Porträt der schönen, unglücklichen Agnes sein, deren Schicksal von den Dichtern oft dargestellt wurde, von Hofmannswaldau über Otto Ludwig bis hin zu den beiden bekanntesten Werken, zum ›Deutschen Trauerspiel‹ von Friedrich Hebbel und dem ›Bairischen Stück‹ von Carl Orff.

Eineinviertel Jahre nach dem Tod der Baderstochter und heimlichen Herzogin, die ihr Mann wahrscheinlich in die

Straubinger Karmeliterkirche überführen ließ, heiratete Albrecht die Braunschweiger Herzogstochter Anna. Vater Ernst, der mit dieser Ehe sicher einverstanden war, erlebte noch, daß im Oktober 1437 der Erbe Johann geboren wurde, und starb im darauffolgenden Jahr. Seinem Sohn Albrecht aber wurden noch neun weitere Kinder in die Wiege gelegt.

Ludwig gegen Ludwig

In INGOLSTADT gab es Familienschwierigkeiten ganz anderer Art. Seine erste Frau, die Bourbonin, hatte Ludwig dem Gebarteten einen Sohn Ludwig geboren, der angeblich auf der Reise von Paris nach Bayern so ungeschickt in einer Kraxe getragen wurde, daß er für den Rest seines Lebens einen Buckel hatte, weswegen man diesen Ingolstädter ›den Höckrigen‹ nennt.

Dem Herzog, einem stattlichen, stolzen Mann, war der Anblick dieses verwachsenen Sohnes ein ständiges Ärgernis und so wandte er seine ganze Liebe und Gunst einem anderen zu, seinem gutgewachsenen, wohlansehnlichen unehelichen Sohn Wieland.

Vater Ludwig verachtete seinen Sohn Ludwig, Sohn Ludwig haßte den Vater, und dieses ohnehin gestörte Verhältnis verschlechterte sich noch weiter, als der Höckrige im Juli 1441 hinter dem Rücken des Herzogs ausgerechnet die Tochter des brandenburgischen Todfeindes heiratete.

Zusammen mit seinem Schwager, dem Markgrafen Albrecht Achilles von Ansbach, und dem Landshuter Herzog Heinrich zog der 39jährige Ludwig gegen den weit über siebzigjährigen Vater ins Feld. Nachdem auch der Römische König die zerstrittenen Parteien nicht versöhnen konnte und die vereinigten Streitkräfte gegen Ingolstadt anstürmten, flüchtete der Gebartete donauaufwärts in seine befestigte Stadt Neuburg.

Ingolstadt ist schnell von den Angreifern besetzt worden,

Friedberg wurde eingenommen, und nach einer Belagerung von achtzehn Wochen kapitulierte der alte Ludwig. Gleich als wollte er alle Verantwortung von sich schieben, lieferte der Höckrige den Gefangenen an Albrecht Achilles aus, der ihn gegen 32000 Gulden dem Landshuter überließ. So kam Ludwig der Gebartete zuerst nach Landshut und dann nach Burghausen in Gefangenschaft. Dort blieb er, stolz und unbeugsam, bis zu seinem Tode im Mai 1447. Bis zuletzt hatte dieser protzig-reiche Landesherr es abgelehnt, sich freizukaufen; dieses Geschäft wollte er dem Herrn von der Trausnitz nicht gönnen.

Da er seit dem Konzil von Basel im Kirchenbann gelebt hatte und die Freisprechung durch seinen Beichtvater bei den Zeitgenossen offensichtlich wenig galt, wurde Ludwig im Kloster Raitenhaslach bei Burghausen in aller Stille beigesetzt.

Der rebellische Sohn hat dieses bittere Ende nicht mehr erlebt. Er war zwei Jahre zuvor ohne Erben gestorben. Die Linie Ingolstadt war somit bereits in der dritten Generation wieder erloschen.

Die Ländereien und Schätze dieses Zweigs heimste – bis auf einen Bruchteil, der später an München fiel – der niederbayerische Herzog Heinrich ein. Der konnte sich allerdings nur drei Jahre lang seines Besitzes erfreuen, dann ist auch er gestorben.

Sein Sohn und Nachfolger *Ludwig IX. der Reiche*, der Gründer der Universität Ingolstadt, war versöhnlich, wo sein Vater herrschsüchtig, und er war freigiebig, wo jener geizig gewesen war.

In MÜNCHEN verbrachte Albrecht III. der Fromme nach dem Tode der Bernauerin sein Leben ohne eifernden Ehrgeiz. Die ihm angebotene Wenzelskrone schlug er aus. Als er 1460 im Alter von 59 Jahren starb, wurde er im Kloster Andechs beigesetzt.

Dort, wo bis ins 13. Jahrhundert die Burg der Andechser gestanden hatte, wurde 1388 ein Reliquienschatz gefunden. Herzog Ernst hatte daraufhin an dieser Stelle den Augustinerchorherren eine Hallenkirche bauen lassen. Sein Sohn setzte das fromme Werk fort und gründete auf dem Heiligen Berg Andechs das Benediktinerkloster.

Das Ende der Linie Mosbach und der Alten Pfälzer Kurlinie

In Bayern, bei der ludovizianischen Linie, waren nur noch die Münchner und die Landshuter Wittelsbacher übriggeblieben. In der PFALZ aber wurde nach dem Aussterben der Mosbacher weiter geteilt.

Der tugendhafte Kurfürst *Ludwig IV. der Gütige* stand zuerst unter der Vormundschaft seines Onkels Otto von Mosbach. Wenige Jahre nachdem er selbst die Regierungsgeschäfte übernommen hatte, starb er mit 25 Jahren. Sein Sohn war damals gerade ein Jahr alt, und so mußte wieder ein Vormund einspringen, der Kurfürst Friedrich der Siegreiche oder der Streitbare (der Name hing davon ab, ob Freund oder Feind über ihn sprach). Als der rechtmäßige Erbe *Philipp* schließlich sein Amt antreten konnte – er regierte dann fast die ganze zweite Hälfte des 15. Jahrhunderts –, kamen turbulente Zeiten auf ihn zu.

Otto I. von Mosbach hatte in der Oberpfalz außer seinem eigenen Erbteil Neunburg vorm Wald auch noch das seines Bruders Stephan von Simmern bekommen. Aber der Mosbacher sollte seinen Besitz nicht sehr lange genießen können. Ottos Frau Johanna, eine Tochter des reichen Landshuter Verwandten Heinrich, brachte zwar neun Kinder zur Welt (sie wurde dann übrigens als einzige Wittelsbacherin unter einem eisernen Grabmonument beigesetzt), von den vier Söhnen wählten aber drei eine geistliche Laufbahn; einer wurde Bischof von Regensburg, einer von Straßburg und der dritte starb als Dompropst auf einer Reise ins Heilige Land.

So blieb ein einziger Sohn übrig. Er, Otto II. der Mathematicus, schenkte 1490, mit 65 Jahren, dem Kurfürsten Philipp von der Pfalz das Land als Mitregent. Neun Jahre später ist Otto II. unverheiratet gestorben. Der Mosbacher Zweig war damit erloschen.

Stephan von Simmern-Zweibrücken, der Sohn Rupprechts III. Klem, teilte seinen Besitz auf. Auch hier fielen drei der fünf Söhne für die Erbfolge aus, sie wurden geistliche Herren: Bischof von Straßburg, Schatzmeister in Köln und Erzbischof von Magdeburg. Der Landesteil Simmern-Sponheim fiel nun dem ältesten Sohn Friedrich zu, den Rest, Zweibrücken-Veldenz, erhielt dessen Bruder Ludwig I. der Schwarze.

Auch bei *Friedrich* von Simmern-Sponheim, der mit einer Herzogin von Egmont-Geldern verheiratet war, gab es Geistliche – vier Söhne wurden Priester, vier Töchter Nonnen, so blieb, da ein Sohn im Kindesalter starb, von den zehn Kindern ein einziger Erbe übrig: der künftige Graf Johann I. von Sponheim.

In der anderen, der Linie Zweibrücken-Veldenz mußte sich *Ludwig der Schwarze* während eines Großteils seiner Regierungszeit mit dem streitbaren Kurfürsten Friedrich I auseinandersetzen. Einmal nahm der Kurpfälzer Bergzabern ein, dann siegte Friedrich bei Pfeddersheim, im dritten Waffengang überfiel er Ludwig in seiner Stadt Meisenheim, und erst dann gelang es dem Markgrafen von Baden, die feindlichen Vettern zu versöhnen.

Die Zeiten blieben freilich unruhig. Als in Mainz ein neuer Bischof zu wählen war, griff der Zweibrücker Ludwig ein. Johann Gensfleisch, den man Gutenberg nannte, packte damals seine Druckerpressen zusammen und verließ mit seinen Gesellen die Stadt.

Der Friede zwischen den wittelsbachischen Pfälzern währte nicht lange. Als nämlich der Kaiser die Reichslandvogtei im Elsaß von Kurpfalz auf Zweibrücken übertrug und Ludwig den Schwarzen zum Reichshauptmann gegen den Kurpfälzer ernannte, zogen die beiden Vettern gegeneinander los. Der ›Siegreiche‹ war wieder siegreich, und erst im Frieden von Heidelberg wurde der Streit am 2. September 1471 geschlichtet. Kurpfalz erhielt mehrere Orte und Burgen, Friedrichs Land war wieder größer geworden.

Fünf Jahre später ist der Kurfürst in Heidelberg gestorben, und da er in morganatischer Ehe mit einem herzoglich-bayerischen Hoffräulein verheiratet war (und seine Klara Tott stammte, wie einst die Bernauerin, aus Augsburg), hinterließ er für seine Kurpfalz keine Erben. Von ihm und seiner Klara leitet sich das gräfliche und später fürstliche Haus Löwenstein-Wertheim ab.

Mit Friedrichs Bruder *Rupprecht* war zum erstenmal ein Wittelsbacher Kurfürst von Köln geworden. Es war kein glücklicher Auftakt, obwohl ihm Karl der Kühne als Bundesgenosse zur Seite stand. Mit Waffengewalt hat Friedrich diesen Bruder auf den geistlichen Stuhl bringen müssen, in der Gefangenschaft ist er gestorben – ein ruhmloses Kapitel ging damit 1480 zu Ende. Im Münster zu Bonn hat man den Erzbischof zur letzten Ruhe gebettet.

Der schwarze *Ludwig* aber, der seinen kurpfälzischen Gegner um mehr als ein Dutzend Jahre überlebte, hat in seinen späten Jahren zum Segen seines Landes regiert und so wieder viele der Schäden geheilt, die während des Streites mit dem kurpfälzischen Friedrich entstanden waren. Kaiser Friedrich III., so weiß man, hat den Wittelsbacher geschätzt und ihn bei seinen Reisen gerne zur Seite gehabt.

Welch großes Ansehen er genoß, zeigte sich auch bei der Prokuratrauung des künftigen Kaisers Maximilian I. mit der burgundischen Erbin Maria. Er paßte gut in diese festliche Szene, denn bei dieser Eheschließung, bei der er den Bräutigam vertrat, war die Braut eine wittelsbachische Urenkelin, eine Nachkommin der Margarete von Straubing-Holland.

In seiner eigenen Familie wollte Ludwig verhindern, daß

sich die zwei erbberechtigten Söhne Kaspar und Alexander nach seinem Tode das Land Zweibrücken teilen. So bestimmte er im Testament, es müsse in »brüderlicher Liebe und Treue« gemeinsam regiert werden.

Diese Bestimmung erwies sich um so nützlicher, als sich noch zu Lebzeiten des Vaters zeigte, daß der älteste Sohn, Kaspar, zur Regierung unfähig sei. Bei seiner Heirat mit einer Tochter des Hohenzollern Albrecht Achilles waren dem jungen Zweibrückener Erben einige Orte und das Schloß Bergzabern übertragen worden. Als die Frau nach nur dreijähriger Ehe 1481 kinderlos starb, wollte Ludwig der Schwarze dem geistig gestörten Kaspar die zugewiesenen Orte wieder entziehen. In seiner Verärgerung über diese Entmündigung vermachte der Junior alle ihm auf Grund seines Erstgeburtsrechtes zustehenden Güter dem Kurfürsten Philipp und zog zu ihm nach Heidelberg.

Die Abmachungen über eine gemeinsame Regierung waren damit hinfällig, und der erste Fürst der Linie Zweibrücken-Veldenz konnte nun seinen Veldenzer und später auch noch den Zweibrücker Besitz seinem zweitgeborenen Sohn Alexander schenken. Der aber versöhnte sich nach Vater Ludwigs Tod mit seinem Bruder Kaspar, die Erbverschenkung der Kurpfalz wurde rückgängig gemacht. Der alte Plan einer Doppelregierung hat sich aber dennoch nicht erfüllt, da Alexander 1490 seinen ursprünglichen Miterben Kaspar zunächst in der Burg Kirkel bei Homburg und später in Hohenfeld einsperren ließ. Dort saß er, wurde siebzig Jahre alt und überlebte dabei seinen Bruder Alexander, der ihm so übel mitgespielt hatte.

Der regierende Zweibrücker, so darf man annehmen, hat unter der Krankheit seines Bruders tief gelitten und pilgerte wahrscheinlich auch ihretwegen 1495 ins Heilige Land. Zehn Monate war er unterwegs, und während dieser langen, mühsamen Reise besuchte er auf Rhodos auch das Grab des unglücklichen Herzogs Christoph aus der Münchner Linie, der zwei Jahre zuvor dort auf der Rückreise von Jerusalem gestorben war.

Das Vierteljahrhundert von Alexanders Herrschaft, die Zeit zwischen 1489 und 1514, wäre ziemlich friedlich verlaufen, wenn das kleine Land nicht in den Landshuter Erbfolgekrieg hineingeraten wäre, in dem Bayern gegen Pfälzer stritten.

Herzog Sigmund und sein Musenhof

Als man sich um das niederbayerische Erbe schlug, waren die nach dem Tode Albrechts III. im Jahre 1460 aufgetretenen Erbschaftsangelegenheiten in MÜNCHEN gelöst. An ihrem Anfang war ein Testament gestanden, das die Erbfolge genau regelte: Albrecht hinterließ fünf Söhne, von denen die beiden ältesten regieren sollten. Die beiden Erstgeborenen waren Johann und Sigmund. Nach drei Jahren starb aber Johann an der Pest, woraufhin die drei für den geistlichen Stand bestimmten Brüder Albrecht, Christoph und Wolfgang ihre Studien in Rom und Pavia abbrachen und in die Münchner Residenz zurückkehrten.

Der zweitälteste lebende Sohn – und damit Mitregent im Herzogtum – war der 1447 geborene Albrecht. Er war, als das Erbe an ihn fiel, erst sechzehn Jahre alt, und so hielt ihn Bruder *Sigmund* zunächst einmal für zwei Jahre von den Regierungsgeschäften fern. Vielleicht hat er geahnt, daß dieser gebildete junge Herr einmal ein strenges, diszipliniertes Regiment führen würde. Unter ihm, dem Herzog Sigmund mit seinem Lockenkopf und seinem Charme, ging es weniger herrisch zu, da hat man den politischen Geschäften nicht allzu große Aufmerksamkeit geschenkt. Als Albrecht dann in das rechte Alter kam und die Geschicke Bayern-Münchens in die Hand nahm, leistete ihm der acht Jahre ältere Sigmund nur noch kurze Zeit in der Kanzlei Gesellschaft. Er zog sich in sein hübsches Schlößchen Blutenburg an der Würm zurück, umgab sich mit schönen Frauen und ließ ansonsten den herzoglichen Bruder in der Residenz nach Belieben schalten. Zu den Vergnügungen des im Austrag lebenden Herzogs Sigmund gehörte offensichtlich der Bau von Kirchen: 1468 errichtete er das inzwischen berühmte gotische Kirchlein bei seinem Blutenburger Schloß, im gleichen Jahr legte er den Grundstein für die Münchner Frauenkirche, 1478 kam die Kirche von Pipping hinzu, 1492 die von Untermenzing und 1499 schließlich noch die von Aufkirchen am Starnberger See.

Dieser Sigmund, der sich zum Vergnügen eine kleine Menagerie mit Pfauen und Tauben und Meerschweinchen sowie »allen selczamen tierlein« einrichtete, war auch der Auftraggeber für die großen Münchner Künstler seiner Zeit, allen voran Jan Polack und Erasmus Grasser.

Da der älteste noch lebende Sohn des Herzogs Albrecht III. freiwillig resigniert hatte, war der jüngere Albrecht – in unserer wittelsbachischen Genealogie *Albrecht IV.* – das, was das Testament verhindern wollte: Er war Alleinregent. Und er wollte es auch sein und bleiben.

Die Abenteuer des Herzogs Christoph

Während sich der Benjamin der Familie, der 1451 geborene Wolfgang damit zufriedengab, daß man ihm das Schloß Greifenberg bei Landsberg überließ, wollte *Christoph* seinen Teil an der Macht und schreckte auch nicht davor zurück, sich das Recht der Mitregierung mit Gewalt zu holen. Er war ein hochgewachsener, kräftiger junger Mann, der auf den Turnierplätzen berühmt und gefürchtet war. Während der Landshuter Hochzeit im Jahre 1475 stieß er einen für schier unbesiegbar gehaltenen polnischen Ritter beim Wettkampf so heftig vom Pferd, daß er einige Tage später starb.

Wie stark dieser Wittelsbacher war, kann man in der Münchner Residenz noch heute nachprüfen. Dort liegt im Durchgang zum Brunnenhof ein riesiger Stein, und darüber steht auf einer Tafel, die Maximilian I. aus der Neuveste hierher hat bringen lassen: »Als nach Christi geburt gezehlt war / Vierzechenhundert Neuntzig Jar / Hat Hertzog Christoph hochgeboren / Ein Held auß Bayrn außerkoren / Den Stein gehebt von freyer Erdt / Und weit geworffen ohngeferdt / Wigt dreyhundert Vier vnd sechzig Pfunt / Des gibt der Stein vnd schrifft Vrkunt ...«

Natürlich hat dieser ›Held auß Bayrn‹ den Rittern imponiert, und als Christoph sie in einem Bund zusammenschloß, kamen vornehmlich unzufriedene niederbayerische Gesellen. Dieser Verein, der sich nach dem Ziegenbock in seinem Abzeichen ›Böckler‹ nannte, war also kein sehr vornehmes Unternehmen, und so hat der Kaiser die ›Böckler‹ auch bald schon verboten.

Von Landshut aus wurde im Streit der Brüder vermittelt, und Albrecht versprach schließlich, innerhalb eines Jahres Herzog Christoph an den politischen Geschäften zu beteiligen. Ehe es aber so weit war, ließ sich Christoph für fünf Jahre auszahlen – gegen Überlassung des Schlosses Pähl bei Weilheim und einer angemessenen Rente.

Bald sprach sich freilich herum, daß der Herr von Pähl den Vertrag bereue und daß er mit Gewalt die Dinge ändern wolle. Diese Kunde hat auch den Herzog in der Residenz erreicht. Er lud den Bruder zu sich ein und ließ ihn, als er sich gerade im Thürlbad tummelte, von einigen schwerbewaffneten Rittern gefangennehmen und für 19 Monate in den später so benannten Christoph-Turm der Neuveste werfen.

Dieser Turm, der an der Stelle des jetzigen Cuvilliés-Theaters gestanden hat, soll übrigens nicht abgebrochen, sondern in den Neubau mit eingemauert worden sein, als Ludwig I. im 19. Jahrhundert eine Erweiterung der Residenz vornehmen ließ. Der König hatte dies gewünscht, da die Herrschaft der Wittelsbacher der Sage nach so lange dauern sollte, wie dieser Turm steht.

Otto II., der Mathematicus von Mosbach, war heimlich aus

seiner oberpfälzischen Residenz nach München gereist, um seinen Verwandten aus der schmählichen Haft zu befreien, doch wie auf dem Kapitol die Gänse, so haben hier die Pfauen im Burggraben die Wächter geweckt und das Vorhaben verraten, noch ehe es glücklich zu Ende geführt war.

Christoph saß also weiterhin in seinem Kerker, und erst dem Landshuter und einigen anderen Fürsten ist es schließlich gelungen, von Albrecht die Freilassung zu erreichen. Eine der Bedingungen war, daß sich der streitbare Wittelsbacher nicht rächen dürfe.

Christoph versprach es, und einige Jahre später, im Frühjahr 1475, verzichtete er sogar für zehn Jahre auf die Mitregierung. Der Bruder in der Neuveste mußte ihm allerdings die Städte Weilheim und Landsberg überlassen, eine Rente zahlen und die Schulden begleichen.

Zunächst schien sich der starke Christoph dareinzufinden, daß er seinem älteren Bruder nicht gleichgestellt wurde, und als er es sich dann aber doch wieder anders überlegte, schickte Albrecht den Grafen Niklas von Abensberg aus, damit er dem Rebellen die beiden Städte wieder wegnehme.

Der junge Wittelsbacher kannte den Grafen Niklas sehr gut, denn dieser Adelsmann war es gewesen, der ihn einst im Bad gefangengenommen hatte. Bei Freising wollte er dafür nun seine Rache. Im Februar 1485 lauerte er dem zu seiner Burg ziehenden Grafen Niklas auf, es kam zu einem kurzen, heftigen Handgemenge, und zuletzt war der »edle Herr Niclas von Abensberg« tot. Er hatte sich zwar ergeben, doch Christophs Knappe Seitz von Frauenberg, der das nicht wußte, stürzte sich auf ihn und »stach ihn von Unten auf zu Tod«.

Der Ermordete hinterließ keine Erben, und so fiel die reichsunmittelbare Grafschaft Abensberg dem Manne zu, dem Christoph sie sicher am wenigsten gönnte – seinem Bruder Albrecht.

Die Aussichten, als zweiter bayerischer Landesfürst in die

Neuveste einzuziehen, standen schlecht, und so war Christoph jetzt, da er sich für den heimtückischen Überfall im Bade gerächt hatte, zum Verzicht bereit, wenn man ihm dafür Schongau und Weilheim überlasse. Er sandte zwar reumütig seine Boten nach Rom, die eine Lossprechung von seiner Schuld erbitten sollten, machte auch eine Wallfahrt auf den Heiligen Berg zu Andechs, doch er war deswegen noch nicht bereit, sein abenteuerliches Leben aufzugeben. Wenn er daheim der Gewalt abgeschworen hatte, so gab es ja draußen in der Welt noch genügend Gelegenheiten, Mut zu zeigen.

Zuerst beteiligte er sich an der Befreiung des von den Bürgern zu Brügge festgehaltenen Römischen Königs Maximilian, anschließend zog er mit Herzog Georg von Landshut nach Ungarn und zeichnete sich dabei vor allem beim Sturm auf Stuhlweißenburg aus.

Drei Jahre nach dieser Heldentat ist Christoph von Wittelsbach zu einer Pilgerfahrt nach Jerusalem aufgebrochen. Auf der Rückreise starb er im August 1493 auf Rhodos. In seiner letzten Stunde tröstete ihn der Johanniter-Großmeister Rudolf Graf von Werdenberg, ein Schwager jenes Grafen Niklas von Abendsberg, den Christoph acht Jahre zuvor getötet hatte.

Die Reichen Herzöge von Niederbayern

In LANDSHUT war Herzog Heinrich im Hochsommer 1450 gestorben. Vor allem die Erträge der Bergwerke in Tirol hatten ihn zu einem reichen Mann gemacht. Sein Sohn Ludwig, der ihm nachfolgte, hat diesen Wohlstand noch vermehrt – und beide, Vater wie Sohn, bekamen den Beinamen ›der Reiche‹.

Da der in der zweiten niederbayerischen Residenz zu Burghausen geborene und aufgewachsene *Ludwig der Reiche* ein freigebiger und gütiger Herr war, haben ihn seine Untertanen auch mehr geliebt als seinen immer etwas geizigen

Vorgänger. An Ludwigs Hof ging es hoch her, und als er im zweiten Regierungsjahr auf seiner Residenz Trausnitz die sächsische Kurfürstentochter Amalia heiratete, hielt er über eine Woche lang 20000 Gäste frei, darunter auch den pfälzischen Kurfürsten Friedrich den Siegreichen.

Zehn Jahre später bewies der prachtliebende Herzog, daß er auch ein guter Feldherr war. Zusammen mit den Münchnern focht er gegen den brandenburgischen Kurfürsten Albrecht Achilles, der Kaiser Friedrich III. zum Verbündeten hatte. Als der mit seinen wittelsbachischen Verwandten kämpfende pfälzische Kurfürst bei Seckenheim einen Sieg errang, wollte der Landshuter Wittelsbacher Ludwig ihm nicht nachstehen. Er attackierte Albrecht und schlug ihn am 19. Juli 1462 bei Giengen an der Brenz vernichtend. Die niederbayerischen Untertanen meinten, dieser große Triumph sei vor allem dem Gebet ihrer Herzogin zu verdanken, die, wie ihre Vorgängerin, in Burghausen lebte.

Auch die beiden Kinder Georg und Margarete wuchsen in dieser mächtigen, wehrhaften Residenz auf, und als der Erbe dreizehn Jahre alt war, holte ihn sein Vater zu sich nach Landshut. Er wollte den künftigen Herzog frühzeitig in die Kunst des Regierens einweisen. Regieren hieß im Niederbayern des 15. Jahrhunderts vor allem auch repräsentieren, und so erschien Ludwig mit seinem inzwischen fünfzehnjährigen Sohn Georg im Mai 1471 auf dem wegen der Türkengefahr einberufenen Reichstag von Regensburg auch nicht mit dem üblichen Gefolge, sondern ließ sich von 1200 rotgewandeten Reitern begleiten.

Im darauffolgenden Jahr saß der junge Herzog auch bei der Gründung der Universität Ingolstadt an der Seite seines Vaters. Sicher wollte der Landshuter Fürst durch diese Hochschule die Bürger der Stadt trösten, denn nach dem Tode Ludwigs des Gebarteten war ihnen der Hof genommen worden. Im Stiftungsbrief stand aber auch geschrieben, daß die Universität die Aufgabe habe, die Sitten zu heben, den christlichen Glauben zu stärken und den sozialen Aufstieg derer zu fördern, die von »nider gepurt herkomen«, ein für seine Zeit höchst revolutionärer Gedanke.

Für einen so prunkliebenden, großzügigen Fürsten waren natürlich auch die Hochzeiten seiner Kinder ein Anlaß, sich und seinen Reichtum zur Schau zu stellen. Als die Tochter Margarete 1474 in Amberg die Frau des künftigen pfälzischen Kurfürsten Philipp wurde, waren die anschließenden Feierlichkeiten bei aller Pracht und trotz des ungeheuren Aufwands nur ein Vorspiel für das noch sehr viel schönere, größere Fest der Landshuter Hochzeit vom November 1475.

Die Landshuter Fürstenhochzeit

Die Bürger der niederbayerischen Residenzstadt haben bis heute nicht vergessen, wie feierlich und wie glanzvoll es zuging, als Herzog *Georg der Reiche* die polnische Königstochter Jadwiga heiratete: Alle drei Jahre schlüpfen sie in die detailgetreu kopierten Kostüme jenes Festes und feiern mit einem großen Umzug, mit Tanzspiel und Turnier die Erinnerung an die größten Tage, die ihre Stadt je gesehen hat. Altstadt und Residenz bilden bei diesem Volksfest eine herrliche Kulisse.

Zu den Gästen des Jahres 1475 zählte Kaiser Friedrich III. mit seinem Sohn Maximilian, Kurfürst Albrecht Achilles von Brandenburg, die Münchner Vettern Albrecht, Christoph und Wolfgang, der pfalzgräfliche Schwager Philipp, die Grafen von Württemberg, der Markgraf von Baden, dazu alle bayerischen Bischöfe und vierzig Reichsgrafen.

Es ist damals alles sehr gewissenhaft aufgeschrieben worden, und so weiß man, daß zum Beispiel 1100 Trompeter und Pfeifer spielten, als die Braut in ihrem von acht Schimmeln gezogenen goldenen Wagen in die Stadt einzog. Es wurde weiter aufgeschrieben, daß die Juwelen auf Georgs Hut 50000 Gulden wert gewesen waren und daß 9000 Pferde untergebracht und gefüttert werden mußten. Auch die Verpflegung der Gäste war aufwendig. Eine Woche lang wurde jedermann, ob Bürger Landshuts oder Besucher, vom Herzog Ludwig freigehalten: 323 Ochsen wurden geschlachtet, 285 Schweine, 1133 ungarische Schafe, 1537 Lämmer, 490 Kälber, 11500 Gänse, 40000 Hühner ... Insgesamt hat dieses große Hochzeitsspektakel 60766 Gulden gekostet, was umgerechnet etwa 25 Millionen Mark entsprechen soll.

Die Schwester des Landshuter Bräutigams wohnte während der Kronprinzenjahre mit ihrem Pfalzgrafen Philipp dem Aufrichtigen, einem sanften, umgänglichen Mann, in der oberpfälzischen Residenz zu Amberg. Im Jahre 1476, nach dem Tode seines Onkels, zog Philipp als Kurfürst nach Heidelberg. Er war sicher der einzige deutsche Fürst, der ganz offiziell einen Papst zum Großvater hatte: Der Vater seiner Mutter, ein savoyischer Herzog, hatte der Welt entsagt und sich nach einem kurzen Eremitenleben auf dem Konzil von Basel 1439 als Felix V. zum Papst wählen lassen. Zehn Jahre später mußte er allerdings wieder abdanken.

Von den vierzehn kurpfälzischen Urenkeln dieses Papstes waren die beiden wichtigsten der künftige Kurfürst Ludwig V. und der 1481 geborene Rupprecht, der seine Landshuter Kusine Elisabeth heiratete und so am Landshuter Erbfolgekrieg mitschuldig wurde.

Margaretes Bruder, der reiche Landshuter Herzog Georg, war kein Mustergatte. Er schob seine krakauische Frau bald nach Burghausen ab, um ein freies, zügelloses Leben führen zu können. Nicht einmal nach ihrem Tode hat man Jadwiga – in Bayern nannte man sie Hedwig – in jene Residenzstadt zurückgeführt, in der ihre Hochzeit so stolz und schön gefeiert worden war. In Raitenhaslach bei Burghausen, wo auch schon Ludwig der Gebartete lag, wurde sie beerdigt.

Von ihren drei Söhnen starben zwei bereits als Kinder, der dritte unvermählt mit 24 Jahren. Da es also keinen männlichen Erben gab, wäre das Herzogtum nach den wittelsbachischen Gesetzen an München gefallen. Aus Neid, weil der oberbayerische Albrecht Erben hatte – auch wenn er ansonsten kein reicher Mann war –, setzte Georg seine älteste Tochter Elisabeth, die mit dem ursprünglich für ein geistliches Amt bestimmten pfälzischen Kurprinzen Rupprecht verheiratet war, als Universalerbin ein. Für den Fall, daß dem Paar keine Erben geboren würden, sollte das Land dem Kurfürsten Philipp von der Pfalz zufallen.

Der Landshuter Erbfolgekrieg

An Erben war an Albrechts Hof zu MÜNCHEN dagegen kein Mangel: Der Herzog hatte von Kaiser Maximilians Schwester Kunigunde acht Kinder. Die ehrenvolle Ehe mit einer Kaisertochter – ihr Vater war Kaiser Friedrich III. – war angeblich gegen den Willen des habsburgischen Regenten geschlossen worden. Da Kunigunde bei der Vermählung zu Innsbruck auch nicht auf ihre Erbansprüche verzichtet hatte, wurde damit auch ein Bund gestiftet, der für Bayern noch Folgen haben sollte.

Als Albrecht hörte, daß sich sein Landshuter Verwandter über die alten Abmachungen hinweggesetzt hatte, rüstete er ein Heer, um sich sein Recht zu erstreiten. Auch Herzog Georg rief Krieger zusammen, doch noch ehe die Heerhaufen gegeneinander marschieren konnten, starb der 48jährige Georg auf dem Weg zu einer Badekur in seinem Schloß zu Ingolstadt. Zuvor hatte er seinen Schwiegersohn noch zum Regenten des Herzogtums Niederbayern gemacht.

In Landshut bildete sich nach dem Tode des Landesherrn ein Regentschaftsrat der Stände, aber die resolute Herzogin Elisabeth wollte ihre Macht alleine ausüben. Sie forderte die Räte daher auf, sofort nach Hause zu gehen. Damit kein Zweifel an ihrer Entschlossenheit aufkommen konnte, ließ sie mit einer Kanone das Rathaus beschießen. Anschließend ritt sie mit einem Streitkolben in der Hand an der Spitze der

Schloßbesatzung von der Trausnitz herunter. Damit begann der Landshuter Erbfolgekrieg.

Rupprecht, ihr Mann, hatte seinen kurfürstlichen Vater Philipp und den König von Böhmen als Bundesgenossen, Albrecht konnte in seinem Lager Kaiser Maximilian, den Schwäbischen Bund, den Bräutigam seiner Tochter, den Herzog Ulrich von Württemberg, den Markgrafen Friedrich von Ansbach, den Herzog Johann von Sachsen und den Herzog Alexander von Zweibrücken vereinigen. Irgendwann stieß auch noch der Ritter Götz von Berlichingen zu diesem buntgewürfelten Heer – vor Landshut hat ihm dann eine Kanonenkugel 1504 die rechte Hand weggerissen. Der Prothese, die er sich daraufhin anfertigen ließ, verdankt er den Beinamen ›Ritter mit der Eisernen Faust‹.

Der Kaiser kämpfte selbst in diesem Krieg um das Landshuter Erbe mit und verhängte über Rupprecht die Reichsacht. Das Herzogtum Landshut aber verlieh er den beiden Münchner Brüdern Albrecht und Wolfgang, denen es ja ohnedies zustand.

Ein grausamer Krieg hatte mit dem Ritt der Elisabeth begonnen. Zwar gab es nur wenige Schlachten (wie etwa das Treffen bei Schönberg, das mit Maximilians Sieg über die Böhmen endete), aber die Heere zogen mordend und sengend durchs Land, Seuchen brachen aus, und zu ihren Opfern zählten wahrscheinlich auch Rupprecht und Elisabeth, die beide im Sommer 1504 innerhalb weniger Wochen starben. Der grausame Krieg aber ging trotzdem weiter, bis Albrecht, vor allem auf Drängen seines kaiserlichen Schwagers Maximilian, im Februar 1505 in einen Waffenstillstand einwilligte. Wie die meisten Erbfolgekriege endete auch der von Landshut mit einem Kompromiß. Im Kölner Schiedsspruch vom Juli 1505 bekamen die Münchner Herzöge zwar Niederbayern endgültig zugesprochen, doch der habsburgische Vermittler verlangte für sich vor allem die wegen ihrer Bergwerke wertvollen Gebiete von Rattenberg, Kitzbühel und Kufstein sowie das Zillertal, die Vogtei über das Erzbistum Salzburg und die schwäbischen Erwerbungen Ludwigs des Reichen.

Für die Erben des Pfalzgrafen Rupprecht aber, denen ja vom Großvater das niederbayerische Land zugedacht war, wurde aus dem Gebiet von Neuburg an der Donau, Lauingen, Burglengenfeld, Sulzbach und Hilpoltstein ein neues wittelsbachisches Land gebildet, die ›Junge Pfalz‹, die auch ›Herzogtum Pfalz-Neuburg‹ genannt wurde. Die Besitzungen hat man so gestückelt, daß zuletzt das Auskommen der Erben gesichert war. »Alles bis in 20 000 fl. rhl. Nutzen und Geldes«, hatte der Kaiser in seinem ›Kölner Spruch‹ bestimmt, solle den Herren des Herzogtums zufallen. »Und was solches Oberland nicht ertragen mag, soll ihm erstattet werden am Niederlande, auch herdieshalb der Donau und anderen Landen ...«

Rupprecht und Elisabeth hatten zwei Kinder hinterlassen, den kaum dreijährigen Otto Heinrich und den ein Jahr jüngeren Philipp; zwei weitere Söhne, Zwillingsbrüder, waren bereits vor ihren Eltern gestorben. Hätte der Kaiser bei den Friedensverhandlungen vorausgesehen, daß Otto Heinrich – bekannt geworden als Ottheinrich – eines Tages die Kurpfalz erben würde, hätte er dieses Herzogtum wahrscheinlich nicht geschaffen.

Der Schaden, den man Bayern dadurch zufügte, wurde durch die Wiedervereinigung des Landes freilich aufgewogen. Denn um weitere Teilungen für alle Zeiten zu verhindern, erließ Albrecht IV. im Einvernehmen mit seinem unverheirateten Bruder Wolfgang und der ›Landschaft‹ am »Mitichen nach Sannt Vlrichstag«, am 8. Juli 1506, das ›Primogeniturgesetz‹. In diesem wurde festgelegt, daß die im Herzogtum Bayern befindlichen Fürstentümer hinfort nach dem Erstgeburtsrecht in der männlichen Linie ungeteilt vererbt werden sollten. Die jüngeren, nachgeborenen Söhne bekamen den Grafentitel und eine Jahresrente.

Albrecht IV., der sich alleine mit diesem Gesetz seinen Beinamen ›der Weise‹ verdient hätte, starb im März 1508 und wurde in der Frauenkirche beigesetzt. Seine Frau lebte noch zwölf Jahre im Münchner Püttrich-Kloster, »im Geruche der Heiligkeit«, wie Christian Haeutle in seiner ›Genealogie des Erlauchten Stammhauses Wittelsbach‹ schrieb.

Das geeinte Herzogtum

DAS GEEINTE HERZOGTUM

*Von der Wiedervereinigung Bayerns
bis zur Rückgewinnung der Kurfürstenwürde*

1506-1623

Das 16. Jahrhundert begann im Zeichen des Humanismus und der Renaissance, die in beiden Linien unseres Hauses begeisterte Anhänger fanden. Doch bald entzweite die Reformation die einzelnen Zweige, und während die bayerischen Wittelsbacher der katholischen Kirche treu blieben, schwenkte man in der Pfalz zum neuen Glauben über. Den Anfang machte Ottheinrich, das Haupt der neuen Linie Pfalz-Neuburg. Nach dem Grundsatz ›Cuius regio eius religio‹ mußte dabei auch die Bevölkerung den Wechsel mit vollziehen.

Friedrichs des Weisen Eifer für die Habsburger

In der PFALZ war im Februar 1508 Kurfürst Philipp, der Schwiegervater der Landshuter Elisabeth, im Alter von 59 Jahren gestorben, sein Sohn *Ludwig V. der Friedfertige* übernahm sein Amt. Er war ein Mann des Ausgleichs, der sich nicht in die Wirren der Reformation hineinziehen ließ. Zwar mußte auch er während des Krieges mit seinen Soldaten gegen Landshut ziehen, aber er tat das nur aus Pflichtgefühl, viel lieber hat er, der Verfasser der Wittelsbachischen Reimchronik, gejagt und gebaut. Da er von seiner herzoglich-bayerischen Frau Sybille keine Kinder hatte, folgte ihm sein Bruder Friedrich nach.

Unter den vierzehn Kindern des Kurfürsten Philipp war der viertgeborene Sohn *Friedrich II.* die interessanteste Figur.

Er war 1556 auf der bei Neustadt gelegenen Burg Winzingen geboren worden, da in Heidelberg die Pest herrschte. Friedrich, dessen bewegtes Leben von Leodius höchst anschaulich beschrieben wurde, war Vormund der Neuburger Herzöge Ottheinrich und Philipp.

Dem Brauch der Zeit folgend, hatte Friedrich an den Höfen Ludwigs XII. von Frankreich und Kaiser Maximilians I. in Burgund weltmännisches Benehmen gelernt. Er freundete sich mit des Kaisers Sohn Philipp an, der dann die spanische Erbin heiratete. Bei der Reise in sein künftiges Reich hat der Wittelsbacher ihn begleitet. Als er auf dem Rückweg nach Paris kam, traf er dort seinen Bruder, der ein beschauliches und vergnügtes Leben führte. Die Damen haben Friedrich geliebt und wahrscheinlich wäre er schon ihretwegen länger an der Seine geblieben, wenn nicht der Landshuter Krieg ausgebrochen wäre. Obwohl er auf der Gegenseite kämpfte, bewährte sich beim Friedensschluß seine gute Beziehung zum Kaiser Maximilian.

Die Verbindungen zum Herrscher des Heiligen Römischen Reiches deutscher Nation haben sich in den folgenden Jahren noch vertieft – Friedrich kämpfte für Maximilian gegen Venedig und reiste in kaiserlichem Auftrag und mit einer diplomatischen Mission zu König Heinrich VIII. nach England. Er war bereits Vormund der Neuburgischen Erben, als er auch noch zum Kämmerer des Kaiserenkels Karl V. ernannt wurde; bis zu dessen Volljährigkeit blieb er in Flandern. In dieser Zeit muß er sich auch in Karls Schwester Eleonore verliebt haben, doch die Dame war König Manuel von Portugal bestimmt, der treue Friedrich hatte das Nachsehen. Trotzdem setzte er sich dafür ein, daß Karl zum Kaiser gewählt wurde, und er war es dann auch, der dem Neugewählten die Nachricht nach Spanien bringen durfte. Sein kurfürstlicher Bruder hat ihm diesen Auftrag erteilt, und wahrscheinlich nahm der Wittelsbacher bei dieser Reise sein neuburgisches Mündel Ottheinrich mit.

In seinem Eifer für die Habsburger hat dieser Fürst selbst gegen das Interesse seiner eigenen Familie gehandelt. Vielleicht wäre ohne ihn Herzog Ludwig von Bayern an Stelle des Kaiserbruders Ferdinand zum böhmischen und ungarischen König gewählt worden.

Eine noch größere Enttäuschung für unser Haus war fünf Jahre später die Wahl dieses Königs Ferdinand zum deutschen König, denn der Münchner Herzog Wilhelm IV. hatte damit gerechnet, daß ihm diese Würde zufiele. Enttäuscht und verärgert weigerten er und sein Bruder sich lange Zeit, den neuen Monarchen anzuerkennen.

Da das Haus Habsburg immer mächtiger wurde – und dabei doch jünger als das der Wittelsbacher war –, schloß Wilhelm mit Frankreich, mit dem protestantischen Sachsen und mit Hessen einen Bund gegen den königlichen Nachbarn. Fünf Jahre später wurden Ferdinands dreijährige Tochter Anna und der künftige Herzog Albrecht von Bayern miteinander verlobt, damit war das Einvernehmen wiederhergestellt. Um die gleiche Zeit, im Jahre 1524, erneuerten die pfälzische und die bayerische Linie unseres Hauses die Vereinbarungen über die gegenseitige Vererbung.

Pfalzgraf Friedrich aber war noch immer für Habsburg unterwegs und kämpfte zum Beispiel 1529 an seiner Seite gegen die Türken. Für so viel Eifer gab es zuletzt jedoch keinen Lohn, weder die Statthalterschaft in den Niederlanden noch das Regierungsamt in Neapel oder Mailand. Auch in seinem Privatleben haben sich seine Wünsche zunächst nicht erfüllt. Sieben Damen lehnten sein Werben ab, und Friedrich war beinahe 53 Jahre alt, als ihm die vierzehnjährige dänische Königstochter Dorothea 1535 das Jawort gab. Das Paar zog nach Neumarkt, einige Zeit später nach Amberg und 1544 in die pfälzische Residenz – denn nach dem Tode des Bruders Ludwig V. war Friedrich im Einvernehmen mit seinen Neuburger Neffen und dem Kaiser zum Kurfürsten bestellt worden.

Dieser Wittelsbacher, der sich die Welt so ausgiebig angesehen hatte, bekam den Namen ›der Weise‹, und den gleichen Namen erhielt auch sein Bruder Wolfgang. Er war Domherr von Würzburg, Augsburg und Speyer. Später, als Luther dort lehrte, wurde er Rector Magnificus der Universität Wittenberg. Im Jahre 1524, mit dreißig Jahren, entsagte er seinen geistlichen Würden und zog sich nach Neumarkt in der Oberpfalz zurück.

Insgesamt haben sechs Brüder des Kurfürsten Friedrich hohe Kirchenämter übernommen, zwei von ihnen haben sie aber später wieder zurückgegeben.

Wilhelm IV. bewahrt die Katholizität Altbayerns

In BAYERN hinterließ der wenige Jahre nach der bayerischen Wiedervereinigung gestorbene Herzog Albrecht IV. drei Söhne – seinen Nachfolger Wilhelm IV. sowie Ludwig und Ernst. Von seinen vier Töchtern starb Sidonie nach 16jähriger Verlobungszeit als Braut des Kurfürsten Ludwig v. des Friedfertigen von der Pfalz, worauf der Bräutigam sechs Jahre später, im Frühjahr 1511, Sybille, die zweite Tochter des Münchner Herzogs heiratete. Für deren Schwester Sabine begann etwas mehr als eine Woche später die sehr unglückliche Ehe mit Herzog Ulrich von Württemberg. Die vierte und jüngste Tochter des Herzogs Albrecht, Susanne, verlor ihren ersten Mann, den Markgrafen Kasimir von Brandenburg, im Türkenkrieg. In zweiter Ehe heiratete sie ein Vierteljahrhundert nach dem Landshuter Erbfolgekrieg den Pfalz-Neuburger Kurfürsten Ottheinrich.

Da *Wilhelm IV.* beim Tode des Vaters noch minderjährig war, stand er zunächst unter der Vormundschaft seines Onkels Wolfgang und eines Regentschaftsrates. Seine Brüder Ludwig und Ernst wuchsen in Burghausen, Landshut und München unter Aufsicht des gelehrten Geschichtsschreibers Aventin auf. Ludwig war 1495, also noch vor Erlaß des

Wittelsbacher und Kultur

30 Unter den frühesten deutschen Universitäten befinden sich auch zwei wittelsbachische Stiftungen. Noch in der ersten Gründungswelle errichtete Kurfürst RUPPRECHT I. von der Pfalz 1386 die Hohe Schule in Heidelberg (im Bild eine Vorlesung, wie sie sich in Sebastian Münsters Cosmographie dargestellt findet). Sie ist nach Prag (1348), Krakau (1364) und Wien (1365) die vierte deutsche Universität, heute die älteste der Bundesrepublik.

31 Die zweite Gründungswelle führte dann Herzog LUDWIG IX. der Reiche von Bayern-Landshut an (links kniend im Bild, gegenüber der erste Rektor Christoph Mendel): 1472 errichtete er die Universität Ingolstadt. Die Absicht, damit auch den sozialen Aufstieg derer zu fördern, die von »nider gepurt herkomen«, weist den Herzog als außerordentlich weitblickend und geradezu modern aus. 1800 wurde die Universität von Ingolstadt nach Landshut verlegt, von wo sie König Ludwig I. — eine seiner ersten Amtshandlungen — 1826 nach München überführte.

32-33 Mit Albrecht IV. war der erste umfassend gebildete Humanist auf Bayerns Herzogsthron gelangt, mit seinem Sohn Wilhelm IV. zog der Gründer der bayerischen Kunstsammlungen in die Neuveste ein und mit seinem Enkel ALBRECHT V. (Abb. 32) erreichte »Der Bayrische Pracht«, wie die Münchner höfische Renaissancekultur sprichworthaft genannt wurde, seinen Höhepunkt. Den Künsten und Wissenschaften gleichermaßen ergeben, erwarb Albrecht die zu ihrer Zeit berühmten Bibliotheken von Johann Albrecht Widmannstetter, Jakob Fugger und Hartmann Schedel, begründete das Münzkabinett, gab prachtvolle Miniaturhandschriften in Auftrag, veranlaßte die erste Landesvermessung, erweiterte die Gemäldesammlung beträchtlich und berief Orlando di Lasso, der die Münchner Hofkapelle zur europäischen Spitze führte. Für seine Sammlungen errichtete er 1563-67 die ›Kunstkammer‹ (heute Münzhof) und schuf 1569-71 mit dem ›Antiquarium‹ (Abb. 33) nicht nur den ältesten selbständigen Museumsbau, sondern auch den größten Renaissance-Profanraum nördlich der Alpen.

34-35 LUDWIG X. (1495-1545), Bruder Herzog
Wilhelms IV. und Onkel Albrechts V. (Abb. 32), hatte
sich — da er noch vor dem Erlaß des Primogeniturgesetzes geboren war — nochmals eine Mitregentschaft ausbedungen und die Verwaltung der Rentämter Straubing und Landshut erhalten. Die Enge
der mittelalterlichen Burg Trausnitz verlassend,
errichtete er sich in der Landshuter Altstadt eine
Residenz, in welche die damals fortschrittlichsten
Bauideen und modernsten Stilprinzipien — die der
Bauherr auf einer Reise nach Oberitalien 1536 kennengelernt hatte — eingingen. Was dabei entstand, hatte nicht seinesgleichen im Norden: nicht nur das erste deutsche Renaissanceschloß überhaupt, sondern zugleich die reinste Übertragung eines italienischen Palazzo auf deutschen Boden mit einem regelmäßigen vierflügeligen Arkadenhof (Abb. 35, im Vordergrund der sogenannte ›Deutsche Bau‹) und der ersten gegenläufigen Treppenanlage, die nördlich der Alpen geschaffen worden ist. Herzog Ludwig X. konnte sich seiner Schöpfung allerdings nicht lange erfreuen: Er starb bereits zwei Jahre nach der Vollendung der Stadtresidenz.

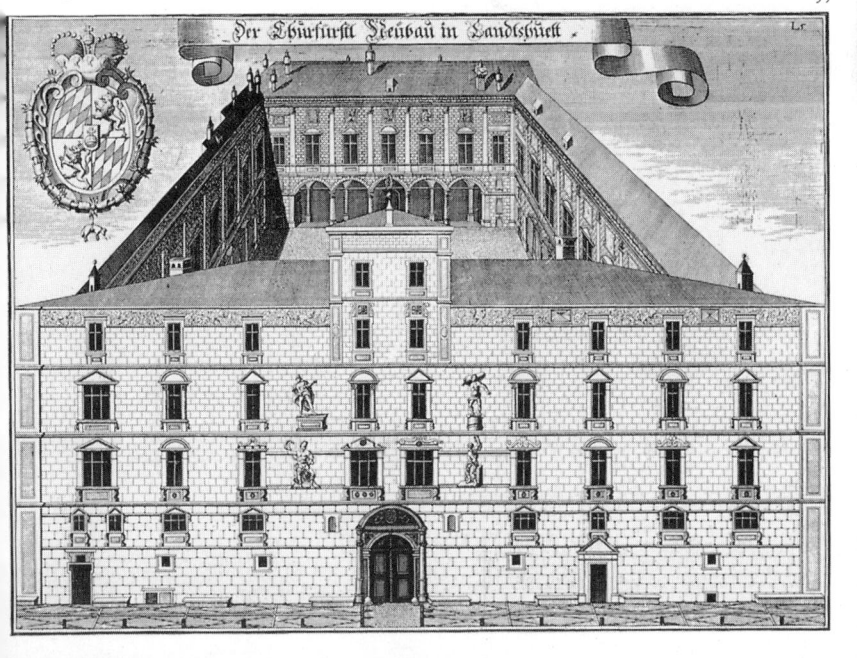

36 Wittelsbachischer Tradition folgend, hat sich auch Kurfürst MAX EMANUEL (1662-1726, Abb. 9) intensiv darum bemüht, die überkommene Bildergalerie zu bereichern. Besonders seine Statthalterschaft in den Niederlanden hat er dazu benutzt, um neben französischen, italienischen und spanischen Meistern niederländische und vor allem flämische Malerei zu erwerben. Von der Leidenschaft, Bilder zu sammeln, ließ er auch dann nicht ab, als er im Verlauf des Spanischen Erbfolgekrieges als länderloser Emigrant von Ludwigs XIV. Gnaden in Frankreich lebte. Mehr als tausend Gemälde hat der Kurfürst im Laufe seines Lebens erworben, darunter Werke von Rubens, van Dyck, Brueghel, Teniers, Brouwer und Murillo, die heute zu den kostbarsten Schätzen der Münchner Alten Pinakothek gehören. In seinem Neuen Schloß zu Schleißheim (1701-27) — im Bild von der Gartenseite her gesehen — ließ er außer den Repräsentationsräumen und den Wohnsuiten auch eine eigene ›Grande Galerie‹ und zwei ›Niederlandische Malerey-Cabinetten‹ für seine Erwerbungen einrichten. Damit entstand nicht nur eine der ersten Galerien in Deutschland, sondern auch eine Barockanlage, deren »Treppenhaus und Festsaal in der ersten Wertreihe des deutschen Barocks« stehen.

37-38 Zur selben Zeit wie Max Emanuel von Bayern huldigte ein weiterer Wittelsbacher der gleichen Leidenschaft und ließ es sich wohl nicht träumen, mit dem Ertrag seines Sammeleifers dereinst die Galerie seines Rivalen zu bereichern: Kurfürst JAN WELLEM von der Pfalz (1658-1716, Abb. 37). Er hat zwar »nur« 348 Werke gekauft, die aber waren in Rang und Qualität von außerordentlicher Erlesenheit und genügten den höchsten Ansprüchen: Nicht umsonst besaß die Düsseldorfer Galerie weltweiten Ruf. Zur Unterbringung seiner umfangreichen Kunstschätze und Bildersammlung errichtete Jan Wellem 1710 an der Südseite des Düsseldorfer Schlosses einen Galeriebau, in dessen erstem Saal (Abb. 38 an unübersehbarer Stelle das Reiterbildnis des Mäzens inmitten der Werke von Luca Giordano, Anthoni Schoojans, François Millet oder Jan Brueghel erschien — Werke, die seit der Überführung der Düsseldorfe Galerie 1805/06 nach München zum Bestand der Alten Pinakothek gehören.

39 Bei Kurfürst MAX III. JOSEPH (1727-77, siehe auch Abb. 54 und 65) lagen Sparsamkeit und Mäzenatentum im Widerstreit: Das eine gebot der unglückliche Ausgang des Kaisertraumes seines Vaters Karl Albrecht, zum andern fühlte sich der feinsinnige und hochgebildete Monarch unwiderstehlich hingezogen. So brachte er zwar München, als er die Anstellung Mozarts wegen fehlender ›Vacatur‹ ablehnte, um eine große musikalische Chance, entschädigte aber dafür die Stadt durch den Bau des Alten Residenztheaters (1751-55), das heute nach seinem Architekten *Cuvilliés-Theater* benannt ist und als das schönste Rokokotheater der Welt gilt. Am 13. Januar 1775 wurde

hier Mozarts ›La finta giardiniera — Die Gärtnerin aus Liebe‹ uraufgeführt, am 29. Januar 1781 sein ›Idomeneo‹. Gut hundert Jahre nach seinem Entstehen diente das Theater dem ebenso kunstbegeisterten wie theaterbesessenen König Ludwig II. (Abb. 44) zu den berühmten ›Separatvorstellungen‹, in denen er sich aus dem ernüchternden Alltag des Frühindustrialismus in die barocke Welt des von ihm vergötterten Sonnenkönigs flüchtete: Auf der Bühne eine Szene am Hof Ludwigs XIV. von Frankreich.

40 Montgelas hat MAX III. JOSEPH (1727-77) »den besten und erleuchtetsten unter den bayerischen Fürsten« genannt. Unter seiner Regierung wurden — um nur einige Beispiele anzuführen — 1747 die Nymphenburger Porzellanmanufaktur gegründet (die mit Bustellis Figuren zur Italienischen Komödie das Feinsinnigste hervorbrachte, was Künstlergeist in diesem Fach ersonnen hat), erstmals in Deutschland die Pocken-Schutzimpfung eingeführt (die der Landesherr selber nicht für sich in Anspruch nahm — und dann an den Pocken starb) und die Bayerische Akademie der Wissenschaften gegründet (mit der Bayern den Anschluß an die europäische Aufklärung suchte). Die Gedenkmedaille (im Bild) an die Konstituierung am Geburtstag des Kurfürsten, 28. März 1759, ist das einzige erhaltene zeitgenössische, bildhafte Dokument der Gründung.

41, 42 Zum Ausgleich für die wirtschaftlichen und kulturellen Nachteile, die der Stadt Mannheim durch die Übersiedlung des Hofes nach München erwuchsen — so folgte zum Beispiel auch das berühmte und wegen seines phantastischen Crescendos vielbewunderte Mannheimer Orchester seinem Kurfürsten —, gründete KARL THEODOR (Abb. 56) 1777 das erste deutsche ›Hof- und Nationaltheater‹ (Abb. 41), das in der Förderung des deutschen Dramas und der nationalen Bewußtseinsbildung besondere Bedeutung erlangte. Hier wurde am 13. Januar 1782 mit den ›Räubern‹ das programmatische Schauspiel des deutschen Sturm und Drang unter Anwesenheit des Dichters uraufgeführt. August Wilhelm Iffland spielte dabei den Franz Moor. Die Originalkulissen — im Bild 42 die Galerie im Moorschen Schloß aus der zweiten Szene des vierten Akts — waren bis 1944 in Mannheim erhalten.

41

42

43, 45, 46 LUDWIG I. (1786-1868, Abb. 43) hatte sich bereits als Kronprinz von seinem Vater Max Joseph die Verantwortung für kulturelle Fragen übertragen lassen. So begann er noch lange vor seinem Regierungsantritt den klassizistischen Ausbau Münchens (siehe auch Abb. 23) zu einer Stadt, von der in Zukunft keiner sagen konnte, daß er Deutschland kenne, ohne sie gesehen zu haben. Großartigster Ausdruck seiner monumentalen Baugesinnung und zugleich unerreichter Höhepunkt in der urbanen Entwicklung Münchens wurde dabei die Ludwigstraße (Abb. 46 mit Staatsbibliothek und Ludwigskirche). Neben seinem Wirken als Philhellene, Förderer ›teutschen‹ Nationalbewußtseins, Bauherr, Kunstinitiator, Sammler und Mäzen trat er auch tatkräftig für die wirtschaftlich-technische Entwicklung des Landes ein: So fuhr unter seiner Regierung die erste deutsche Eisenbahn am 7. Dezember 1835 von Nürnberg nach Fürth (Abb. 45).

44, 47   Von seinem Großvater (Abb. 43) hatte LUDWIG II. (1845-86, Abb. 44) zwar die Bauleidenschaft und den Kunstsinn geerbt, doch widersprach tragischerweise sein Idealismus dem Zeitgeist der bürgerlichen Epoche, der für die Verwirklichung seiner Ideen nur ein epigonaler Stil zur Verfügung stand und die für seine hohen Auffassungen vom Königtum kein Verständnis zeigte. Außer seinen erst heute richtig gewürdigten Königsschlössern ist sein bleibendes Verdienst die Rettung Richard Wagners und damit die Förderung seines Musikdramas. Allein vier Wagneropern erlebten im Münchner Nationaltheater (Abb. 23) ihre Uraufführung: 1865 Tristan und Isolde, 1868 Die Meistersinger von Nürnberg (Abb. 47: das Bühnenbild zum dritten Aufzug), 1869 Das Rheingold und Die Walküre 1870. Das große Projekt für ein Münchner Wagner-Festspielhaus, für das Gottfried Semper bereits die Pläne geliefert hatte, blieb leider unausgeführt.

48 Auf dem von den vier ersten bayerischen Königen so vorbereiteten guten Nährboden erwuchs dann jenes reiche geistige und künstlerische Leben, das die Haupt- und Residenzstadt Bayerns neben Berlin und Wien zur dritten Kulturmetropole Deutschlands werden ließ. »München leuchtete«, mit diesen beiden Worten charakterisierte Thomas Mann die Prinzregentenzeit, die Epoche um die Jahrhundertwende, jenes Wittelsbachers, dessen eigentliches Verdienst nicht so sehr im schöpferischen Tun als in der fruchtbaren Anregung und im liberalen Gewährenlassen lag. Im Bild — von Max Slevogt — der Prinzregent LUITPOLD (1821-1912) im Kreise von Künstlern und Gelehrten, die er gerne zu seinen berühmten Soupers auf der Terrasse der Badenburg im Nymphenburger Schloßpark einlud.

Primogeniturgesetzes, geboren worden und glaubte deswegen ein Anrecht auf Mitregentschaft oder Teilung zu haben. Obwohl die Stände und das Volk auf seiner Seite standen, verzichtete er freiwillig, als er merkte, daß ihn sein Onkel, Kaiser Maximilian, gegen den Bruder ausspielen wollte, um aus dieser Zwietracht dann für sich selbst wieder Nutzen zu ziehen. Auf der Heimreise vom kaiserlichen Hoflager zu Innsbruck einigten sich die beiden Wittelsbacher darauf, daß Ludwig vom Mai 1516 an die Rentämter Landshut und Straubing übernehmen, während Wilhelm die von München und Burghausen behalten solle.

So kam *Ludwig X.* nach Landshut, wo er sich in der Altstadt seine berühmte Renaissance-Residenz baute. Im April 1545 ist er gestorben; trotz einiger Versuche, eine Gemahlin zu finden, blieb er unverheiratet. Von den alten wittelsbachischen Grabplatten im Kloster Seligenthal hat nur die seine den Dreißigjährigen Krieg überstanden.

Ernst, der dritte Sohn des Herzogs Albrecht, war in den Dienst der Kirche getreten. Er hätte zwar auch gerne mit seinen Brüdern regiert, doch er – das erste Opfer des Primogeniturgesetzes – wurde mit siebzehn Jahren Domherr und bald auch Erzbischof von Salzburg. Mit 54 Jahren verzichtete er, der nie die geistlichen Weihen empfangen hatte, auf alle Pfründen und starb kurze Zeit später unverheiratet in Schlesien.

Wilhelm IV. war der Begründer der Münchner Gemäldesammlung, und er wurde dies, obwohl seine Zeit zum ruhigen, beschaulichen Sammeln keinen Anlaß bot. Seinen ersten Krieg mußte er im Frühjahr 1519 führen, als er, von seiner Schwester Sabine gerufen, gegen den vom Kaiser geächteten Schwager Ulrich von Württemberg ins Feld zog. An der Spitze des feindlichen, des sogenannten Exekutivheeres, stand Georg von Frundsberg, die Bayern wurden geführt von Kaspar Winzerer, dessen Andenken im ›Winzerer Fahndl‹ weiterlebt. Trotz heftiger Gegenwehr – Götz von Berlichingen zeichnete sich dabei besonders aus – wurde ganz Württemberg erobert. Dennoch ging Bayern leer aus, weil Herzog Wilhelm, dem Rat seines Kanzlers Leonhard Eck folgend, bei dieser Gelegenheit Kufstein, Kitzbühel und Rattenberg zurückverlangte.

Ein anderer Eck – er hieß in Wirklichkeit Maier und nannte sich nach seinem Geburtsort an der Günz – lebte damals als Theologieprofessor in Ingolstadt. Dieser Leonhard Eck war der erste und geschliffenste Gegner des Reformators Martin Luther. Die bayerischen Herzöge, insbesondere Wilhelms Bruder Ernst, standen der neuen Lehre zunächst nicht entgegen. Erst nach dem Reichstag von Worms nahmen sie eindeutig gegen die Reformation Stellung und verboten in dem Religionsmandat vom 5. März 1522 allen ihren Untertanen, sich zu der vom Papst verworfenen Lehre zu bekennen.

Wilhelm und Ludwig wollten sich nach dem Aussterben der alten pfälzischen Kurlinie mit Ludwig v. im Jahre 1544 über die Köpfe der Nebenlinie hinweg das Land aneignen. Als die Pfalzgrafen von Simmern und Zweibrücken davon erfuhren, schlossen sie sich zum Widerstand zusammen.

Kurfürst Ludwig v. von der Pfalz versuchte vergeblich, dem Wüten der Bauern durch Zureden Einhalt zu gebieten. Bei Werschweiler trieb er sie, als alles andere nichts nützte, in einem blutigen Treffen auseinander, ähnlich hielt es Anton von Lothringen mit den elsässischen Bauern bei Zabern. Das Herzogtum Zweibrücken kam dabei glimpflich davon, es war von den Bauernunruhen kaum berührt.

Die Regenten von Simmern-Sponheim waren damals noch katholisch. Ihr bedeutendster Vertreter war Johann II., der von 1509 bis 1557 regierte. Sein Sohn Richard hatte auf die Würden eines Domherrn von Mainz, Köln, Speyer, Straßburg und Waldsassen verzichtet und vom Mai 1569 bis zum Januar 1598 über Simmern regiert. Da er aus drei Ehen keine Kinder hatte, die ihn überlebten, fiel Simmern an die Kurpfalz zurück. Sein älterer Bruder Friedrich war als erster

HERZOG WILHELM IV.

Pfalzgraf der Linie Simmern Kurfürst geworden. Er starb bereits im Jahre 1576.

Nach dem Tode des Bruders Ludwig regierte Herzog *Wilhelm IV.* alleine. Er verlegte seine Residenz vom Alten Hof in die Neuveste, gab dem Regensburger Albrecht Altdorfer den Auftrag, die ›Alexanderschlacht‹ zu malen und erließ 1516 (noch zu Lebzeiten des Bruders) jenes berühmte Reinheitsgebot, das als eines der frühesten neuzeitlichen Nahrungsmittelgesetze gilt. Es legt bis zum heutigen Tage fest, daß beim Bierbrauen »allain gersten, hopffen und wasser genommen und gepraucht sölle werden«. Da dieser Fürst mit Entschiedenheit zu Papst und Kaiser stand, erhielt er den Beinamen ›der Standhafte‹. Der mit Jakobäa von Baden verheiratete Wilhelm konnte 1546 seinen Sohn Albrecht mit Anna, der Tochter Kaiser Ferdinands 1., verheiraten. Im Ehevertrag stand, daß Anna und ihre Nachkommen Anrecht auf das Erbe der Habsburger hätten, wenn diese im Mannesstamm aussterben sollten. Damit begründeten die Wittelsbacher im 18. Jahrhundert ihren Anspruch auf Österreich.

Auf dem Regensburger Reichstag hatte Ferdinands Vorgänger, Kaiser Karl V., noch einmal versucht, eine friedliche Lösung des Religionsstreites herbeizuführen. Die geistlichen Herren aus beiden Lagern debattierten mit großem Ernst, zuletzt aber gingen sie so auseinander, wie sie zusammengekommen waren. Die protestantischen Fürsten waren schon vor diesem Treffen im ›Schmalkaldischen Bund‹ zusammengeschlossen. Als es nun zum Kriege kam, standen sie – deren Wortführer Kurfürst Johann von Sachsen und Landgraf Philipp von Hessen waren – gegen das katholische Lager mit dem Kaiser und dem Bayernherzog Wilhelm. Mit dem Sieg der Kaiserlichen bei Mühlberg in Sachsen im Jahre 1547 war der protestantische Bund an sein Ende gekommen und wurde aufgelöst. Gleichzeitig haben die zerstrittenen Parteien im ›Augsburger Interim‹ einen Kompromiß geschlossen. Während die Theologen im Mai 1548 über diese vorläufige Beilegung des Streites debattierten, tagte in Trient bereits das große Konzil, an dem Wilhelm IV. ein großes Interesse zeigte. Er schickte Vertraute nach Trient, die Papst Paul III. um Entsendung gelehrter Mitglieder des noch jungen Jesuitenordens baten. Der heilige Ignatius von Loyola suchte selbst die Männer aus, die nach Bayern gehen sollten. Es waren dies der Savoyarde Le Jay, der Spanier Salmaron und der Niederländer Peter Canisius. Der Herzog wünschte, daß durch diese Priester der Katholizismus neue Anregungen erhalte. Er selbst hat die tiefen Wirkungen dieser Ordensleute nicht mehr erlebt. Bald nach Ankunft der Patres ist er im März 1550 in München gestorben.

Baulust und Finanznot

Im Jahre 1522 übernahmen Ottheinrich und Philipp aus der Hand ihres Vormunds die JUNGE PFALZ. Die gemeinsame Regierung ging 1535 zu Ende, als sich die beiden humanistisch gebildeten Fürsten das Land teilten. Durch die 1529 geschlossene Ehe mit Susanne, der Tochter Wilhelms IV., hat Ottheinrich die Beziehungen zu den Münchner Verwandten noch vertieft. Vor allem für seine Frau baute der Neuburger in den Donauauen das Jagdschlößchen Grünau, während er in seiner Residenzstadt alles erheblich größer und repräsentativer anlegte. Mit der Erweiterung des alten Schlosses legte er den Grundstock für das künftige Barockschloß. Dieser erste Ottheinrichsbau ist, trotz seiner großartigen Anlage, weniger bekannt als der von Heidelberg.

Die wittelsbachische Baulust, die auch bei ihm durchschlug, brachte ihn freilich in arge finanzielle Schwierigkeiten.

Für Bruder *Philipp* dagegen gab es keine Bauprobleme, denn dieser pfälzisch-niederbayerische Wittelsbacher war wenig seßhaft – er zeichnete sich 1529 bei der Verteidigung Wiens gegen die Türken aus, war wenig später Statthalter von

Württemberg, wollte dann in den Dienst Karls v. treten und reiste deswegen dem Kaiser auch bis Spanien ohne Erfolg hinterher, daneben hielt er sich zeitweise auch am Hofe Franz' I. von Frankreich auf. Von all seinen vielen Unternehmungen blieben ihm zuletzt dann aber doch nur Schulden. Um sie loszuwerden, verkaufte er 1541 sein Neuburger Erbteil an seinen Mitregenten. Sieben Jahre später ist Philipp dann in Armut gestorben.

Ottheinrichs Finanzen waren zwar, wie wir hörten, aus ganz anderen Gründen in Unordnung geraten, doch am Ende war seine Lage so trostlos, daß er einen Teil seines Besitzes dem ehemaligen Vormund Friedrich dem Weisen überlassen mußte und sich freiwillig in dessen Obhut begab. Als er 1549 als erster in unserer Familie zum neuen Glauben übertrat, setzte er sich und sein Land in Gegensatz zu Bayern und zu Habsburg. Im Schmalkaldischen Krieg stand er sogar im gegnerischen Lager. Alba erschien damals vor Neuburg und möglicherweise sogar der Kaiser selbst, die Stadt wurde eingenommen und die Junge Pfalz für fünf Jahre katholisch. Der Krieg ging zu Ende, Ottheinrich kehrte zurück und Pfalz-Neuburg mußte erneut die Religion wechseln.

Die Pfälzer Wittelsbacher werden evangelisch

In der PFALZ bereitete sich währenddessen eine große Veränderung vor: Als Kurfürst Friedrich II. der Weise 1556 ohne Erben starb, hinterließ er Ottheinrich sein Land. Der Enkel Georgs von Landshut wurde so zum ersten evangelischen Kurfürsten der Pfalz. Und wie zuvor in Neuburg, bekamen auch hier die Maurer und Zimmerleute zu tun: Der Ottheinrichsbau des Heidelberger Schlosses entstand. Doch nach nur drei Jahren, im Februar 1559, ist der Fürst gestorben.

Damit endete die pfälzische Kurlinie, und es folgte die Linie Simmern-Sponheim. Erster Kurfürst dieses Familienzweiges wurde Friedrich III.

Die Entwicklung der anderen pfälzischen Linien geht auf den Pfalzgrafen *Wolfgang* von Zweibrücken zurück. Ottheinrich hatte ihm 1557, kurz nachdem er Kurfürst in Heidelberg geworden war, das Neuburger Herzogtum überlassen.

Ludwig II. war mit dreißig Jahren gestorben, und der sechsjährige Sohn Wolfgang wurde nun unter der Vormundschaft der landgräflich-hessischen Mutter Elisabeth und seines Onkels Rupprecht mehr als ein Jahrzehnt lang im Geiste Luthers erzogen. Dabei war Rupprecht (ein Bruder Ludwigs II.) vor seiner Bekehrung zur neuen Lehre Domherr von Straßburg, Mainz und Köln gewesen und, wie manch anderer Wittelsbacher, im kaiserlichen Heer gegen die Türken gezogen.

Nach dem Verzicht auf die geistlichen Ämter hatte sich der Pfalzgraf im veldenzischen Land – er wurde zum Begründer der Linie Pfalz-Veldenz –, auf der Michelsburg niedergelassen, war dann auf die Remigiusburg und später nach Lauterecken gezogen.

Für Wolfgang brachte das Jahr 1544 vier wichtige Ereignisse: den ersten Besuch Kaiser Karls V. in Zweibrücken am 13. Juni, den plötzlichen Tod seines Vormunds Rupprecht am 28. Juli, die Vermählung mit der Prinzessin Anna von Hessen am 16. September und kurz danach seinen Regierungsantritt am 26. September.

Wolfgang empfing den Kaiser auf seiner Durchreise von Kaiserslautern nach Saarbrücken mit aller Feierlichkeit. Onkel Rupprecht hatte den Katholiken in Zweibrücken zwar lange Zügel gelassen, dem Vorschlag des Kaisers, daß der Kirchenstreit auf einem Konzil ausgetragen werden solle, aber nicht zugestimmt. Karl V. kam zwei Jahre später, bei der Geburt von Wolfgangs erstem Kind, wieder nach Zweibrücken; er hätte später noch oft Anlaß zur Wiederkehr gehabt, da das pfalz-veldenzische Ehepaar insgesamt dreizehn Kinder bekam.

Elf Jahre nach dieser Kaiservisite, Anno 1557, erhielt Wolfgang von Ottheinrich die Junge Pfalz. Seither hielt er sich am liebsten in Neuburg an der Donau auf. Er vereinigte das Herzogtum Pfalz-Neuburg mit Sulzbach, Weiden und Parkstein.

In der Oberpfalz schloß sich Amberg als erste Stadt den Lehren des Reformators an. Im Stadtarchiv wird noch ein Teil des Briefwechsels aufbewahrt, den der Rat mit Luther und Melanchthon führte. Von Luther selbst erbat man sich dabei 1558 einen Prediger. Das Land hat in sechzig Jahren fünfmal, je nach der Konfession des Kurfürsten, das Bekenntnis gewechselt – viermal allein zwischen den Lehren Luthers und Calvins –, bis es im Verlauf des Dreißigjährigen Krieges bei der Rückkehr zu Bayern wieder katholisch wurde.

Trotz seiner Vorliebe für die Residenz an der Donau vergaß Wolfgang seine pfälzische Heimat nicht und nahm regen Anteil, als 1557 in Zweibrücken die im Sinne der Augsburger Konfession gestaltete Kirchenordnung eingeführt wurde. Da der Wittelsbacher den Calvinismus ablehnte, stellte er sich gegen seinen Vetter, den Kurfürsten Friedrich III. aus der Linie Simmern. Unter diesen Umständen überrascht es, daß er den Hugenotten in Frankreich zu Hilfe kam. Vorher verfügte er im August 1568 in einem für unsere Familiengeschichte höchst bedeutsamen Testament, daß sich seine Kinder und alle Untertanen zur Augsburger Konfession bekennen müßten. Außerdem führte er für seine Nachkommen das Primogeniturgesetz ein und verteilte seinen Besitz dabei so, daß der älteste Sohn Philipp Ludwig das pfälzische Neuburg erhielt, Johann wurde Zweibrücken zugesprochen, Friedrich bekam Parkstein und Weiden, während der noch verbleibende Zweibrückener Anteil am Sponheimer Erbe, nämlich das im Hunsrück gelegene Birkenfeld, dem jüngsten Sohne Karl zufiel.

Seine Länder waren damit verteilt, und so konnte Wolfgang im Februar 1569 mit 7551 Reitern von Bergzabern aus nach Frankreich ziehen. Vier Monate später aber war er tot. Kaum eine wittelsbachische Leiche wird auf dem Gang zu ihrer letzten Ruhe einen so beschwerlichen Weg gehabt haben wie die des Herrn von Zweibrücken-Veldenz. Nachdem Wolfgang im Beisein des Prinzen von Oranien sowie der Grafen von Mansfeld und Nassau an einer fiebrigen Erkrankung gestorben und im Auftrag Colignys einbalsamiert worden war, wurde er in der Kirche von Angoulême bestattet. Von dort brachte man ihn zum Hafen von La Rochelle. Auf einem Schiff reisten seine sterblichen Überreste anschließend nach Lübeck. Die nächste und letzte Station war die reformierte Stadtkirche von Meisenheim, wo er 1571 endlich und für immer beigesetzt werden konnte.

Die Pfälzer Kurlinie öffnet sich dem Calvinismus

Um die Mitte des 16. Jahrhunderts gab es dann nicht weniger als acht wittelsbachische Linien – eine bayerische, die neue pfälzische Kurlinie, Simmern-Sponheim, die neue Linie Zweibrücken-Veldenz, Pfalz-Neuburg, Pfalz-Sulzbach, Parkstein und Birkenfeld.

Mit dem kinderlosen Ottheinrich erlosch im Februar 1559 die alte Kurlinie, *Friedrich III.* von der pfalzgräflichen Linie Simmern erbte das Kurfürstenamt und übergab sein Stammland dem jüngeren Bruder Georg. Der Bayernherzog Albrecht V. stritt gegen Friedrichs Erbschaftsanspruch, denn diese Würde und auch das Neuburger Land, sagte er, stünden ihm zu. Nach schwierigen Verhandlungen auf dem Reichstag zu Augsburg belehnte Kaiser Ferdinand I. im Juli 1559 aber dann doch den 44jährigen Grafen von Simmern. Zu diesem feierlichen Akt erschien der neue Kurfürst mit großem Gefolge, er hatte seinen Sohn Ludwig mitgebracht, außerdem noch den Bruder Richard von Simmern, den Pfalzgrafen Wolfgang von Zweibrücken und Georg Johann von Veldenz. Nachdem die Begleiter den Kaiser um Belehnung des Grafen gebeten hatten, legte Friedrich in Gegenwart von drei geistlichen Kurfürsten sowie anderer geistlicher und weltlicher Würdenträger kniend die Hände auf das Evangeliar. Das Zeremoniell schrieb vor, daß Kurtrier das Buch auf die Knie des Kaisers legen müsse und daß der neue Kurfürst die Eidesformel nachspreche, die ihm Kurmainz vorsage. Anschließend überreichte der Reichsmarschall dem Kaiser das entblößte Schwert, das Friedrich mit den Lippen berührte. Dieser Belehnung folgte ein Bankett, und zuletzt wurde jene Bestimmung des Vertrages von Pavia erneuert, in der zugesichert wird, daß die Kur und die rheinischen Länder den Nachkommen des Pfalzgrafen Rudolf vor denen seines Bruders, des Kaisers Ludwig, zustehen.

Sieben Jahre nach seiner Belehnung als Kurfürst vollzieht Friedrich einen Schritt, der viel Unruhe auslöst: Er tritt 1566 als erster Wittelsbacher zum Calvinismus über. Es gibt Spannungen mit dem Lutheraner Wolfgang von Zweibrücken, doch auch die Oberpfalz, ermuntert durch den in Amberg residierenden Kurprinzen Ludwig, widersetzt sich diesem Wechsel; Friedrich rückt selbst an, um die Gemüter zu beruhigen.

Aus zwei Ehen hatte Friedrich elf Kinder, von denen ein Sohn bei einem Schiffsunglück auf der Loire umkam und ein anderer, Christoph, mit fünfzehn Jahren als zweiter Wittelsbacher Rector Magnificus der Heidelberger Universität wurde und mit 23 Jahren im Kampf gegen die Spanier bei Nimwegen starb. Das Erbe erhielt der 1539 geborene Ludwig, den man ›den Gefälligen‹, ›den Leichtsinnigen‹ oder ›den Leichtfertigen‹ nannte, weil er von Calvin zu Luther wechselte. Er hat diese Namen nicht lange ertragen müssen, denn sieben Jahre nach seinem Vater starb er 44jährig. Von seinen zwölf Kindern, die ihm seine erste Frau, eine landgräfliche Hessin, geboren hatte, überlebten ihn vier, darunter sein Nachfolger Friedrich IV. und eine Tochter Maria, die den späteren schwedischen König Karl IX. aus dem Hause Wasa heiratete.

Der Erbe *Friedrich IV.* war freilich beim Tod des Vaters erst neun Jahre alt. Sein Onkel Johann Kasimir von Simmern, der als überzeugter Calvinist beim Regierungsantritt seines Bruders zusammen mit der Mutter Heidelberg verlassen hatte, übte die Vormundschaft aus. In Neustadt gründete er mit dem ›Casimirianeum‹ eine gegen das Luthertum gerichtete Schule, in der vertriebene calvinistische Lehrer Hort und Zuflucht fanden. Wie Richard von Simmern und Johann I. von Zweibrücken lehnte auch der am französischen Hofe erzogene Johann Kasimir eine Einigung der Protestanten in der ›Konkordienformel‹ ab.

Als dann Friedrich IV. volljährig war und die Herrschaft antrat, sollten die Rheinpfälzer und die Oberpfälzer wieder einmal die Konfession wechseln und die reformierte Lehre annehmen. Amberg widersetzte sich, man zog die Brücke zum Schloß hoch und vermauerte den anderen Zugang. Gegen Ende des Jahrhunderts wurde schließlich ein Kompromiß geschlossen. Wie sehr sich Friedrich IV. für religiöse Fragen interessierte, zeigte er bereits im ersten Jahr seiner Regierung, als er zusammen mit Johann von Zweibrücken an der Fürstenversammlung in Heilbronn teilnahm, wo Widerstand gegen die Katholiken beschlossen und der Grund zur protestantischen Union gelegt wurde.

Kaum aus der Vormundschaft entlassen, holte sich Kurfürst Friedrich IV. aus dem Hause Nassau-Oranien seine Frau. In den Niederlanden hatte ein halbes Jahrhundert zuvor eine nahe Verwandte, eine Tochter Johanns II. von Simmern-Sponheim ein trauriges Schicksal erlitten: Sabine von Simmern-Sponheim, die ›edle Sabine von Bayern‹, heiratete 1544 Lamoral I. Fürst von Gavre und Graf von Egmont – das Vorbild von Goethes Egmont –, der später auf dem Markt von Brüssel enthauptet wurde.

Auf den vierten folgte ein fünfter kurpfälzischer Friedrich, doch dieser Nachfolger wird selten mit Namen genannt, denn er ist vor allem bekannt geworden als der ›Winterkönig‹. Ein Bruder dieses unglücklichen Kurfürsten und böhmischen Königs, Ludwig Philipp, wurde zum Begründer

der jungen Linie Simmern, eine Schwester Elisabeth Charlotte aber bekam in der Geschichte der Hohenzollern einen Ehrenplatz, da sie die Mutter des Großen Kurfürsten wurde.

Die Linie Veldenz unseres an Linien reichen pfälzischen Familienzweiges begann mit *Rupprecht*, dem Onkel des Zweibrücker Kurfürsten Wolfgang. Dieser hatte ihm 1543 aus Dankbarkeit dafür, daß Rupprecht ein so gewissenhafter, treuer Vormund gewesen war, Schloß und Ort Lauterecken und das Haus Remigiusberg überlassen. Dieser Rupprecht hatte mit Johann II. von Simmern im Disibodenberger Vertrag vom Februar 1541 vereinbart, daß im Falle des Aussterbens der Kurlinie ihre beiden Linien zusammenhalten wollten, damit die Kur dann nicht in andere Hände fiele.

Für Veldenz war der Gewinn des großen Vermögens der Propstei Remigiusberg von Bedeutung. Das Fürstentum hatte sich durch die Erbschaft von Kurpfalz fast verdoppelt, dazu gehörte die Grafschaft Lützelstein bei Weißenburg im Elsaß (jetzt Petite-Pierre) und die Gemeinschaft Guttenberg bei Bergzabern. Die Grafschaft Grafenstein bei Mörchingen in Lothringen – die Ruine ist noch vorhanden – hatte schon Rupprecht erworben. So wie er einst die Vormundschaft für Wolfgang übernommen hatte, sorgte dieser beim Tode Rupprechts für dessen Kinder Anna, Georg Johann und Ursula.

Georg Johann von Veldenz,
der Wittelsbacher Leonardo da Vinci

Und wieder wird ein Wittelsbacher Rektor der (von einem Wittelsbacher begründeten) Universität Heidelberg; *Georg Johann I.* soll dabei mit fünfzehn Jahren eine bemerkenswerte, viel bestaunte Rede gehalten haben. Fünf Jahre später, im Herbst 1563 heiratete er, wahrscheinlich auf Veranlassung seines Vormunds, die schwedische Prinzessin Anna Maria, eine Tochter des Königs Gustav. Der Bräutigam dieser zweiten Verbindung der Häuser Wittelsbach und Wasa reiste selbst nach Stockholm, um seine künftige Frau nach Lauterecken heimzuführen. Später lebte das Ehepaar in Lützelstein und in dem zwischen Zabern und Saarburg gelegenen Pfalzburg. Georg Johann hatte den Ort gegründet, weil er zum einen das dortige einsame Vogesental für seine Untertanen erschließen und zum anderen durch die Ansiedelung von Kolonisten verschiedener Konfessionen ein Zeichen seiner ökumenischen Einstellung setzen wollte. Er förderte den Handel sowie die Blumenzucht und ließ Schulen bauen. Er entwarf gerne kühne Projekte und ließ zum Beispiel auch ein neues Schloß in Lützelstein bauen. Zuletzt hatte er sich aber doch mehr vorgenommen, als sich mit seinem und dem schwedischen Geld anfangen ließ. Zeitweise mußte er sogar daran denken, ganz Lützelstein an Frankreich zu verkaufen. Sein schöner Traum vom Ausbau des Vogesentals endete ohnedies damit, daß er Pfalzburg an Herzog Karl von Lothringen abtreten mußte, ohne etwas dafür zu bekommen. Die Erfindungsgabe des Georg Johann von Veldenz – die ihm auch den Beinamen ›der Scharfsinnige‹ einbrachte – galt vor allem kriegerischem Gerät. So konstruierte er neben anderen Waffen auch eine Art Bombe und einen Panzer, außerdem entwickelte er ein Giftgas – um alles König Heinrich III. von Frankreich anzubieten. Zu den Plänen, die der Veldenzer ausarbeitete, gehörte eine Vorrichtung, mit deren Hilfe es Belagerern möglich sein sollte, 20000 Pfund Pulver, die sich in einem mit eisernen Reifen umfangenen Behälter befanden, durch die Luft zu schleudern. Eine ganze Stadt, sagte Georg Johann, könne so mit einem Schlag zerstört werden. Zu den Zerstörungsmaschinen, die sich dieser Pfälzer ausdachte, gehörte schließlich auch noch eine Apparatur, die es tausend Kriegern erlaubte, in kürzester Zeit eine Mauer von 150 Fuß Höhe zu erklettern. Der einfallsreiche Georg Johann von Veldenz glaubte auch, daß aus einem Wagen, den zehn Pferde ziehen, zehn Arkebusiere ein ganzes Regiment überwältigen könnten. Doch über seinen vielen, zum Teil seiner Zeit weit vorauseilenden Plänen merkte er offensichtlich nicht, daß ihm Alchimisten und andere Schwindler das Geld aus der Tasche zogen. Dieser außergewöhnliche Wittelsbacher wurde fünfzig Jahre alt und hinterließ sieben Kinder.

Sein ältester Sohn Georg Gustav setzte die direkte Linie Veldenz fort; dessen Sohn Ludwig Philipp regierte zusammen mit seinem Bruder, Georg Johann II., in Guttenberg; er nannte bald den ganzen guttenbergischen Besitz sein eigen, da Ludwig Philipp an einer Turnierwunde starb und ihn zum Erben einsetzte. Da auch der andere Bruder, Johann August, keine Nachkommen hatte, fiel dessen Lützelsteiner Land ebenfalls an Georg Johann II.

Zuletzt hinterließ aber auch dieser eifrig erbende Veldenz-Guttenberger keine Kinder – sie waren alle früh gestorben –, und so fiel sein gesamter Besitz an den Neffen Pfalzgraf Leopold Ludwig, einen Sohn des Georg Gustav von Veldenz.

Die Pfälzer in Neuburg

Von den Söhnen des im Hugenottenkrieg gestorbenen Wolfgang von ZWEIBRÜCKEN erbte der älteste, *Philipp Ludwig*, den Besitz Neuburg. In seinen 45 Regierungsjahren ließ er aus Mißtrauen gegenüber seiner bayerischen Verwandtschaft die Stadt befestigen. Er begann auch den Bau der evangelischen Hofkirche und ließ eine Familiengruft errichten. Daß er Anna, eine Schwester des Herzogs Heinrich Wilhelm von Jülich-Kleve-Berg, heiratete, sollte für unsere Familiengeschichte noch sehr bedeutsame Folgen haben. Die Hochzeit fand 1574 – also fast genau einhundert Jahre nach der Landshuter Hochzeit – mit großem Gepränge in Neuburg statt. Zu den Attraktionen des Festes gehörten Turniere und Schauessen. Neben den bayerischen und pfälzischen Verwandten kamen auch viele andere Fürsten. Es war eine festliche Zusammenkunft, wie schon ein Jahr zuvor, als die älteste Schwester der Neuburger Braut den Brandenburger Albrecht

Friedrich heiratete. Fünf Jahre später traf man sich dann endlich noch einmal. Die jüngste Tochter des Hauses Jülich-Kleve-Berg wurde die Frau Johanns I. von Zweibrücken. Da die drei jungen Frauen zwei Brüder hatten, wird keine an eine Erbschaft gedacht haben.

Seinem 1556 geborenen Sohn *Ottheinrich II.* hatte Herzog Wolfgang von Zweibrücken-Veldenz testamentarisch die Ämter Sulzbach, Hilpoltstein und Allersberg zugewiesen. Da dieser Erbe beim Tod des Vaters knapp dreizehn Jahre alt war, wurden Kurfürst Ludwig VI. und sein Onkel, Landgraf Wilhelm von Hessen, als Vormünder bestellt. Nach seiner Heirat mit der württembergischen Herzogstochter Dorothea Maria zog Ottheinrich II. nach Sulzbach, wo er die Burg in ein bescheidenes Schloß umwandelte; zeitweise lebte man auch auf der Burg Hilpoltstein, die später für 35 Jahre der Witwensitz von Dorothea Maria wurde. Im Jahre 1604 nahm diese Zeit ihren Anfang, Ottheinrich starb, nur 48 Jahre alt, und hinterließ drei nicht erbberechtigte Töchter – Dorothea Sophie, Sabine und Susanne. Vor der Burgruine von Hilpoltstein wird zum Andenken an diese Herrschaft alljährlich von der Bevölkerung der Einzug der Witwe mit ihren drei Töchtern gespielt.

Der oberpfälzische Besitz des zweiten Ottheinrich fiel damit nach nur einer Generation wieder an den Neuburger Bruder zurück, aus dessen Land man Ottheinrichs Ämter genommen hatte. Das gleiche Schicksal wie den Sulzbach-Hilpoltsteiner trifft auch *Friedrich*, einen weiteren Sohn des Herzogs Wolfgang. Beim Tod des Vaters war er etwa zwölf Jahre alt, man gab ihm die gleichen Vormünder wie seinem Bruder Ottheinrich; als er 25 Jahre alt war, bekam er die Ämter Parkstein, Weiden und Floßenbürg. Zu diesem Besitz gehörten die ehemals hohenstaufische Feste Floßenbürg (in deren Nähe im Dritten Reich eines der barbarischen Konzentrationslager errichtet wurde) und die im zwölften Jahrhundert errichtete Burg Parkstein (die nur noch eine Ruine ist).

Etwa fünf Jahre nach seiner Belehnung heiratete Friedrich die Liegnitzer Herzogstochter Katharina Sophie und baute am Ostrand von Vohenstrauß die weithin sichtbare, nach ihm benannte, Friedrichsburg (in der Jahrhunderte später das Landratsamt untergebracht wurde). Auch Friedrichs Kinder starben vor ihrem Vater und so fiel das Land an Neuburg zurück.

*Johann der Historiker und die
Abstammung der Wittelsbacher von den Trojanern*

Ein weiterer Sohn des Zweibrücker Wolfgang, *Johann I.*, hatte mehr Glück – er wurde zum Begründer der mittleren Linie Zweibrücken und sein Besitz konnte über Generationen hinweg weitervererbt werden.

Johann I. von Zweibrücken war eine Gelehrtennatur, die den Beinamen ›der Historiker‹ bekam. Er soll 25 Folianten mit genealogischen Forschungen gefüllt haben. Aus den 25 Bänden wurden bei näherem Hinsehen 25 Kapitel in einem Folianten, aber immerhin führten diese Aufzeichnungen unsere Familie bis auf jenen trojanischen Antenor zurück, der seinen Landsleuten vergeblich dazu geraten hatte, die griechische Helena wieder in ihre Heimat zurückzuschicken.

Während der Regierungszeit dieses ersten Johann wütete in Zweibrücken nicht weniger als fünfmal die Pest, so auch kurz nach seiner Hochzeit mit Magdalena von Jülich-Kleve-Berg, die in dem von seinem Vater errichteten Schloß von Bergzabern mit großem Aufwand gefeiert worden war. Es hatte Turniere gegeben, dazu ein Feuerwerk, und der Hofzwerg, so hat man eigens aufgeschrieben, hatte ein neues Gewand bekommen. Drei Wochen später zog das junge Paar mit großer Pracht in seine Residenzstadt ein, aus der es die Pest schon sehr bald wieder vertrieb. Auf der Burg Kirkel und im Schloß von Bergzabern, wo man eben noch so ausgelassen gefeiert hatte, hoffte man, dem Schwarzen Tod zu entgehen.

Im Konfessionsstreit, als es darum ging, ob Zweibrücken lutherisch oder reformiert sein solle, entschied sich der Herzog für den Calvinismus und schrieb selbst die Einleitung zum neuen Katechismus. Ein Jahrzehnt lang blieb das Herzogtum diesem Glauben treu und erst im Dreißigjährigen Krieg führten die Schweden wieder die Lehre Luthers ein. Im ›Kölner Streit‹ stellte sich Johann gegen seine bayerischen Verwandten und ergriff die Partei des abgesetzten Gebhard Truchseß von Waldburg, der sich als Kölner Erzbischof und Kurfürst Ende 1582 auf die Seite der Protestanten geschlagen hatte, um die Stiftsdame Agnes von Mansfeld zu heiraten. Der Zweibrücker Superintendent segnete diesen eigenartigen Bund in Gegenwart seines Herzogs ein. Dieser Fürst Johann I., der für seinen Hof und die Wohlfahrt seiner Untertanen viel Geld gebraucht hat, starb im Sommer 1604 zu Germersheim und wurde nach Zweibrücken überführt.

Beginn der Linie Birkenfeld

Von den vielen wittelsbachischen Linien in der Pfalz ist dann doch nur die übriggeblieben, die mit dem jüngsten Sohn des Herzogs Wolfgang, dem 1560 geborenen *Karl I.*, begann. Er, beim Tod des Vaters noch nicht einmal neun Jahre alt, erhielt einen Anteil an der Grafschaft Sponheim am Hunsrück und an der Nahe – von der Residenz BIRKENFELD erhielt der neue Zweig seinen Namen. Und während größere, reichere Linien starben und vergingen, sind die Birkenfelder ihren Weg durch die Jahrhunderte gegangen, bis 1799 einer von ihnen das Erbe aller kurpfälzisch-bayerischen Wittelsbacher antrat – wir Angehörigen dieser Familie stammen alle von dieser Linie Birkenfeld ab.

Auf seiner schönen Grabplatte in der Kirche zu Meisenheim ist dieser Stammvater Karl in ganzer Figur mit Harnisch und Regentenstab dargestellt. Die Grabinschrift sagt, daß der in Neuburg an der Donau geborene, streng lutherisch erzogene Prinz seine Jugend an den Höfen von Kurpfalz, Sachsen und Brandenburg verbracht und die Prinzessin Dorothea von Braunschweig-Lüneburg geheiratet habe. Sie überlebte ihn mit drei Söhnen und einer Tochter. Sechzehn Jahre lang, so heißt es weiter, habe er die Grafschaft Sponheim weise und gerecht regiert, bis er am 16. Dezember 1600 auf der Burg Birkenfeld gestorben sei.

Karl war, wie schon einige andere Mitglieder seiner Familie, Rektor der Universität zu Heidelberg und fünf Jahre lang stellvertretender Regent von Ansbach. Noch lange nach seinem Tode hat man davon erzählt, dieser Pfalzgraf hätte ein so gutes Gedächtnis gehabt, daß er alle Psalmen auswendig hersagen konnte. In der Grafschaft Sponheim war Birkenfeld eines von acht Schlössern. Der erste Herr dieser Linie ließ, als er einzog, ein Renaissanceschloß im Stil der Zeit anbauen, das 1802, zur Zeit der Franzosenherrschaft, versteigert wurde. Von beiden Gebäuden sind heute kaum noch Spuren vorhanden.

Renaissance-Fürst und Mäzen

In BAYERN war *Albrecht V.* dank des Primogeniturgesetzes alleiniger Herrscher. Wie seine Vorgänger stand er beharrlich zur Katholischen Kirche und verwehrte der Reformation den Einzug in sein Herzogtum. In die Geschichte der Familie ist er als kunstssinniger, den Wissenschaften ergebener Renaissance-Fürst mit dem Beinamen ›der Großmütige‹ eingegangen. Eine seiner großen Leidenschaften waren Bücher und Handschriften. Wo immer eine Bibliothek aufgelöst wurde, ob es nun um den Nachlaß des Hartmann Schedel, um die Bücher des gelehrten Johann Albrecht von Widmannstetter oder die zehntausend Bände des bankrotten Johann Jakob Fugger ging: Albrecht war zur Stelle und griff zu. Bald besaß er eine so umfangreiche Bibliothek, daß er für sie im Jahre 1569 in der Münchner Neuveste ein eigenes Gebäude bauen mußte, das Antiquarium. Im Erdgeschoß dieses ersten Museums nördlich der Alpen stellte er die Kunstwerke und Raritäten auf, die er zusammengetragen hatte, im Obergeschoß aber standen seine Bücher, die den Grundstock der späteren Bayerischen Staatsbibliothek bilden. Daneben begründete Albrecht auch das Münzkabinett und erweiterte die Gemäldesammlung seines Vaters. Dieser ›curieuse Herr‹ war keiner der großen Baumeister der Stadt, er hatte ohnedies mit seinen verschiedenen Sammlungen genug zu tun, trotzdem verdankt ihm eines der bemerkenswertesten Gebäude des alten München seine Entstehung, der als Herzogliche Kunstkammer und Marstall entstandene, später so genannte Münzhof mit seinen italienischen Rundbogen. Auch das Schloß in Dachau ist durch ihn vollendet worden.

Die besondere Liebe dieses Mäzens galt aber, neben den Büchern, vor allem der Musik, und so holte er den Niederländer Orlando di Lasso an seine Residenz, die nicht zuletzt dadurch in ganz Europa berühmt wurde.

Als Schwiegersohn des Kaisers Ferdinand I. war er ein treuer Streiter an Habsburgs Seite. Hätte er sich auf dem Reichstag zu Augsburg nicht so entschieden für Ferdinand eingesetzt, wäre auf Wunsch Karls V. wahrscheinlich der spanische Philipp gewählt worden. Anfangs war Albrecht nachsichtig gegen die Ausbreitung der Augsburger Konfession. Verschiedene Adelige, der Graf von Ortenburg an der Spitze, traten damals zum neuen Glauben über.

Von seiner Erzherzogin Anna hatte Albrecht, der ein vorbildlicher Familienvater war, fünf Söhne, von denen Wilhelm, Ferdinand und Ernst am Leben blieben. Eine seiner beiden Töchter, Maria, wurde 1571 die Frau des Erzherzogs Karl II. von Österreich.

Die teuerste Hochzeit der Familie

Einige Jahre zuvor hatte München eine große wittelsbachische Hochzeit erlebt: Der künftige Herzog *Wilhelm V. der Fromme* heiratete 1568 auf Vorschlag Habsburgs die vier

Jahre ältere lothringische Herzogstochter Renata. Zu dem Fest, das möglicherweise die größte und teuerste Hochzeit war, die man in unserer Familie je gefeiert hat, schickten der Papst, der Kaiser, der König von Spanien, die Königin von Polen, die Kurfürstin von der Pfalz und viele andere Fürsten ihre Vertreter oder kamen, wie der Erzherzog von Tirol und Steiermark oder der Herzog von Württemberg, selbst mit großem Gefolge nach München.

Die Braut wurde von sechstausend Reitern, die sie in Dachau erwarteten, in ihre künftige Residenzstadt geleitet. Als ihr von sechs Schimmeln gezogener Wagen in die Stadt einfuhr, wurde sie mit Salutschüssen von den Wällen sowie mit dem Klang von Pauken und Posaunen empfangen. Beim Festmahl, das sich der Trauung durch Otto von Truchseß anschloß, servierten unter den Klängen der Hofkapelle nur hohe Adelige. Diese Münchner Hochzeit wurde so berühmt, daß von ihr noch zwanzig Jahre später im ›Volksbuch vom Dr. Faust‹ voller Bewunderung und Staunen gesprochen wird. Wie prachtvoll zum Beispiel das Turnier auf dem Marienplatz ablief, zeigt noch heute ein zeitgenössisches Tafelbild im Nationalmuseum.

Da sein Vater noch lebte und regierte, ließ sich Wilhelm mit seiner Frau zunächst in seiner Geburtsstadt Landshut nieder und machte aus der Burg Trausnitz vor allem mit Hilfe seines niederländischen Architekten und Malers Friedrich Sustris einen Musenhof. Er ließ die italienischen Arkaden anlegen und gab den Auftrag für jene prächtige Renaissance-Innenausstattung, die beim Brand von 1961 teilweise zerstört wurde. Die kulturgeschichtlich größte Kostbarkeit, die Szenen aus der Italienischen ›Commedia dell'arte‹, blieb glücklicherweise erhalten.

Wilhelms Bruder *Ernst* war mit zehn Jahren schon Bischof von Freising, zwei Jahre später erhielt er die Diözese Hildesheim, mit 27 Jahren die von Lüttich, und mit 29 wurde er auch noch Oberhirte und Kurfürst von Köln – als erster von fünf aufeinanderfolgenden bayerischen Wittelsbachern. Ehe er in die Domstadt am Rhein einziehen konnte, mußte ihm sein Bruder Ferdinand im ›Kölner Bischofstreit‹ – an dem ja die Pfälzer Johann 1. von Zweibrücken und Georg Johann 1. von Veldenz auf der gegnerischen, der Waldburger Seite, teilnahmen – mit dreitausend Bayern zu Fuß und mit tausend zu Pferd beistehen. Zusammen mit spanischen Kriegern erstürmten sie im Dezember 1583 die von Protestanten und Hugenotten gehaltene Festung Godesberg.

Herzog Ferdinand und die schöne Maria Pettenbeck

Wilhelm v. wollte diesen tapferen Bruder *Ferdinand* mit der in Schottland gefangenen Maria Stuart verheiraten. Doch Ferdinand hatte eine andere Wahl getroffen – er hatte sich in die hübsche Maria Pettenbeck verliebt. Deren Vater war Rentmeister seiner Grafschaft Haag, die von den Fraunbergern auf das bayerische Herrscherhaus übergegangen war. Fünf Jahre nach dem Feldzug im Rheinischen hat Ferdinand die fünfzehnjährige Beamtentochter geheiratet und eine gräfliche Linie begründet, die nach dem ausgestorbenen, bei Erding begüterten Geschlecht der Grafen von Wartenberg benannt wurde.

Ferdinands Vater Albrecht v. hatte bestimmt, daß die Nachkommen dieses Zweiges noch vor den protestantischen Wittelsbachern aus der Pfalz ein Anrecht auf Bayern haben sollten, wenn die Linie des Herzogs Wilhelm aussterbe. Der Erbschaftsfall trat für Ferdinands Nachkommen nicht ein, da der letzte Graf von Wartenberg im 18. Jahrhundert auf der Ritterakademie in Ettal angeblich an einem Pfirsich- oder Kirschkern erstickte, den er in die Luft warf, um ihn zur Freude seiner Freunde mit dem Mund aufzufangen. Er war ein Ururenkel Ferdinands und wurde an dessen Seite in der Hauskapelle des zwischen Rindermarkt und Rosengasse gelegenen Münchner Palais der Wartenberger beigesetzt. Als das Haus in der napoleonischen Zeit abgerissen wurde, sollte das Standbild Ferdinands – der Stammvater hatte sich lebensgroß in Harnisch und mit dem Godesberger Kommandostab darstellen lassen – eingeschmolzen werden. Der Bierbrauer Rest hat das Bronzedenkmal gekauft und der Heiliggeistkirche geschenkt. Dort steht es noch heute. Die Leichen der Wartenberger wurden damals in die Frauenkirche überführt, wo sie neben Ludwig dem Bayern ruhen.

Die bedeutendsten Denkmäler, die sich Ferdinands regierender Bruder Wilhelm V. errichtet hat, sind die Michaelskirche und das Jesuitenkolleg in München. Je älter der Fürst wurde, desto eifriger widmete er sich und sein Geld der Kirche. Mit 49 Jahren aber zog er sich im Oktober 1597 aus den Regierungsgeschäften zurück und überließ das Land seinem Sohn Maximilian. Für sich und seine Frau Renata baute Wilhelm als Alterssitz die sogenannte Wilhelmsburg, die später Maxburg genannt wurde. Von der alten, im Zweiten Weltkrieg schwer beschädigten Anlage steht heute, inmitten von Beton und Glas, nur noch der Turm.

Maximilian, der große Kurfürst Bayerns

Wilhelms Sohn und Erbe *Maximilian I.* war ein ernstes, begabtes Kind gewesen, das man bereits mit vierzehn Jahren auf die Universität Ingolstadt schickte. Später studierten dort auch seine Brüder Philipp, der künftige Kardinal von Regensburg, und Ferdinand, der dem Erzbischof und Kurfürsten von Köln Ernst in dessen Ämtern nachfolgte. Maximilians Schwester Maria Anna heiratete 1600 den späteren Kaiser Ferdinand II.

Um Maximilian auf sein künftiges Amt vorzubereiten, hat ihn Herzog Wilhelm schon früh zum Mitregenten bestellt. Anschließend schickte er ihn, damit er auch andere Länder kennenlerne, zu Kaiser Rudolf II. nach Prag und zu Papst Clemens VIII. nach Rom. Auf dem Rückweg traf er in Nancy seine Kusine Elisabeth von Lothringen. Als er sie 1595 heiratet, ist er bereits einige Monate offizieller Mitregent und knapp drei Jahre später herrscht er alleine über Bayern.

In den 28 Jahren, die *Wilhelm v.* nach seiner Abdankung noch lebte, widmete er sich vor allem den Werken der Nächstenliebe. Nach dem Tode seiner Frau bezog er die kurz zuvor in der Abgeschiedenheit des Dachauer Mooses erbaute Schwaige Schleißheim. Dort besaß der alte Herzog ein Ökonomiegebäude mit drei Höfen und einem (von Maximilian später zum Alten Schloß umgewandelten) Herrenhof, von dessen mehr als vierzig Zimmern er nur zwei bewohnte. Früher, so wird berichtet, hatte Wilhelm eine Wallfahrt ins Heilige Land gelobt. Da ihn die Ereignisse an der Durchführung hinderten, hat er auf seinem Besitz in Schleißheim neun kleine Kirchen anlegen lassen, die ihm die neun Hauptkirchen Roms versinnbildlichten. Täglich besuchte der alte Herzog diese Stätten zum Gebet. Auf diese Weise legte er angeblich eine Strecke zurück, die dem Weg nach Jerusalem entsprochen haben soll. Als er 1626 in der Stille von Schleißheim starb, ging der Große Krieg bereits in sein achtes Jahr.

Auf Wunsch von Vater und Großvater ließ Herzog *Maximilian* 1622 das von Peter Candid entworfene und von Hans Krumper ausgeführte Grabdenkmal Kaiser Ludwigs des Bayern aufstellen. Darin ist die im Auftrag Albrechts IV. um die Wende vom 15. zum 16. Jahrhundert von Erasmus Grasser gemeißelte Grabplatte des Regenten aufgenommen. Ludwig ist in seinem Krönungsornat dargestellt, darunter zeigt eine andere Szene die Versöhnung Albrechts III. mit seinem Vater nach dem tragischen Ende der Agnes Bernauer. An den beiden Längsseiten dieses monumentalen, mit allegorischen Gestalten und Herrscheremblemen reich geschmückten Grabmonuments stehen als überlebensgroße Bronzegestalten Albrecht IV. und Wilhelm V., die Vorgänger Herzog Maximilians.

Die Gebeine des Kaisers Ludwig sollen mit denen seiner ersten Frau Beatrix, Ludwigs des Brandenburgers, Stephans mit der Hafte, Ernsts, Sigmunds, Albrechts IV., Wilhelms IV. und Albrechts V. sowie anderer Mitglieder des Hauses Wittelsbach aus der alten Frauenkirche und deren Friedhof in einen Gemeinschaftssarg gelegt und in der Fürstengruft des neuen Domes beigesetzt worden sein.

Der Dreißigjährige Krieg hat als Religionskrieg begonnen und ging dann in den Kampf um die Vormacht von Habsburgern und Bourbonen über. Zuvor hatte Herzog Maximilian zwei Jahrzehnte Zeit, um München und Ingolstadt als Festungen auszubauen und in der Hauptstadt die Neuveste zu einer eindrucksvollen Residenz zu erweitern.

Im Großen Krieg kämpften auch die beiden wittelsbachischen Linien gegeneinander, die katholischen Bayern standen den protestantischen Pfälzern gegenüber. Herzog Maximilian war das Haupt der katholischen Liga, sein Gegner, Kurfürst Friedrich V. von der Pfalz, befehligte die protestantische Union. Der neuburgische Pfalzgraf Wolfgang Wilhelm aber wechselte zum Katholizismus über. Dadurch entstand ein Block aus Jülich und Berg, Bayerisch-Kurköln und den Spanischen Niederlanden. Die Protestanten riefen ihre schwedischen Verwandten sowie England und Holland zu Hilfe.

Die heimliche Konversion Wolfgang Wilhelms

Daß *Wolfgang Wilhelm* VON PFALZ-NEUBURG zur katholischen Partei überwechselte, hatte zunächst einen familiären Grund – er heiratete eine Tochter des Münchner Herzogs Wilhelm V. des Frommen. Maximilian hatte seinen künftigen Schwager bereits während seiner Ingolstädter Studentenzeit kennengelernt. Der junge Herr von Pfalz-Neuburg war zunächst viel gereist. Auf seiner ›Kavalierstour‹ dürfte er die niederrheinischen Lande kennengelernt haben, die er einmal erben sollte. Anschließend besuchte er in Brüssel das Statthalterpaar der

Spanischen Niederlande, den österreichischen Erzherzog Albrecht und die spanische Infantin Isabella. In Frankreich traf er mit Heinrich IV. zusammen und wahrscheinlich in England mit dem Stuartkönig Jakob I.

Wann Wolfgang Wilhelm, dessen Vater gelegentlich ›der Erzlutheraner‹ genannt wird, an seinem Glauben zu zweifeln begann, ist nicht bekannt. Vielleicht war eines der damals beliebten Religionsstreitgespräche der Anlaß, und möglicherweise haben sogar sein Vater Philipp Ludwig und der Bayernherzog Wilhelm V. diese Debatte geführt. Im Sommer 1613 wechselte er jedenfalls zu München in aller Heimlichkeit seine Konfession, und vier Monate später heiratete er, auch in München, die katholische Herzogstochter Magdalena.

Der Streit um die Erbfolge in Jülich-Kleve-Berg begann, als Herzog Johann Wilhelm kinderlos und geisteskrank starb. Erbinnen waren seine Schwestern, die Frau des brandenburgischen Kurfürsten Johann Sigismund, die Frau des Neuburger Pfalzgrafen Philipp Ludwig und die Witwe Johanns I. von Zweibrücken. Ansprüche meldete auch Sachsen an, da eine Sybille von Kleve mit Kurfürst Johann Friedrich von Sachsen verheiratet war. Die meisten Aussichten hatten Neuburg, das deswegen Kaiser Rudolf um Belehnung bat, und Brandenburg, das sich der Hilfe des Franzosenkönigs Heinrich IV. versicherte.

Am 6. April 1609 erschien Wolfgang Wilhelm mit einer Vollmacht seiner Mutter in Düsseldorf; die Brandenburger waren zwei Tage zuvor angekommen und hatten Kleve besetzt. Aus Angst, daß der Kaiser die Länder selbst beanspruchen könnte, blieben die Neuburger in Jülich-Berg und die Brandenburger in Kleve. Damit waren zunächst einmal klare Tatsachen geschaffen, aber es hat noch lange gedauert, ehe diese Aufteilung des Erbes offiziell anerkannt wurde.

Durch den Hinzugewinn von Jülich und Berg hat sich die Junge, die Neuburger Pfalz fast verdoppelt und bildete zusammen mit dem zwischen den beiden Herzogtümern liegenden Kurköln auf lange Zeit einen wittelsbachischen Block am Niederrhein. In diesem Erbschaftsstreit zeichneten sich bereits die Fronten des Dreißigjährigen Krieges ab, dessen Vorspiel eine Strafaktion gegen Donauwörth war. Zur Verhängung der Reichsacht war Maximilian von Bayern an einem Dezembermorgen des Jahres 1607 in kaiserlichem Auftrag durch die menschenleeren Straßen in die Stadt eingezogen. Auf solche Weise sollte dafür Rache genommen werden, daß die Protestanten eine katholische Bittprozession gestört hatten. Nach Abschluß dieses Unternehmens berichtete der Bayernherzog nach Rom: »Es ist mit Donauwörth den protestierenden Ketzerischen eine solche Demonstration geschehen, dergleichen sie nie erwartet hätten.«

Sie waren vielleicht tatsächlich überrascht gewesen, aber ein Jahr später schlossen sich die Protestanten unter Christian von Anhalt, dem Statthalter des Kurfürsten Friedrich IV. in der Oberpfalz, in der ›Union‹ zusammen; Frankreich stellte sich unter seinem König Heinrich IV. auf ihre Seite. Die Katholiken antworteten 1609 auf diese ›Union‹ durch die Gründung ihrer ›Liga‹, der unter Führung Herzog Maximilians I. die beiden habsburgischen Gruppen sowie die drei geistlichen Kurfürsten und alle Bischöfe angehörten.

Die Londoner Hochzeit des Winterkönigs

Im darauffolgenden Jahr 1610 erlitt die protestantische Partei durch den Tod des Kurfürsten Friedrich IV. von der PFALZ und die Ermordung des Franzosenkönigs Heinrich IV. einen schweren Verlust, von dem sie sich freilich schnell wieder erholen konnte, denn der neue Kurfürst Friedrich V. heiratete 1613 eine Tochter des englischen Königs Jakob I. aus dem Hause Stuart. Damit hatte die ›Union‹ einen neuen Bundesgenossen gewonnen. Der Bräutigam war erst sechzehn Jahre alt und stand zur Zeit seiner Hochzeit noch unter der durch väterliches Testament bestimmten Vormundschaft des calvinistischen Herzogs Johann II. von Zweibrücken. Der luthertreue Wittelsbacher aus Neuburg hatte dagegen protestiert, weil der junge Kurfürst dadurch an der calvinistischen Hochburg des Herzogs von Bouillon zu Sedan aufwuchs.

Der Zweibrücker Johann II. und sein jüngerer Bruder Friedrich hatten sich drei Jahre lang am französischen Hofe aufgehalten, wo sich Johann in die Prinzessin Katharina von Rohan verliebte. Bei der Hochzeit in der Bretagne im Jahre 1604 erreichte den Pfälzer die Nachricht vom Tode seines Vaters. Er kehrte nach Zweibrücken zurück, wo seine Frau bereits im Frühjahr 1607 starb, nachdem sie drei Wochen zuvor eine Tochter geboren hatte, die als Gattin Christians I. von Birkenfeld die Stammutter dieser Linie werden sollte.

Von Johanns Geschwistern begründeten – dem Testament des Vaters folgend – Friedrich Kasimir die Linie Zweibrücken-Landsberg und Johann Kasimir die schwedische Linie Zweibrücken-Kleeburg (die diesen Namen erhielt, nachdem der ursprünglich zugewiesene Sitz Neu-Kastel gegen Kleeburg vertauscht worden war).

Fünf Jahre nach dem Tod seiner ersten Frau heiratete Johann II. eine Tochter des Kurfürsten Friedrich IV. von der Pfalz. Er hatte ganz offiziell Gelegenheit gehabt, sie näher kennenzulernen, da er von 1610 an als Vormund des jungen Kurfürsten Friedrich V. in Heidelberg lebte. Zwischen dem Tod Kaiser Rudolfs II. im Januar 1612 und der Wahl des Kaisers Matthias II. im Juni des gleichen Jahres übte er auch das Reichsvikariat aus. Obwohl er auf solche Weise zu den wichtigsten Männern des Reiches gehörte, blieb er selbst bescheiden und verbrachte seine Abende am liebsten mit seinem Amtmann, dem Pfarrer und dem Apotheker.

Im Jahre 1613 fanden jene beiden für unsere Familiengeschichte bedeutsamen Hochzeiten statt, die schon in anderem Zusammenhang erwähnt worden sind: Kurfürst Friedrich V. heiratete die englische Königstochter Elisabeth und Wolfgang Wilhelm von Neuburg die Schwester des bayerischen

Herzogs Maximlian 1. Feierlich wurde die Hochzeit des jungen Pfälzers in London begangen und nicht minder festlich war der Empfang, den man der Engländerin in ihrer neuen Heimat bereitete. Ein halbes Jahr nach der Vermählung wurde Friedrich volljährig, der Vormund konnte ihm die Regierungsgeschäfte übertragen und in seine Residenz nach Zweibrücken zurückkehren.

Die Rekatholisierung von Pfalz-Neuburg

So wie die ›Union‹ fortan mit englischem Beistand rechnen konnte, durfte aber die ›Liga‹ in Zukunft auf die Unterstützung durch PFALZ-NEUBURG hoffen. Zunächst hatte es Schwierigkeiten gegeben, da der alte, streng protestantische Herzog Philipp Ludwig seinen Sohn *Wolfgang Wilhelm* nicht katholisch werden ließ, der streng katholische Herzog Maximilian von Bayern aber nicht erlaubte, daß seine Schwester einen Lutheraner heirate. Die Konversion zum Katholizismus erfolgte hinter dem Rücken des Vaters, im Einvernehmen mit dem Papst und der herzoglich bayerischen Familie am 29. Juli 1613 zu München. Als vier Monate später die Hochzeit stattfand, hatte der Vater des Bräutigams vom Glaubenswechsel seines Sohnes immer noch keine Ahnung; es war schwierig genug gewesen, von ihm die Zustimmung zu erhalten, daß seine Schwiegertochter weiterhin nach den Regeln ihres katholischen Glaubens leben dürfe. Das junge Paar zog zunächst nach Düsseldorf und traf dort zu seiner Überraschung den Kurfürsten von Brandenburg. Kurköln konnte den Hohenzollern zwar zum Umzug nach Kleve bewegen, aber die Spannung zwischen den Erben blieb. Einmal versuchte die brandenburgische Partei, die Stadt zu überrumpeln, ein andermal entging die bayerische Frau Wolfgang Wilhelms nur mit knapper Not einem Anschlag. Als niederländische Truppen in Jülich einrückten, kamen aus den Niederlanden spanische Krieger unter Spinola zur

Unterstützung und unversehens war Wolfgang Wilhelm in den Krieg einbezogen. Im Mai 1614 gab er dann in der Pfarrkirche zu Düsseldorf öffentlich den Religionswechsel bekannt. Vielleicht hat diese Nachricht den Tod des in Neuburg zurückgebliebenen Vaters Philipp Ludwig beschleunigt: Er starb nur ein Vierteljahr später.

Vorher hatte er seinen nachgeborenen Söhnen Teile der Jungen Pfalz überlassen: August das Fürstentum Sulzbach und Johann Friedrich Hilpoltstein, Heideck und Allersberg. Da alle acht Kinder Johann Friedrichs vor ihrem Vater starben, fielen diese Ämter an Neuburg zurück; Hilpoltstein wurde auf zwanzig Jahre wieder Witwensitz.

Nach der Konversion Wolfgang Wilhelms wurden die Junge Pfalz und seine anderen Länder wieder katholisch. Manche Orte – wie zum Beispiel Lauingen – widersetzten sich freilich dem Befehl ihres Herrn. Im Februar 1615 zog Wolfgang Wilhelm von seinem niederrheinischen Besitz zurück nach Neuburg. Für die noch unvollendete Hofkirche, die als ›Trutz-Michael‹ begonnen worden war und ein evangelisches Bollwerk hätte werden sollen, bestellte der katholische Fürst von seinem Freund Rubens das ›Große Jüngste Gericht‹ (das jetzt in der Münchner Alten Pinakothek hängt). Im Herbst 1615 wurde dem neuburgischen Paar das einzige Kind geboren, ein Sohn, der nach dem spanischen König und bayerischen Großvater Philipp Wilhelm genannt wurde. Der wittelsbachische Wilhelm V. der Fromme verließ bei dieser Gelegenheit seine Klause zu Schleißheim und reiste zur Taufe nach Neuburg. Der König in Madrid ließ sich durch den Markgrafen von Burgau vertreten, den habsburgischen Erzherzog Karl.

Im Dreißigjährigen Krieg blieb Wolfgang Wilhelm neutral. Auch Kurfürst Friedrich von der Pfalz wollte keine Auseinandersetzung und reiste in der Absicht, zwischen den Streitenden zu vermitteln, sogar selbst nach München. Um eine weitere Verschärfung der Spannungen zu vermeiden, empfahl er Herzog Maximilian I. von Bayern, sich um den Kaiserthron zu bewerben, denn dadurch würde die Wahl Ferdinands von Tirol vermieden. Maximilian lehnte jedoch ab, und Ferdinand wurde Kaiser. Die Lage war damit bedrohlicher als zuvor. Der Pfälzer hatte jedenfalls keine Schuld, daß der ›böhmisch-bayerische Krieg‹ ausbrach.

Wittelsbach gegen Wittelsbach im Dreißigjährigen Krieg

Im Mai 1618 standen die protestantischen Böhmen unter dem Grafen Matthias Thurn in Prag gegen ihre Unterdrücker auf. Sie warfen die Räte aus einem Fenster des Hradschin, erklärten Ferdinand II. für abgesetzt und riefen den 22jährigen pfälzischen Kurfürsten Friedrich V. zum Nachfolger aus. Der Habsburger wandte sich an den Bayernherzog, der mit der Liga zu Hilfe kam. Damit begann der große, dreißig Jahre dauernde Krieg. Friedrich war am 4. November 1619 zu Prag gekrönt worden, und ein Jahr später, am 8. November 1620, ging am Weißen Berg bei Prag sein böhmischer Traum zu Ende. Wittelsbach stand an diesem Tag gegen Wittelsbach, und während die Krieger des Herzogs Maximilian von Bayern weiße Armbinden trugen – Uniformen in unserem Sinne gab es ja damals noch nicht –, hatten die pfälzischen Truppen Armbinden in den traditionellen wittelsbachischen Farben Weiß und Blau. Als die unter dem Kommando Christians von Anhalt kämpfenden Unions-Truppen von den unter dem Kommando des flandrischen Feldherrn Tserklaes von Tilly stehenden Liga-Soldaten besiegt waren, floh Friedrich über Schlesien und Berlin aus seinem Lande – zurückblieb seine ganze Kanzlei und der Spottname ›Winterkönig‹.

Der verjagte König hat mancherlei Versuche unternommen, um sein Schicksal zu wenden, er suchte bei Ludwig XIII. und Richelieu in Paris um Beistand nach und schlug sich zu seinem in Zweibrücken und Landau streitenden Feldherrn Graf Mansfeld durch – dabei wäre er bei Bitsch beinahe in

Feindeshände gefallen –, aber der Erfolg blieb ihm versagt. Nach Auflösung seiner Truppen begab er sich zu Verwandten nach Sedan und von dort nach Holland, wo er in den bescheidensten Verhältnissen lebte.

Seine kurpfälzische Heimat wurde währenddessen von den Bayern unter Tilly und den Spaniern unter jenem Marchese Ambrosio de Spinola besetzt, den Velásquez unsterblich gemacht hat – er stellte ihn nämlich in die Mitte seines Bildes ›Die Übergabe von Breda‹. Herzog Johann II. von Zweibrücken, der während Friedrichs böhmischer Episode in Heidelberg die Regentschaft übernommen hatte, kehrte nun wieder in seine Stadt zurück und versuchte neutral zu bleiben. Während des ›Schwedischen Krieges‹ mußte er 1635 allerdings fliehen; noch im gleichen Jahr ist er in Metz gestorben.

Sein Sohn und Nachfolger Friedrich versuchte vergeblich, den Übergang der Kaiserlichen über den Rhein zu verhindern. Sie haben im folgenden Winter in der Pfalz grausam gehaust, und was von ihnen verschont blieb, hat sich die Pest geholt.

Der bayerische Herzog Maximilian hatte 1623, nach der Eroberung Heidelbergs, die in ganz Europa berühmte Heidelberger Bibliothek, die ›Palatina‹, auf fünfzig Wagen verpackt und unter dem Schutz von sechzig Musketieren nach München bringen lassen. Dort wurde sie in nahezu zweihundert Kisten umgepackt, auf Maultiere geladen und über die Alpen nach Rom geschickt: als ein Geschenk für Papst Gregor XV., der sich diese Bibliothek gewünscht hatte. Vor dem Transport hat man von den Büchern noch die Holzeinbände heruntergerissen, um Gewicht zu sparen – sie alleine wogen mehr als 200 Zentner! Es ist später Maximilian oft vorgeworfen worden, daß er mit dieser Sammlung von Handschriften ein Kulturgut von ungeahntem Wert verschenkt hätte. Wären diese 3400 Handschriften aber damals nicht in die Vatikanische Bibliothek gelangt, so wären sie in jenen unruhigen Zeiten dem gleichen Schicksal wie das Heidelberger Schloß ausgeliefert gewesen. Bei einer der mehrfachen Brandschatzungen und Sprengungen wären die Schätze der ›Palatina‹ sicher mitverbrannt. So aber sind sie bis auf den heutigen Tag erhalten geblieben.

Wie am Weißen Berg, so standen sich nun auch beim Kampf um die Pfalz wieder zwei wittelsbachische Heere gegenüber. Christian I. von Birkenfeld – einer Linie, die in der bayerischen Geschichte noch große Bedeutung erlangen sollte – zeichnete sich dabei auf der protestantischen Seite besonders aus. – Tilly besiegte jedoch bei Wimpfen am Neckar den Markgrafen von Baden-Durlach.

Eine der Folgen des Sieges am Weißen Berg war die Rückgabe der Kur an die bayerischen Wittelsbacher. Der Kaiser hat sich damit Zeit gelassen, vielleicht weil er den englischen König nicht verärgern wollte (der ja der Schwiegervater des bisherigen Kurfürsten war); er hätte aber auch einen anderen Grund für diese Rücksicht gehabt: Man verhandelte damals gerade über die Heirat einer spanischen Königstochter mit dem Prince of Wales. So wurde erst am 6. März 1623 die bereits im Oktober 1619 versprochene Kur auf dem Reichstag in Regensburg auf den Bayernherzog Maximilian übertragen: Nach 246 Jahren erhielt damit Bayern die Kurwürde wieder zurück. Noch am gleichen Tag legte der Neuburger Wolfgang Wilhelm als nächster Anwärter nach der Linie Pfalz-Simmern gegen die Verleihung Protest ein (obwohl der Empfänger sein Schwager war), und Kaiser Ferdinand versprach darauf in einer feierlichen Urkunde, nach dem Tode des Kurfürsten Maximilian die Kurwürde an die Linie Pfalz-Neuburg übergehen zu lassen, wenn das Kurfürstenkollegium dem ›Winterkönig‹ oder dessen Nachkommen die Kurwürde absprechen sollte. Zum Trost erhielt Wolfgang Wilhelm in der Oberpfalz Parkstein und Weiden.

Großmacht-
politik

GROSSMACHTPOLITIK

Vom Dreißigjährigen Krieg bis zum Spanischen Erbfolgekrieg

1623-1726

Die Pfälzer rufen Gustav Adolf zu Hilfe

Dem ›Böhmisch-pfälzischen‹ folgte der ›Dänisch-niedersächsische Krieg‹ von 1625 bis 1629. König Christian IV. von Dänemark griff als Herzog von Holstein und Oberster des niedersächsischen Kreises zugunsten der Protestanten ein, Frankreich und England hatten ihn in diesem Sinne beeinflußt. Doch Bayern war damals auf dem Höhepunkt seiner Macht, und so konnte Christian gegen Wallenstein und Tilly nicht siegen.

Im dritten Akt dieses großen Krieges wendete sich das Blatt: Die Pfälzer riefen ihren Vetter Gustav Adolf von Schweden zu Hilfe. So begann ein neues Kapitel dieses Kampfes, der ›Schwedische Krieg‹ von 1630 bis 1635.

Es war Johann Kasimir von Zweibrücken, der Begründer der Linie Zweibrücken-Kleeburg, ein Bruder Johanns II., der die Schweden ins Land rief. Er hatte als Gesandter in Stockholm 1615 Gustav Adolfs Schwester Katharina geheiratet. Dies war die dritte Verbindung der Häuser Wittelsbach und Wasa. Nach seiner Rückkehr in die Pfalz bezog das Paar die nach der Schwedin benannte Katharinenburg bei Kleeburg (in der Nähe von Weißenburg im Elsaß). Der Wittelsbacher wurde zum Berater und zum Freund Gustav Adolfs, und als der König 1620 ins Reich kam, empfing er ihn auf seiner Burg Neukastel bei Landau in der Pfalz. Wie sehr er seinem Schwager vertraute, zeigte der Wasakönig, als er 1630 dem Kleeburger die Vormundschaft über seine Tochter und

Erbin Christine und die Verwaltung seiner Einkünfte anvertraute. Anschließend zog er mit seinen Truppen nach Deutschland. Schweden hat er nicht mehr wiedergesehen. Johann Kasimir aber, der in Stockholm so ehrenvolle Aufgaben zu erfüllen hatte, ließ sich ganz in seiner Wahlheimat nieder. Die meisten seiner Kinder sind dort begraben, und er selbst bekam den Beinamen ›der Schwede‹.

Am 6. Juli landete Gustav Adolf auf der Ostseeinsel Usedom. Der bayerische Kurfürst Maximilian weilte zu dieser Zeit beim Kaiser auf einem Kurfürstentag in Regensburg, der verdächtigte Wallenstein hatte sein Hauptquartier in Memmingen, und Tilly lag nahe bei Regensburg. Der Bayer nutzte die Stunde und erreichte die Entlassung Wallensteins.

Im Jahr nach der Ankunft des Schweden in Deutschland verband sich Frankreich mit ihm, der gerade Frankfurt an der Oder erobert hatte. Auch der Kurfürst von Sachsen schloß sich nun den Protestanten an und vereint mit Gustav Adolf besiegte er Tilly, dessen Truppen eben erst Magdeburg erobert hatten, in dem bei Leipzig gelegenen Breitenfeld. Der von einer norddeutsch-protestantisch ausgerichteten Geschichtsschreibung lange Zeit aufrechterhaltene Vorwurf, Tilly habe die Einäscherung Magdeburgs angeordnet und damit ein verabscheuungswürdiges Kriegsgreuel begangen, ist inzwischen widerlegt worden.

Die Schweden in Bayern

Der Weg nach Süddeutschland war nun offen. Der Schwedenkönig marschierte über Thüringen nach Hanau und in Frankfurt schloß sich ihm der aus dem holländischen Exil herbeigeeilte Winterkönig Friedrich an. Auch Johann Friedrich von Veldenz, Christian von Birkenfeld-Bischweiler und August von Sulzbach, ein Bruder des Neuburgers und besonderer Freund Gustav Adolfs, fanden sich ein. Zwei der

Wittelsbacher sollten bald darauf sterben, der Sulzbacher an Fieber und Karl Ludwig von Veldenz an zwei Bauchschüssen, die er in Wolmirstedt bei Magdeburg empfangen hatte.

Bei einem Essen im schwedischen Winterquartier zu Mainz, an dem im Februar 1632 auch der ›eisgraue‹ 68jährige Pfalzgraf Georg Gustav von Lauterecken (Veldenz) und August von Sulzbach teilnahmen, soll Gustav Adolf zu Friedrich v. gesagt haben, einige tausend englische Pfund wären für die Weiterführung des Krieges erwünscht, und der Winterkönig erwiderte darauf, auch er hoffe, daß sein Schwiegervater »jetzo das Seinige hiezu tun werde«. Er selbst, antwortete Gustav Adolf, würde gerne Frieden schließen und nach Schweden zurückkehren, wenn es zum Wohle der Sache wäre. Er könnte sich leicht mit dem Kaiser verständigen, »wie es aber Euch Reichsfürsten und den armen Untertanen ergehen würde und was für einen Tanz sie mit Euch spielen würden, kann man leicht erachten«. Der Veldenzer erwiderte: »Wir lassen Ew. Majestät jetzo mitnichten, weil wir Sie Gott Lob und Dank hereinbekommen haben, so bald wieder heraus.« Und der alte Mann fügte noch hinzu, er selbst, wenn er »an Jahren zwanzig zurück hätte«, würde mit Freuden gegen die Ligisten streiten.

Inzwischen war Wallenstein zurückberufen worden. Im Mai vertrieb er die Sachsen in Böhmen. Gustav Adolf zog über Nürnberg nach Bayern und schlug im April 1632 Tilly bei Rain am Lech; der Feldherr des bayerischen Kurfürsten ist an den Wunden gestorben, die er in dieser Schlacht erlitten hatte. Die Schweden aber zogen weiter und nahmen Augsburg, nachdem sie Ingolstadt vergeblich belagert hatten: Die Verteidiger hielten sich gut. Bei diesen Kämpfen wurde der Schimmel Gustav Adolfs tödlich getroffen, in die Stadt gebracht und präpariert. Er war lange Zeit im Schloß ausgestellt und harrt heute, im Laufe der Zeit brüchig geworden, der Restaurierung.

Auch das katholische Pfalz-Neuburg war für die Invasoren

Feindesland. Da der katholische Wolfgang Wilhelm sich am Niederrhein aufhielt, konnte er sich den Feinden nicht selbst entgegenstellen. Unter diesen war übrigens auch sein eigener Bruder, August von Sulzbach. Er zog im Mai zusammen mit den Schweden in die Stadt ein, in der kurz zuvor noch Kurfürst Maximilian in der Hofkirche am Grabe seiner Schwester gebetet hatte. Unter den neuen Herren mußte Neuburg wieder einmal die Konfession wechseln.

Während Gustav Adolf nach München marschierte, stand Maximilian mit seinem Heer bei Regensburg. Die Frau des Bayernfürsten war mit ihrem Schwager Albrecht dem Leuchtenberger nach Salzburg ausgewichen. In Freising hatte sich der Schwedenkönig mit Abgesandten der bayerischen Residenzstadt darüber geeinigt, daß München nicht geplündert oder gebrandschatzt werde – der Preis, den die Bürger aber dafür zahlen mußten, waren 300 000 Reichstaler (was angeblich dem halben jährlichen Steueraufkommen von ganz Schweden entsprochen hat). Als Gustav Adolf am 17. Mai 1632 in die Stadt einzog, soll er den berühmten Spruch getan haben, dieses München sei ein goldener Sattel auf einer dürren Mähre. Besonders die Residenz gefiel dem König: Am liebsten, sagte er, würde er sie auf Rollen stellen und nach Stockholm transportieren lassen. Dieser Wunsch war nicht zu erfüllen, und so beließ es der Monarch dabei, einzelne Stücke der reichen Sammlungen einzupacken und nach Schweden zu schicken. Der Winterkönig war mit Gustav Adolf zusammen in die Residenzstadt gekommen, hat aber vom Besitz seines Rivalen nichts berührt.

Als die Nachricht eintraf, daß man sich in Schwaben gegen die Schweden erhoben habe, zogen die Besatzungssoldaten am 6. Juni wieder ab. Mit sich führten sie 42 Geiseln (da die Kontribution noch nicht bezahlt war), die Hälfte davon waren Ordensgeistliche. In der Marienkirche zu Ramersdorf erinnert noch heute ein Votivbild an diese Männer, die einige Jahre in schwedischer Gefangenschaft verbringen mußten.

Von Schwaben marschierte Gustav Adolfs Heer weiter nach Franken, wo sich der König in Nürnberg verschanzte, denn von Weiden aus waren Maximilian und Wallenstein im Anmarsch. Da sich zehn Wochen lang nichts rührte, griffen schließlich die Schweden an – siebenmal versuchten sie mit überlegenen Kräften die Ligisten zu stellen. Doch Wallenstein war zu keinem Gegenangriff zu bewegen, er ließ den Schwedenkönig schließlich sogar unbehelligt nach Neustadt an der Aisch abziehen. Dort trennte sich der wittelsbachische Winterkönig von Gustav Adolf, denn statt ihm die Oberpfalz zurückzugeben, hatte ihm der König einen unerfreulichen Vertrag vorgelegt.

Wallenstein wandte sich darauf nach Sachsen, und Gustav Adolf glaubte nun, er müsse dem sächsischen Kurfürsten in dieser bedrohlichen Lage zu Hilfe eilen. Am 16. November 1632 prallten die Heere bei Lützen aufeinander. Die Schweden siegten, aber ihr König fiel. Dreizehn Tage später starb der Winterkönig in Mainz. Er war nur 36 Jahre alt geworden. Sein Leichnam scheint – wie der seines in Frankreich verstorbenen Ahnherrn Wolfgang – lange unterwegs gewesen zu sein. Die Annahme, daß er in Sedan schließlich beigesetzt wurde, ist nach neueren Forschungen wohl nicht haltbar. Er hinterließ seine englische Witwe mit zehn Kindern in dürftigsten Verhältnissen. Für den Kurprinzen Karl Ludwig übernahm Bruder Ludwig Philipp die Vormundschaft.

In diesem Jahre 1632, in dem Tilly und Gustav Adolf gefallen waren, starben auch mehrere Wittelsbacher unserer Pfälzer Linie: im September in Windsheim Herzog August von Sulzbach, am 30. November – und somit nur einen Tag nach dem Winterkönig – der Veldenzer Johann Friedrich. Er starb als schwedischer Oberst in Augsburg an Fieber. Sein Bruder Karl Ludwig war bereits im Jahr zuvor, ebenfalls als schwedischer Offizier, gefallen.

Pfalzgraf Christian 1. von Birkenfeld, der jüngere Bruder des Linienchefs Georg Wilhelm, war von Gustav Adolf mit dem Oberbefehl über die Truppen am linken Mainufer betraut und zum General der Kavallerie ernannt worden. Er hatte 1630 mit Magdalena Katharina, Tochter des Herzogs von Zweibrücken und der Katharina von Rohan, die Herrschaft Bischweiler bei Hagenau im Elsaß erheiratet. Als die Spanier und Kaiserlichen 1632 aus der Pfalz an die Mosel zogen, um eine Vereinigung des Prinzen von Oranien mit den Schweden zu verhindern, zog Christian mit dem schwedischen Kanzler Oxenstierna aus, um ihnen in den Rücken zu fallen. Auch die Franzosen stießen zu den Schweden. Nach heftigen Gefechten fiel Trier in die Hände der Protestanten.

Nach dem Tod des Königs Gustav Adolf übernahm Oxenstierna die Leitung, Bernhard von Weimar und Graf Horn führten die Truppen ins Gefecht. Maximilian gab den Oberbefehl an den Feldmarschall Aldringen und den Reitergeneral Johann von Werth ab und zog sich mit der Kurfürstin und dem Hofstaat hinter den Inn nach Braunau zurück, während der Feind in Schwaben und in der Oberpfalz hauste. Wallenstein griff nicht ein. Da der Bayer Kaiser Ferdinand davon überzeugen konnte, daß sein Feldmarschall Wallenstein mit Richelieu und Oxenstierna im Bunde sei, wurde der Feldherr im Januar 1634 abgesetzt und im Februar von seinen eigenen Generälen in Eger ermordet. Als Nachfolger wurde auf den Rat Maximilians der Kaisersohn Ferdinand bestellt, der zu dieser Zeit König von Ungarn war. Er sowie der aus Spanien herbeigeeilte Bruder König Philipps IV. – er hieß ebenfalls Ferdinand – besiegten mit den Bayern unter Gallas und Werth die Unionstruppen unter Bernhard von Weimar und dem schwedischen General Horn. Die Schlacht wurde im September 1634 bei Nördlingen ausgetragen.

Maximilian hatte den spanischen Kardinal-Infanten auf seinem Anmarsch in Braunau begrüßt, in der Residenz zu München machte dann der Herzog von Lothringen die Honneurs. Durch die Schlacht bei Nördlingen wurde das verwüstete Bayern vom Feinde befreit. Bayerische Truppen besetzten nun die rechtsrheinische Pfalz, der Erbe von Zweibrücken, Friedrich, konnte Johann von Werth den Übergang über den zugefrorenen Rhein nicht verwehren. Die Bayern verwüsteten die Pfalz gerade so, wie ihr Land zuvor verwüstet worden war. Der alte, kranke Zweibrücker Herzog Johann II., der Vater Friedrichs, flüchtete mit der ganzen Familie nach Metz. Dort ist er im Sommer 1635 gestorben. Da die schwedischen Truppen zu schwach waren, blieb der neue Herzog vorerst in Metz, seine Mutter aber – die Schwester des Winterkönigs – schlug ihren Witwensitz in Meisenheim auf; Bruder Johann Ludwig diente derweilen unter Heinrich Friedrich von Oranien; die beiden Schwestern Anna Sybille und Maria Amalia flohen zur Schwester Katharina, die Wolfgang Wilhelm von Neuburg in zweiter Ehe geheiratet hatte und mit der er in Düsseldorf lebte. Die schwache schwedisch-französische Besatzung verlor im Herbst die Stadt Zweibrücken an die Kaiserlichen, die schließlich auch noch Birkenfeld, Meisenheim und Kaiserslautern besetzen.

Christian I. machte nach der Schlacht von Nördlingen seinen Frieden mit dem Kaiser. Er zog sich, bis sein Schloß in Bischweiler fertig wurde, nach Straßburg zurück.

Die Witwe Georg Gustavs von Veldenz, eine Tochter Johanns I. von Zweibrücken, übernahm am Remigiusberg die Vormundschaft über ihren noch minderjährigen Sohn Leopold Ludwig. Diese Witwe Elisabeth soll die bedeutendste und sympathischste Erscheinung der Linie Veldenz gewesen sein. Ihre beiden ältesten Söhne waren als schwedische Offiziere gefallen, und von ihren Schwägern lebte nur noch Georg Johann II., der mit Susanne, einer Tochter des Pfalzgrafen Ottheinrich von Sulzbach, nicht glücklich verheiratet war. Das Lützelsteiner Land und die Herrschaft Guttenberg – beide gehörten seit dem Jahre 1553 zu der Pfalzgrafschaft Veldenz – hatten unter dem Krieg schwer gelitten, so daß sich Georg Johann ins Steintal zurückzog.

Da die drei Söhne bereits vor ihrem Vater starben, erbte ein Neffe, der Sohn Georg Gustavs, Pfalzgraf Leopold Ludwig, 1654 diese Ländereien.

Ein Monument der Dankbarkeit

Zu Beginn des Jahres 1635 war Elisabeth von Lothringen, die Frau des Kurfürsten Maximilian I., in dem bei Braunau gelegenen Schloß von Ranshofen kinderlos gestorben. Wenige Monate später kehrte der Fürst aus dem Feldlager in seine Residenzstadt zurück und errichtete die Mariensäule, die Vorbild für andere Mariensäulen im Lande (und auch in Österreich) wurde; am zwanzigsten Jahrestag der Schlacht am Weißen Berg wurde sie am Schrannenplatz – seit 1835 Marienplatz geheißen – feierlich geweiht.

Der Sonderfriede von Prag, den der Kaiser und Kursachsen im Mai 1635 abschlossen, war nicht nach dem Sinn des wittelsbachischen Fürsten, obwohl ihm die Kur und die Oberpfalz erhalten blieben. Dennoch trat er dem Frieden bei, nicht zuletzt, weil er sich im Juli dieses Jahres mit der 25jährigen Maria Anna, einer Tochter Kaiser Ferdinands II., vermählte. Er war inzwischen 62 Jahre alt und erhoffte sich nun einen Erben, damit das Land nicht an seinen Bruder Albrecht den Leuchtenberger fiel. Auch diese österreichische Erzherzogin verzichtete im Heiratsvertrag nicht auf ihre Erbansprüche, falls Habsburg im Mannesstamme aussterben sollte. Diese Klausel beschäftigte im 18. Jahrhundert die bayerischen und österreichischen Kanzleien sehr und führte zuletzt zum Österreichischen Erbfolgekrieg.

Im Oktober 1636 kam der ersehnte Kurprinz Ferdinand Maria zur Welt, 1638 Maximilian Philipp. Er erhielt mit noch nicht zwölf Jahren die in der Oberpfalz gelegene Landgrafschaft Leuchtenberg, die Albrecht, der Bruder des Kurfürsten, gegen die Reichsgrafschaft Haag eingetauscht hatte.

Im Jahr dieses Ländertausches wurde einer der Söhne des Leuchtenbergers Albrecht, Maximilian Heinrich, Erzbischof und Kurfürst von Köln, ein anderer, Albrecht Sigmund, einige Zeit später Bischof von Freising und Regensburg.

Wolfgang Wilhelm von Neuburg hatte sich indessen von seinen spanischen Nachbarn nicht aus seiner Neutralität locken lassen. Vater und Sohn begrüßten in Köln den Kardinal-Infanten, der von Nördlingen zu seinem Statthalterposten in Brüssel reiste. Der feierliche Empfang, bei dem die Neuburger Truppen Spalier bildeten und die Kanonen Salut schossen, soll selbst dem an prunkvolle Empfänge gewöhnten Spanier imponiert haben. Als aber der Wittelsbacher Wolfgang Wilhelm 1640 mit Frankreich einen Neutralitätsvertrag abschloß, legte Kaiser Ferdinand III. – sein Vorgänger war 1637 gestorben – eine Garnison nach Düsseldorf.

Mit dem Regierungsantritt des Großen Kurfürsten von Brandenburg im Jahre 1640 flammte der Streit um Jülich-Kleve-Berg neu auf. Der Herzog aus Neuburg hoffte, diese Auseinandersetzung dadurch beenden zu können, daß er seinen Sohn Philipp Wilhelm mit der Schwester des Brandenburgers verheiratete. Doch der Sohn weigerte sich: Er habe, so sagte er, seiner Mutter versprochen, eine Katholikin zu heiraten – und seine Wahl fiel im Sommer 1642 auf Anna Katharina Konstantia, eine Schwester des Polenkönigs Wladislaw IV. aus dem Hause Wasa. Die Schwierigkeiten mit den Brandenburgern dauerten so den großen Krieg über an.

Die letzte Phase des Dreißigjährigen Krieges

Der nächste Akt dieser dreißig Jahre währenden europäischen Auseinandersetzung, der ›Schwedisch-französische Krieg‹, ging um die Vormachtstellung von Bourbonen oder Habsburgern. Richelieu hatte im Mai 1635 im Namen seines ›Allerchristlichsten Königs‹ den Habsburgern den Krieg erklärt. Kurbayern stellte an Stelle der 1635 aufgelösten Liga ein eigenes Heer unter Johann von Werth. Dieses stieß zunächst bis Compiègne vor, mußte aber bald zurückweichen und wurde 1638 bei Rheinfelden am Oberrhein gefangengenommen.

Richelieu versuchte den Bayernfürsten umzustimmen, aber nicht einmal der Antrag der Kaiserkrone hatte Erfolg. Maximilian hatte 1640 vergeblich versucht, auf einem Fürstentag zu Nürnberg Frieden zu stiften. Im darauffolgenden Jahr trat erstmals seit langen Jahren der Reichstag in Regensburg wieder zusammen. Der wittelsbachische Kurfürst versuchte auch in den folgenden Jahren wiederholt den ersehnten Frieden in diesem nun schon so lange währenden Krieg herzustellen. Aber er hatte keinen Erfolg. Die Spanier weigerten sich, Trier wieder herauszugeben, und England wie Spanien versuchten, die Linie Simmern nach Kurpfalz zurückzurufen, doch das lehnte Bayern wiederum ab.

Die immer noch turbulenten Kriegsläufte führten dazu, daß die kurfürstliche Familie erneut, und zwar nach Wasserburg, fliehen mußte. Maximilian sagte sich vom Kaiser los und schloß im Frühjahr 1647 einen Waffenstillstand zwischen Bayern und Kurköln einerseits und Frankreich und Schweden auf der anderen Seite. Der Vertrag sollte sechs Monate gelten. Die kurfürstliche Familie kehrte daraufhin wieder nach München zurück. Johann von Werth trat vorübergehend zu den Kaiserlichen über, und da Mazarin zu wenig bot, schloß sich auch Bayern wieder dem Kaiser an, allerdings unter der Bedingung, daß bald Frieden geschlossen werde und eine Trennung von Spanien erfolge. Aber erst die bayerisch-kaiserliche Niederlage von Zusmarshausen im Mai 1648 brachte Wien dazu, endlich nachzugeben. Bayern wurde neuerlich verwüstet, und Maximilian mußte wieder fliehen, diesmal nach Salzburg. Wrangel und Turenne gelang es jedoch nicht, den Inn zu überschreiten, und so zogen sie sich vor dem anrückenden Piccolomini sengend und brennend nach München zurück. Bei Dachau überfiel Werth in einer kühnen Reiterattacke die Schweden, nahm dreihundert Offiziere gefangen, erbeutete mehr als tausend Pferde und Wrangels

Tafelgeschirr. Die Schweden zogen weiter nach Schwaben und in die Oberpfalz. Dem Vorstoß des schwedischen Generals Königsmarck mit dem Kleeburger Pfalzgrafen Karl Gustav durch die Oberpfalz in Richtung Prag machte der Waffenstillstand ein Ende. Die Kavallerie-Attacke des Generals von Werth war die letzte Kriegshandlung auf bayerischem Boden. Daß der Friede nach dreißig Kriegsjahren endlich kam, war in erster Linie dem Kurfürsten Maximilian zu danken, der im November endgültig wieder in seine Residenz zurückkehren konnte. Grimmelshausen hat in seinem ›Abenteuerlichen Simplicissimus‹ gezeigt, wie zerrüttet die Verhältnisse im Lande waren. Schon 1632 hatte der Kurfürst seinem Bruder geklagt: »Waß aber das arme Bairland belangt, würden Euer Liebden es nit mehr khennen und ohne Mitleiden nit ansehen khinnen.« Am Ende hatte Bayern nur noch ein Zehntel seiner Einwohnerzahl, neunhundert Ortschaften waren zerstört.

Der Westfälische Friede sicherte den bayrischen Wittelsbachern, was sie sich gleich zu Beginn des Krieges erworben hatten: die Kurwürde (die vorher bei den Pfälzer Wittelsbachern gewesen war) sowie den Besitz der Oberpfalz und der Grafschaft Cham. Für den Erben des Winterkönigs, Karl Ludwig, aber wurde auf Fürsprache von England und Dänemark – und sehr zum Mißfallen Maximilians – eine neue, achte Kur mit der Würde eines Reichserzschatzmeisters geschaffen. Daraufhin kehrte Karl Ludwig aus seinem dreißigjährigen Exil in England nach Heidelberg zurück. Wittelsbach hatte nun zusammen mit Kurköln drei Kurstimmen. Karl Ludwig übte sein neues Amt zum erstenmal bei der Krönung Ferdinands IV. im Jahre 1653 aus.

Nach dem Großen Kriege waren Bayern und Neuburg katholisch, Sulzbach und Birkenfeld lutherisch, die neue Kurlinie Simmern aber reformiert, ebenso die drei Linien Zweibrücken und die von Veldenz.

Die Kinder des Winterkönigs

Der Verlauf des Krieges hatte es mit sich gebracht, daß zehn der dreizehn Kinder des Winterkönigs Friedrich nicht in der PFALZ, sondern in der Verbannung aufgewachsen sind. Ihre Mutter, Elisabeth Stuart, stand mit ihrem Bruder Karl I., der in der Zeit des Dreißigjährigen Krieges, 1648, auf Cromwells Befehl hingerichtet wurde, auf keinem guten Fuß. Erst kurz vor ihrem Tode im Jahre 1662 war sie in ihre Heimat zurückgekehrt, nachdem dort ihr Neffe Karl II. König geworden war. Ihr ältester Sohn *Heinrich Friedrich* war schon lange zuvor vor den Augen des Vaters, mit fünfzehn Jahren, ertrunken. Er wollte 1629 mit ihm zusammen die im Hafen von Haarlem liegende spanische Silberflotte besichtigen. Dabei wurde ihr Boot gerammt, der Prinz – den die böhmischen Stände bereits mit sechs Jahren zum Thronfolger ernannt hatten – ertrank, sein Vater, der Winterkönig, konnte mit großer Mühe gerettet werden.

Die Brüder *Karl Ludwig* und Rupprecht studierten an der Universität Leiden; nach dem Tode des Vaters diente der ältere im Heer des Oraniers. *Rupprecht* ist nicht nur durch seine englische Bezeichnung ›Rupert the Cavalier‹ in die Geschichte eingegangen, er war, neben seiner Tätigkeit als Heerführer und Admiral auch Gelehrter, Kupferstecher und Liebling der Damen; man hat ihm auch den Beinamen ›der Erfinderische‹ oder ›Erfindungsreiche‹ gegeben, weil er unter anderem das sogenannte ›Prinzenmetall‹ entwickelt und verschiedene Geschütze konstruiert hatte. Er war im Dezember 1619 zu Prag geboren worden und mit sechzehn Jahren an den englischen Hof gegangen. Im Jahre 1643 ernannte ihn der König zum Herzog von Cumberland; während und nach Cromwells Intermezzo hat er von sich reden gemacht.

Zuerst waren die beiden wittelsbachischen Brüder in den Kampf gegen Habsburg eingetreten, wobei Rupprecht in

DIE FAMILIE DES WINTERKÖNIGS 195

Gefangenschaft geriet und nach Wien gebracht wurde. Karl wurde ebenfalls gefangen. Er war gerade von England zurückgekommen, wo er versucht hatte, König Karl I. zu einem Überfall auf die spanische Kriegsflotte zu überreden. Man brachte ihn nach Vincennes, wo er zwei Jahre festgehalten wurde. Anschließend bekamen ihn die Schweden gegen das Ehrenwort frei, daß er Frankreich nicht verlasse. Ludwig XIII. nahm ihn auf. Als Bruder Rupprecht nach England zurückkehren konnte, herrschte dort die Revolution. Gerade noch rechtzeitig verließen er und sein weiterer Bruder Moritz die englische Insel, kurze Zeit später wurde der König enthauptet.

Der neue Kurfürst von der Pfalz aber, *Karl Ludwig*, begab sich nach einem Aufenthalt in Kleve zu den Verhandlungen nach Nürnberg. Als er im Oktober 1648 in seine Kurpfalz zurückkehrte, wurde er in Mosbach feierlich empfangen. Anschließend zog er weiter nach Heidelberg. Bruder Rupprecht trat vorübergehend in französische Kriegsdienste und reiste nach einer Verwundung in Flandern zu seinem verbannten Vetter, dem künftigen König Karl II. von England, der sich im Haag aufhielt.

Der vierte Sohn des Winterkönigs, der auf der Flucht in Küstrin geborene *Moritz*, ist einige Jahre nach dem Dreißigjährigen Krieg als englischer Admiral auf dem Meer umgekommen. Sein Bruder *Eduard* war nach Frankreich gegangen und im Jahre 1645 katholisch geworden. Seine Frau Anna Gonzaga hinterließ Memoiren, die zu den wertvollsten Dokumenten über das Leben am Hofe Ludwigs XIV. gehören. Ein weiterer Sohn des Winterkönigs, *Philipp*, fiel schließlich als lothringischer Reiteroberst 1650 in der Schlacht bei Rethel.

Auch die Töchter des unglücklichen Wittelsbachers hatten bemerkenswerte Schicksale. Elisabeth, genannt ›die Prinzessin von Böhmen‹, war Äbtissin des reformierten Stiftes von Herford geworden und stand mit dem Philosophen Descartes in Verbindung. Luise Maria Hollandine wurde katholisch und später Äbtissin des Zisterzienserinnenklosters Maubuisson; sie war eine Gelehrte und eine nicht unbedeutende Malerin. Henriette Marie heiratete den Fürsten Sigmund Rakoczy von Siebenbürgen. Die jüngste Tochter, Sophie, die ›Große Kurfürstin‹ von Hannover genannt, sollte vor allem durch Leibniz bekannt werden. Ihr Sohn Georg eröffnete die Reihe der englischen Könige dieses Namens.

Der ›Kuhkrieg‹ am Niederrhein

Auch *Wolfgang Wilhelm* von PFALZ-NEUBURG hat, wie sein bayerischer Schwager, den ganzen Dreißigjährigen Krieg erlebt und durchgestanden; die meiste Zeit davon in Düsseldorf. Dort hat Kurfürst Friedrich von Brandenburg dafür gesorgt, daß der Streit um die Herrschaft am Niederrhein nicht zur Ruhe kam – ›Kuhkrieg‹ nannte man diesen unerfreulichen Zustand –, bis sich durch Vermittlung des Kaisers beide Parteien einigten. Diese Regelung einer alten Erbschaftsgeschichte erfolgte in jenem Jahr 1651, in dem der 73jährige Herzog bald nach dem Tod seiner Frau Katharina von Zweibrücken zum drittenmal heiratete, und zwar eine achtzehnjährige Gräfin von Fürstenberg-Heiligenberg. Zwei Jahre nach dieser Eheschließung ist Wolfgang Wilhelm in Düsseldorf gestorben. Sein jüngster Bruder Johann Friedrich war bereits neun Jahre zuvor in Hilpoltstein verschieden. Er und seine engste Familie waren die einzigen Protestanten im rekatholisierten Hilpoltstein gewesen.

Auf Wolfgang Wilhelm folgte sein einziger Sohn, den ihm die bayerische Herzogstochter geboren hatte, *Philipp Wilhelm*. Dieser hoffte aus seiner ersten, kinderlosen Ehe mit der polnischen Königstochter Anna Katharina Konstantia einen Anspruch auf die Warschauer Königskrone ableiten zu können. Seine Bemühungen, nach dem Tode von Wladislaus IV. im Jahre 1648 den Thron zu besteigen, blieben jedoch ohne Erfolg. Nach dem Tod seines Vaters, fünf Jahre später,

Wittelsbacher Liebhabereien

49 Als landesherrliches Regal,
lange Zeit fast ausschließlich dem Adel vorbehalten,
war die Jagd das vornehmste und beliebteste fürstliche Vergnügen,
das die Wittelsbacher auch durch alle Jahrhunderte
hindurch bis heute mit Eifer und Leidenschaft ausgeübt haben.
Der größte Nimrod unter ihnen
war wohl Pfalzgraf JOHANN KASIMIR (1543-92),
das Urbild des bekannten Liedes ›Der Jäger aus Kurpfalz‹.
Seine Jagd-Tagebücher,
die er 22 Jahre lang mit peinlicher Genauigkeit führte,
geben Rechenschaft
über jede Hatz und jede Strecke.

50 Ein mittelalterlicher adeliger Sport, dem auch die Wittelsbacher noch weit bis in die Neuzeit hinein anhingen, war das Turnier: im Bild Herzog WILHELM IV. von Bayern (1493-1550) gegen Hanns von Preysing, Lienhart von Liechtenstein und Wolf zu Montfort. Berühmtester Recke der Wittelsbacher war Herzog Christoph, den man nicht umsonst auch den Starken oder den Kämpfer nannte. Sein sagenhafter Sieg über den Woiwoden von Lublin auf der Landshuter Hochzeit 1475 hat im 19. Jahrhundert reiche dichterische Ausschmückung erfahren.

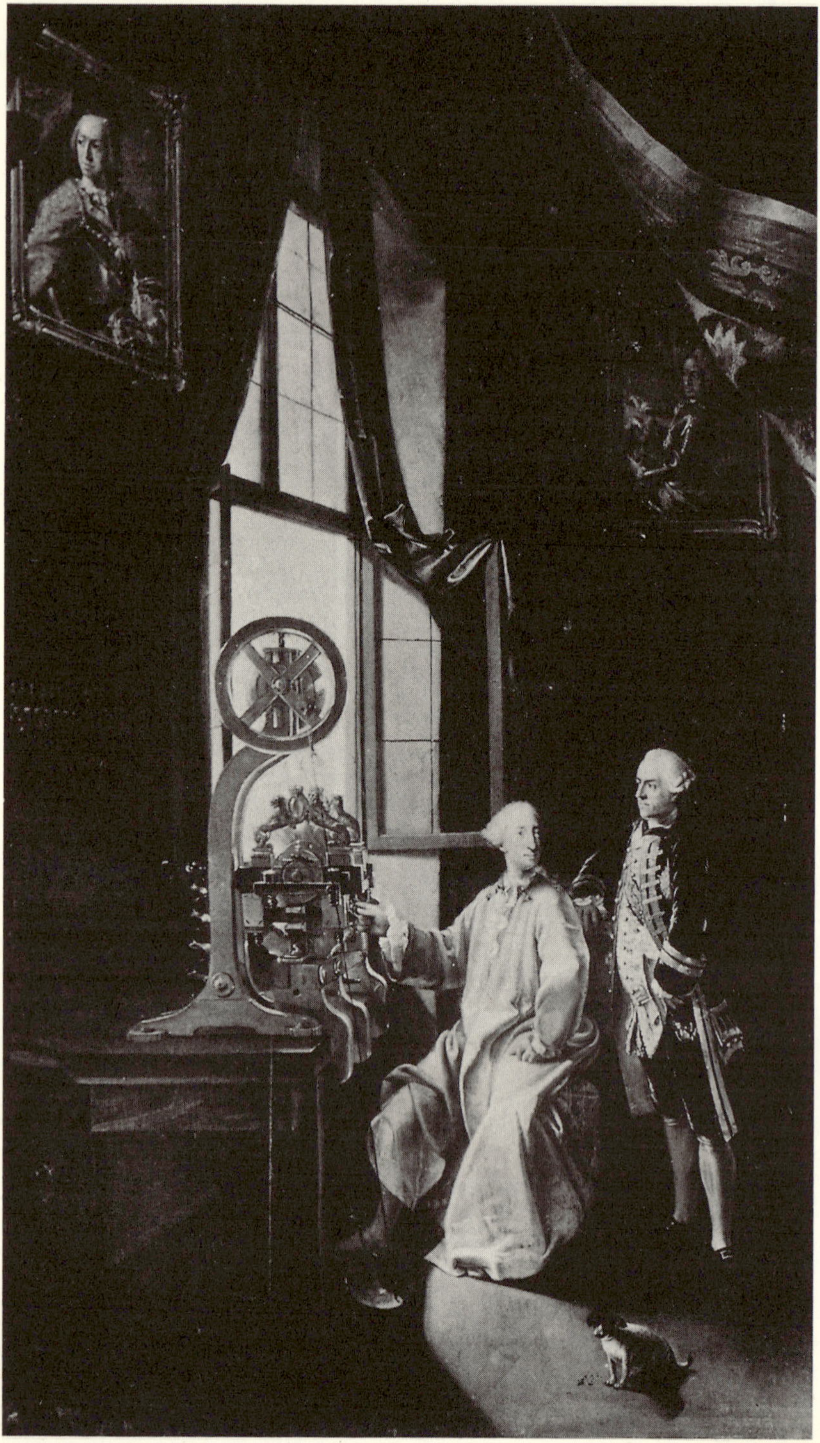

51-53 Das Drechseln galt im 17. und
18. Jahrhundert an den europäischen Höfen
als Liebhaberei und Mittel gegen Langeweile: Obwohl eigentlich eine handwerkliche Beschäftigung, betrachtete man es
nicht als unstandesgemäß. Bei den bayerischen Wittelsbachern war es geradezu eine
Erb-Liebhaberei, der viele Generationen
anhingen: so etwa Herzog WILHELM IV.
(1493-1550) und ALBRECHT V. (1528-79,
Abb. 32), die ihre Werkstatt in der Münchner
Neuveste hatten, Kurfürst MAXIMILIAN
(1573-1651, Abb. 5), von dem eine Reihe von
Elfenbeinarbeiten überliefert ist (Abb. 53),
oder MAX EMANUEL (1662-1726, Abb. 10),
dessen Drehbank sich noch erhalten hat
(Abb. 52), während seine Arbeiten beim
Brand der Residenz 1729 fast alle vernichtet
wurden. MAX III. JOSEPH (1727-77) hat sich
bei seiner Lieblingsbeschäftigung, bei der ihm Graf Salern aufmerksam zusieht, sogar malen lassen (Abb. 51).
Er hatte sich sowohl in Nymphenburg wie in Schleißheim ein Drechselkabinett einrichten lassen. Selbst
König OTTO von Griechenland (1815-67, Abb. 15) wollte im Exil nicht auf diesen Zeitvertreib verzichten:
Seine Drehbank ist in der Bamberger Residenz noch zu sehen.

54

55

54-57 Als ausgesprochene Liebhaber der Musik suchten die Wittelsbacher die besten Kräfte ihrer Zeit für ihre Hofmusik zu gewinnen: Unter Orlando di Lasso (1532-94) besaß die Münchner Hofkapelle unangefochtene Weltgeltung. Daneben waren viele Wittelsbacher ›Musikdilettanten‹ im besten Sinne des Wortes, ja manche beherrschten ihr Instrument geradezu virtuos. Einer von ihnen war MAX III. JOSEPH (1727 bis 1777), der auf dem intimen Gruppenbildnis (Abb. 54) seine geliebte Gambe spielt, während ihn seine Gemahlin MARIA ANNA akkompagniert und seine Schwester MARIA ANNA JOSEPHA, die spätere Markgräfin von Baden (siehe auch Abb. 65), lauscht. Überhaupt war die Gambe das bevorzugte Instrument der Wittelsbacher im 18. Jahrhundert: MAX EMANUEL, der auch sang und die Orgel traktierte, spielte sie mit Vorliebe, ebenso seine Söhne Kurfürst CLEMENS AUGUST von Köln (Abb. 58) und Kardinal JOHANN THEODOR (1703-63), oder der pfalz-neuburgische Vetter JAN WELLEM (1658-1716, Abb. 37), dessen prachtvoll eingelegtes Instrument bis heute erhalten ist (Abb. 55). Von Kurfürst KARL ALBRECHT weiß man, daß er die Laute schlug, KARL THEODOR (1724-99) blies das Mode-Instrument des Rokoko, die Flöte (Abb. 56), und Prinz LUDWIG FERDINAND (1859-1949) strich meisterhaft die Geige: Trotz seiner Beanspruchung als Arzt ließ er es sich nicht nehmen, regelmäßig im Orchester der Hofoper mitzuspielen, wo ihm ständig ein Platz reserviert war (Abb. 57).

58 Familienzusammenkünfte boten immer wieder Anlaß zum Musizieren. Als im Siebenjährigen Krieg ein Teil des verwandten sächsischen Hofes von Januar 1760 bis Juni 1762 in München weilte, gehörten Familienkonzerte zur regelmäßigen höfischen Unterhaltung. Hier Kurfürst CLEMENS AUGUST von Köln (1700-61) am ›Passetl‹, der Baßgeige, begleitet von der Markgräfin MARIA ANNA JOSEPHA von Baden, einer Schwester des bayrischen Kurfürsten am Clavecin, während Prinz KARL von Sachsen die Querflöte bläst

und Prinzessin ELISABETH von Sachsen singt. Kurfürst MAX JOSEPH (halbrechts), seine Schwester
MARIA ANTONIA WALPURGIS (rechts) und sein Onkel, Kardinal JOHANN THEODOR (am Tisch des Kurfürsten) — selbst brillante Musiker — finden sich diesmal unter den Zuhörern: die einen in der Kartenrunde, die anderen bei der Teepartie. (Eine genaue Erläuterung der dargestellten Personen findet sich auf den Seiten 434 bis 436)

LO
STABAT MATER
MESSO IN MUSICA
DA MASSIMILIANO GIUSEPPE
ELETTORE DI BAVIERA
E DEDICATO
ALLA NOBILE ACCADEMIA FILARMONICA
DI VERONA

Scolpito da me Cristofaro Dall'Acqua
Patrizio Vicentino.

59

62 Seinem Lieblingsinstrument, der Streichzither, verdankt auch Herzog MAX in Bayern (1808-88) seinen populären Beinamen ›Zithermaxl‹. Sein Interesse galt vor allem der alpenländischen Volksmusik (Abb. 66), die zu Beginn des 19. Jahrhunderts — unter dem Einfluß von Erzherzog Johann von Österreich — entdeckt, in ihrer Bedeutung erkannt und auch in höfischen Kreisen eifrig gepflegt wurde. Zahlreiche Tanzstücke von Herzog Max — Ländler, Walzer, Polkas oder Quadrillen — für Zither solo oder mit Begleitinstrumenten sind gedruckt worden. Der von ihm wiedereingeführte und gerne getragene Stopselhut (im Bild) ist noch heute im Oberland als ›Herzog-Max-Hütl‹ bekannt.

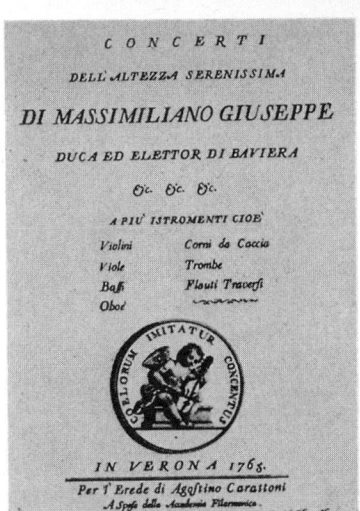

59-61 Nicht genug damit, als Flötist, Geiger und anerkannter Gambenvirtuose zu gelten, beschäftigte sich Kurfürst MAX III. JOSEPH (1727-77) auch mit dem Komponieren. Von seinen Werken sind zwei gedruckt worden: die ›Concerti‹ für verschiedene Instrumente (Abb. 60) und sein berühmtes ›Stabat Mater‹ (Abb. 59), dem die Musikgeschichte hohen Rang zuweist und das in unserer Zeit wiederholt aufgeführt worden ist. Seine Schwester MARIA ANTONIA WALPURGIS (1724-80), spätere Kurfürstin von Sachsen (Abb. 65), trat ebenfalls nicht nur als Interpretin auf Laute, Cembalo und als Sängerin hervor, sondern dichtete auch Arien, Kantaten, Opern und Oratorien, die von bekannten Komponisten vertont und an europäischen Höfen aufgeführt wurden. Daneben komponierte sie beachtliche Arien und Opernmusik zu eigenen Libretti, die zwar musikalisch unter dem Einfluß von Johann Adolf Hasse stehen, aber durchaus eigene Handschrift zeigen. Ihr künstlerisch bedeutendstes Werk ist die Zauberoper ›Talestri — Königin der Amazonen‹, deren Partitur 1765 bei Breitkopf in Leipzig erschienen ist (Abb. 61). Als Mitglied der Arkadischen Akademie in Rom führte sie den Künstlernamen Ermelinda Talea Pastorella Arcada, dessen Initialien auch auf dem Titelblatt erscheinen.

63-64 Meist schon in jungen Jahren im Zeichnen und Malen unterrichtet — im Bild 63 der sechzehnjährige Kronprinz MAXIMILIAN und nachmalige König Max II. (1811-64) — haben sich einige Prinzessinnen auch im späteren Leben als Malerinnen bewährt. So LUISE HOLLANDINE (1622-1709), Tochter des Winterkönigs und spätere Äbtissin des Zisterzienserinnen-Klosters Maubuisson, die bei Gerard van Honthorst lernte und sich einmal selbst im Kreise ihrer beiden Schwestern, Elisabeth, der späteren Äbtissin von Herford (Abb. 96), und Sophie, dereinst die von Leibniz so genannte ›Große Kurfürstin‹ von Hannover und Erbin Großbritanniens, dargestellt hat. Auf dem Bild sind die drei Wittelsbacherinnen ihrer Mutter Elisabeth, einer geborenen Stuart, bei der Toilette behilflich (Abb. 64).

65 Auch MARIA ANTONIA WALPURGIS (1724-80), die wir schon als Dichterin, Sängerin, Instrumentalistin und Komponistin (Abb. 58 und 61) kennengelernt haben, widmete sich — nachdem sie unter Georges Desmarées gelernt und anfangs Jagdstücke gemalt hatte — dem Porträtfach. Bei einem Besuch in München entstand 1773 ihr Selbstporträt an der Staffelei. An ihrer Seite das bayerische Kurfürstenpaar Max Joseph und Maria Anna sowie die Schwestern Maria Anna Josepha, Markgräfin von Baden, und Josepha Maria, Gemahlin Kaiser Josephs II. von Österreich. In unserer Zeit trat Prinzessin Pilar als Malerin hervor und wurde in Ausstellungen gewürdigt.

66 Die Beschäftigung mit der Volkskunde war eine Domäne der aus der wittelsbachischen Nebenlinie Birkenfeld-Gelnhausen stammenden Herzöge in Bayern. Herzog MAX (1808-88), der im Kreis gleichgesinnter bürgerlicher Freunde bewußt altbayrisches Brauchtum pflegte, gerne in Tracht ging (Abb. 62) und Volksmusik machte, bemühte sich auch um die Aufzeichnung oberbayerischer Lieder, die er 1846 erstmals im Druck herausgab. Daneben schriftstellerte er auch mit Leidenschaft und veröffentlichte unter anderem 1839 eine anschauliche Beschreibung seiner ›Wanderung nach dem Orient‹.

67 In die Fußstapfen seines Großvaters trat dann Herzog LUDWIG WILHELM in Bayern (1884-1968), der nicht nur zum großen Mäzen des Kiem Pauli und seiner berühmten Liedforschung wurde, sondern auch zum Förderer der neuzeitlichen Trachtenbewegung, der er durch die Wiederbelebung der Lodenherstellung im Tegernseer Tal neue Impulse gab. Zu seinem Freundeskreis zählten auch Ludwig Thoma und der Maler Thomas Baumgartner, von dem sich der Herzog wiederholt — am liebsten im einheimischen ›Jagergwand‹ — porträtieren ließ. Seine weidmännischen Erfahrungen hat er übrigens in einem eigenen Lehrbuch ›Die Jagd im Gebirg‹ niedergelegt.

heiratete Philipp Wilhelm eine Tochter des Landgrafen von Hessen, Elisabeth Amalia Magdalena, die ihm siebzehn Kinder gebar, von denen nicht weniger als vierzehn in die Geschichte eingingen.

Die Pfälzer Linien
nach dem Dreißigjährigen Krieg

Auch in SULZBACH war inzwischen eine neue Generation angetreten. Wolfgang Wilhelms Bruder August, der 1632 noch zusammen mit Gustav Adolf in Neuburg einmarschiert war, ist kurze Zeit nach diesem Triumph gestorben, sein Sohn *Christian August* erbte das Land. Nach dem Krieg, im Jahre 1656, trat dieser Wittelsbacher, wie vor ihm schon sein Onkel Wolfgang Wilhelm, zum Katholizismus über. Er vergrößerte das Sulzbacher Schloß, und da er sich für orientalische Sprachen interessierte, errichtete er in seiner kleinen Residenzstadt eine deutsche und hebräische Druckerei. Auf solche Weise entstand in Sulzbach eine jüdische Gemeinde. Wie tolerant dieser Landesvater in Glaubensfragen war, zeigte sich darin, daß Katholiken und Protestanten in derselben Pfarrkirche ihre Gottesdienste abhielten, in dem berühmten Sulzbacher ›Simultaneum‹, das bis in die fünfziger Jahre unseres Jahrhunderts bestanden hat. Von seinen Brüdern starb *Johann Ludwig* ein Jahr nach dem Krieg als schwedischer General in Nürnberg. Der jüngste Bruder, *Philipp*, Feldmarschall im kaiserlichen Heer, lebte bis zum Jahre 1703.

Das Haus ZWEIBRÜCKEN bestand noch aus drei Linien. Der junge Herzog *Friedrich* hatte in seinem Metzer Exil die Gräfin Julie von Nassau-Zweibrücken geheiratet und war zunächst zu seiner Mutter nach Meisenheim gezogen. Auch sein Land war durch Hungersnot, Pest und Besatzung verwüstet, dennoch kehrte er noch während des Krieges mit Frau und Schwägerin nach Zweibrücken zurück, wohin sich sein Bruder *Johann Ludwig* als schwedischer Oberst a. D. schon zurück-

gezogen hatte. Das alte Schloß war nicht mehr bewohnbar
– zehn Jahre war der Herzog ja nicht in der Stadt gewesen –,
so bezog man zunächst eine Wohnung, bis der neue Friedrichsbau fertig wurde. Der Herzog hatte ihn gegenüber dem
alten Schloß errichten lassen. Friedrich kränkelte und starb
1661 im Alter von 45 Jahren. Obwohl ihm seine Frau zehn
Kinder geboren hatte, hinterließ er keine männlichen Erben.
Er war der letzte seiner Linie.

Diesem Zweig unserer Familie, der zumeist ›Jüngere Linie
Zweibrücken‹ benannt wird, folgte die nach ihrer Burg
Landsberg über Obermoschel benannte Linie ZWEIBRÜCKEN-
LANDSBERG unter Friedrich Ludwig. Dessen Vater *Friedrich
Kasimir*, vormals Domherr zu Straßburg, dann mit Amalia
›Antwerpiana‹, einer Tochter Wilhelms ›des Verschwiegenen‹
oder ›Schweigers‹ von Oranien, verheiratet, war 1645 auf
seinem burgundischen Schloß Montfort gestorben, wo er
vor dem Krieg Zuflucht gesucht hatte. Sein Erbe *Friedrich
Ludwig* war daraufhin mit seiner Frau Juliana Magdalena, der
Tochter des Zweibrücker Pfalzgrafen Johann, nach Landsberg gezogen, und obwohl er noch mehr Kinder hatte als
Friedrich von Zweibrücken, starb seine Linie 1681 mit ihm
aus – alle dreizehn Kinder waren im zarten Alter gestorben.

Chef der schwedischen Linie von ZWEIBRÜCKEN-KLEEBURG
war bei Kriegsende *Johann Kasimir*, der als Regent für Gustav
Adolf und als Vormund der Königin Christine in Schweden
lebte. Zwei Jahre vor der Abdankung seines Mündels ist er
auf Schloß Stegeborg gestorben. So hat er nicht mehr erlebt,
daß Christine seinem Sohn Karl das Land überließ, während
sie selbst über Hamburg zunächst nach Brüssel zog, wo sie am
24. Dezember 1654 heimlich zum katholischen Glauben übertrat. Elf Monate später vollzog sie diesen Wechsel in der
Hofkirche zu Innsbruck öffentlich. Dann erst reiste sie weiter
nach Rom. Ihr Erbe, der Wittelsbacher Karl X., war zu Ende

PFÄLZER LINIEN NACH DEM GROSSEN KRIEG   211

des Dreißigjährigen Krieges mit Königsmarck durch die Oberpfalz nach Prag gezogen.

Bei der Familie VELDENZ starb mit dem Tod Georg Johanns II. im Jahre 1654 die Linie Lützelstein-Guttenberg aus und fiel an dessen Neffen *Leopold Ludwig*.

In BIRKENFELD regierte noch *Georg Wilhelm*, der aus seiner ersten Ehe nach fünf Töchtern endlich den Sohn und Erben bekommen hatte, der den Namen Karl Otto erhielt. Georg Wilhelms jüngster Bruder *Christian I*. heiratete, nachdem seine Zweibrücker Frau zu Beginn des Friedensjahres 1648 in Straßburg gestorben war, in zweiter Ehe eine Gräfin Helfenstein. Als er, der Erbauer der Bischweiler Residenz, im Herbst 1654 starb, waren von seinen neun Kinder nur noch zwei Töchter und die beiden Söhne, *Christian II.*, geboren im Jahre 1637, und *Johann Karl*, geboren 1638, am Leben.

In der Genealogie des Hauses Wittelsbaches spielt dieses Duo eine zentrale Rolle, denn von diesen beiden Pfälzern leiten sich alle Wittelsbacher der folgenden Jahrhunderte ab: Christian II., der 1667 die Erbin von Rappoltstein heiratete, wurde der Stammvater der königlichen Linie, von Johann Karl aber leiten sich die Herzöge von Bayern ab.

Bayerns Friedenszeit unter Ferdinand Maria

Als der Große Krieg 1648 schließlich zu Ende war, hatte der Kurfürst von BAYERN noch drei Jahre zu leben. Um die bayerischen Angelegenheiten zu regeln, verheiratete er seinen Sohn, den Kurprinzen *Ferdinand Maria*, bereits mit fünfzehn Jahren in Turin an die Prinzessin Adelheid Henriette Maria von Savoyen, die Tochter des verstorbenen Herzogs Viktor Amadeus I. und der ›Madame Royale‹, der Tochter des ersten französischen Bourbonenkönigs, Heinrichs IV. Die Mutter hätte Adelheid Henriette freilich lieber mit Ludwig XIV. vermählt und dem Bayernprinzen die weniger hübsche Schwester gegeben, aber Maximilian wollte sich auf einen solchen Handel nicht einlassen.

Die Turiner Hochzeit war ›per procuram‹ vollzogen worden, der Bräutigam war nicht anwesend. Als die Angetraute eineinhalb Jahre später, im Juni 1652, nach München kam, war der Schwiegervater und Kurfürst bereits tot. Er hatte sich auf einer Pilgerreise nach Bettbrunn bei Ingolstadt erkältet und war im September 1651 in Ingolstadt gestorben.

Es ist verständlich, daß die sehr französisch gesinnte junge Kurfürstin mit ihrer energischen, habsburgisch eingestellten Schwiegermutter nicht gut auskam. Offiziell hätte die Vormundschaft über den jungen Kurfürsten dem Onkel Albrecht VI. dem Leuchtenberger zugestanden, doch regiert hat in Wirklichkeit die als Mitvormund bestellte Kurfürstin-Mutter Maria Anna. Sie bestimmte in den ihr noch verbliebenen vierzehn Jahren weitgehend die bayerische Politik. Adelheid, die ihren fast gleichaltrigen Kurfürsten gern hatte, muß unter dieser Regentschaft schwer gelitten haben, hinzu kam noch, daß sie neun Jahre auf ihr erstes Kind, eine Tochter, warten mußte. Diesem ersten Kind folgte im Juli 1662 der ersehnte Erbe Max Emanuel. Aus Dankbarkeit ließ der Kurfürst durch die Architekten Barelli und Zuccalli die Theatinerkirche bauen. Der Kurfürstin schenkte er ein vor der Stadt gelegenes Gut, das umgebaut und ›Borgo delle Ninfe‹ – ›Nymphenburg‹ – genannt wurde. Der italienische Barock hatte mit dem Bau der Kirche und des Schlosses seinen Einzug in München gehalten.

Die folgenden Kinder – eine Tochter und drei Söhne – starben bald nach der Geburt, und nur das siebte und das achte, das letzte Kind, blieben am Leben; es waren dies Joseph Clemens, der spätere Kurfürst von Köln, und Violante Beatrix, die künftige Großherzogin von Toskana. Nach dem Tod der alten Kurfürstin-Witwe wurde der Weg für eine frankreichfreundliche Politik frei.

Die eifersüchtigen Brüder

Der Kurfürst *Karl Ludwig* von der PFALZ hatte in seiner Ehe wenig Glück. Seine Frau, Prinzessin Charlotte von Hessen-Kassel, schenkte ihm in den sieben Jahren ihres Zusammenlebens 1651 zwar den Erben Karl und 1652 die Tochter Elisabeth Charlotte, die später so berühmte Liselotte von der Pfalz, aber dann trennte sie sich von ihm. Sein Schloß zu Heidelberg wurde gerade umgebaut, und Frankenthal war von den Spaniern besetzt, so mußte er sich zunächst am Markt ein Quartier suchen. Und hinzu kam noch, daß sich sein Bruder Rupprecht, der auf englischen Schiffen die Meere befahren und mancherlei Abenteuer bestanden hatte – Bruder Moritz war vor seinen Augen im Sturme untergegangen –, zu Beginn des Jahres 1654 mit Ansprüchen meldete.

Als legendärer *Rupert the Cavalier* war dieser Prätendent, von dem wir oben schon erzählt haben, für seinen königlichen Onkel Karl einst gegen Cromwells Eisenreiter gestürmt, in rotem Wams mit einer weißen Dogge zur Seite, allen anderen voran. Nicht weniger mutig war er dann mit seinen Schiffen aufs Meer hinausgefahren – Piraterie und Beutemachen waren damals mit dem Kavalierstand durchaus vereinbar. Rupprecht – auch Rupert genannt – war der Schrecken seiner Gegner. Im barocken Kostüm war er eine Gestalt, die sich mit dem mittelalterlichen Herzog Christoph von München vergleichen ließ. Auch er war der Liebling seiner Mutter, die ihren Lebensabend mit ihm gemeinsam in Weiden und Parkstein in Ruhe verbringen wollte. Sein kurfürstlicher Bruder Karl Ludwig wollte ihm schon aus Eifersucht den Teil der Oberpfalz nicht überlassen, den er vor dem Zugriff des bayerischen Kurfürsten hatte retten können. Trotz dieser Differenz ritt er mit diesem abenteuerlichen Helden, der mit exotischen Menschen und Tieren nach Hause gekommen war, in der Residenzstadt Heidelberg ein.

Auch mit den Schwestern Elisabeth und Sophie war der Heimkehrer dort zusammengetroffen. Bald danach besuchte er den Kaiser in Wien, war aber schon im Winter wieder in Heidelberg, wo er die Eifersucht des Kurfürsten noch dadurch steigerte, daß er sich für jenes Fräulein von Degenfeld interessierte, das Karl Ludwig als zweite Frau heimführen wollte. Zeitweise plante der pfälzische Weltenfahrer, in den Dienst des Herrn von Modena zu treten, er gab diesen Plan aber wieder auf, kehrte nach Weiden und Parkstein zurück und überwarf sich schließlich endgültig mit dem kurfürstlichen Bruder. Dieser verweigerte ihm daraufhin auch den Zutritt in die Stadt Heidelberg. Als ihn der Kommandant der Residenzstadt zurückwies, schwor er, Stadt und Land nie mehr wieder zu betreten. Er hat diesen Schwur nicht gebrochen, auch dann nicht, als ihn Karl Ludwig aus England zurückholen wollte. Er war nach der Restauration Karls II. dorthin zurückgekehrt, um sich in einem Turm des Schlosses Windsor der Kunst und den Naturwissenschaften zu widmen. Erst 1670 kam es durch Vermittlung des englischen Königs zu einer Versöhnung zwischen den Brüdern. Pfalzgraf Rupprecht fand sich zur Wahl Leopolds I. im Jahre 1658 in Frankfurt ein, wobei sich die wittelsbachischen Kurfürsten gegenseitig die Ausübung des Reichsvikariats streitig machten. Der bayerische Kurfürst Ferdinand Maria hatte die ihm von Mazarin angetragene eigene Bewerbung abgelehnt. Der neue Kaiser Leopold sollte in unserer Familiengeschichte noch eine bedeutende Rolle spielen.

Große Ehren im Norden

Zunächst freilich gab es für unser Haus hoch im Norden große Ehren: Pfalzgraf Karl Gustav von Zweibrücken-Kleeburg wurde 1654 unter dem Namen *Karl X.* König von SCHWEDEN. Die Krönung fand in Uppsala statt. Der bereits in Schweden geborene und mit einer holstein-gottorpschen

Herzogstochter verheiratete Karl Gustav überließ Kleeburg seinem Bruder Adolf Johann. Einmal hat er das Land seines Vaters noch besucht, seine Kinder aber haben pfälzischen Boden nie mehr betreten.

ZWEIBRÜCKEN war damals noch in vier Linien geteilt: die Hauptlinie, die mit Friedrich Ludwig aussterben sollte, die Linie von Landsberg, die von Kleeburg und die von Veldenz. Zählt man die Kurlinie und die zweite Linie Simmern dazu, ebenso die von Neuburg, Sulzbach und die zwei Birkenfelder Linien, so kommt man für die damalige Zeit auf nicht weniger als zehn pfälzische Linien. Bei der Betrachtung des Gesamthauses Wittelsbach müßte dazu noch die bayerische Linie und – für fast zweihundert Jahre – auch die Kölner Kur hinzugezählt werden. Fünf Linien starben im Laufe des 17. Jahrhunderts aus. Den Anfang machte Zweibrücken, das nach dem Tode Friedrichs I. im Jahre 1661 an Friedrich Ludwig von Landsberg fiel. Dieser ließ sich in Zweibrücken nieder.

Als Karl Otto von BIRKENFELD im März 1671 ohne Erben starb, folgte sein Neffe *Christian II.* von Bischweiler, der die Erbin der Grafschaft Rappoltstein (Ribeaupierre), deren Hauptstadt Rappoltsweiler (Ribeauville) war, heiratete. Er hielt alljährlich als ›Pfeiferkönig‹ den Pfeifertag von Rappoltsweiler ab, wozu sich die Musikanten aus der ganzen Umgebung einfanden. Die Grafschaft bestand aus acht Ämtern.

Der Bruder dieses zweiten Christian, *Johann Karl*, machte sich 1683 mit dem sogenannten ›Neuburger Deputat‹ selbständig und begründete in GELNHAUSEN eine eigene Linie. Da seine zweite Frau, die siebenundzwanzig Jahre jüngere Esther Maria von Witzleben nicht ganz standesgemäß war (ihre Nachkommen wurden erst 1715 als Fürsten anerkannt), reklamierte ihr Schwager, Pfalzgraf Christian II., das Erbe für sich und seine Linie Birkenfeld-Bischweiler-Rappoltstein. Nach einem zehn Jahre dauernden Prozeß vor dem Reichshofgericht in Wien wurden die Witwe und ihre fünf Kinder als rechtmäßige Erben anerkannt. Mit diesen Kindern aber beginnt eine Linie, von der sich die Herzöge in Bayern herleiten; der ›Zithermax‹ und die österreichische Kaiserin Elisabeth stammen von ihr ab.

Philipp Wilhelm und der Plan einer Hausunion

Philipp Wilhelm von NEUBURG, ein sehr ehrgeiziger Herr, lavierte seit dem Tode seines Vaters Wolfgang Wilhelm im März 1653 zwischen Habsburg und Bourbon. Obwohl seine polnische Frau und deren Söhnchen nicht mehr lebten, hing er noch einige Zeit dem polnischen Königstraum an. Seine zweite Gemahlin, eine Prinzessin aus dem Hause Hessen-Darmstadt, gebar ihm in siebenunddreißig Ehejahren nicht weniger als dreiundzwanzig Kinder, von denen siebzehn am Leben blieben. Er söhnte seine Stände in Jülich und Berg aus, mußte aber bis zum Jahre 1666 warten, ehe er eine Übereinkunft mit Brandenburg erzielen konnte; Jülich und Berg waren anschließend endgültig pfälzisch-wittelsbachisch. Sein Plan, alle wittelsbachischen Linien unter dem Protektorat Schwedens in einer Hausunion zusammenzuschließen, wäre sicher für unsere Familie von Vorteil gewesen, mußte aber zuletzt an religiösen Fragen scheitern. Einer der Vorteile wäre zweifellos gewesen, daß unser Haus in dem beginnenden Kampf zwischen Bourbonen und Habsburgern um die Vormacht in Europa stärker hätte auftreten können. Es ging letzten Endes um das Erbe des spanischen Weltreiches, um das sich die Gatten zweier Töchter König Philipps IV. bemühten. Es war zu erwarten gewesen, daß die spanischen Habsburger in der männlichen Linie aussterben. Carlos II. hatte zwar im Mai 1690 die Wittelsbacherin Maria Anna aus der allgemein als besonders ›fruchtbar‹ geltenden Linie Neuburg geheiratet – sie war das zwölfte Kind des Kurfürsten Philipp Wilhelm –, aber in dem Habsburger machten sich

Degenerationserscheinungen bemerkbar: Er war impotent, und mit ihm ging seine Linie auch tatsächlich zu Ende. Mazarin, der das vorausahnte, hat nicht zuletzt deshalb den jungen Ludwig XIV. mit der Infantin Maria Teresa verheiratet. Nicht anders hielt es die habsburgische Königin-Mutter von Spanien, die ihre Tochter, die Infantin Margarete, mit ihrem Bruder, Kaiser Leopold I., verheiratete. Die Infantinnen Maria Teresa und Margarete waren Stiefschwestern, und es war vorauszusehen, daß man in Versailles den Verzicht der älteren Maria Teresa im Erbfall umgehen würde. Die Spannung war auch unter den Reichsfürsten groß, schon ehe Wittelsbach sich einschaltete.

Die Verwüstung der Pfalz

Der erste Raubkrieg Ludwigs XIV. ging um sein angebliches Anrecht auf die spanischen Niederlande; er spielte sich außerhalb des Bereiches der Wittelsbacher ab. Sein zweiter Gewaltakt war der Krieg gegen den Niederländer Wilhelm von Oranien, gegen Brandenburg, die beiden Habsburger und das Reich mit England, Schweden, Kurköln und Münster. Turenne und Condé waren die beiden Feldherren Frankreichs. Turenne zog 1673 plündernd durch die Pfalz, verwüstete Zweibrücken – und das, obwohl Kurfürst Karl Ludwig 1671 seine einzige Tochter Liselotte sehr gegen ihren Willen mit Ludwigs Bruder, dem Herzog von Orléans, verheiratet hatte. Die überzeugte Calvinistin mußte vorher sogar zum katholischen Glauben übertreten. Daß sie am französischen Hof dennoch immer eine Pfälzerin geblieben ist, beweisen ihre vielen originellen Briefe; nahezu viertausend hat ein Forscher am Anfang unseres Jahrhunderts ermitteln können. Ihr Vater war über Turennes Vorgehen derart empört, daß er ihn zum Zweikampf fordern wollte. Erst als Karl Ludwig sich 1677 für Habsburg erklärte und Truppen in Marsch setzte, zogen die Franzosen aus den pfälzischen Landen ab. Der Friede von Nimwegen brachte Ludwig XIV. die spanischen Städte Valenciennes und Cambrai sowie die Freigrafschaft Burgund ein. Im Frieden von Saint-Germain mußte Kurbrandenburg Stettin, Stralsund, Rügen und fast alle Eroberungen in Pommern an Schweden abtreten, worauf sich der Große Kurfürst von Brandenburg mit Frankreich verband.

Während die Truppen des Sonnenkönigs die Pfalz heimsuchten, verheiratete der Herzog von Neuburg 1676 seine älteste Tochter Eleonore mit Kaiser Leopold. Sie war die dritte Frau der österreichischen Majestät. Die erste, die spanische Infantin, hatte ihm eine Tochter Maria Antonia hinterlassen, während die beiden Töchter der zweiten Frau, der Erzherzogin Claudia, noch vor der Mutter gestorben waren. Erst in der dritten Ehe mit einer Tochter unserer nachwuchsfreudigen Linie Pfalz-Neuburg erfüllte sich die Hoffnung auf einen Fortbestand des Hauses Habsburg. Um das Band zwischen den beiden Familien noch fester zu knüpfen, heiratete der Neuburger Erbe Johann Wilhelm zwei Jahre nach seiner Schwester in Wiener Neustadt eine Erzherzogin, Kaiser Leopolds Stiefschwester Maria Anna Josepha. Das Paar wählte Düsseldorf als Residenz.

Maria Anna heiratet den Dauphin

In MÜNCHEN war 1676 die Kurfürstin Adelheid, noch keine vierzig Jahre alt, in der Gruft jener Theatinerkirche, die aus Dankbarkeit für die Geburt des Kurprinzen Max Emanuel gestiftet worden war, zur letzten Ruhe gebettet worden. Bei einem Brand in der Residenz hatte sich die Fürstin erkältet, es wurde ein chronisches Leiden daraus, und zwei Jahre später verschied sie dann. Kurfürst Ferdinand Maria hat sich den Tod seiner geliebten Frau so zu Herzen genommen, daß er die Welt des Hofes verließ und – dem Beispiel seines Großvaters folgend – in die Abgeschiedenheit von Schleißheim zog, wo er drei Jahre später in tiefer Frömmigkeit verstarb. Sein Erbe Max Emanuel wurde mit siebzehn Jahren Kurfürst und stand für die nächsten vier Jahre zunächst unter der Vormundschaft seines Onkels, des Herzogs Max Philipp. Dieser jüngste Bruder Ferdinand Marias hatte von seiner französischen Gemahlin Mauritia Febronia de la Tour d'Auvergne, einer Tochter des Herzogs Friedrich Moritz von Bouillon, keine Kinder. Obwohl ihm sein Vater die Landgrafschaft Leuchtenberg in der Oberpfalz überlassen hatte, lebte er am liebsten in Schloß Türkheim, das ihm mitsamt dem dazugehörigen (im späteren Landkreis Mindelheim gelegenen) Herrschaftsgebiet 1666 überlassen worden war. Die nach ihrem Erbauer ›Wilhelmsburg‹ genannte zweite Münchner Residenz hieß fortan, nach diesem Vormund, die ›Herzog-Max-Burg‹ oder kurz ›Maxburg‹. Im Zweiten Weltkrieg wurde diese Münchner Residenz vollständig zerstört; heute ist nur noch der Turm zu sehen. Noch während seiner Regentschaft fand 1680 die längst geplante Vermählung von Max Emanuels älterer Schwester Maria Anna mit dem Dauphin von Frankreich, einem Sohn Ludwigs XIV., statt. Durch sie haben alle folgenden Bourbonen wittelsbachisches Blut, wie alle Orléans durch Liselotte pfälzisch-wittelsbachisches. Diese bayerisch-französische Ehe war ein Gegenstück zur pfalz-neuburgisch-habsburgischen. Bei der Prokurationstrauung in München vertrat Max Emanuel den Dauphin.

Die Tatsache, daß er eine bayerische Schwiegertochter hatte, hinderte den Allerchristlichsten König freilich nicht im geringsten daran, seine Expansionspolitik auch gegenüber Wittelsbach fortzusetzen. So wollte er wegen der wertvollen Kurstimme – und auch um zwischen die wittelsbachischen Gebiete von Jülich und Berg geographisch einen Keil zu treiben – in Köln statt eines Wittelsbachers einen sicheren Gefolgsmann haben, einen aus der Heiligenberger Linie der Grafen von Fürstenberg.

In KÖLN war zu dieser Zeit der dritte Wittelsbacher in ununterbrochener Folge Kurfürst: Maximilian, ein Sohn Albrechts des Leuchtenbergers, war ein sehr frommer, bescheidener Mann, der ohne allen Prunk in der Benediktinerabtei Sankt Pantaleon lebte. Die politischen Geschäfte überließ er seinen beiden Domherren, den Brüdern Franz Egon und Wilhelm Egon, Grafen von Fürstenberg. Um diese vom Kaiser sehr geförderten, trotzdem aber frankreichfreundlichen Brüder zu gewinnen, wünschte Versailles, daß Franz Egon zum Koadjutor gewählt wird, was Wien unter allen Umständen verhindern wollte. Beide Brüder wurden später Bischöfe von Straßburg, 1682 der eine, 1704 der andere.

Französische Réunionen bedrohen die Pfalz

Ehe der Fall Köln aber für Bayern akut wurde, führte der französische König einen neuen Schlag gegen die PFALZ: Er setzte in Metz, Breisach, Besançon und Tournai (Doornik) sogenannte ›Réunionskammern‹ ein, die feststellen sollten, welche Gebiete früher einmal französische Lehen gewesen waren. Die linksrheinischen Besitzungen Zweibrücken, Bitsch, Veldenz, Sponheim, Lützelstein, Simmern usw. wurden von Frankreich eingezogen – der Kaiser war zu schwach, um sich zu wehren. Er mußte es bei Protesten belassen.

Der Kurfürst Karl Ludwig von der Pfalz hat diesen Verlust nur noch am Anfang erlebt. Er starb im August 1680, wie einst Kaiser Ludwig der Bayer und dessen Sohn Ludwig der Brandenburger, auf freiem Feld, bei einem Dorf in der Nähe Heidelbergs. Da aus der Ehe seines einzigen Sohnes Karl mit der dänischen Königstochter kein Erbe für seine Linie Simmern geboren wurde, erbte das katholische Neuburg die Kurwürde.

Herzog *Friedrich Ludwig* von ZWEIBRÜCKEN-LANDSBERG wurde von der Réunion direkt betroffen, da die Kammer von

Metz erklärte, Zweibrücken sei ursprünglich ein Lehen des Bistums Metz gewesen. Bergzabern war bereits besetzt worden, wenig später wurde der ›Prétendu Seigneur‹ Friedrich Ludwig von Zweibrücken zur Vorlage seines Rechtstitels geladen. Wenn er nicht erschiene, so wurde ihm bedeutet, würde Zweibrücken wieder mit dem Bistum Metz vereint. Schweden protestierte, doch der französische König mißachtete diesen Einspruch ebenso wie den des Kaisers. Der Zweibrücker ging nicht zur Réunionskammer: Prompt wurde er abgesetzt und die Franzosen marschierten in seinem Lande ein. Die Witwe seines Sohnes Ludwig Wilhelm erhielt das Land als Wittum. Herzog Friedrich Ludwig aber, der so beharrlich auf seinem Recht bestanden hatte, zog sich grollend in seine Burg Landsberg über Moschel zurück. Dort starb er bereits im nächsten Jahr, im April 1681, in Not und Elend. Er war der letzte Zweibrücker der Linie Landsberg.

Sein Besitz fiel an den Chef der Linie KLEEBURG, an den Schwedenkönig Karl XI. Das Herzogtum Zweibrücken war damit schwedischer Boden, auch wenn der in Stockholm geborene Monarch niemals pfälzischen Boden betreten hat. Er nannte sich König der Schweden, Gothen und Wenden, Pfalzgraf bei Rhein und Herzog von Bayern. Zweibrücken wurde nun 37 Jahre lang von Schweden aus verwaltet, zuerst durch den Grafen Oxenstierna. Es war eine provisorische Besitznahme, die erst 1697 im Frieden von Rijswijk rechtskräftig wurde. Das Kleeburger Deputatsland besaß Karls X. Bruder Adolf Johann bis zu seinem Tode im Jahre 1689. Ihm folgte sein Sohn Gustav Samuel.

Auch VELDENZ war von der Réunion betroffen. Hier regierte seit dem Sommer des Jahres 1634 *Leopold Ludwig*. Er hatte 1679 seinen 28jährigen ältesten Sohn auf tragische Weise verloren: Aus unbekannten Gründen haben sich Vater und Sohn nicht vertragen, und dieses Verhältnis war so gespannt, daß Gustav Philipp, der Erbe von Veldenz, in einem Turm des

Schlosses Lauterecken eingeschlossen wurde. Es war zwischen ihm und seinem Wächter Bertheau schon wiederholt zu Zusammenstößen gekommen, da der Gefangene mehrere Ausbruchsversuche unternahm. Bei einem neuerlichen Versuch, aus seinem Gefängnis zu entfliehen, wurde der Aufseher um die Mitternacht des 24. August 1679 angeblich so sehr bedroht, daß dieser in Notwehr auf seinen Gefangenen einen tödlichen Schuß abgab.

Die Metzer Réunionskammer beanspruchte mit den gleichen Argumenten, die sie schon im Falle von Zweibrücken vorgetragen hatte, auch die Besitzung Lützelstein. Ähnliche Ansprüche machte die Kammer von Breisach für das zwischen Bergzabern und Weißenburg gelegene Guttenberg. In die beiden wittelsbachischen Gebiete marschierten die Franzosen ein und wüteten besonders in Lauterecken mit großer Grausamkeit. Da Leopold Ludwig protestierte, wurde er kurzerhand abgesetzt, doch später scheint er sich gefügt zu haben, denn 1683 sind in einem Lehensdokument auch Schloß und Tal Veldenz aufgeführt und noch eine Reihe dazugehörender Orte.

Die Réunionskammern vereinigten das Herzogtum Zweibrücken, das Amt Homburg, die Grafschaft Ottweiler, die Herrschaft Sponheim und die wittelsbachischen Länder Veldenz, Birkenfeld, Trarbach, Lauterecken, Meisenheim – also das ganze Fürstentum Veldenz – in einem lothringischen Verwaltungsbezirk. Damit war der gesamte linksrheinische Besitz unserer Familie unter französischer Oberhoheit. Leopold Ludwig von Pfalz-Veldenz zog sich als ein gebrochener Mann von Lützelstein nach Straßburg zurück.

Christian 11. von Birkenfeld, dessen Besitzungen Bischweiler und Rappoltstein Frankreich am nächsten lagen, fügte sich unter Vorbehalt der Rechte des Königs von Schweden der französischen Oberhoheit und ließ sich von seinen Untertanen in Bergzabern huldigen. Als französischer Generaloberst und Regimentskommandeur vermittelte er zwischen

Schweden und Frankreich. Der begeisterte Soldat hatte zuerst unter dem Schwedenkönig Karl X. gekämpft, dann für Habsburg und das Reich gegen Turenne und die Türken. Er übernahm von Nassau-Saarbrücken das französische Fremdenregiment Royal Alsace, das in unserer Pfälzer Linie noch öfters eine Rolle spielen sollte. Für Ludwig XIV. schlug sich Christian in Savoyen und Spanien. Seit 1673 war er Graf von Rappoltstein im Elsaß und regierte in Vertretung zehn Jahre lang das von Franzosen besetzte Zweibrückener Land. Während dieses Provisoriums wurde das calvinistische Gebiet wieder zur Lehre Luthers zurückgeführt. Darum hat sich der Landesvater offensichtlich mit großem Eifer bemüht, denn in Versailles, wo er in seiner pfälzischen Verwandten Liselotte eine treue Freundin hatte, nannte man ihn ›Luther‹.

NEUBURG war zu jener Zeit eine Hochburg des Katholizismus, und die Sache Habsburgs wurde dort eifrig verfochten. Das hing sicher vor allem auch damit zusammen, daß die Neuburgerin Eleonore ihrem kaiserlichen Gemahl Leopold I. einen Thronerben geboren hat. Als sie 1681 zur Königin von Ungarn gekrönt wurde, war sie bereits dreifache Mutter – sieben weitere Geburten sollten noch folgen –, und ihr Mann plante die Verheiratung seiner Tochter aus erster Ehe, Maria Antonia, mit dem bayerischen Kurfürsten Max Emanuel.

Kurfürst Max Emanuel beim Entsatz von Wien

Das Verhalten der Franzosen in der Pfalz und der Aufruf zum Kampf gegen die nach Norden vorrückenden Türken hatte den Anschluß Max Emanuels von BAYERN an den Kaiser gefördert. Der junge Kurfürst brannte darauf, in den Krieg zu ziehen. Trotzdem sagte er dem künftigen Schwiegervater bei einer Zusammenkunft in Altötting 1681 lediglich die Unterstützung bei einer Reichskriegsreform zu. Als aber der französische Resident von ihm forderte, er solle die Annexion

Straßburgs gutheißen und die Réunion billigen, erklärte er sich eindeutig und entschieden für den Kaiser. So wurde zu Beginn des Jahres 1683 ein bayerisch-österreichisches Verteidigungsbündnis abgeschlossen, das gegen die französischen Übergriffe gerichtet war. Die österreichische Erzherzogin Maria Antonia war zwar alles andere als hübsch, doch sie hatte Anspruch auf das spanische Erbe (für den Fall, daß die spanischen Habsburger aussterben sollten) – aus diesem Grunde warb der bayerische Kurfürst um die Habsburgerin. Im Mai reiste er nach Wien, die anrückenden Türkenheere vertrieben aber den Kaiserhof schon bald nach Linz. Am 9. September traf der Bayer mit dem polnischen König Johann Sobieski zusammen, der – obwohl die große Schlacht unmittelbar bevorstand – doch noch Zeit fand, den Sohn des Kurfürsten Ferdinand Maria in einem Briefe zu beschreiben: »kastanienbraune Haare, kein übles Gesicht; die Lippen und das Kinn österreichisch, aber nicht häßlich; ein wenig matte Augen, eine französische Haltung...« Und am Morgen des 12. September 1683 trafen die beiden Heere aufeinander. Die Türken erlitten eine vernichtende Niederlage, und an ihrer Verfolgung nach Ungarn, die der Herzog Karl von Lothringen leitete, nahm Max Emanuel zusammen mit den Neuburger Vettern Ludwig Anton und Karl Philipp sowie wahrscheinlich auch mit dem Prinzen Eugen von Savoyen teil. Eugen hatte früher seine Dienste Ludwig XIV. angeboten, war aber als ›Kleiner Abbé‹ verlacht worden. Max Emanuel, der ja durch seine savoyische Mutter mit ihm verwandt war, verschaffte ihm ein kaiserliches Regiment. Daß die jungen Neuburger Brüder an diesem Kampfe teilnahmen lag nahe, denn die Kaiserin war ihre Schwester, aber ebenso verständlich war es, daß der älteste Bruder Johann Wilhelm bei der gespannten Lage in Düsseldorf blieb. Ein anderer Bruder, Wolfgang Georg, war im Jahr zuvor als hoher geistlicher Würdenträger in Wiener Neustadt gestorben. Auch Ludwig Anton, der ein eigenes Regiment stellte, war mehrfacher

Domherr, in Köln, Mainz und Straßburg, dazu auch noch Abt von Fécamp in der Normandie. Sein Bruder Karl Philipp besaß Domherrnstellen zu Köln, Salzburg und Mainz, ehe er dem Rufe der Familie folgte: Da sein Bruder Johann Wilhelm keine Erben hinterließ, verzichtete er 1688 auf alle geistlichen Ämter und wurde Kurfürst von der Pfalz. Er wurde 1697 Anwärter auf die polnische Königskrone und verlegte 1720 die Residenz von Heidelberg nach Mannheim, wo er das vielbewunderte 450-Zimmer-Schloß erbaute.

Die beiden Neuburger – Ludwig Anton und Karl Philipp – schlugen 1683/84 ihr Winterquartier bei der Schwester in Wien auf, und Max Emanuel verbrachte einen Monat in München. Die nächste, nicht sehr erfolgreiche Kampagne sah noch die drei Wittelsbacher in gemeinsamem Kampfe, doch dann wurde Ludwig Anton Hoch- und Deutschmeister und nahm somit einen zu hohen Rang ein, um weiterhin unter dem Lothringer zu kämpfen. Karl Philipp erhielt das Kürassierregiment Pfalz-Neuburg.

Um die mit ihm verbündeten Türken zu entlasten, unternahm nun Ludwig XIV. von Frankreich Angriffe im Westen. Von Düsseldorf aus beklagte sich Johann Wilhelm von Neuburg, daß nunmehr auch seine Länder am Niederrhein unter den Franzosen zu leiden hätten.

Max Emanuel heiratet die Kaisertochter

Das Jahr 1685 brachte unserem wittelsbachischen Hause zwei wichtige Ereignisse: den Übergang der pfälzischen Kurwürde an Neuburg und die Hochzeit Max Emanuels mit der Kaisertochter Maria Antonia.

Der Übergang der Kur auf Philipp Wilhelm von der Linie Neuburg wäre reibungslos vor sich gegangen, da die Ansprüche des Pfalzgrafen Leopold Ludwig von Veldenz keinen Erfolg hatten und Karl, der letzte Kurfürst der Linie Simmern, kurz vor seinem Tode mit dem Nachfolger in der religiösen Frage eine Einigung erzielte. Nun aber meldete sich Ludwig XIV., und unter dem Vorwand, die Anrechte seiner pfälzischen Schwägerin Liselotte – einer Schwester des verstorbenen Kurfürsten – zu vertreten, brach er seinen dritten Raubkrieg vom Zaun und verwüstete die Pfalz vollständig. Er verlangte alle seit der ›Goldenen Bulle‹ an die Kurpfalz gekommenen Gebiete, einschließlich Simmern und Lautern, den pfälzischen Anteil an Sponheim und das Amt Germersheim.

Bei der Hochzeit in Wien mußte Prinzessin Maria Antonia im Ehekontrakt zwar ausdrücklich auf die spanische Krone verzichten, doch versprach der Kaiser dafür, seinem Schwiegersohn die spanischen Niederlande zu verschaffen. Madrid lehnte jedoch ab – der Allerchristlichste König von Frankreich hatte gegen die Transaktion protestiert. Der Kaiser in Wien hatte inzwischen wieder andere spanische Pläne: Seine Frau Eleonore hatte ihm einen zweiten Sohn geboren, und dieser Karl sollte Erbe des spanischen Weltreichs werden.

Da Spanien nun nicht zu bekommen war, mußte sich der bayerische Kurfürst mit der Statthalterschaft der spanischen Niederlande begnügen. Nach der Hochzeit nahm er sowohl diplomatische wie auch persönliche Beziehungen zur Königin-Mutter in Madrid auf (die ja die Großmutter seiner habsburgischen Frau war).

Im Südosten war freilich die Gefahr nach der Befreiung Wiens noch nicht gebannt, und so zog der Bayer mit den Vettern aus Neuburg wieder in den Krieg. Neuhäusel und Gran wurde erobert, und anschließend begleitete der Kurfürst seine Frau nach München. Doch kurz danach ging es erneut in die Schlacht. Bei der Erstürmung von Ofen (Buda) zeichneten sich die Bayern unter seiner Führung ganz besonders aus. Diese Attacke scheint ein recht wittelsbachisches Unternehmen gewesen zu sein, denn neben dem jungen Kurfürsten kämpften in vorderster Linie die Neuburger Brüder Karl Philipp und Franz Ludwig. Während aber der letzte Sohn des

Veldenzers fiel, rettete dem Deutschmeister Ludwig Anton von Neuburg sein Ordenskreuz das Leben – an ihm prallte eine Türkenkugel ab. Max Emanuel schickte gefangene Türken nach Bayern, wo sie als Sänftenträger beliebt waren und eine eigene Zunft bildeten; außerdem wurden sie beim Bau der Schlösser von Lustheim und Schleißheim und zum Ziehen von Kanälen eingesetzt – die Türkenstraße in München und der Türkengraben haben davon ihre Namen. Karl Philipp von Neuburg schenkte seiner Schwester das sechsjährige Töchterchen des Paschas von Gran. Das kleine Mädchen, das zunächst nach Heidelberg kam, begleitete ihre Herrin schließlich auch nach Spanien und wurde nach ihrer Rückkehr Oberin der Karmeliterinnen in Neuburg.

Eine spannungsgeladene Bischofswahl

Philipp Wilhelm von Neuburg hielt sich damals mit seinen Töchtern in der Kurpfalz auf. Die beiden Wittelsbacher Kurfürsten haben sich gut verstanden, und so betrieben Kurprinz Johann Wilhelm und sein Bruder Franz Ludwig in Köln die Wahl des Joseph Clemens von Bayern zum Koadjutor. München war mit Heidelberg übereingekommen, daß sich die beiden wittelsbachischen Zweige im gegenseitigen Einvernehmen um geistliche Würden für ihre Familien bewerben würden. Da der in Aussicht genommene Neuburger Johann Georg gestorben war, sollte der bayerische Joseph Clemens gewählt werden. Dabei gab es freilich ein Hindernis. Der Kölner Kurfürst Maximilian Heinrich hatte sich nämlich durch Wilhelm Egon von Fürstenberg zum Anschluß an Frankreich bewegen lassen, und als nun die Wahl bevorstand, erklärte dieser, daß innerhalb von 24 Stunden die Truppen des Franzosenkönigs im Lande wären, wenn er nicht gewählt würde. Trotz dieser Warnungen wurde Joseph Clemens, der Bruder Max Emanuels, 1688 zum Erzbischof und Kurfürsten von Köln gewählt. Fürstenberg aber starb 1704 in Paris.

In Köln ging es darum, die wittelsbachische Ehre zu verteidigen und die wittelsbachische Macht zu beweisen. Daß es dabei in der niederrheinischen Gegend unruhig zuging, hat die Neuburgerin Maria Sophie erfahren. Sie war im Juli 1687 zu Heidelberg in einer Prokuratstrauung die Frau des portugiesischen Königs Peter II. aus dem Hause Braganza geworden. Als sie anschließend auf ihrer Reise in die neue Heimat den Rhein hinabfuhr wurde ihr Schiff beschossen.

Der Blaue Kurfürst erobert Belgrad

Philipp Wilhelm, dem ersten katholischen Kurfürsten der Rheinpfalz seit der Reformation, glückte es, seine Töchter mit Thronen zu versorgen: Mit der ältesten Tochter Eleonore, die den Kaiser zu Wien heiratete, hatte er den Anfang gemacht. Bei der Vermählung der zweiten Tochter mit dem Portugiesen waren die Brüder der Braut anwesend; nur der Deutschmeister fehlte, er war wieder mit Max Emanuel in einem Türkenfeldzug unterwegs. Der Sieg von Mohács wurde errungen, als die Neuburgerin gen Lissabon segelte.

Im nächsten Feldzug erstürmte der Bayer die Festung Belgrad. Voll Bewunderung nannten ihn die Türken wegen seiner blauen bayerischen Uniform ›Mavi Kral‹, den ›Blauen Kurfürsten‹. Prinz Eugen, der an der Seite Max Emanuels an diesem Kampf teilnahm, wurde verwundet.

Bei einem ›Te Deum‹, das in München zum Dank für diesen entscheidenden Sieg abgehalten wurde, erschien Joseph Clemens zum erstenmal mit den Insignien des Kurfürsten von Köln. Der Tod seines Vorgängers Maximilian Heinrich am 3. Juli 1688 hatte in der europäischen Politik große Geschäftigkeit ausgelöst. Nachdem Wilhelm Egon von Fürstenberg trotz ungenügender Stimmzahl bereits als Kurfürst in Bonn eingezogen war, war durch Vorstellungen des pfälzischen Kurfürsten in Wien und Rom – wie wir schon gehört haben – der Wittelsbacher Joseph Clemens als Sieger aus der Wahl hervorgegangen. Ludwig XIV. aber machte Papst Innozenz XI. für den Ausbruch des nun folgenden Pfälzischen Erbfolgekrieges verantwortlich.

Der neue Kurfürst von Köln wäre lieber Soldat als Geistlicher geworden. So prüfte er sich auch sehr lange, ehe er die höheren Weihen empfing. Als Kind von elf Jahren hatte er in der Münchner Hofkapelle die Tonsur erhalten, fünf Jahre später war er bereits Bischof von Freising und Regensburg, aber erst wenige Tage vor seiner Wahl zum geistlichen Kurfürsten erhielt er die niederen Weihen.

Im November dieses ereignisreichen Jahres 1688 wurde die jüngste Schwester der beiden wittelsbachischen Kurfürsten, Violante Beatrix, mit dem Erbprinzen von Florenz verheiratet. Bei der Prokuratstrauung mit dem Mediceer in der Münchner Residenz wurde die erste Brunnenhofserenade veranstaltet.

Der Orléanskrieg und die dritte Verwüstung der Pfalz

Zu Beginn des Jahres 1689 informierte Max Emanuel den französischen Gesandten, Marquis de Villars, darüber, daß alle Bemühungen, ihn auf die französische Seite zu ziehen, zwecklos seien und daß Villars daher München verlassen möge. Die Franzosen unter dem Dauphin Louis, einem Schwager des bayerischen Herrschers, drangen in einer ersten Offensive weit ins Reich vor. Als sie beim Gegenangriff der kaiserlichen Truppen zurückgeworfen wurden, verwüsteten sie, um die Versorgung des Feindes zu erschweren, vor allem und wieder einmal die Pfalz. Mannheim, Worms und Speyer wurden zerstört, die Sprengung des Schlosses in Heidelberg durch Mélac ist bis heute nicht vergessen.

Der pfälzische Kurfürst hatte von seinem kaiserlichen Schwiegersohn die Einladung erhalten, sich nach Wien in Sicherheit zu bringen. Doch Philipp Wilhelm wollte sich nicht so weit von seinem Land entfernen. Er ließ den Deutschmeister Ludwig Anton in Heidelberg zurück und reiste in mühsamer, gefährlicher Fahrt nach Neuburg. Zwei strapaziöse Wochen war der 73jährige Kurfürst unterwegs. Am 17. Februar schrieb er über die Zustände in dem von Franzosen heimgesuchten Land an seinen Sohn zu Düsseldorf: »... barbarischer als jemahl mit sengen, brennen, sprengen undt morden auch niederhauung Männer, Weiber und unschuldige Kinder, deren man theils ins Feuer geworfen und theils wie ein gebundt holtz zusammengebunden und ins feuer geworfen hat ...« Aber auch in Düsseldorf hat man Sorgen. Man befürchtet einen Angriff des mit den Franzosen verbündeten Wilhelm Egon von Fürstenberg. Der Wittelsbacher Johann Wilhelm bringt daher seine Frau nach Bensberg, da sie dort, in der Alten Burg, sicherer ist. (1703 bis 1719 sollte dort dann das berühmte Neue Schloß als Jagdsitz Jan Wellems entstehen.) Sein Bruder Karl Philipp begab sich mit seiner ihm erst kurz zuvor angetrauten Prinzessin Luise Charlotte Radziwill zum Vater nach Neuburg.

Pfälzer Heiratspolitik

Aus der Korrespondenz zwischen Neuburg und Düsseldorf geht hervor, daß sich der alte Kurfürst Philipp Wilhelm trotz des Krieges eifrig um die Versorgung seiner noch ledigen Töchter kümmerte. Der nächst ältesten – Maria Anna – war Zar Peter oder ein Bräutigam aus dem Hause Sachsen-Lauenburg zugedacht, während Dorothea Sophie der Herzog Odoardo Farnese von Parma bestimmt wurde. Als Johann Wilhelm meinte, die Familie, in die seine Schwester da einheiraten solle, sei nicht alt genug und stamme von Margarete von Parma ab, »... so eine natürliche Tochter eines Königs von Hispanien gewesen ...«, wies ihn der Vater darauf hin, daß der Kaiser wie der Papst solche Ehen guthießen und das »hauss parma mit villen großen häussern parentiert« sei. Jene Margarete von Parma, die in Goethes ›Egmont‹ als

Statthalterin auftritt, war eine Tochter Kaiser Karls v. und der Johanna van der Gheenst. Und während diese Ehe im darauffolgenden Jahr auch tatsächlich geschlossen wurde, bot sich für Maria Anna jene unerwartete Partie, die wir früher schon erwähnt haben: Sie wurde Königin von Spanien. König Carlos II. war zwar ein degenerierter, wenig erfreulicher Ehemann, aber er war der letzte Nachkomme der spanischen Habsburger. Wenn eine Fortsetzung dieses Hauses noch irgendwie möglich sein konnte – was unter den gegebenen Umständen freilich unwahrscheinlich war –, dann von einer Angehörigen der fruchtbaren Neuburger. Auch das Gerücht, daß die Vorgängerin auf dem spanischen Thron, eine Stieftochter der Liselotte, an Gift gestorben sei, schreckte angesichts der günstigen Aussichten nicht ab. Maria Anna wurde ohnedies nicht gefragt, und so fand die Hochzeit, im ersten Jahr des neuen Krieges, zu Neuburg statt. Der Kaiser gab dem Fest durch seine Anwesenheit besonderen Glanz.

Da die Franzosen zu Beginn dieses Jahres 1689 den Reichskrieg erwarteten und überdies damit rechnen mußten, daß Spanien und die Seemächte teilnähmen, zogen sie sich hinter den Rhein zurück. Bonn, Mainz und Philippsburg sollten freilich besetzt bleiben. Der stärkste Verbündete Habsburgs war der neue König von England, Wilhelm III. von Oranien, der 1688 aus den Niederlanden über den Kanal gekommen war.

Am 2. März 1689 wurde das halbe Heidelberger Schloß durch Mélac in die Luft gesprengt (vier Jahre später kehrten die Franzosen zurück und zerstörten das Schloß noch weiter; was diese beiden Verwüstungen noch übriggelassen haben und was später wieder hergestellt worden war, vernichtete schließlich 1764 ein Blitzschlag).

Große Tage in Neuburg

Im April 1689 erklärte Kaiser Leopold I. Frankreich den Reichskrieg, der neun Jahre dauern sollte. Etwa zu der Zeit, in der diese Entscheidung gefallen war, am 14. April 1689, starb in Wien die 34jährige Kaiserschwester Maria Anna, die Frau des wittelsbachischen Kurprinzen Johann Wilhelm. Die Nachricht aber, daß die Neuburgerin Maria Anna in Spanien zur ›Katholischen Königin‹ gewählt worden sei, erregte besonders in Wien und Neuburg die Gemüter. Die Kaiserin Eleonore sah voller Sorge, daß es wegen der spanischen Niederlande zu Reibungen zwischen Max Emanuel und ihrer Familie kommen würde. Kaiser Leopold hatte dem Bayern erneut versprochen, daß er ihm die Statthalterschaft der spanischen Niederlande verschaffen würde, doch diesen Rang begehrte auch der Bruder der Kaiserin, Johann Wilhelm.

Für die spanische Hochzeit war zuerst Wien gewählt worden, dann dachte man an Augsburg, wohin ein Reichstag einberufen und Joseph, der König von Ungarn, zum Römischen König gewählt werden sollte. Zuletzt entschied man sich für Neuburg. Es war das einzige Mal, daß Philipp Wilhelms eindrucksvolles, über der Donau gelegenes Barockschloß den Rahmen für ein so großes Fest abgab. Es war dies aber auch der letzte feierliche Auftritt des Kurfürsten. Die wenig beneidenswerte Aufgabe, die junge Königin durch den Kriegsschauplatz nach Holland und von dort auf der durch französische Schiffe kontrollierten See in ihre neue Heimat zu geleiten, fiel dem Grafen von Mansfeld zu. Bruder Ludwig Anton, der Deutschmeister, sollte sie begleiten. Dieser war zunächst mit seinen jüngeren Brüdern in der Armee des Lothringers gestanden, die Mainz erobern sollte; der Kurfürst von Bayern hatte den Auftrag, währenddessen Philippsburg einzuschließen. An seiner Seite stand wieder, wie schon in früheren Feldzügen, sein Vetter Eugen von Savoyen. Ende Mai traf Max Emanuel im Lager von Bretten ein. Es war dies etwa die Zeit, zu der die Franzosen in Speyer die deutschen Kaisergräber verwüsteten. Bei diesen Kämpfen war, ein Monat vor der Hochzeit von Neuburg, der Pfalzgraf Friedrich Wilhelm, ein Bruder der Braut, als kaiserlicher General bei der Belagerung von Mainz gefallen. Im Herbst sollte dort auch noch der letzte Sohn des Veldenzers, August Leopold, den Heldentod finden. Die Festung Mainz war der Schlüsselpunkt bei der Eröffnung dieses Krieges.

An der Neuburger Vermählungszeremonie nahm auch das aus Linz gekommene Kaiserpaar teil. Im Schloß zu Ingolstadt wurde es vom Pfälzer Kurfürsten und der Königsbraut festlich empfangen; die bayerische Garnison erwies den hohen Gästen die Ehrenbezeugung. Am Abend dieses Tages sang Maria Anna im Schloß Ludwigs des Gebarteten zum Clavecin, das ihr kaiserlicher Schwager spielte. Wenig später, am 17. August, empfing der erst kurz zuvor zum Priester geweihte Pfalzgraf Alexander Sigmund die hohe Verwandtschaft am Portal der Neuburger Hofkirche. Er nahm am 28. August 1689 auch die Trauung vor, wobei der ungarische König, Erzherzog Joseph – ein Neffe der Braut –, den König von Spanien vertrat. Von unserer wittelsbachischen Familie waren außer den Brauteltern die Brautbrüder Johann Wilhelm, Karl Philipp und Franz Ludwig anwesend, außerdem die bayerische Kurfürstin Maria Antonia sowie die jüngsten Schwestern der Braut, Hedwig und Leopoldine. An die Trauung schloß sich ein Festbankett im großen Saal des Schlosses an, dem am darauffolgenden Tag ein weiteres Festessen folgte. Dieses zweite Hochzeitsdiner wurde mit einem Konzert beschlossen. Anschließend, nach einem Abschied für immer, begann eine durch die Kriegswirren bedingte lange Reise. Erst im Mai erreichte die Königin ihre neue spanische Heimat.

Die kaiserliche Familie scheint den halben Winter von 1689 auf 1690 im Fugger-Palais in Augsburg verbracht zu haben. Dort wurde Kaiserin Eleonore am 24. Januar 1690 als Königin von Ungarn gekrönt, zwei Tage später bereits wurde ihr erst elfjähriger Sohn Joseph im Reichsgotteshaus von Sankt Ulrich und Afra zum Römischen König – und damit auch zum künftigen Kaiser – gewählt und gekrönt. Max Emanuel gab ihm seine Stimme und fungierte beim Krönungsmahl als Erztruchseß. Als das kaiserliche Paar dann im Februar die Rückreise nach Hause antrat, wurde es in München von seiner kurfürstlichen Tochter Maria Antonia in der Residenz empfangen. Elf Tage lang machte der Schwiegersohn auf prächtige Weise die Honneurs, dann reisten die Gäste weiter: Max Emanuel gab ihnen bis Altötting das Geleit.

Inzwischen war die Neuburger Maria Anna in Madrid angekommen, aber ihr Einfluß auf den angetrauten Regenten war sehr viel geringer als der seiner Mutter. So mußte auch ihr Auftrag, dem Bruder Johann Wilhelm die Statthalterschaft der spanischen Niederlande zu verschaffen, scheitern, da die Schwiegermutter diesen Posten für den bayerischen Kurfürsten forderte.

Jan Wellem

Als der alte pfälzische Kurfürst im Herbst zu Wien verstarb, folgte ihm *Johann Wilhelm* zwar in seinem Amte nach, doch wechselte der neue Herr deswegen seine Residenz nicht. Er blieb in Düsseldorf und wurde dort unter dem Namen Jan Wellem zu einer volkstümlichen Figur, deren Popularität bis zum heutigen Tag angehalten hat.

Seit April 1691 war der Kurfürst wieder verheiratet, und zwar mit einer Tochter des Großherzogs Cosimo III. von Toskana. Diese Anna Maria Luise, übrigens eine Schwägerin von Max Emanuels Schwester Violante Beatrix, brachte zahlreiche Bilder mit nach Düsseldorf. Ihrem Einfluß ist es zu danken, daß Jan Wellem begann, sich eine große Kunstsammlung anzulegen; seine Düsseldorfer Galerie wurde (vor allem auch wegen ihrer Rubens-Gemälde) berühmt. Später kamen viele (und vor allem die schönsten) Stücke nach München und trugen somit zum großen Ruf der Alten Pinakothek bei.

Generalstatthalter der Niederlande

In Madrid setzte sich währenddessen die Königinmutter durch, und im Herbst 1691 wurde der bayerische Kurfürst Max Emanuel zum Statthalter der Spanischen Niederlande berufen und wurde dort als Adelheids Sohn freudig aufgenommen. Er hatte die letzte Kampagne mit Eugen von Savoyen in Piemont mitgemacht. Bei Carmagnola fand er im Pfalzgrafen Christian III. von Birkenfeld und dessen Regiment Royal Alsace einen tapferen Gegner. Nachdem diese Festung genommen war, verließen die beiden Feldherrn Max Emanuel und Eugen den Kriegsschauplatz und stürzten sich in den Trubel des Karnevals von Venedig. Der Kaiser aber holte sich seine allzuzarte Tochter von München wieder nach Wien. Die Entbindung von zwei Söhnen, die schon bald nach der Geburt gestorben waren, hatte ihre Gesundheit stark angegriffen. Sie blieb auch in Wien, als ihr Mann, nach einem kurzen Aufenthalt in München, mit seinen Garden in die Niederlande aufbrach und am 26. März 1692 in Brüssel einzog. Der englische König Wilhelm hatte darauf gedrungen, daß der Bayer sein Amt antrete, da er fortan in Flandern für Spanien zu kämpfen hatte. Die Herzen schlugen ihm entgegen, auch das von Eugens Mutter, der Comtesse de Soissons, geborene Olimpia Mancini, eine der Nichten des Kardinals Mazarin.

Die bayerische Kurfürstin wurde am Morgen des 28. Oktober 1692 in ihrer Heimatstadt Wien von einem Sohne entbunden, der den Namen Joseph Ferdinand erhielt. Ihm, dem ersten lebenden Kind des ›Blauen Kurfürsten‹, sollte einmal das bayerische Erbe zufallen, außerdem hatte er durch seine Großmutter auch die Aussicht, eines Tages Spanien zu erhalten. Die Freude über die Geburt des Sohnes wurde allerdings durch den Tod der Kurfürstin überschattet. Sie starb am Heiligen Abend des Jahres 1692. Das Kind, das ein so großes Erbe erwarten durfte, wuchs in München auf.

Sehr schnell wurde nun Ausschau gehalten nach einer Braut für den verwitweten bayerischen Kurfürsten. Aus der großen Zahl von Bewerberinnen wählte man das siebzehnte und letzte Kind des Neuburger Kurfürsten Philipp Wilhelm. Doch noch ehe der Bund geschlossen wurde, starb Leopoldine Eleonore mit noch nicht vierzehn Jahren am 8. März 1693.

Ihr Bruder Ludwig Anton, der seine Schwester Maria Anna nach Spanien begleitet hatte, starb ein Jahr später: Deutschmeister wurde nun sein jüngerer Bruder *Franz Ludwig*, der künftige Kurfürst von Trier. Bei der Wahl zum Bischof von Lüttich hatte der Wittelsbacher von Köln, der Kurfürst Joseph Clemens, über den Neuburger gesiegt.

Die erste Kampagne Max Emanuels in den Niederlanden machte dem ruhmreichen Helden von Belgrad keine Ehre. Obwohl er in gewohnter Tapferkeit bei Neerwinden in der vordersten Linie gekämpft hatte, konnte er die Niederlage nicht abwenden. In der Pfalz nahm de Lorge die Stadt Heidelberg unter neuerlicher Verwüstung ein. Nicolas Boileau, der französische Hofhistoriograph, war darüber so entzückt, daß er eine Denkmünze prägen ließ, die er mit der Umschrift versah: ›Heidelberga deleta‹.

Ende der Linie Veldenz

Wenn der König von Schweden während des Krieges auch keine Bestätigung als Herzog von ZWEIBRÜCKEN erhalten konnte, so wurde sein Pfälzer Land doch geschont. Im Jahre 1693 ließ er seine Tante Charlotte Friederike, die Witwe des Pfalzgrafen Wilhelm Ludwig der Landsberger Linie, durch seinen Bevollmächtigten Oxenstierna als Verwalterin mit Wohnsitz auf der im Laufe der Jahre stattlich ausgebauten Burg Landsberg über Moschel einsetzen. Sie war eine sehr sympathische Dame und erfreute sich allgemeiner Beliebtheit. Die Franzosen hatten versprochen, ihre Burg zu schonen, doch als die Wittelsbacherin verreist war, rückten sie an und zerstörten die Anlage. Sie wurde nie wieder aufgebaut. Mit dem Tod des unglücklichen Leopold Ludwig von Veldenz, der im September 1694 zu Straßburg gestorben ist, war diese Linie an ihr Ende gekommen. Der Streit um die Verteilung der Hinterlassenschaft auf die anderen Linien dauerte bis Ende 1733. Veldenz und Lauterecken fielen damals an die Neuburger Kurlinie, das halbe Lützelstein an Sulzbach und die andere Hälfte mit Guttenberg an Birkenfeld. Die vierte pfälzische Linie war die schwedische von Zweibrücken-Kleeburg.

Max Emanuels zweite Heirat

Die Zukunft der Linie in BAYERN ruhte auf dem kleinen Kurprinzen Joseph Ferdinand. Max Emanuel mußte sich, da ihm die Neuburger Braut gestorben war, im europäischen Adel um eine andere Frau umsehen. Die Wahl fiel auf Therese Kunigunde Karoline Sobieska, eine Tochter jenes Polenkönigs, mit dem zusammen er vor Wien ersten Kriegsruhm erworben hatte. Die Mutter der Braut, Marie Casimiera de la Grange d'Arquien, stammte aus vornehmer französischer Familie und war durch ihren Bruder Jakob, der seit vier Jahren mit der Neuburgerin Hedwig Elisabeth verheiratet war, den Wittelsbachern bereits verwandtschaftlich verbunden. Die Prokuratstrauung fand in Warschau statt und die persönliche dann einige Monate später, im Januar 1695, zu Wesel. Der Wittelsbacher war so begierig, seine Frau zu sehen, daß er unter Lebensgefahr in einem kleinen Boot den Rhein überquerte. (Freilich, um zu sehen, ob ihm das Treibeis gefährlich werden könnte, ließ Max Emanuel zunächst einmal seinen Kämmerer und zeitweiligen Finanzminister, Freiherrn von Simeoni, über den Fluß rudern.) Als der Kurfürst mit seiner Polin zusammentraf, hatte er Schwierigkeiten – seine

Frau fand ihn, den Liebhaber so vieler Damen, äußerst enttäuschend und wollte wieder umkehren. Sie ist schließlich doch geblieben und hat die in sie gesetzten Erwartungen reichlich erfüllt: Fünf Söhne und eine Tochter wuchsen auf, weitere vier Söhne starben als Kinder. Der Vollständigkeit halber sei erwähnt, daß im Jahr der zweiten Vermählung des Kurfürsten Madame Agnes Le Louchier in Brüssel einen unehelichen Sohn Max Emanuels gebar: Maximilien-Emmanuel. Dieser wuchs in der kurfürstlichen Familie auf, wurde Comte de Bavière und französischer Heerführer in dem Regiment ›Royal Bavière‹, das Ludwig XIV. für ihn geschaffen hatte. Die Mutter des Comte aber heiratete den Grafen Ferdinand von Arco, eben jenen, der später beim Kriegszug nach Tirol 1703 – fälschlich für den Kurfürsten gehalten – den Tod fand.

Die Vision vom spanischen Erbe

Die eifrigen Bemühungen des pfälzischen Schwedenkönigs um Frieden hatten keinen Erfolg. Im Jahre 1695 sollte Namur erobert werden: Die Zitadelle hielt aber den Angriffen Max Emanuels stand, und Villeroi ging nun seinerseits zum Angriff über und bombardierte Brüssel. Das Palais, in dem die Kurfürstin wohnte, wurde zwar nicht getroffen, doch scheint der Schock dazu beigetragen zu haben, daß der erste Sohn starb.

In diesem Jahre kämpften auch zum erstenmal österreichische und bayerische Regimenter in Katalonien, um so das Interesse ihrer Herren an Spanien zu bezeugen und die Bemühungen ihrer Gesandten in Madrid zu unterstützen. Das Leben der Königin-Mutter, die es ihrer Neuburger Schwiegertochter so schwer gemacht hatte, ging dem Ende entgegen, und im Mai 1697 ist sie an Brustkrebs gestorben. Zuvor aber scheint sie ihren Sohn noch dazu überredet zu haben, den bayerischen Kurprinzen Joseph Ferdinand als Erben einzusetzen. Ohne den Widerstand Spaniens wäre es wahrscheinlich schon jetzt zum Frieden gekommen, Savoyen sprang ab und selbst der Düsseldorfer Jan Wellem suchte durch Vermittlung seiner Schwester, eine Einstellung des Krieges zu erreichen. Die Spanier aber wollten nicht nachgeben, obwohl der König wie die Königin krank darniederlagen. Diese Erkrankung nützte die bayerische Partei aus, um dem Monarchen schon jetzt ein Testament zugunsten Joseph Ferdinands zu entreißen, aber die Königin ließ dieses Dokument unmittelbar nach ihrer Genesung wieder vernichten. Max Emanuel setzte so fest auf das spanische Erbe, daß er die ihm nach dem Tod seines Schwiegervaters angetragene polnische Königskrone dem sächsischen Kurfürsten August dem Starken überließ.

Mit der Einnahme von Barcelona durch die Franzosen ging der Krieg 1697 endlich zu Ende. Bei dieser letzten Schlacht zeichnete sich der Birkenfelder Christian III. mit seinem Regiment Royal Alsace wieder besonders aus. Er war es, der nach immer neuen Angriffen beim dritten Sturm die Bastion San Pedro eroberte. Am 22. Juli pflanzte er seine Fahne auf die Puerta Nueva. Als man ihn vor dem tollkühnen Unternehmen warnte, erklärte er, er wolle nicht darauf verzichten, weil die Bresche von seinem Vetter, dem Landgrafen von Hessen, gehalten werde: »... je veux leur montrer que les Allemands français savent faire leur devoir ...« Für so viel Mut und Treue ernannte ihn Ludwig XIV. mit 23 Jahren zum Brigadier. Er wurde noch Generalleutnant und Maréchal.

Tragischerweise starb *Karl XI.* von SCHWEDEN, der sich so sehr für das Ende des Krieges eingesetzt hatte, ein halbes Jahr vor dem Frieden von Rijswijk, in dem auch der schwedische Besitz des Herzogtums Zweibrücken anerkannt wurde. Der wittelsbachische Schwede wäre beinahe unbeabsichtigt zu einer Feuerbestattung gekommen. Denn während der königliche Leichnam aufgebahrt war, brannte das Schloß ab. Der tote Karl XI. konnte in letzter Minute aus den Flammen gerettet werden. Dem Herrscher folgte sein einziger am Leben gebliebener Sohn im Amt nach, der berühmte, höchst bemerkenswerte König *Karl XII.*, von dem Voltaire einmal geschrieben hat, daß dieser Wittelsbacher vielleicht der eigenartigste Mensch gewesen sei, der je gelebt hatte. Im Frieden von Rijswijk erreichte es Frankreich, die im Elsaß besetzten Gebiete zu behalten.

Der Spanische Erbfolgekrieg

Alle Fürstenhäuser wußten, daß ein Krieg um das spanische Erbe bevorstand. Frankreich und die Seemächte hatten ohnedies im geheimen das Fell des sterbenden Bären bereits verteilt und dem bayerischen Kurprinzen einen respektablen Teil zugewiesen. Als der König in Madrid davon hörte, war er so empört, daß er nun selbst ein Testament machte, das den Sohn Max Emanuels von Bayern zum Universalerben machte. Das war ein Höhepunkt in der bewegten Geschichte unserer Familie: Der Bayernprinz war Erbe der spanischen Länder in Europa und sollte das halbe, das spanische Südamerika bekommen. Max Emanuel ließ seinen siebenjährigen Joseph Ferdinand von München nach Brüssel kommen und bereitete die Reise des Erben nach Spanien vor. Der Knabe erkrankte aber und starb am 6. Februar 1699. Natürlich hieß es, er sei von Österreichern vergiftet worden. Frankreich und die Seemächte verabredeten nun, da die Erbschaftsangelegenheit wieder offen war, einen neuen Teilungsplan, den der ungemein einflußreiche Kardinal Portocarrero mit einem neuen Testament − diesmal zugunsten eines Enkels von Ludwig XIV. − parierte. Die spanische Königin hätte gerne ihren Neffen Erzherzog Karl in der Erbfolge gesehen, aber sie blieb wieder einmal ohne Einfluß. Der Erbe, Herzog Philipp von Anjou, war der zweite Sohn des ›Grand Dauphin‹ und einer Wittelsbacherin, der 1690 verstorbenen Schwester von Max Emanuel, Maria Anna.

*Wittelsbacher Erfinder,
Forscher und Ärzte*

68 Die Zeitgenossen haben dem Pfalzgrafen GEORG JOHANN I. von Veldenz (1543-1634) nicht umsonst die Bezeichnung ›der Scharfsinnige‹ beigelegt. Die Ideen und Projekte, die wir von ihm kennen, zeugen jedenfalls von einem Erfindergenie, das nur 300 Jahre zu früh gelebt hat. Neben den im Text (Seite 160) bereits erwähnten Erfindungen entwickelte er Straßenbauprojekte in den Vogesen und den Plan einer Kanalverbindung zwischen Rhein und Mosel mit Anschluß an Maas und Schelde; seinen Münchner Vettern empfahl er einen ähnlichen Kanalbau zwischen Lech, Amper, Isar und Inn, außerdem machte er Vorschläge für eine Reichsflotte in der Nordsee und gründete das wegen seiner ungewöhnlichen ökumenischen Prinzipien aufsehenerregende Kolonistendorf Pfalzburg.

69 Pfalzgraf RUPPRECHT (1619 bis 1682), Sohn des Winterkönigs (Abb. 4), war einer der vielseitigsten Wittelsbacher: Er versah nicht nur die Ämter eines Generalissimus der englischen Armee und des Großadmirals von England, sondern betätigte sich auch als Freibeuter, Künstler, Techniker und Erfinder. Jahrelang galt er als bester Tennisspieler Englands, wo er unter der Bezeichnung ›Rupert the Cavalier‹ geradezu eine legendäre, bis heute unvergessene Figur ist. Daneben trägt er den Beinamen ›der Erfinderische‹ und dies nicht zu Unrecht: In seinem Laboratorium in Windsor Castle entwickelte er ein Schießpulver von zehnfacher Sprengkraft, mischte das nach ihm benannte Prinzenmetall, konstruierte ein Repetiergeschütz sowie ein Kanonenboot und beschäftigte sich mit Hydraulik, Kanonenguß, Glaserstellung und dem Mezzotintostich.

70-75 Von Jugend an den Naturwissenschaften zugeneigt, erwarb sich Prinzessin THERESE (1850-1925) den Ruf einer ernsthaften Wissenschaftlerin und anerkannten Forscherin. Sie studie Botanik, Zoologie, Geographie und Ethnographie, beherrschte elf Sprachen fließend in Wort und Schrift und verfaßte rund zwanzig Werke, vom mehrbändigen Reisebericht bis zum Facha satz. Sie bereiste den halben Erdball von den Polarländern bis Tunesien und von der Kirgisensteppe bis nach Amerika. In gerade spartanischer Lebensweise und meist inkognito, begleitet von nu wenigen ausgewählten Gefährten, zog sie sammelnd und forsche durch die Länder, füllte ihre Tagebücher und hielt ihre Eindrück — hier eine Indianerhütte im brasilianischen Urwald (Abb. 71), dort das atemberaubende Gipfelpanorama im nordamerikanische Yosemitetal (Abb. 72) — in rasch hingeworfenen Skizzen fest. In Brasilien wandelte sie auf den Spuren Humboldts am Chimbora (Abb.74) und entdeckte unter anderem eine unbekannte Melasto maceenart, die später von dem Botaniker Cogniaux der Entdecker zu Ehren ›Macairea Theresiae‹ (Abb. 73) benannt worden ist. Die zahllosen Funde und Erwerbungen stellte Therese in einem Privatmuseum aus, das zuerst in der Münchner Residenz, dann i Leuchtenbergpalais (Abb. 75) untergebracht war. Heute ist die reichhaltige Sammlung im Besitz des Museums für Völkerkunde München.

74

75

Aussicht auf d. Sierra Nevada vom Eagles Peak aus
Yosemitethal 24ten Aug 93.

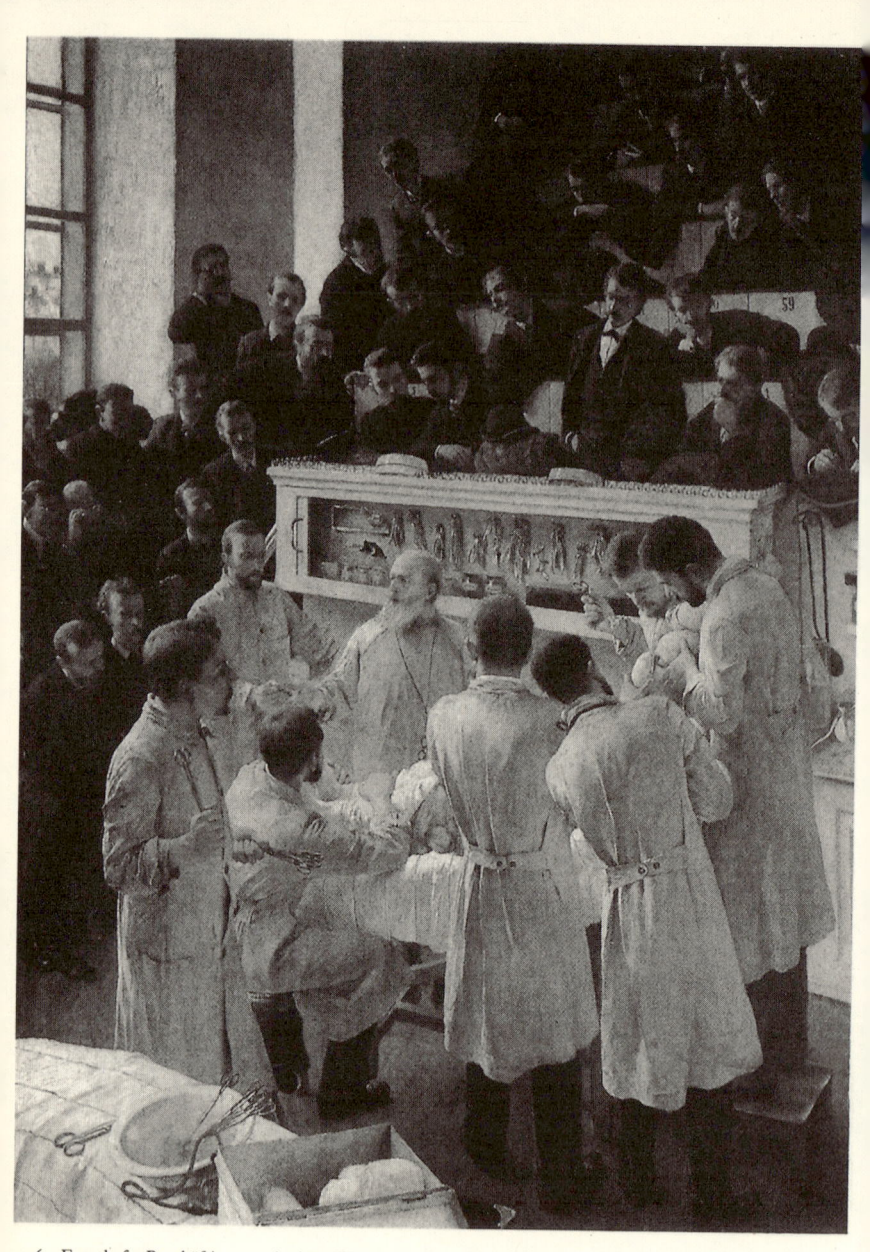

76 Ernsthafte Beschäftigung mit einer Wissenschaft und noch dazu deren berufsmäßige Ausübung galt bis weit ins 19. Jahrhundert an Fürstenhöfen als unstandesgemäß. Allen Widerständen zum Trotz schlug Herzog KARL THEODOR (1839-1909), Sohn des zitherspielenden Herzogs Max in Bayern (Abb. 62) 1867 die Laufbahn eines Arztes für Allgemeinmedizin und Chirurgie ein und wandte sich 1878 der Augenheilkunde zu. Im In- und Ausland praktizierend, behandelte er — ähnlich Prinz Ludwig Ferdinand (Abb. 57), dem Chirurgen, Frauenarzt und Stifter des ›Marien-Ludwig-Ferdinand-Kinderheimes‹ — seine Patienten meist kostenlos und aufopferungsvoll ohne Rücksicht auf seine labile Gesundheit. 1896 gründete er die heute noch bestehende ›Augenklinik Herzog Carl Theodor‹ in München. Unser Bild zeigt den Herzog (unterste Sitzreihe: dritter von links) als Hospitanten bei dem berühmten Chirurgen Theodor Billroth in Wien 1890.

In diesem Jahr wurde zu Karlowitz auch mit den Türken Frieden geschlossen. Aber ein neuer Krieg stand bevor: Als nämlich am 1. November 1700 mit Carlos II. die spanische Linie der Habsburger erlosch, kam es zum Spanischen Erbfolgekrieg, da der Kaiser das Testament nicht akzeptierte. Statt des Bourbonen wollte er seinen zweiten Sohn Karl als rechtmäßigen Nachfolger anerkannt wissen. Dieser Krieg dauerte dreizehn Jahre und teilte unser Haus in zwei Lager. Auch der etwas kürzere Nordische Krieg, in dem der Zweibrücker Karl XII. im Mittelpunkt stand, hatte für die wittelsbachische Geschichte seine Bedeutung.

Der Tod des spanischen Königs bedeutete für den bayerischen Kurfürsten das Ende seiner Statthalterschaft in den Spanischen Niederlanden. Er übergab sein Amt dem Marquis von Bedmar und kehrte mit seiner inzwischen schon recht großen Familie nach München zurück. Seine Absicht war es – und er hatte sich mit Frankreich darüber abgesprochen –, daß er als Reichsfürst neutral bleiben wolle. Wäre es ihm mit dieser Neutralitätserklärung nicht ernst gewesen, hätte er kaum die Erweiterung Nymphenburgs und den Neubau von Schleißheim begonnen. Er wollte sich nicht gegen seinen ehemaligen kaiserlichen Schwiegervater Leopold stellen. Als aber dieser keinerlei Belohnung versprach (im Gegensatz zu Ludwig XIV., der die Kurpfalz und Pfalz-Neuburg mit dem Königstitel oder die erweiterten Spanischen Niederlande verhieß), schloß sich der Bayernfürst im August der französischen Partei an. Den gleichen Schritt vollzog auch sein Bruder Joseph Clemens von Köln. Zunächst mußte freilich erst einmal das nach dem Frieden von Rijswijk demobilisierte Heer wieder in einen kriegstüchtigen Zustand versetzt werden. Er wollte es selbst führen, stellte aber offiziell jenen Freund Arco an die Spitze, den er mit seiner Geliebten Agnes verheiratet hatte. Zuerst nahm er den Donauübergang von Neuburg in Besitz und griff dann die Kaiserlichen im Innviertel an. Sein nächster taktischer Schritt war die Vereinigung mit den durch den Schwarzwald anmarschierenden französischen Truppen unter dem Marquis de Villars. Es kam jedoch zu keiner gemeinsamen Angriffsaktion, weil Villars seine Ausweisung aus München noch nicht vergessen hatte. Der Vorstoß nach Tirol im Jahre 1703, bei dem Graf Arco für Max Emanuel gehalten und aus dem Hinterhalt erschossen wurde, hatte sein Ziel – eine Vereinigung der bayerischen mit den in Italien stehenden französischen Truppen – nicht erreicht. Zu dieser Zeit hatte der Kaiser seinen zweiten Sohn Karl zum Gegenkönig Philipps V. von Spanien erklärt und auf dem Weg über Lissabon nach Katalonien geschickt. Auf der Durchreise besuchte er seinen Onkel Johann Wilhelm in Düsseldorf. Dort machte man ihm Mut und meinte, die Partie sei schon gewonnen. Der Wittelsbacher vom Rhein schickte auch gleich einen Gesandten an den Hof des für ihn »rechtmäßigen Königs von Spanien Carls des dritten Mayestät«, der »nunmehro den ihnen allein rechtmessigen competierenden Thron der spanischen Monarchie so glorios und nur zur höchsten confusion aller Dero feynden besteigen« sollte. Zwar eroberte der Habsburger im Jahre 1706 Barcelona, hielt dort auch jahrelang Hof, aber die Hoffnungen haben sich zuletzt dann doch nicht erfüllt, auch als England und Portugal wieder auf seiner Seite standen.

Die Katastrophe von Höchstädt

In BAYERN hatten die Kämpfe des Jahres 1704 die Lage des Kurfürsten sehr verschlechtert. Da bereits seine Ausgangsposition ziemlich wenig versprach, versuchte man ihn unter Einschaltung der Kurfürsten zu einem Umschwenken ins kaiserliche Lager zu überreden. Zu allem brachte Villars' Nachfolger Tallard auch noch viel weniger Truppen, als erwartet und notwendig waren. Auf der kaiserlichen Seite führten Eugen von Savoyen und der Herzog von Marlborough zusammen mit dem badischen ›Türkenlouis‹ das

Kommando. Den Winter hatte Max Emanuel nach der Eroberung von Augsburg in München zugebracht. Am 13. August kam es in der Nähe von Höchstädt unweit von Dillingen zur großen, entscheidenden Schlacht. Insgesamt mehr als hunderttausend Soldaten standen sich gegenüber, und als unter dem Ansturm Marlboroughs der linke, der französische Flügel geschlagen wurde, gab es auch für den in der vordersten Linie kämpfenden Max Emanuel und für seine Bayern am rechten Flügel keine Rettung mehr. Am Ende dieser für den Kurfürsten von Bayern so vernichtenden Niederlage sollen 40000 Tote die weite Ebene bedeckt haben. Und während sich Marlborough (übrigens ein Vorfahr von Winston Churchill) von dieser Stunde an ähnlich feiern ließ wie Max Emanuel nach der Eroberung Belgrads, versuchte der Bayernfürst seine Truppen um Ulm zu konzentrieren. Die Franzosen bestanden aber auf einen Rückzug an den Rhein. Damit war Bayern dem Feind preisgegeben. Schweren Herzens übergab der 46jährige Max Emanuel die Regentschaft seines Landes der Kurfürstin und marschierte nach Straßburg. Seiner Frau schrieb er: »Retten Sie sich und unsere Kinder. Das ist das einzige, was wir noch besitzen. Wir haben heute alles verloren. Gott sei bei Ihnen. Mit mir geht's dem Rhein zu.«

Der geschlagene Kurfürst kehrte nun nach Brüssel zurück, da ihn Philipp V. von Spanien zum Herzog von Brabant und Ludwig XIV. zum Oberkommandierenden der französischen Truppen in den Niederlanden ernannt hatte. Christian III. von Birkenfeld kämpfte dort – nun also mit ihm – unter dem Herzog von Vendôme.

Bruder Joseph Clemens flüchtete nach Namur und Lille, hielt sich aber zeitweise auch in Brüssel auf. Der berühmte Prediger und Schriftsteller François de Fénelon, Erzbischof von Cambrai, weihte ihn, den Erzbischof von Köln, zum Priester.

Bayern unter kaiserlicher Administration

Das Kurfürstentum Bayern wurde indes vom Grafen Löwenstein von Landshut aus für die Kaiserlichen verwaltet. Der Kurfürstin blieb zunächst nur die Landeshoheit, das Rentamt München, eine Leibwache und ein kleines Einkommen. Sie hatte vor Weihnachten ihren vierten in Bayern geborenen Sohn zur Welt gebracht und nannte das Kind Max Emanuel. Ursprünglich wollte sie ihrem Manne folgen, aber plötzlich änderte sie ihren Entschluß und fuhr, ärztlichem Rat folgend, zu ihrer Mutter nach Venedig. Die Kinder ließ sie in München zurück. Die vielen Briefe, die Kurfürst Max Emanuel während der langjährigen Trennung schrieb – er schrieb fast täglich –, sind im Hausarchiv erhalten; sie sind um so wertvoller, als die Memoiren und Akten des Kurfürsten, die in einem Gepäckwagen unterwegs waren, im Kriege verlorengingen.

Bayern begann nun alle Härten der österreichischen Besatzung zu spüren. Die Mordweihnacht von Sendling im Jahre 1705 und kurz darauf der Aufstand der Niederbayern in Aidenbach waren eine Reaktion auf dieses strenge Regiment. Nach dem Tode Kaiser Leopolds im Mai 1705 war dessen Sohn und Nachfolger Joseph I. der größte Widersacher der bayerischen Brüder. In seinem Haß gegen die beiden Wittelsbacher verhängte er am 29. April 1706 gegen den Protest des ihnen verwandten Schwedenkönigs Karl XII. in der Hofburg zu Wien die Reichsacht über Max Emanuel und Joseph Clemens, obwohl er doch bei seiner Königswahl zu Augsburg versprochen hatte, diesen Schritt nie ohne Zustimmung des gesamten Reichskörpers gegen einen deutschen Fürsten zu unternehmen. Der Reichstag zu Regensburg mußte zustimmen, dann wurde Bayern nach kaierlichem Belieben verteilt: das Innviertel um Ried behielt Joseph für sich; Mindelheim schenkte er dem Herzog von Marlborough; dem Onkel Johann Wilhelm in Düsseldorf überließ er die

Oberpfalz mit Cham und dazu noch das Erztruchseßamt, dafür mußte er freilich sein Erzschatzmeisteramt an den Kurfürsten von Hannover abtreten. Der pfälzische Kurfürst, der seinem bayerischen Rivalen nicht verzeihen konnte, daß er ihm in Spanien den Rang abgelaufen hatte, fühlte sich bereits als Sieger in diesem Konkurrenzstreit der beiden Wittelsbacher Linien. In der vorausgegangenen Runde, zu Zeiten des Winterkönigs, waren die Pfälzer unterlegen, doch diesmal sollten sie die Gewinner sein. Um den hohen Anspruch seines Familienzweiges vor aller Welt zu dokumentieren, wählte er den alten jülichschen Orden vom Heiligen Hubertus als Hausorden.

Kaiser Josephs Abneigung gegen die bayerischen Verwandten ging so weit, daß er die vier älteren Söhne Max Emanuels als Geiseln festnehmen und nach Österreich bringen ließ; das zunächst als Internierungsort vorgesehene Schloß zu Dachau erschien ihm zu unsicher. Die Kinder, die zu Grafen von Wittelsbach degradiert wurden und mit denen niemand von ihren Eltern sprechen durfte, kamen im Mai 1706 nach Klagenfurt und später nach Graz. Zuletzt blieb nur die 1696 geborene Maria Anna in der Residenz von München zurück.

Neun Jahre lang war die Familie Max Emanuels getrennt. Auch der Kurfürst selbst kam nicht zur Ruhe. Nach seiner Niederlage von Ramillies im Mai 1706 mußte er von Brüssel nach Mons ausweichen, nach der verlorenen Schlacht von Malplaquet im September 1709 nach Namur. Von dort kam er an den Hof Ludwigs XIV., und zwar, um Protokollschwierigkeiten zu vermeiden, zunächst als ›Graf von Dachau‹, nach Marly. Es waren bereits Friedensfühler ausgestreckt, aber ein Erfolg zeigte sich noch nicht. Max Emanuel berichtete seiner Tochter nach München – hier lief die Familienkorrespondenz zusammen –, daß er mit dem König in Versailles, Marly, Meudon und Saint-Cloud jage. Liselotte schrieb ihrer Tante etwa um diese Zeit nach Hannover: »Mein Gott, wie ist der

Herr geändert seit den vergangenen Jahren! Sein Kinn ist spitzig, seine Nase auch, der Mund ist eingefallen, so daß Kinn und Nase schier ganz zusammenstoßen und sieht viel älter aus als er in der Tat ist. Er hat aber gute Mienen noch und eine artige Taille.« Der Bruder des Kurfürsten, Joseph Clemens, hielt sich meist in Valenciennes auf.

Eine Wendung in der gespannten Lage und schließlich den Frieden brachte der unerwartete Tod des erst 32jährigen Kaisers Joseph im Frühjahr 1711. Die Freude des Kölner Kurfürsten über diesen Tod an den Blattern war für einen geistlichen Herren fast zu groß, aber nach den Entbehrungen, die er dieses Kaisers wegen hatte ertragen müssen, vielleicht verzeihlich. Er sah den Bruder nun schon als Kaiser und schrieb ihm nach einem Hochamt, das er in der Kathedrale von Reims zelebriert hatte, daß er seine Kurstimme »neunfach verdoppeln möchte ... umb dadurch Euer Liebden zugleich die Kaiserliche Cron aufzusetzen«. Der Tod des Habsburgers war mehr wert als zehn Siege. Der Bruder, schrieb Joseph Clemens, solle sofort an den Rhein rücken und angreifen. Im Oktober 1711 antwortete ihm Max Emanuel, daß zwischen England, Frankreich und Spanien verhandelt werde.

Da Joseph I. zwei Töchter, doch keinen Sohn hinterließ, sollte ihm sein Bruder Karl als Kaiser nachfolgen. Dieser bisherige spanische Gegenkönig in Barcelona, Carlos III., verwandelte sich geschwind in einen Kaiser Karl VI., der nun endgültig seinem Rivalen Philipp V. die spanische Krone überlassen mußte. Es half den bayerischen Brüdern nicht, daß sie eine Kaiserwahl ohne ihre Teilnahme für ungültig erklärten, der Kaiser blieb gewählt, und sogar die Rückgabe Bayerns war nicht sicher, da Habsburg das Kurfürstentum als sein Eigentum betrachtete und Max Emanuel mit den spanischen Niederlanden oder Sizilien abspeisen wollte.

Dieser Plan war nicht realisierbar, denn noch lebte Ludwig XIV., für den die beiden Wittelsbacher alles riskiert und zunächst auch verloren hatten. Im Frieden von Utrecht erhielt Kaiser Karl VI. im Jahre 1713 aus dem spanischen Erbe die Niederlande, dazu Mailand, beide Sizilien und Sardinien. Im Frieden zu Rastatt erhielt Max Emanuel Land und Würden zurück, wahrscheinlich zum großen Ärger des Düsseldorfers Jan Wellem, der schon geglaubt hatte, die Nebenbuhler seien für immer ausgeschaltet. Weil er die Oberpfalz nicht zurückgeben wollte, verzögerte sich die Rückkehr des Kurfürsten Max Emanuel, der sich danach sehnte, endlich wieder daheim mit seiner Familie vereint zu sein und die Bauten in Nymphenburg und Schleißheim weiterzuführen. Noch aus Saint-Cloud erbat er sich im April 1714 von seiner Tochter einen Bericht über den Stand der Arbeiten an Schloß Nymphenburg.

In Zweibrücken zog währenddessen der vertriebene Polenkönig Stanislaus Leszczyński als Gast König Karls XII. von Schweden ein. Als ausländischer Besitz war es vom Krieg verschont geblieben. Das Herzogtum wurde damals durch den Freiherrn von Hennings von Strahlenheim verwaltet.

Der Held des Nordens

Mit dem Auftreten des Königs *Karl XII.* von SCHWEDEN, einer der bedeutendsten Gestalten in der Geschichte unserer wittelsbachischen Familie, bahnte sich eine folgenschwere weltpolitische Entscheidung an. Hätte er nämlich bei Poltawa über Peter den Großen gesiegt, wäre Rußland damals kaum in die europäische Politik hineingezogen worden. Ein Jahr vor dem Ausbruch des Spanischen Erbfolgekrieges wollte der Zar zusammen mit August dem Starken von Sachsen und Polen dem Schweden die Ostseeküste entreißen und Livland zu Polen schlagen. Friedrich IV. von Dänemark schloß sich an, denn er wollte der jüngeren dänischen Linie Holstein-Gottorp – vertreten durch den Schwager des Schwedenkönigs – den Mitbesitz von Schleswig-Holstein streitig machen. Karl XII. siegte 1700 aber über Peter bei Narwa, eroberte Warschau und schlug die sächsisch-polnischen Truppen bei Pultusk. Anschließend zwang er August zum Verzicht auf die polnische Krone zugunsten seines eigenen Kandidaten Stanislaus Leszczyński. Jahrelang galt Karl XII. als unbesiegbar, bis er sich durch den Kosakenhetman Mazeppa verleiten ließ, nicht nach Moskau, sondern in die Ukraine zu ziehen. Bei Poltawa wurde er im Sommer 1709 vernichtend geschlagen; er flüchtete auf türkisches Gebiet und schlug bei Bendery am Pruth sein Lager auf. Drei Jahre lang blieb er Gefangener des Sultans, obwohl ihm freier Abzug aus seinem bessarabischen Quartier gewährt worden war.

Der von August dem Starken aus Polen vertriebene König Leszczyński suchte Karl XII. auf, um dessen Zustimmung für seinen Verzicht auf den polnischen Thron einzuholen. Er hatte sich als schwedischer Offizier verkleidet, wurde aber erkannt, gefangen und ein Jahr lang in einem Landhaus festgehalten. Karl XII. ließ ihn erst wieder ziehen, als es endgültig feststand, daß er ihn nicht im Triumphzug nach Warschau zurückführen könne. Um den Polen zu entschädigen, stellte ihm Karl seinen Besitz Zweibrücken mit allen Einkünften und königlichen Ehren zur Verfügung. Unter dem Namen ›Graf Kronstein‹ reiste König Stanislaus mit drei polnischen Grafen von Bessarabien nach der Pfalz, wo er im Juli 1714 ankam. Im Herbst trafen aus Schweden auch noch seine Frau Katharina Opalinska mit ihren Töchtern Anna und Maria ein. Ihr bescheidenes, leutseliges Wesen gewann ihnen die Herzen der Zweibrücker Bevölkerung. Stanislaus war eine Gelehrtennatur, ein Philosoph, der französisch, lateinisch sowie deutsch sprach und schrieb. Und nannte man den Autor wissenschaftlicher Bücher auch ›le philosophe bienfaisant‹, so liebte er doch auch weltliche Vergnügen wie die Jagd. Gerne war er dabei, wenn der schwedische Gouverneur im Wald von Kirkel Wölfe jagte. Als geselliger Herr freundete er sich besonders mit dem Kurfürsten von der Pfalz und Herzog Christian von Birkenfeld an, der sich damals meist auf Schloß Lichtenberg bei Birkenfeld aufhielt. Er lebte fern von seinem Thron, dennoch wurde 1716 von Polen und Sachsen gegen ihn ein Attentat geplant, das aber rechtzeitig aufgedeckt wurde. Während der Zweibrücker Zeit starb Stanislaus' Tochter Anna.

Die Rückkehr Max Emanuels

Max Emanuel hatte Anfang 1715 BAYERN zurückerhalten. Die Österreicher waren abgezogen, und unter dem Jubel der Bevölkerung rückten die Gardes du Corps auf prächtig gezäumten Schimmeln sowie unter dem Klang von Pauken und Trompeten in die Residenzstadt ein. Mitte Februar schrieb der Kurfürst seiner Tochter, daß die Familienzusammenkunft auf dem (nicht mehr vorhandenen) Schloß Lichtenberg bei Landsberg am Lech stattfinden würde. Er wolle dann mit der ganzen Familie in die Stadt München einziehen und als erstes Gott für die Heimkehr danken.

Die vier älteren Söhne kamen von Graz. Von den vier in München geborenen Kindern war nur mehr das vorletzte, der zwölfjährige Johann Theodor, am Leben. Nach neun- zum Teil sogar mehr als zehnjähriger Trennung sah man sich nun am 8. April wieder, und der Maler Joseph Vivien hat dieses Ereignis in einem riesigen Gemälde festgehalten und mit viel allegorischem Zierat umrankt. Am Abend dieses freudigen, festlichen Tages wurde musiziert, Kurprinz Karl Albrecht spielte die Laute, Ferdinand Maria die Flöte. Die Rückkehr nach München erfolgte dann am 10. April 1715 um elf Uhr nachts ohne Pomp.

Ludwig XIV. hat sich zuletzt doch noch als guter Protektor bewährt. Er starb im Herbst dieses denkwürdigen Jahres, nachdem ihm Sohn und Enkel – le Grand et le Petit Dauphin – im Tode bereits vorausgegangen waren. Auf dem Thron saß nun sein Urenkel Ludwig XV., zunächst freilich noch unter der Vormundschaft des Herzogs von Orléans, eines Sohnes der pfälzischen Liselotte.

Die letzten zwölf Jahre seines Lebens konnte Max Emanuel endlich seinem Lande widmen. Er hat es zwar nie verschmerzt, daß ihm die Krone entgangen war, trotzdem hat er sich mit Kaiser Karl VI. ausgesöhnt. Und als der Krieg gegen die Türken 1716 erneut begann, schickte er dem Habsburger 6000 Bayern – darunter die beiden ältesten Söhne –, damit sie unter seinem ehemaligen Kampfgefährten und späteren Gegner Eugen von Savoyen an diesem Feldzug teilnähmen. Bei dieser Gelegenheit lernte Kurprinz Karl Albrecht in Wien die Erzherzogin Amalie, seine künftige Braut, kennen.

Karl Philipp gründet das Mannheimer Schloß

Im gleichen Jahre 1716 ist in DÜSSELDORF der pfälzische Rivale *Johann Wilhelm* von Neuburg gestorben. Er war beliebt gewesen im Bergischen Land und hinterließ eine große Bildersammlung sowie einen merkwürdigen Brauch, das ›Düsseldorfer Radschlagen‹. Als der Kurfürst Johann Wilhelm eines Tages mit der Kurfürstin durch die Stadt fuhr, so erklärte man später das Entstehen dieses Kinderbrauches, brach an seiner Kutsche ein Rad. Ein zehnjähriger Düsseldorfer Junge sprang hinzu, steckte seinen Daumen in die Radnabe, rief »Hü!« und schlug mit seinen Beinen und dem freien Arm ein Rad ... und auf solch komplizierte Weise ersetzte er der kurfürstlichen Kalesche das Rad. Seitdem schlagen die Buben von Düsseldorf auf Straßen und Plätzen das Rad und hoffen, daß man sie mit einer Münze belohnt. Jedes Jahr findet außerdem ein regelrechter Radschlagwettbewerb statt.

Mit diesem Jan Wellem war ein sehr gewissenhafter und trotz seiner streng katholischen Einstellung toleranter Landesherr gestorben. Er hat viel dazu beigetragen, daß sich die Kurpfalz von den schweren Wunden wieder erholte, die ihr der Krieg geschlagen hatte. Die Witwe kehrte nach Florenz zurück und nahm, wie es im Heiratsvertrag ausgemacht war, viele Kunstwerke wieder mit, die sie einst nach Düsseldorf gebracht hatte. In ihrer Heimat lebte die Municeerin noch bis 1743.

Auf Johann Wilhelm, der keine Kinder hinterließ, folgte als letzter aus der Neuburger Linie sein einziger weltlicher Bruder *Karl Philipp*. Er wurde nun Kurfürst von der Pfalz, während die beiden anderen noch lebenden Brüder ihre geistlichen Ämter versahen. So war Alexander Sigmund unter anderem Bischof von Augsburg, Franz Ludwig verwaltete die Diözesen Breslau und Worms, war Hoch- und Deutschmeister sowie Kurfürst von Trier. Diese Würde vertauschte er später mit der von Kurmainz. Karl Philipp hat diese beiden Brüder überlebt. Bevor er die Kurfürstenwürde erbte – seine polnischen Frauen waren zu dieser Zeit bereits beide gestorben –, war er Statthalter in Tirol gewesen. Von den vier Kindern seiner ersten Frau, einer Radziwill, war nur Elisabeth Auguste Sophie am Leben geblieben, die beiden Töchter der zweiten, einer Lubomirska, waren als Kinder gestorben. Somit war die 1693 geborene Elisabeth Auguste Sophie die Erbin des ›Weiberlehens‹ Jülich und Berg. Sollten diese Länder bei Kurpfalz bleiben, so mußte sie den voraussichtlich nächsten Kurfürsten heiraten, nämlich den Erbprinzen der Linie Sulzbach, den älteren Sohn von Theodor Eustach, den 1694 geborenen *Joseph Karl*. Die Vermählung fand in Innsbruck statt, noch vor dem Umzug des Tiroler Statthalters nach Neuburg. Später baute sich das junge Paar ein eigenes kleines Schlößchen mit eigener Wallfahrtskapelle über dem Rhein in Oggersheim.

Von den sieben Kindern der Elisabeth Auguste Sophie und des Joseph Karl blieben drei Töchter am Leben. Die Eltern starben bald, und Erbe von Sulzbach wurde jetzt der jüngere Bruder Joseph Karl, Johann Christian.

Kurfürst Karl Philipp scheint seine früh verwaisten Enkelinnen sehr geliebt zu haben, denn er ließ die Kinder von Kosmas Damian Asam in den Götterhimmel seines Treppenhauses im Schloß von Mannheim malen: Elisabeth Auguste, Maria Anna und Franziska Dorothea. Alle drei sollten in der Familiengeschichte noch ihre bedeutsame Rolle spielen. Ein Heiratsprojekt des Pfälzer Kurfürsten mit der einzigen Tochter Max Emanuels, der 1696 in Brüssel geborenen Maria Anna Karoline zerschlug sich, da die Wittelsbacherin mit 24 Jahren in das Klarissinnenkloster zu München eintrat und den Namen Emanuela Theresa annahm. So heiratete Karl Philipp in geheimer dritter Ehe eine Gräfin Violante von Thurn und Taxis. Wegen seiner Meinungsverschiedenheiten mit den Heidelberger Protestanten hatte Karl Philipp es vorgezogen, statt das Schloß Ottheinrichs wieder aufzubauen, in der kleinen Festung Mannheim ein neues zu errichten. Während die große Anlage – ein Gebäude mit 1500 Fenstern – gebaut wurde, bewohnte man provisorisch ein Haus am Marktplatz von Mannheim, und es dauerte immerhin elf Jahre, bis der Kurfürst mit seinen Enkelinnen einziehen konnte – und der Neubau war selbst dann noch nicht ganz fertig. Mannheim wurde nun zur zweiten und Frankenthal zur dritten Residenzstadt der Kurpfalz erklärt.

Theodor Eustach, der Schwiegervater von Karl Philipps Tochter, scheint nach allen Unterlagen keine erfreuliche Erscheinung gewesen zu sein. Er starb 1732 als Verbannter in der Reichsstadt Dinkelsbühl.

Der ungeklärte Tod Karls XII.

Vor den Toren von ZWEIBRÜCKEN hatte sich der ehemalige Polenkönig Stanislaus Leszczyński in Erinnerung an seinen Aufenthalt in Bessarabien einen Sommersitz mit Terrassen und Kaskaden errichtet und die ganze Anlage ›Tschifflik‹ genannt – Tschifflik ist das ukrainische Wort für Landhaus, und ein Tschifflik hatte der Pole ein Jahr lang bewohnt. Von dieser kleinen Zweibrücker Sommerresidenz sind in der ›Fasanerie‹ nur noch wenige Überreste erhalten. Der Erbauer konnte sich seines kleinen Besitzes übrigens nicht sehr lange erfreuen, da sein Gönner und Gastgeber, der Schwedenkönig Karl XII., jung und unverheiratet, am 11. Dezember 1718 gefallen ist. Während er die norwegische Stadt Frederikshald belagerte, traf ihn auf eine nie geklärte Weise eine Kugel im Kopf. Lange hat sich das Gerücht gehalten, es wäre eine schwedische Kugel gewesen, die diesen genialen, merkwürdigen König getötet habe. Vorher war Karl im Herbst 1714 verkleidet und unter falschem Namen, nur von zwei seiner Offiziere begleitet, in einem aufsehenerregenden Parforceritt sondergleichen quer durch Europa in nur zwei Wochen von der Türkei über Wien, Würzburg, Braunschweig nach Stralsund geritten. Nach dem Tode des Wittelsbachers folgten die Holstein-Gottorp in Schweden.

In ZWEIBRÜCKEN-KLEEBURG regierte als letzter dieser Linie der in Schweden geborene Pfalzgraf Gustav Samuel Leopold, ein Brudersohn Karls X. und der schwedischen Gräfin Brahe. Bereits mit 29 Jahren fiel ihm Kleeburg zu. Seine Ehe mit der zwölf Jahre älteren Veldenzerin Dorothea war nicht glücklich. Er hat sich zuvor in der Welt umgeschaut, diente in Holland, wurde in Rom katholisch, kämpfte als österreichischer Oberst unter Prinz Eugen gegen die Türken und begab sich nach dem Frieden von Karlowitz nach Paris und Straßburg. Als die Nachricht vom Tode des Königs eintraf, hielt er sich gerade in Zweibrücken auf.

Stanislaus Leszczyński konnte unter dem neuen Landesherrn noch ein Jahr in Zweibrücken bleiben, dann bot ihm Liselottes königlicher Sohn auf Fürsprache des Kardinalerzbischofs Rohan eine kleine Rente und einen Wohnsitz nach freier Wahl in Frankreich an. Auf diese Weise bahnte sich eine Verbindung an, die niemand vorhergesehen hatte – die Tochter des polnischen Ex-Königs wurde die Frau des

Franzosenkönigs Ludwig XV. Der Vater Stanislaus wählte zum Aufenthalt zuerst das nahe Kleeburg gelegene Reichsstädtchen Weißenburg im Elsaß und zog sich bald danach zu seinen philosophischen Studien auf das in der Nähe gelegene Hofgut Saint-Remy zurück. Dabei blieb er aber in engem Kontakt mit den pfälzischen Wittelsbachern, besonders mit *Christian III.* in Bischweiler, der als einziger Sohn 1717 seinem Vater Christian II. nachgefolgt war. Damit nicht auch noch diese Linie aussterbe, heiratete der 45jährige Pfälzer die 15jährige Gräfin Karoline von Nassau-Saarbrücken. Die Braut war sein Patenkind. Sie schenkte ihm vier Kinder, zwei Söhne und zwei Töchter, und vermehrte den Besitz um Homburg an der Saar. Das ungleiche Paar ließ sich 1722 in Bischweiler nieder und zog dann nach Rappoltsweiler.

Geistliche Würden und dynastische Ehen

In BAYERN wurde außer dem Kurprinzen Karl Albrecht noch der drittgeborene Ferdinand Maria für die Welt bestimmt, während der zweitgeborene Philipp Moritz und der viertgeborene Clemens August für geistliche Ämter auserwählt wurden. Der jüngste Sohn des Kurfürsten Max Emanuel, der 1703 in München geborene Johann Theodor, war mit noch nicht sechzehn Jahren schon Bischof von Freising; man gab ihm den Beinamen ›der Kardinal von Bayern‹. Die beiden älteren Brüder begaben sich auf Anraten ihres Onkels Joseph Clemens 1717 nach Rom. Clemens August war zu der Zeit bereits Bischof von Regensburg und Propst von Berchtesgaden. Philipp Moritz ist von seiner Reise nicht mehr zurückgekehrt. Im März 1719 ist er als Bischof von Paderborn – doch ohne Priesterweihe – in der Heiligen Stadt gestorben. Im darauffolgenden Jahr trat seine Schwester Maria Anna Karolina in das noch aus den Zeiten Ludwigs des Kelheimers stammende, ursprünglich außerhalb der Stadt München gelegene Klarissinnenkloster ein. Der Vater hatte zwar andere

Pläne mit seiner Tochter, doch Onkel Joseph Clemens half ihr, den Widerstand zu überwinden, und als sie am 29. Oktober 1720 feierlich als Soror Emanuela Theresa de corde Jesu eingekleidet wurde, nahmen an dieser bewegenden Zeremonie neben dem Kurprinzen Karl Albrecht und Ferdinand Maria auch die Eltern teil. Vor ihr waren bereits zwei Wittelsbacherinnen im Angerkloster Nonnen gewesen: eine Tochter Ludwigs des Bayern und eine Albrechts IV. Insgesamt nahmen 44 Wittelsbacherinnen den Schleier, etwa gleichzeitig mit Emanuela Theresa drei Sulzbacherinnen, zu denen sich später noch deren verwitwete Schwester Ernestine Elisabeth gesellte. Sie ist im Rufe der Heiligkeit als Priorin der Karmeliterinnen zu Neuburg gestorben. Emanuela Theresa lebte dreißig Jahre in ihrem Angerkloster. In ihren Korrespondenzen nahm die mit der frommen verwitweten Tante Violante Beatrix in Siena und Florenz eine besondere Stelle ein.

Eine andere Maria Anna, Tochter des Pfalzgrafen Philipp Wilhelm von Neuburg, heiratete 1719 den bayerischen Prinzen *Ferdinand Maria*, der sich zu Reichstadt in Böhmen niederließ. Nicht weil der Sohn Napoleons 1817 den Titel Herzog von Reichstadt bekommen wird, nimmt dieses Paar in unserer Familiengeschichte einen besonderen Platz ein, sondern weil ihr Sohn Clemens Franz neben Max III. Joseph der einzige männliche Vertreter der letzten bayerisch-wittelsbachischen Generation sein sollte.

Kurfürst *Max Emanuel* hat der Welt die Aussöhnung zwischen Bayern und Österreich auf die dynastisch überzeugendste Weise kundgetan – er verheiratete seinen Sohn und Erben Karl Albrecht mit der jüngeren Tochter seines erbittertsten Feindes, des Kaisers Joseph I. Wie es üblich war, mußte die Erzherzogin Amalie ihrem Erbanspruch auf Habsburg entsagen. Es hatte freilich im Laufe der Jahrhunderte so viele wittelsbachisch-habsburgische Ehen gegeben, daß gegebenenfalls immer auf ältere Ansprüche verwiesen werden konnte. Die Trauung fand am 5. Oktober 1722 in Wien statt, die Schlösser von Nymphenburg und Schleißheim waren mit ihren Gartenanlagen damals bereits so weit gediehen, daß nach der Ankunft des jungen Paares in der bayerischen Residenzstadt auch dort die Vermählung festlich gefeiert werden konnte. Wie dieses Fest begangen wurde, hat der kurfürstliche Beichtvater Pierre de Bretagne, ein Augustinerpater, aufgezeichnet und in Stichen dargestellt: ›Description abrégée des Palais de Son A. S. Electorale où ces fêtes se sont passées‹. Kurfürst Joseph Clemens war von Köln gekommen, nachdem sein Neffe Clemens August zum Nachfolger gewählt worden war; aus Italien, wo er Theologie studierte, kam Johann Theodor angereist. Die Familie hatte sich in der Residenz und in der Maxburg versammelt und fuhr dem Paar bis Altötting entgegen.

Im Jahr nach dieser Hochzeit, im November 1723, starb Joseph Clemens in seiner noch nicht vollendeten Bonner Residenz; dieser von Zuccali errichtete Bau ist heute die Universität der Bundeshauptstadt. Noch einmal, zum letzten Male wurde ein Wittelsbacher zum Kurfürsten von Köln gewählt, der achte Sohn des Kurfürsten Max Emanuel, Prinz *Clemens August*. Er wurde im März 1725 in Schwaben bei München zum Priester geweiht.

Die Wittelsbacher Hausunion

Auf Betreiben des pfälzischen Kurfürsten Karl Philipp, der um das Erbe von Jülich und Berg besorgt war, wurde am 15. Mai 1724 zum ersten Male ein ›Hausunionsvertrag‹ geschlossen, an dem sich außer dem Kurfürsten von der Pfalz der bayerische Kurfürst Max Emanuel, die geistlichen Kurfürsten Clemens August von Köln und Franz Ludwig von Trier (aus der Linie Neuburg) sowie die Brüder Ferdinand Maria und Johann Theodor von Bayern beteiligten. Dabei wurde festgelegt, daß sich die pfälzischen und bayerischen Wittelsbacher gegenseitig beerben sollten.

DIE WITTELSBACHER HAUSUNION

In Wien wartete man vergeblich auf einen männlichen Erben. Daß Karl VI. keinen Sohn bekam, eröffnete den Münchnern günstige Aussichten. Karl Albrecht wollte seinen Erbprinzen, den künftigen Kurfürsten Max III. Joseph, mit der zehn Jahre älteren Habsburgertochter Maria Theresia verheiraten, um künftigen Komplikationen auszuweichen, doch Wien lehnte ab. Schon 1714 hatte Max Emanuel durch einen Geheimvertrag mit Frankreich gegen ein künftiges österreichisches Übergewicht in Europa paktiert, Karl Albrecht hat diesen Vertrag 1727 erneuert.

Um seine Verbundenheit mit Frankreich zu betonen, entsandte Max Emanuel seine Söhne zur Hochzeit Ludwigs XV. mit Maria Leszczyńska. Diese Ehe hatte der Regent Herzog Philipp von Orléans angebahnt; im Herbst 1725 stellte der Polenkönig seine Tochter in Fontainebleau vor. Als Brautwerber war der Herzog von Aiguillon in Stanislaus' Studierstube bei Weißenburg gekommen. Die erste Residenz, die der Franzosenkönig seinem Schwiegervater zur Verfügung gestellt hatte, war jenes Château de Menars, das später in den Besitz der Marquise de Pompadour (der Mätresse Ludwigs XV.) übergegangen ist. Der glückliche Vater reiste als erstes mit der so hoch geehrten Tochter zu seinem Freund Christian III. nach Rappoltsweiler.

Die Anwesenheit kurbayerischer Prinzen am französischen Hof benutzte Kardinal Fleury, um sie im Sinne der Bourbonen zu beeinflussen. Als die Wittelsbacher nach Hause zurückkehrten, fanden sie ihren Vater erkrankt vor. In ihrem Beisein ist er am 28. Februar 1726 in seiner Residenz gottergeben gestorben. Er war 63 Jahre alt geworden.

Spätes Kaisertum

SPÄTES KAISERTUM
Die letzten altbayerischen Wittelsbacher
1726-1777

Kurfürst Karl Albrecht

Auf Kurfürst Max Emanuel folgte sein Sohn, der 28 Jahre alte *Karl Albrecht*. Seine ersten Regierungsjahre verliefen ruhig. Sein Bruder Clemens August wurde im November 1727 von Papst Benedikt XIII. im Kloster Madonna della Quercia bei Viterbo zum Bischof geweiht. Auf dem Konzil von Trient war zwar beschlossen worden, daß die Anhäufung von geistlichen Ämtern verboten sei, aber diese Bestimmung wurde ebensowenig eingehalten wie jene andere, die verlangte, daß ein hoher Würdenträger der Kirche mindestens dreißig Jahre alt sein müsse. Ein paar Jahre, nachdem diese Anordnung erlassen worden war, 1564, wurde der Wittelsbacher Ernst, ein Sohn Herzog Albrechts V., Domherr zu Freising: Er war erst etwa zehn Jahre alt. Clemens August nun hatte Pfründen geradezu gesammelt: Er war bei der Bischofsweihe bereits Kurfürst-Erzbischof von Köln, Domherr zu Straßburg und Lüttich, Bischof von Regensburg, Münster, Paderborn, Hildesheim und Osnabrück. Einige Jahre später kam die einträgliche Würde eines Hoch- und Deutschmeisters zu den vielen Ämtern noch hinzu. Der jüngste Bruder Johann Theodor, Bischof von Regensburg (auf das sein Bruder wieder verzichtet hatte) und von Freising, wurde im April 1728 in der Kapelle seines Schlosses in Ismaning zum Priester geweiht; zwei Jahre später erteilte ihm sein Bruder Clemens August die Bischofsweihe.

In einer Dezembernacht des Jahres 1729 fielen fast der

ganze Ost- und Südflügel der Residenz einem Brand zum Opfer. Der berühmte Heller-Altar von Dürer, eine Erwerbung des großen Dürer-Sammlers Maximilian I., ist damals verbrannt.

Im Jahre 1731 wollte Kaiser Karl VI. vom Reichstag in Regensburg eine Bestätigung für seine Erbschaftsregelung: Da er keinen Sohn besaß, wollte er durch die sogenannte ›Pragmatische Sanktion‹ seiner Tochter Maria Theresia die Nachfolge sichern. Der Kurfürst von Bayern vereinbarte mit dem Kurfürsten von Sachsen, daß sie ihre Vorrechte geltend machen würden – sie hatten beide Töchter von Karls älterem Bruder, Kaiser Joseph I., geheiratet; diese Töchter mußten logischerweise größere Ansprüche haben als die Tochter des jüngeren Habsburgers Karl VI.

Der pfälzische Kurfürst *Karl Philipp* empfing im Sommer 1730 in MANNHEIM seinen Widersacher in Jülich-Kleve-Berg, den preußischen Soldatenkönig Friedrich Wilhelm. Da die Linie Neuburg aussterben würde, meldete der Hohenzoller erneut seine Ansprüche an. In Begleitung des Königs reiste der junge Prinz Friedrich, der künftige Friedrich der Große. Der Page Keith verriet seinem Herrn während dieses Aufenthaltes in der Pfalz, daß der Thronfolger fliehen wolle. Friedrich erhielt Festungshaft, zunächst in Wesel und dann in Küstrin, sein Freund Hans Hermann von Katte aber wurde am 6. November 1730 vor dem Fenster des Prinzen in Küstrin hingerichtet.

Der Mannheimer Sukzessionsvertrag

Die Linie ZWEIBRÜCKEN-KLEEBURG starb 1731 mit *Gustav Samuel* aus. Er war fast dreizehn Jahre lang ein guter Regent gewesen, ein toleranter Herr, der sich sehr um das Wohl der Zweibrücker kümmerte. Von seinen Bauten ist vor allem das große Residenzschloß bemerkenswert; als einziges unserer vielen pfälzischen Schlösser hat es die Revolutionskriege überlebt und nach dem Zweiten Weltkrieg, in dem es zerstört wurde, hat man es wieder aufgebaut. Auch die Landschlösser Guttenbrunn, Luisenthal sowie die Neubauten Jägersburg, Gustavsburg und Bergzabern hat er errichten lassen. Seine Bemühungen, die mit einer Veldenzerin geschlossene Ehe durch die Kirche annullieren zu lassen – Gustav Samuel war 1696 zum Katholizismus übergetreten –, hatten lange keinen Erfolg. Als die Nichtigkeitserklärung 1723 schließlich doch erfolgte, zog sich die ehemalige Gattin nach Straßburg zurück, und Gustav Samuel heiratete schon wenige Wochen später das schöne Fräulein von Hoffmann, aus dem der Kaiser eine Reichsgräfin machte. Auch sie bekam keine Kinder. Nach Gustav Samuels Tod stritten sich Kurpfalz und Birkenfeld um Zweibrücken. Erst 1733 wurde diese Erbschaftsangelegenheit zugunsten von Birkenfeld beigelegt. Bis dahin war das Herzogtum vom Reich verwaltet worden. Zu Weihnachten schloß man dann einen Vertrag, den sogenannten ›Mannheimer Sukzessionsvertrag‹, der dem Pfälzer Kurfürsten Veldenz, Lauterecken und die Düsseldorfer Galerie zusprach, während der Rest an Zweibrücken fiel, das dadurch fast auf den doppelten Umfang anwuchs. Erst jetzt zog *Christian III.* von Birkenfeld in seine neue Residenzstadt. Man schrieb den 15. Februar 1734, und fast genau ein Jahr später, am 3. Februar 1735, war Christian tot. Die dreißigjährige Witwe wurde vom Kaiser zum Vormund für die Kinder bestellt; die Söhne Christian IV. und Friedrich wurden schon mit fünfzehn und dreizehn Jahren an die Universität Leiden geschickt und anschließend in die Obhut des Kardinals Fleury an den Hof zu Versailles gegeben. Der jüngere Sohn war damals bereits Inhaber des Hausregiments Royal Alsace.

Stanislaus Leszczyński wurde nach dem Tode Augusts des Starken mit Frankreichs Hilfe noch einmal zum König von Polen erwählt, nur eine Minderheit war für den gleichnamigen Sohn des verstorbenen Regenten eingetreten. In dem

Krieg um die polnische Königskrone trat Frankreich gegen Österreich an. Kurfürst Karl Philipp aber trieb seine Neutralität so weit, daß er beiden Anwärtern gratulierte. Obwohl Frankreich, Spanien und Sardinien auf seiner Seite standen, konnte sich Stanislaus nicht halten und flüchtete vor den Russen nach Danzig. Monatelang leistete er zwar noch Widerstand, doch zuletzt mußte er sich als Bauer verkleiden, um seinen Feinden zu entkommen. Im Frieden von Wien verzichtete er endgültig auf die polnische Königswürde und erhielt auf Lebenszeit Lothringen und Bar; Herzog Franz Stephan von Lothringen aber, der spätere Kaiser Franz I., bekam zum Ausgleich das freigewordene Großherzogtum Toskana. Er, dieser emsige Sammler und gewiegte Vermögensverwalter und Vermögensvermehrer, hinterließ dieses Land seinem drittgeborenen Sohn Leopold. Der Polenkönig aber ließ sich nach seiner langen Lebensreise in Lunéville und Nancy nieder. Damit war er den Zweibrückern nahe genug, um den alten freundschaftlichen und vertrauten Verkehr mit ihnen wieder aufzunehmen. Zu seinen Besuchern gehörte auch Voltaire, der möglicherweise durch Gespräche mit diesem gebildeten Mann zur Biographie Karls XII. angeregt wurde.

Der Österreichische Erbfolgekrieg

Zwei Todesfälle veränderten im Jahre 1740 die Lage. Am letzten Maitag starb König Friedrich Wilhelm I. von Preußen und in der Nacht vom 19. zum 20. Oktober Kaiser Karl VI. Der Habsburger hinterließ zwei Töchter, Maria Theresia, die mit dem nach Florenz verpflanzten Herzog von Lothringen verheiratet war, und Maria Anna, die dessen Bruder zum Manne nahm. Da man Karl Albrechts Angebot, seinen Sohn Maximilian Joseph, geboren 1727, mit Maria Theresia, geboren 1717, zu vermählen ausgeschlagen hatte, meldete er nun seine Erbansprüche an und bewarb sich um die Kaiserkrone. Alle Hoffnungen setzte er auf Ludwig XV., und

Kardinal Fleury riet ihm zu einem Bündnis mit König Friedrich II. von Preußen. Und dieser eröffnete tatsächlich – ganz gewiß nicht nur dem Bayern zuliebe – den Ersten Schlesischen Krieg. Der pfälzische Kurfürst erwies sich für Karl Albrecht als der treueste Verbündete, verläßlicher als selbst der eigene Bruder Clemens August. Da der junge König von Preußen die Ansprüche auf Jülich und Berg aufgab, war der Übergang dieser Gebiete von der Neuburger auf die Sulzbacher Linie gesichert.

Marschall Belle-Isle vermittelte in Nymphenburg die Bündnisse mit Spanien, Preußen und Sachsen und gewann auch die übrigen Kurstimmen für die Kaiserwahl Karl Albrechts. Obwohl Friedrich von Preußen dringend zum Vormarsch auf Wien riet, begnügte man sich mit der Eroberung von Linz. Aus Gründen, die bis heute zu mancherlei Deutungen Anlaß gegeben haben – wollten die Franzosen den Bayern gar nicht so stark werden lassen? hat Belle-Isle strategisch versagt? – empfahl man dem Kurfürsten, nach Norden abzuschwenken und mit seiner zu kleinen, unzulänglich ausgebildeten Armee gegen Prag zu marschieren. Und Karl Albrecht, dem jegliche Erfahrung fehlte, marschierte. In der Armee von Belle-Isle kämpfte auch der Pfalzgraf Friedrich von Birkenfeld mit seinem Regiment Royal Alsace. Wie seinerzeit der Winterkönig, so wurde am 7. Dezember 1741, mit Karl Albrecht, ein weiteres Mitglied unserer Familie auf dem Hradschin gekrönt. Und wie damals, erfolgte auch nach dieser Wahl zum König von Böhmen ein Rückschlag. Belle-Isle ließ sich von Karl Albrecht nicht zum Angriff auf den Großherzog von Toskana bewegen, obwohl die Gelegenheit ausnehmend günstig gewesen wäre. So konnten die Österreicher ihre böhmische Armee retten und dazu auch noch eine neue unter Graf Khevenhueller aufstellen. Diese neue Truppe eroberte das teilweise verlorene Österreich für Maria Theresia wieder zurück, stieß nach Bayern vor und rettete die fast aussichtslose Sache der Habsburgerin. Als Belle-Isle Böhmen aufgab, ließ er in Prag eine Besatzung unter Karl Albrechts Halbbruder, dem Comte de Bavière, und dem Pfalzgrafen Friedrich von Birkenfeld zurück. Dieser Comte de Bavière, Marquis de Villacerf, Grande von Spanien, hat die Gräfin Maria Josepha von Hohenfels geheiratet, eine natürliche Tochter Karl Albrechts. Als der bayerische Kurfürst und böhmische König im Januar 1742 zur Kaiserwahl nach Frankfurt aufbrach, mußte er einen Umweg über Leipzig und Bayreuth machen. Die Österreicher waren aufmarschiert, ihr Überfall auf Bayern stand bevor.

Die Mannheimer Doppelhochzeit

Unterwegs gab es in MANNHEIM Gelegenheit, an einer wichtigen Familienfeier teilzunehmen – Elisabeth und Maria Anna, die beiden älteren Schwestern aus Asams Götterhimmel, wurden verheiratet. Der Kurfürst von der Pfalz wollte Jülich und Berg für die Familie sichern, indem er die Erbinnen dieser Länder mit Wittelsbachern verheiratete. Die älteste, Elisabeth, erhielt den aller Wahrscheinlichkeit nach nächsten Pfälzer Kurfürsten Karl Theodor aus der Nebenlinie Sulzbach, Maria Anna aber wurde dem bayerischen Herzog Clemens Franz angetraut, einem Sohn von Albrechts Bruder Ferdinand Maria, der selbst mit einer Neuburger Wittelsbacherin verheiratet war.

Karl Theodor war am 11. Dezember 1724 in Drogenbusch bei Brussel geboren worden und hat die ersten Lebensjahre in Belgien verbracht. Nach dem Tod seiner Mutter, einer Tochter des Franz Egon de la Tour, Marquis zu Bergen op Zoom und Herzog von Auvergne, kam der junge Pfalzgraf – er war damals viereinhalb Jahre alt – zur Großmutter, der Herzogin von Arenberg. Nach dem Tode des Vaters – Karl Theodor war noch keine neun Jahre alt – holte ihn der Onkel, Kurfürst Karl Philipp, zu sich und seinen Enkelinnen nach Mannheim. Er ließ ihn zunächst vom Jesuitenpater Seedorf sorgfältig erziehen, anschließend schickte er den klugen, künstlerisch veranlagten Knaben zum Studium nach Leiden und Löwen. Der junge Wittelsbacher sah blendend aus, besser als sein künftiger Schwager Clemens Franz, der sich ebenfalls der Kunst und den Wissenschaften widmete und sich bei einem seiner chemisch-alchimistischen Experimente, die er mit besonderem Eifer betrieb, sogar die Hände verletzte.

Es war eine prächtige Doppelhochzeit, die da am 17. Januar 1742 im Schloß zu Mannheim gehalten wurde, der würdige Abschluß von Karl Philipps langem Leben. Er war bereits schwer leidend und mußte die Honneurs im Rollstuhl machen. Die ganze bayerische Verwandtschaft war erschienen, und Clemens August nahm die Trauung vor. Zu den Festlichkeiten gehörte auch die Eröffnung der neuen Oper.

Kaiserkrönung im Exil

Für Karl Albrecht freilich war es kein fröhliches Fest, die Kriegslage war ernst, er selbst war krank. Nicht einmal die Nachricht, daß er einstimmig zum Kaiser gewählt worden sei, konnte über die Nöte dieser Stunden hinweghelfen. Dem Fest von Mannheim folgten bereits wenige Tage später der feierliche Einzug in Frankfurt und am 24. Januar die Kaiserproklamation. Der Kurfürst von Köln, so hieß es, sei mit siebzig Galawagen zur Krönung seines Bruders gekommen, Spitzenreiter hätten ihn begleitet, dazu noch Läufer und Heiducken, mit Pauken und Trompeten sei er eingezogen und täglich habe er zweitausend Personen zur Tafel geladen. Der französische Gesandte in Bonn aber mußte gutstehen, damit die goldgestickten Paramente aus Paris geliefert wurden – der Kaiser war nämlich arm, seine Zukunft angesichts der österreichischen Bedrohung ungewiß: Am gleichen Tag, an dem Kurfürst Karl Albrecht von seinem Bruder Clemens August zum deutschen Kaiser Karl VII. gekrönt wurde, zogen die habsburgischen Truppen in München ein, der neue Kaiser mußte im Barkhausischen Palais zu Frankfurt sein weiteres Schicksal abwarten. Seine tiefen traurigen Augen machten auf das elfjährige Fräulein Textor, das acht Jahre später als Frau Rat Goethe Johann Wolfgang Goethe zur Welt bringen sollte, einen starken Eindruck. Stundenlang, verriet sie Jahrzehnte später der jungen Bettina von Brentano, habe sie am Fenster gestanden oder sei ihm in die Kirche nachgeeilt, um einen Blick des Kaisers zu erhaschen. Der aber war bitter arm, litt an Gicht, und Bayern war dem Feinde ausgeliefert wie zu den Zeiten der Sendlinger Mordweihnacht von 1705. Die Trenckschen Panduren hausten besonders in der Oberpfalz. Zu all dem kam, daß der Sturz des englischen Kabinetts eine Annäherung Hannovers an Österreich zur Folge hatte. Und dann sprang auch Preußen ab – die Lage schien nun endgültig aussichtslos. »Das Unglück«, sagte der Kaiser immer wieder, »wird mich nicht verlassen, bis ich es verlasse.« Im Dezember 1742 räumten die Franzosen Prag, nachdem der Comte de Bavière und der Birkenfelder es an die drei Jahre gehalten hatten. Der Pfälzer, der bei einem Ausfall verwundet wurde, scheint ein besonders tollkühner Krieger gewesen zu sein, »ein junger Herr von siebzehn bis achtzehn Jahren«, hieß es, »der an der Spitze seines Regiments d'Alsace wahre Wunder vollbracht hat«. Marschall Broglie entsetzte Prag, um dann gleich bis Straßburg in einem Zug zurückzugehen. Pfalzgraf Friedrich Michael wurde mit den erbeuteten Fahnen zum Kaiser nach Frankfurt entsandt. Der junge Held, ein Bursche von fast zwei Metern Größe und ein Liebling der Frauen, kehrte als bayerischer Obristwachtmeister und französischer Brigadier zu seinem Regiment zurück. Übrigens soll es auch sein älterer Bruder, Herzog Christian IV. von Zweibrücken, mit den Frauen leicht gehabt haben, für diese Behauptung sprechen jedenfalls Hunderte von Liebesbriefen, die er in Frankreich bekommen haben soll.

Am letzten Tag dieses Jahres 1742, das mit einer Doppelhochzeit so festlich begonnen und das dann so unglücklich verlaufen war, starb in Mannheim der alte Kurfürst Karl Philipp. Somit gab es nur mehr zwei pfälzische Linien: Sulzbach und Birkenfeld. Der Leidenskelch des bayerischen Kaisers aber war noch nicht geleert. Die aus Engländern und österreichischen Niederländern gebildete ›Pragmatische Armee‹ marschierte von Norden her gegen Frankfurt vor. Hinzu kamen familiäre Sorgen, denn im März starb seine geliebte jüngere Tochter Theresa Benedikta im Alter von siebzehn Jahren; sie starb wie die zwei Tage vorher verschiedene Schwester des Bayernherzogs Clemens Franz an Pocken. Der neue Oberbefehlshaber Seckendorff hatte den Feind inzwischen an die bayerischen Grenzen zurückgedrängt, das ohnedies bedrohte Exil schien nun bald ein Ende zu haben. Doch Karl Albrecht konnte mit seiner Familie nur kurz in München bleiben, denn im Mai siegte Khevenhueller bei Simbach, und Anfang Juni waren die Österreicher wieder in München. Zuerst wich man in das Fuggerpalais in Augsburg aus und kehrte dann schweren Herzens nach Frankfurt zurück. Als wäre das immer noch nicht genug, schlug am 27. Juni 1743 bei Dettingen, in der Nähe von Aschaffenburg, die ›Pragmatische Armee‹ die Franzosen – der in London lebende Georg Friedrich Händel sollte diesen Triumph der Briten mit dem später berühmt gewordenen ›Dettinger Te Deum‹ feiern. Den wittelsbachischen Bruder in Köln ließen die Ereignisse nicht unbeeindruckt und so schwankte er wieder, gleichzeitig aber ermöglichte Clemens August seinem anderen Bruder Johann Theodor, daß er zum Bischof des wichtigen und einträglichen Bistums Lüttich gewählt wurde. Die Hiobsbotschaft, daß Sachsen die Fronten gewechselt hat, wird dadurch etwas gemildert, daß nun Preußen wieder in die Allianz zurückgekehrt ist. Der Tod Khevenhuellers wirkte sich in Böhmen zwar günstig aus, aber dafür wendete sich in Frankreich die Stimmung gegen den Kaiser. Ludwig XV. setzte sich selbst an die Spitze seiner flandrischen Armee und schickte eine zweite Armee über den Oberrhein. Bei dem

Sturm der Weißenburger Linien zeichnete sich besonders wieder der Birkenfelder mit seinem Elsässer Regiment aus. Der Kaiser mußte in bitterster finanzieller Not bis in den Herbst hinein in Frankfurt ausharren. Besonders das Haus Thurn und Taxis gab finanzielle Unterstützung; der Kaiser revanchierte sich dadurch, daß er diese Familie dazu bestimmte, den ständigen Vertreter am Reichstag zu stellen, was für die Thurn und Taxis einen Umzug von Frankfurt nach Regensburg zur Folge hatte.

Im September machte sich der Kaiser in Begleitung Friedrichs von Birkenfeld wieder auf den Weg nach München. In Dachau übernahm er, ein kranker Mann, das Kommando und zog am 23. Oktober 1744 in seiner Residenzstadt ein. Er war endlich heimgekehrt, doch bereits nach wenigen Monaten, am 20. Januar 1745, ist Kaiser Karl VII. im Alter von 48 Jahren gestorben. Der Feind aber war währenddessen wieder im Vormarsch und rückte von der Oberpfalz aus an.

Der vielgeliebte Kurfürst

Karl Albrechts einziger Sohn und Nachfolger *Max III. Joseph* machte dem Krieg ein rasches Ende. Es hatte in seiner Umgebung verschiedene Meinungen gegeben, doch er, dem sonst die Ablehnung fremder Ansichten schwerfiel, sprach ein klares, knappes Wort: »Und wenn niemand den Frieden will, so will ich ihn.«

Am 22. April 1745 machte er mit dem Frieden von Füssen dem langen Krieg ein schnelles Ende. Unter Verzicht auf das österreichische Erbe söhnte er sich mit seiner Kusine Maria Theresia aus. Darüber hinaus versprach er dem Gemahl der Habsburgerin seine Stimme bei der Kaiserwahl; er wolle auch, so sagte er, die Stimmen von der Kurpfalz und Kurköln für den Wiener gewinnen. Maria Theresia verpflichtete sich dafür, Bayern freizugeben und den verstorbenen Kaiser nachträglich anzuerkennen. Das Volk feierte den neuen Kurfürsten als Friedensbringer und bewahrte ihm seine Gunst zeitlebens. Während für Bayern der Krieg zu Ende ging, kämpften Frankreich, Österreich und England noch weitere drei Jahre. Der König von Preußen beendete nach dem Sieg über die Österreicher bei Hohenfriedberg und Soor sowie über die Sachsen bei Kunersdorf den Zweiten Schlesischen Krieg. Er behielt Schlesien und erkannte den lothringischen Ehemann der Maria Theresia ebenfalls als Kaiser an.

Die mehr als dreißigjährige Regierung des letzten Kurfürsten aus der bayerischen Linie war segensreich und friedlich. Max III. Joseph sorgte wie ein Vater für sein Volk, er förderte die Künste und die Wissenschaften. Auf seinen Einfluß geht es zurück, daß im Oktober 1758 einige Herren die Bayerische Akademie der Wissenschaften gründeten, in seinem Auftrag errichtete François Cuvilliés in der Residenz das wohl schönste Rokokotheater der Welt, das heute nach seinem Schöpfer genannte Cuvilliéstheater.

Unsere Wittelsbacher haben sich in jener Zeit, wenn man vom Birkenfelder Friedrich Michael absieht, friedlichen Aufgaben zugewandt. Clemens August hätte sich allein durch sein Schloß in Brühl ein Denkmal in der Geschichte gesetzt. Eines, für das ihm die Bundesrepublik zu tiefem Dank verpflichtet ist: Denn wo, wenn nicht in dieser prunkvollen Augustusburg, sollte sie ihre höchsten Staatsgäste empfangen? Andere Wittelsbacher haben anderswo gebaut, Karl Theodor etwa legte den Park von Schwetzingen so an, wie wir ihn kennen, und er erbaute das frühklassizistische Schloß Benrath. Außerdem gründete er Akademien, Museen und förderte die Künstler aller Disziplinen. Alle haben sich zwar in erster Linie um das Wohl ihrer Landeskinder gesorgt, daneben aber haben sie doch auch nicht versäumt, die Freuden des Rokoko in vollen Zügen zu genießen, und alle waren passionierte Jäger. Die Bauten im linksrheinischen Land sind am Ende des Jahrhunderts von den Horden der Revolution völlig sinnlos zerstört worden.

Der Soldaten-Pfalzgraf

Als dritte und letzte Erbin vom Niederrhein wurde die jüngste, Franziska Dorothea, mit unserem Soldatenpfalzgrafen *Friedrich Michael* vermählt. Sie war keine attraktive Dame, und so wird die Verbindung wohl in der einzigen Absicht geschlossen worden sein, Jülich und Berg in der Familie zu halten. Die Schönste in diesem pfälzischen ›Dreimäderlhaus‹ war, dem Porträt von Georges Desmarées nach zu schließen, die Münchner Maria Anna, über die Horst Wolfram Geißler seinen Roman ›Die Dame mit dem Samtvisier‹ schrieb (wobei sich der Autor mit dem Titel an das Bild von Desmarées hält).

Ehe die Trauung vollzogen wurde, mußte der Pfalzgraf zur katholischen Kirche übertreten. Kardinal Rohan hat diese Konversion vorbereitet, und Pater Seedorf gab dem Bräutigam hinter dem Rücken seiner streng evangelischen Mutter Religionsunterricht. Ludwig XV. ernannte Friedrich Michael zum Generalleutnant, und Karl Theodor beförderte ihn, seinen Schwager, zum Generalfeldmarschall und Oberkommandierenden der pfälzischen Truppen. Außerdem schenkte er ihm auch noch das Schloß zu Oggersheim, während ihm Bruder Christian IV. das Schloß zu Rappoltsweiler, den Rappoltsteiner Hof in Straßburg und die halben Einkünfte der Grafschaft Rappoltstein abtrat. Die Hochzeit fand am 6. Februar 1746 in Mannheim statt. Dort wohnte das Paar in der Residenz, und der frischgetraute Ehemann schloß sich bei dieser Gelegenheit an seine Schwägerin, die Kurfürstin Elisabeth, an, die mit Maria Theresia sympathisierte; die Verbindung mit Frankreich konnte er seinem Bruder, dem Herzog von Zweibrücken überlassen. Franziska war die einzige der drei Schwestern, die lebensfähige Kinder zur Welt brachte – neun Monate nach der Hochzeit den Erben Karl August in Düsseldorf und dann noch zwei weitere Söhne und zwei Töchter. Der Vater wurde Gouverneur der Festung

Mannheim, Statthalter von Jülich und Feldmarschall des Oberrheinischen Kreises. Nach seiner Firmung durch Papst Benedikt XIV. nannte er sich so, wie ihn die Geschichtsbücher in Erinnerung behielten: Friedrich Michael (ursprünglich hatte er nur Friedrich geheißen).

Eine sächsisch-bayerische Doppelhochzeit

Die BAYERISCHE LINIE unseres Hauses hatte neben dem Kurfürsten Max III. Joseph noch einen männlichen Vertreter, nämlich den Vetter Max Josephs, *Clemens Franz von Paula*, der mit seiner Sulzbacherin Maria Anna in der Maxburg wohnte oder im Sommerhäuschen vor der Stadtmauer (an der Stelle des Justizpalastes, an dem heute noch eine Gedenktafel an das sogenannte Clemensschloß erinnert). ›Mon jardin‹ nannte Maria Anna diese kleine, intime Residenz, die in der Geschichte Bayerns eine wichtige Rolle spielen sollte und die später die bayerischen Kadetten aufnahm. Alle Kinder dieses Paares, zwei Söhne und vier Töchter, sind am Tage ihrer Geburt gestorben. Um so wichtiger war es, daß sich der Kurfürst verheiratete. Man inszenierte am 13. Juni 1747 in München eine merkwürdige, freilich nicht ungewöhnliche Doppelhochzeit: Max Joseph und seine Schwester Maria Antonia Walpurgis – mit der er sich sehr gut verstand – heirateten in Abwesenheit von Max Josephs Braut und Maria Antonias Bräutigam, man feierte eine Doppelhochzeit ›per procuram‹. Die fehlenden Partner hatten selbst auch wieder etwas gemeinsam: Beide waren Enkelkinder August des Starken von Sachsen. Maria Antonia zog bald danach in ihre neue Heimat, eine Woche nach der Münchner Trauung heiratete sie in Dresden den späteren Kurfürsten Friedrich Christian von Sachsen. Die Wittelsbacherin schenkte Sachsen fünf Söhne und zwei Töchter. In unserer an musischen Talenten reichen Familie war sie eine der begabtesten Musikerinnen, unter anderem verfaßte und komponierte sie, angeleitet vom Hofkomponisten J. A. Hasse, mehrere Opern und veröffentlichte literarische Werke in französischer Sprache.

Während sich in Dresden die Kinder in stattlicher Zahl einstellten, blieb das Münchner Kurfürstenpaar kinderlos. Von den Schwestern Max Josephs – sein einziger Bruder war mit fünf Jahren gestorben – heiratete Maria Anna einen Markgrafen von Baden und die jüngste, Josepha Maria, Kaiser Joseph II.

Im Jahr nach der Münchner Doppelhochzeit ging der Österreichische Erbfolgekrieg im Frieden von Aachen formell zu Ende: Die Pragmatische Sanktion wurde anerkannt, ebenso die hannoversche Thronfolge in England und der Verbleib Schlesiens bei Preußen.

Der Herzog und die Tänzerin

Um die Jahrhundertwende entstand eine sehr enge Verbindung zwischen ZWEIBRÜCKEN-BIRKENFELD und dem Französischen Hof, die bis zur Revolution anhielt. Dabei wirkten vor allem die alten Beziehungen mit, die Stanislaus Leszczyński, der königlich-französische Schwiegervater, während seiner Pfälzer Exiljahre geknüpft hatte. Obwohl Herzog *Christian IV.* durchaus politischen Ehrgeiz hatte, überließ er das Erbe seinem Bruder Friedrich Michael und heiratete zur linken Hand die Tänzerin Marianne Camasse aus Straßburg, deren Söhne nicht ebenbürtig waren. Als anständige Frau bestand Marianne auf Heirat, mußte sich aber, solange ihr Mann lebte, als seine Mätresse betrachten lassen, weil dies in der Zeit des Rokoko eines Herzogs würdiger war als eine bürgerliche Heirat. Stanislaus, sein Schwiegersohn und dessen Pompadour, die von der insgeheim geschlossenen Ehe nichts wußten, verschafften der Straßburgerin und ihren Kindern dicht bei der lothringischen Grenze das Gut Forbach mit dem dazugehörigen Grafentitel. Von da an begab sich Christian alljährlich als ›Graf von Sponheim‹ zu den Jagden des französischen Königs. Dabei versäumte er es nie, bei der Durchfahrt durch Lunéville dem ehemaligen Polenkönig seine Aufwartung zu machen. Als er im Herbst 1766 wieder durch die Stadt kam, war der alte Herr tot. Er stand bereits im 89. Lebensjahr, als er mit seinem Morgenrock dem Kamin zu nahe kam. An den Folgen der Verbrennungen ist er gestorben.

In Paris verkehrte Christian in seinem ›Palais de Deuxponts‹ mit den Künstlern und Gelehrten der Aufklärung, den ›Encyclopédistes‹. Um in der Nachfolgefrage nichts zu versäumen, trat er auf Wunsch des Allerchristlichsten Königs 1758 zum Katholizismus über. Je länger nämlich in Mannheim der ersehnte Kurprinz auf sich warten ließ, desto wahrscheinlicher schien es, daß Zweibrücken in den beiden Kurwürden nachfolge – und zu beiden Höfen hielt man gute Verbindungen. Als seinem Bruder Friedrich Michael am 27. Mai 1756 in Mannheim ein zweiter Sohn geboren wurde, taufte man ihn, gleichsam in Vorausahnung der (nicht vorhersehbaren) Entwicklung, nach seinem Paten, dem bayerischen Kurfürsten, Max Joseph. Nun standen zwei Erben von Zweibrücken bereit.

Die Wittelsbacher im Siebenjährigen Krieg

In jenem Geburtsjahr des pfälzischen Max Joseph entfesselte der König von Preußen durch seinen Einfall in Sachsen den Siebenjährigen Krieg gegen die mit Frankreich und Rußland verbündete Kaiserin aus Wien. Friedrich Michael stand diesmal nicht in französischem, sondern in österreichischem Dienst. Sein Regiment Royal Alsace ließ er seinem älteren Sohn Karl August überschreiben. Um seinen besonderen Eifer für Frankreich zu beweisen, stellte Herzog Christian IV. aus seinem Lande ein weiteres französisches Fremdenregiment auf, Royal Deuxponts, das in die Niederlage von Roßbach hineingezogen wurde. Herzog Christian machte die

Kampagne von 1758 bei diesem Regiment mit. Sein Bruder Friedrich Michael hatte sich in der Armee der Kaiserin Maria Theresia wieder einmal bei Prag ausgezeichnet – diesmal freilich auf der anderen Seite –, er wurde General der Kavallerie, Feldmarschall und schließlich gar noch Reichsmarschall. Im Sommer 1759 befreite er durch die Einnahme Dresdens die verwandte sächsische Familie und bewog sie zur Abreise nach Prag. Der Sieg über den General Fink bedeutete den Höhepunkt seiner militärischen Laufbahn; sein Lohn für diesen ›Finkenfang‹ war das Maria-Theresia-Kreuz. Während er sich im Siebenjährigen Krieg herumschlug, zerbrach zu Hause seine Ehe. Der Bruder mag seinen Teil dazu beigetragen haben, daß die Herzogin Franziska Dorothea in ein Kloster abgeschoben wurde. Angeblich hatte sie sich mit einem Künstler zu eng angefreundet.

Nach dem Tode ihres martialischen Mannes im Sommer 1767 überließ ihr Karl Theodor das Schloß zu Sulzbach als Wohnsitz, die Kinder wurden ihr freilich auch jetzt nicht überlassen. Auguste und Max Joseph blieben in Mannheim, Maria Anna aber kam in ein Institut zu Nancy. Den Erben Karl August nahm Herzog Christian zu sich in eine allzu strenge Zucht. Dieser Junge war schon zu groß und war vor allem auch zu eigenwillig, um sich zu beugen. Zum Kummer des Kurfürstenpaares holte Christian später auch noch den zweiten Sohn seines Bruders zu sich nach Zweibrücken, wo er mit den Forbacher Vettern unbeschwert aufwuchs.

Der Krieg trieb einen Teil der sächsischen Verwandten nach München. Auf einem Bild von Peter Jakob Horemans ist ein Familienkonzert im Park des fürstbischöflich-freisingischen Schlosses zu Ismaning dargestellt. Nicht weniger als 32 Personen sind in dieser Familiengalerie versammelt, aufgeteilt in drei Gruppen. Die Bayern sind vollzählig versammelt: das Kurfürstenpaar, die beiden Schwestern, Clemens Franz mit seiner Sulzbacher Maria Anna, der Hausherr Kardinal Johann Theodor, und im Mittelpunkt, mit der

Gambe, Kurfürst Clemens August von Köln. Da dieser im Februar 1761 gestorben ist, muß das Konzert zuvor stattgefunden haben. Von den Sachsen sind auf diesem Bild – einem der bekanntesten aus der achthundertjährigen Geschichte unserer Familie – die Kurfürstin Maria Antonia und ihr Gemahl Friedrich Christian von Sachsen zu sehen, außerdem deren Töchterchen Maria Amalia Josepha (die im Jahre 1774 Karl August von Zweibrücken, den Sohn Friedrich Michaels heiraten wird) und der künftige Bischof von Augsburg und Kurfürst von Trier, Clemens Wenzeslaus (siehe Farbtafel Seite 202/203).

Als erstes Mitglied dieser Rokokogesellschaft starb im Februar 1761 Clemens August auf Schloß Ehrenbreitstein. Er war von Köln nach München unterwegs, wohin er sich vor der französischen Besatzung retten wollte. Knapp zwei Jahre später starb Kardinal Johann Theodor zu Lüttich.

Der über die Eifersüchteleien der Generäle verärgerte Reichsmarschall Friedrich Michael hatte sich nach der Kampagne von 1760 zuerst als Statthalter von Ungarn und dann von Böhmen zurückgezogen. Auf dem Hradschin erwarb er ein Haus.

Die pfälzisch-bayerische Erbschaftsfrage

Im Sommer 1761 schien sich in der pfälzisch-bayerischen Erbschaftsfrage eine große Wende anzubahnen, die Kurfürstin zu Mannheim erwartete nach 19jähriger Ehe ein Kind. Aber der Kurprinz Franz Ludwig Joseph starb am 29. Juni, einen Tag nach seiner Geburt. Die Ärzte erklärten nach der sehr schweren Entbindung, die Kurfürstin Elisabeth könne kein Kind mehr gebären. Damit war – wenn nicht noch die ungewöhnlichsten Ereignisse eintreten sollten – die Linie des Kurfürsten Karl Theodor ohne Erben. In Zweibrücken bereitete Christian IV. seine beiden Neffen Karl August und Max Joseph auf die Nachfolge in der Kurpfalz und in Kurbayern vor.

Der jüngere Birkenfelder wurde vom Chevalier de Keralio, einem Major des Garderegiments de France, im Sinne von Rousseaus ›Émile‹ erzogen – damit genoß er die modernste, fortschrittlichste Erziehung, die ein Kind in jenen vorrevolutionären Jahrzehnten erhalten konnte. Karl August schloß sich mehr seinen Mannheimer Verwandten, besonders der Kurfürstin Elisabeth an. Bei der von Goethe geschilderten Wahl von Maria Theresias Sohn Joseph zum deutschen Kaiser, war Karl August mit seinem Vater Friedrich Michael und seinem Onkel Christian in Frankfurt. Der Mann, den man hier in das höchste deutsche Amt wählte, war im übrigen ein naher Verwandter der Wittelsbacher, er hatte nämlich 1765 die jüngste (und nicht sehr attraktive) Schwester des bayerischen Kurfürsten Max III. Joseph, Josepha Maria Antonia, geheiratet.

Friedrich Michaels Kriegszeit ging seinem Ende entgegen. Als Kaiser Franz starb, gab er seine Prager Residenz auf, zog nach Oggersheim und widmete sich der Erziehung seiner Kinder. Aber ihm war nur noch wenig Zeit vergönnt. Im Sommer 1767 erkrankte er in Schwetzingen an Bauchfellentzündung. Am 15. August 1767 ist er eines qualvollen Todes gestorben.

Nach deutschem Recht wurde *Karl August* mit 21 Jahren, am 29. Oktober 1767, volljährig, da dies im französischen Recht aber nicht vorgesehen war – und als Graf von Rappoltstein war er Franzose –, schalteten sich die beiden Onkel Christian und Karl Theodor in die Vormundschaft ein. Der so noch nicht volljährige Volljährige baute sich das vom Vater begonnene Jagdhaus in Rohrbach bei Heidelberg als vorläufigen Wohnsitz aus, während ihm Karl Theodor das Schloß Oggersheim abnahm (um es der Kurfürstin zu schenken). Da man mit Sachsen bereits in gutem Ehekontakt war, fand man für die älteste Tochter Friedrich Michaels einen sächsischen Lebensgefährten: Am 17. Januar 1769 heiratete Maria Amalie Auguste zu Mannheim in einer Prokurationstrauung den künftigen König von Sachsen, einen Sohn der opernkomponierenden Bayernprinzessin.

Im darauffolgenden Jahr starb in München Herzog Clemens Franz. Der Kurfürst war jetzt der einzige Wittelsbacher der bayerischen Linie – und er hatte keinen Erben. Der verstorbene Herzog hat für den jeweils zweiten in der Erbfolge (Sekundogenitur) das sogenannte ›Clementinum‹ geschaffen. Der für die Familiengeschichte interessanteste Teil davon war eine Sammlung von Porträts, die zuletzt im Schlößchen Lustheim untergebracht war. Weil im Laufe der Generationen aber mehrere Mitglieder des Hauses Wittelsbach Anspruch darauf erheben konnten, wurden die Bilder schließlich unter den Anwärtern verlost.

Da die beiden Kurfürsten keine Söhne hatten und wenig Aussicht bestand, daß sich daran noch etwas ändern könnte, war es geboten, sich über die Erbfolge Gedanken zu machen. Man wollte eine möglichst unproblematische Lösung finden. Eile schien zunächst nicht geboten, da alle drei Linienchefs erst zwischen vierzig und fünfzig Jahre alt waren. In mehreren Verträgen haben Mannheim und München ihre Erbschaftsangelegenheit so geregelt, daß sich Österreich im Ernstfall nicht einmischen konnte. Eine Klausel besagte, daß der pfälzische Zweig gegebenenfalls nach München ziehen müsse, um von dort aus beide Länder zu regieren. Für die nachfolgende Generation konnte nur die Linie Birkenfeld Pfalzgrafen anbieten, Zweibrücken und Gelnhausen je zwei.

Die Gelnhauser – Christoffel von Grimmelshausen war übrigens in diesem Gelnhausen geboren worden – führten noch ihr eigenes Familienleben, während der Zweibrücker Christian IV. mit seinen beiden Neffen öfter den bayerischen Hof besuchte. Wegen dieser Neffen kam es vorübergehend zu einer Verstimmung mit Mannheim. Karl Theodor sah im älteren den mutmaßlichen Erben, während Christian auf den jüngeren Max Joseph setzte; er mochte den etwas rauhen Karl August nicht. Als er diesen kaum 16jährigen Wittelsbacher mit einer entfernten Verwandten des Hauses Lothringen verloben wollte, verweigerte Karl Theodor dieser Verbindung seine Zustimmung, da die junge Dame, eine Anna Charlotte Lorraine-Brionne, nicht ebenbürtig sei. Um sich zu rächen, verweigerte der Zweibrücker dem vom Kurfürsten gewünschten Heiratsvertrag, der zwischen Karl August und der sächsischen Prinzessin Maria Amalie geschlossen wurde, seine Unterschrift. Die Hochzeit fand im Februar 1774 in Dresden dennoch statt, und Karl Theodor wies dem jungen Paar das verwaiste Schloß zu Neuburg als Wohnsitz an.

Herzog Christian IV. war in Paris, als sich das Leben Ludwigs XV. zu Ende neigte. Bis zuletzt harrte er am Bett seines Gönners und Freundes aus, obwohl der König an Pocken erkrankt war. Mit dem Bourbonen verlor er auch den Rückhalt in Versailles, denn zum neuen König, Ludwig XVI., hatte er keine Verbindung und es erschien auch schwierig, hier vertrauliche Kontakte zu knüpfen – die Majestät gehörte zum frommen Kreis der Großmutter Maria Leszczyńska, Christian aber zu dem der Pompadour und Dubarry. Man lebte in zwei verschiedenen Welten. Nach seiner Rückkehr aus Frankreich söhnte sich der Zweibrücker, der im März dieses Jahres seine Mutter und seine Schwester verloren hatte, mit dem Vetter zu Mannheim aus. Es war, als hätte dieser Christian geahnt, daß auch seine Tage gezählt seien und daß er die Zukunft seiner beiden Schützlinge ordnen müsse.

Zu Beginn des Jahres 1775 fand in MÜNCHEN eine Familienzusammenkunft statt, bei der am 13. Januar in dem von Cuvilliés erbauten Alten Residenztheater die Premiere von Mozarts ›La Finta Giardiniera‹ stattfand. Anschließend nahm Christian den jungen Neffen Max Joseph mit nach Mannheim. Im Herbst standen die beiden Brüder Karl August und Max Joseph am Sterbebett Christians IV. im Jagdschloß Pettersheim. Es heißt, er hätte sich bei den Experimenten seines Hofalchimisten in Ober-Moschel eine Lungenentzündung geholt. Am 5. November ist er gestorben.

Der Nachfolger dieses treubesorgten Onkels war Karl August, der nun, da ihm Zweibrücken zugefallen war, seine Residenz in Neuburg auflöste. Erst jetzt, heimgekehrt in seine pfälzische Heimat, erfuhr er, daß die vermeintliche Mätresse des Herzogs von Zweibrücken dessen Witwe war. Sie begab sich zunächst mit ihrer Familie auf ihren gräflichen Besitz Forbach, ihre Palais in Zweibrücken und Paris wurden ihr vom neuen Herzog abgekauft, der sich bei Homburg den berühmten ›Karlsberg‹ bauen ließ. Die Anlage war so prächtig und weitläufig angelegt, daß Karl August sich 1000 Pferde halten konnte. Die traditionelle Verbindung zu Versailles überließ er seinem Bruder Max Joseph, dem auch die Grafschaft Rappoltstein, das Regiment Royal Alsace und der Zweibrücker Hof in Straßburg zufielen. Royal Deuxponts, das andere Fremdenregiment, blieb den Forbachern vorbehalten.

Als den Zweibrückern 1776 ein Sohn Karl August Friedrich geboren wurde, glaubte man die Erbfolge sei für eine weitere Generation gesichert. Damit schien das Schicksal Max Josephs entschieden, er würde wohl immer Soldat sein müssen. Mit einem Obristenpatent hatte seine militärische Karriere begonnen, und bald schon war er Kommandant des in Straßburg stehenden Regiments. Bis zur Französischen Revolution sollte er hier stationiert sein, von gelegentlichen Aufenthalten in anderen französischen Garnisonsstädten abgesehen. Im Winter, wenn der Militärdienst ihn nicht forderte, ging er an den Hof zu Paris. Das war der offizielle ›Marschbefehl‹, inoffiziell hat er die Freuden des galanten Paris genossen, die Abendsonne des ›Ancien régime‹.

Alle Herzen flogen dem gutaussehenden, etwas leichtsinnigen Offizier zu. Und die Münchner Tante Maria Anna, die selbst ein heiteres Rokokoleben führte, war ihm eine verständige Gönnerin.

Die Pfälzer kommen

DIE PFÄLZER KOMMEN

Kurpfalzbayern zwischen Absolutismus und Aufklärung

1777-1799

Das Ende der bayerischen Wittelsbacher

Mit dem Jahre 1777 erlosch die bayerische Linie Wittelsbach. Am 30. Dezember war in der Residenz zu MÜNCHEN Kurfürst Max III. Joseph an Pocken gestorben. In treuer Fürsorge hatte er – eine Großtat für die Volkshygiene in jenen Tagen – seinen Bürgern die Pockenimpfung verordnet, er selbst aber, der sich ein Leben lang vor dieser Krankheit fürchtete, machte davon keinen Gebrauch. Mit dem Tod dieses erst 50 Jahre alten Regenten, den seine Bayern ›den Vielgeliebten‹ nannten, war die 448 Jahre währende Teilung der wittelsbachischen Lande aufgehoben. Von den vielen Linien, die sich im Laufe der Jahrhunderte gebildet hatten, waren zuletzt noch zwei übriggeblieben, die pfälzischen Linien Sulzbach und Birkenfeld. Der Mannheimer Karl Theodor war nun Kurfürst von Pfalz-Bayern. Am Hofe Max III. Josephs hatte die Sulzbacherin Maria Anna über die Interessen ihres Schwagers gewacht. Jetzt, da der Erbfall eingetreten war, schickte sie ihren Verwalter und künftigen Ehemann, den Hofrat Andreas Anderl, einen ehemaligen Bauernsohn aus Rieden am Staffelsee, mit der Todesnachricht nach Mannheim. Da man in der bayerischen Residenzstadt nicht wußte, wie sich Österreich verhalten würde – ob es nicht vielleicht gar einmarschierte –, wurde dem neuen Landesvater geraten, er möge sofort in sein neues Kurfürstentum reisen. Anderl fuhr so schnell, daß er bereits am Sylvesterabend am Hofe Karl Theodors eintraf und der Kurfürst, der gerade zum

Jahresschlußgottesdienst ging, schon um neun Uhr abends nach München aufbrechen konnte. Es ist verständlich, daß es ihm nicht leicht gefallen ist, seine ihm in so vielen Jahren lieb gewordene Heimat mit dem rauheren Bayern vertauschen zu müssen. So lauteten denn auch seine ersten Worte nach Empfang der Todesnachricht: »Nun sind deine guten Tage vorüber ...«

Die Bayern trauerten ihrem verstorbenen Landesherrn nach und sahen dem neuen mit Mißtrauen entgegen. Die Sympathien wurden noch geringer, als sie erfuhren, daß Karl Theodor mit dem Kaiser Joseph darüber verhandelte, Bayern gegen die österreichischen Niederlande zu vertauschen. Durch diese Transaktion wären Karl Theodors pfälzischen und niederrheinischen Besitzungen zu einem Königreich Burgund verschmolzen. Ein solcher Tausch war im übrigen in den Familienverträgen mit Kurbayern ausdrücklich vorgesehen. Und während Joseph II. mit allen Mitteln versuchte, den neuen bayerischen Kurfürsten für das Projekt zu gewinnen, verteidigte Maria Anna das bayerische Erbe für die Zweibrücker – denn sie würden voraussichtlich das Land erben, wenn Karl Theodor sterben sollte; er war jetzt 53 Jahre alt und hatte keine Nachkommen. Dieser resoluten Herzoginwitwe bleibt das Verdienst, die Neffen zum Protest, Preußen und Sachsen aber zum bewaffneten Beistand gewonnen zu haben.

Der Kartoffelkrieg

Die neueren Forschungen (K. O. von Aretin) zeigen, daß der zweibrückische Minister Freiherr von Hofenfels einen größeren Einfluß auf den preußischen König hatte, als bisher angenommen wurde, und daß auch Karl Theodor selbst ablehnte, als er merkte, daß ihm Kaiser Joseph nicht die ganzen Niederlande überlassen wollte. Die geheimen Verhandlungen zwischen den Zweibrückern und den Preußen wurden im Sommerhäuschen der Herzoginwitwe vor dem Münchner

Neuhauser Tor abgehalten, und natürlich haben die österreichischen Späher von diesen Kontakten gehört. Sie versuchten, Hofenfels für ihren Plan zu gewinnen, und boten eine halbe Million Gulden. Der unbegüterte Pfälzer aber hatte nur das Interesse seines Herrn Karl August im Auge und lehnte ab.

Im Juli 1778 kam es zum fast unblutigen Bayerischen Erbfolgekrieg gegen Österreich, und da mehr geplänkelt als gekämpft wurde, nannte man das ganze Unternehmen ›Kartoffelkrieg‹ oder ›Zwetschgenrummel‹: Als Antwort auf den österreichischen Einmarsch in Niederbayern rückten die Preußen in Böhmen ein. Der Krieg endete 1779 mit dem Frieden von Teschen. Österreich bekam das Innviertel zugesprochen, Preußen ließ sich Ansbach-Bayreuth garantieren.

Die bayerische Geschichte, die den geplanten Ländertausch nicht vergessen konnte – obwohl auch andere Herrscher Länder tauschten –, ist ihrem Kurfürsten Karl Theodor nicht gerecht geworden. Er hat in den 21 Jahren seiner Münchner Regentschaft viel für Münchens Kunst und Kultur getan. Mit Hilfe des Amerikaners Thompson, den er zum Grafen von Rumford erhob, führte er zahlreiche wirtschaftliche, militärische und soziale Reformen durch. Mit den Bewohnern seiner Residenzstadt hat sich der Kurfürst gelegentlich gestritten. Einmal, als er sich als kurpfälzische Majestät beleidigt fühlte, ließ er den Stadtrat vor seinem leeren Stuhl auf den Knien Abbitte leisten, ein andermal zog er sich verärgert nach Mannheim zurück; reumütig haben ihn dann die Münchner zurückgeholt. Auch der Zweibrücker Karl August wurde als Sonderling von Karlsberg nicht geliebt. Der einzige populäre Pfälzer war der jüngere Bruder Max Joseph, der oft nach München kam und von seinem Onkel mit Eifersucht beobachtet wurde – denn der junge Mann hatte jene leutselige Art, die ihm, dem Kurfürsten, fehlte.

Die Herzöge in Bayern

Nach LANDSHUT zog damals ein Vetter und Schwager des pfälzisch-bayerischen Herrschers, der Pfalzgraf *Wilhelm* von Birkenfeld-Gelnhausen. Er erhielt im Februar 1799 den Titel ›Herzog in Bayern‹ und wurde damit zum Begründer der herzoglich-bayerischen Linie, die in unserer Familiengeschichte eine bedeutsame Rolle spielen sollte. Angefangen hat es mit dieser Linie, als Kurfürst Karl Theodor bei seiner Übersiedlung nach München den 80jährigen Chef der Linie Johann von Birkenfeld-Gelnhausen zum Kommandanten der Festung Mannheim ernannte. Dieser Johann war ein Sohn des Pfalzgrafen Johann Karl, dem von seinem Birkenfelder Bruder Christian II. Gelnhausen überlassen wurde. (Später hat dieser Christian mit Esther Maria, der Witwe seines Bruders, einen langen Erbschaftsstreit ausgetragen.) Nach dem Tod von Johanns Frau, einer Tochter des Wildgrafen Karl zu Daun und Kyrburg, war er mit seinen Kindern nach Mannheim gezogen. Die einzige Tochter Christiane Luise hatte in das Haus Reuß-Gera geheiratet. Der ältere Sohn Karl Johann war im österreichischen Heer bis zum Generalmajor aufgestiegen, er zog sich aber später aus dem Dienst zurück, widmete sich wissenschaftlichen Studien, besonders der Astronomie, und starb unverheiratet im Jahre 1789. Er war der letzte nichtkatholische Wittelsbacher. Sein jüngerer Bruder Wilhelm, geboren im November 1752, stellte durch seine Heirat mit der Zweibrückerin Maria Anna, einer Tochter des Pfalzgrafen Friedrich Michael, eine neue direkte Linie zwischen den beiden Birkenfelder Familien her. Schon elf Jahre zuvor, im Jahre 1769, war er im Beisein Karl Theodors zum katholischen Glauben übergetreten.

Es hatte beim Vater Johann Überlegungen gegeben, ob er seine Familie nicht französisch naturalisieren sollte; Christian IV. hätte mit seinen guten Beziehungen zum französischen Hof in dieser Angelegenheit vermitteln können. Aber

Wittelsbacher und Frömmigkeit

77 Obwohl im Verhältnis der Wittelsbacher zur Kirche — wie auch bei anderen Fürstenhäusern — oft genug persönliche Frömmigkeit, dynastisches Interesse und politisches Machtstreben eine eigenartige, schier unentwirrbare Verbindung eingegangen sind, lassen sich doch Aspekte einer spezifisch wittelsbachischen Kirchlichkeit und Frömmigkeitsübung feststellen. So bei Herzog WILHELM V. (1548-1626), der nicht von ungefähr den Beinamen ›der Fromme‹ erhielt. Er gab sich mit zunehmendem Alter immer mehr den Werken tiefer Frömmigkeit — wie sie die Zeit verstand — hin und erwog einmal sogar ernsthaft, in die Kartause Prüll bei Regensburg einzutreten. Am Ende seines Lebens zog er sich in eine Einsiedelei in Schleißheim zurück. Er schenkte den Jesuiten — die sein Großvater Wilhelm IV. 1549 zur inneren Reformierung der Kirche nach Ingolstadt und sein Vater Albrecht V. 1559 nach München geholt hatten — nicht nur das große Areal für Kirche und Kolleg in München, sondern stiftete auch die Bauten weitgehend selbst und ruinierte sich dabei finanziell. Auf dem Bild überreicht Friedrich Sustris, der Architekt des programmatischen Kirchenbaus, dem Herzogspaar Wilhelm und Renata den Plan von Sankt Michael, der ersten Renaissancekirche nördlich der Alpen. Dahinter erscheinen die erwachsenen Kinder (von links): Maria Anna, die später Kaiser Ferdinand II. heiratete; Magdalena, künftige Gemahlin des Pfalzgrafen Wolfgang Wilhelm von Neuburg, unter dem die dortige, als evangelisches ›Trutz-Michael‹ begonnene Hofkirche als katholisches Gotteshaus vollendet wurde; Philipp Wilhelm, Kardinal und Bischof von Regensburg; Kurfürst Ferdinand, Erzbischof von Köln und Bischof von Hildesheim, Lüttich, Münster und Paderborn; sowie Albrecht VI. der Leuchtenberger; die anderen vier Kinder sind früh verstorben.

78-82   Unter Kurfürst MAXIMILIAN (1573-1651, Abb. 5) bekommt die frühbarocke Frömmigkeit der Wittelsbacher und ihres Landes einen entschieden marianischen Akzent: Der Landesherr stellt sein Land unter den Schutz der Gottesmutter, bringt ihre Figur als Hausmadonna an der Fassade seiner neuen Residenz an und errichtet ihr zum Dank für die Errettung der Regierungsstädte München und Landshut aus Kriegsgefahr und Schwedennot 1638 auf dem Münchner Schrannenplatz die Mariensäule (Abb. 78), die Vorbild für alle anderen Säulen in Süddeutschland werden sollte.
Mittelpunkt dieser Marienverehrung ist die uralte Wallfahrtskirche von Altötting, in deren Heiliger Kapelle (Abb. 79) sich Maximilian und nach ihm noch viele Wittelsbacher in den Dienst der Gottesmutter stellen und nach ihrem Tode ihre Herzen in kunstvollen Urnen (Abb. 81 und 82) aufstellen lassen. Ein Zeichen tiefer Frömmigkeit und hingebungsvoller Devotion und zugleich hinreißendes Zeugnis der Silbertreibkunst des Rokoko ist auch die lebensgroße Adorantenfigur des zehnjährigen Kurprinzen MAX JOSEPH (Abb. 80), die 1737 nach Genesung von schwerer Krankheit neben dem Gnadenaltar aufgestellt wurde und mit dem Motiv der Ewigen Anbetung für die persönliche Anwesenheit des Stifters am Gnadenort eintritt.

80 Votivfigur des Kurprinzen Max Joseph,
   der sogenannte ›Silberprinz‹

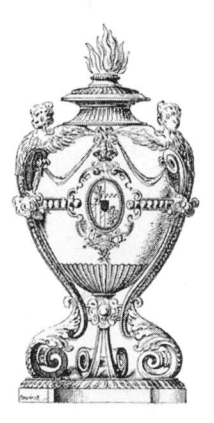

81 Herzurne König Ludwigs I.
   von Bayern

82 Herzurne König Ludwigs II.
   von Bayern

83 Die Konstitution des Heiligen Römischen Reiches umfaßte neben den weltlichen auch geistliche Herrschaften, die sogenannten Fürstbistümer oder Hochstifte, deren Inhaber nicht von der Erbfolge bestimmt, sondern von den Domkapiteln gewählt wurden. Als mit bayrischer Unterstützung im Kölner Krieg 1583 die Gefahr der Reformierung des Hochstifts Köln — als Gebhard Truchseß von Waldburg evangelisch wurde und dabei sein Lehen als weltliche Herrschaft beizubehalten suchte — abgewendet und damit die Gefahr des Abfalls weiterer nordwestdeutscher Bistümer und Herrschaften gebannt werden konnte, wurde nicht nur ein Wittelsbacher Kurfürst von Köln, sondern in der Folge das Hochstift

geradezu eine bayerische Sekundogenitur, die fast zweihundert Jahre lang, bis 1761, Bestand hatte. Spektakulärster Exponent Bayerns am Rhein wurde dabei Kurfürst CLEMENS AUGUST (1700-61), der Bruder des Kurfürsten Karl Albrecht von Bayern und Kaisers Karl VII. (siehe auch Abb. 58), ein großer Kunstfreund und Mäzen, unter dem die Sinnenfreude bayerischen Spätbarocks und Rokokos auch am Niederrhein Fuß faßte (Abb. 26 und 27). Obwohl bereits seit 1723 im Besitz der Kurwürde, ließ Clemens August sich erst 1725 zum Priester und 1727 durch Papst Benedikt XIV. zum Bischof weihen. Hier im Bild der erste Segen in der Kirche Santa Maria della Quercia zu Viterbo.

84   Der Anspruch, das Landesherrentum mit dem Priesteramt zu verbinden, barg freilich nicht wenige Konflikte für die ausersehenen Prinzen in sich. Verschiedene der insgesamt 25 Wittelsbacher, die geistliche Fürstenthrone bestiegen und zum Teil — wider die ausdrücklichen Vorschriften des Konzils von Trient — kirchliche Ämter in bedenklicher Weise auf sich häuften, fühlten sich durchaus nicht zur geistlichen Laufbahn berufen. Gefangene des politischen Systems ihrer Zeit und Opfer feudaler Familienpolitik, haben sie sich nicht selten gescheut, aus innerer Überzeugung und ehrlicher Frömmigkeit den nur formalen Empfang höherer Weihen auszuschlagen. Das hinderte sie nicht, in geistlichen Dingen ihren Diözesen gute oder wenigstens passable Oberhirten zu sein. Ein Beispiel dafür ist Herzog ALBRECHT SIGISMUND (1623-85), der — ohne je die Priesterweihe empfangen zu haben — 1652 Bischof von Freising (im Bild) sowie 1668 von Regensburg wurde und daneben noch Domherr zu Salzburg und Augsburg, Dompropst in Konstanz und Stiftspropst von Altötting war.

85-87   Vierundvierzig Wittelsbacherinnen haben im Laufe der Jahrhunderte den Schleier genommen. Und wenn manche — vor allem im Mittelalter — im Kloster mehr eine Versorgungsanstalt denn eine Stätte des Gebets und der Caritas sahen, so galt dies beispielsweise gewiß nicht für MARIA ANNA KAROLINA (1696-1750), der Tochter des Kurfürsten Max Emanuel von Bayern. Zur Sühne für den ausschweifenden Lebenswandel ihres Vaters — so einer der von ihr selbst angegebenen Gründe — trat sie 1719 im Münchner Angerkloster in den Orden der Klarissen ein, der für seine außerordentliche Strenge bekannt war. Aus der so lebenslustig erscheinenden Barockprinzessin (Abb. 85) wurde die Schwester Emanuela Theresa de Corde Jesu (Abb. 86), die nach einem — wie es im Stil der Zeit heißt — gottergebenen Klosterleben 1750 starb (Abb. 87). Auf der Totenbahre gemalt zu werden, war freilich eine seltene Ehre für eine Nonne, deren Ideal Selbstverleugnung und Selbstaufgabe darstellte.

85

86

87

Emanuela â Corde IESU Ord. S Claræ: Nata Duc. Bavar.

88-91 Die Zeugnisse protestantischer Frömmigkeitsübung können hier nur in wenigen Beispielen angedeutet werden, da sie sich zudem — im Gegensatz zu der nach sichtbaren Zeichen suchenden Praxis der katholischen Wittelsbacher — entsprechend dem so ganz anders ausgerichteten evangelischen Frömmigkeitsbegriff der Pfälzer Wittelsbacher (die noch dazu in Lutheraner, Zwinglianer und Calvinisten gespalten waren) der bildhaften Darstellung weitgehend entziehen.
Pfalzgraf OTTHEINRICH von Neuburg (1502-59), Abb. 88) war einer der ersten Wittelsbacher, der sich der Reformation Luthers anschloß, und dies nicht aus politischem Pragmatismus, sondern aus innerer Überzeugung. In seiner Residenz zu Neuburg (Abb. 21) entstand 1543 die erste evangelische Schloßkapelle Bayerns, deren alttestamentarisch bestimmte Ausmalung durch Hans Bocksberger zugleich das älteste monumentale Bildprogramm des Protestantismus in Deutschland darstellt (Abb. 89).

Kurfürst FRIEDRICH III. (1515-76) war der erste Wittelsbacher, der vom Luthertum zum Calvinismus übertrat. Sein Glaubenseifer und seine Sittenstrenge trugen ihm den Beinamen des ›Frommen‹ ein. Seiner Initiative ist der 1563 erschienene berühmte ›Heidelberger Katechismus‹ (Abb. 90), das »angesehenste Lehrbuch des zwinglischen Glaubens«, zu verdanken, zu dem er selbst das Vorwort geschrieben hat. Die Überzeugungen seines Vaters vertrat auch Pfalzgraf JOHANN KASIMIR (1543-92, siehe auch Abb. 49), der den von der Heidelberger Universität vertriebenen Reformierten 1578/79 in Neustadt an der Weinstraße mit dem nach ihm benannten ›Casimirianeum‹ eine Heim- und Lehrstätte schuf (Abb. 91).

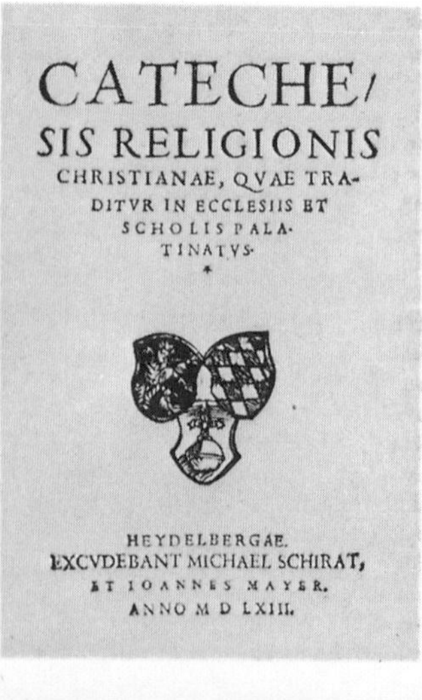

Wilhelm hatte andere Absichten. Doch seine Pläne, in der portugiesischen oder preußischen Armee Dienst zu tun, zerschlugen sich. Statt dessen nahm sich die in ihr heimatliches Oggersheim zurückgekehrte Kurfürstin Elisabeth seiner privaten Angelegenheiten an und verheiratete ihn mit der Zweibrückerin: Im Schloß Oggersheim wurde am 30. Januar 1780 die 26jährige Maria Anna mit dem acht Monate älteren Vetter ihres Vaters Wilhelm getraut. Außer der Kurfürstin, die ihren Mann in München zurückgelassen hatte, nahm an dieser Zeremonie nur der alte Vater des Bräutigams teil. Elf Tage später starb er. Aus der bayerischen Residenzstadt kam die Nachricht, daß der Kurfürst dem jungen Paar die verwaiste Stadtresidenz in Landshut, den berühmten Renaissancebau Ludwigs X., als Wohnsitz zugewiesen habe. Im April zogen die beiden Wittelsbacher dort ein, und 19 Jahre lang, bis zum Tode Karl Theodors, haben sie hier gelebt. Der von den Brüdern Sckell auf der Trausnitz angelegte Herzogsgarten mit seinem Schlößchen erinnert noch heute an den Aufenthalt des Herzogspaares. Auch wenn sie die meiste Zeit in der alten niederbayerischen Herzogsstadt verbrachten, so besuchten sie doch immer wieder Maria Annas vereinsamte Mutter in Sulzbach. Noch öfter freilich fuhr der Herzog nach München, um sich dem Kurfürsten für politische Missionen zur Verfügung zu stellen und gelegentlich auch bei Reibereien mit dem Neffen Max Joseph zu vermitteln. Das Jahr 1782 begann mit der Uraufführung der Oper ›Idomeneo‹. Wolfgang Amadeus Mozart, der sie im Auftrag des Kurfürsten Karl Theodor geschrieben hatte, dirigierte die Premiere. (Karl Theodors Vorgänger hatte noch wenige Monate vor seinem Tod dem jungen Komponisten sagen müssen, daß er leider keine ›Vakatur‹ habe und ihn deshalb nicht anstellen könne – eine große Chance für München, ja für die ganze musikalische Welt war damals verspielt worden. Von allem, was Max III. Joseph in seinen zweiunddreißig Regierungsjahren unternommen hat, wurde nichts so ausführlich und so kritisch kommentiert wie die Worte über die fehlende ›Vakatur‹.)

Im April 1782 war dem Landshuter eine ehrenvolle Aufgabe zugewiesen worden, denn man hatte ihn Papst Pius VI. (dem ehemaligen Grafen Braschi) zugeteilt, als sich dieser zwischen dem 26. April und 2. Mai in München aufhielt. Das Oberhaupt der katholischen Kirche war auf der Rückreise von einem Besuch bei Kaiser Joseph II. in Wien nach München gekommen, um sich in einer kritischen Situation (die Säkularisation warf – zumindest in Österreich – ihren Schatten voraus), mit dem Kurfürsten von Bayern zu verbünden. Dieser Besuch fiel in die Zeit, in der Maria Anna die Geburt ihres ersten Kindes erwartete. So hofften der Herzog und seine Frau, daß der Heilige Vater die Taufe vornehmen möge. Der ersehnte Sohn kam aber erst vier Tage nach der Abreise von Pius VI. tot zur Welt. Dieser kleine Herzogssohn war das letzte Mitglied unserer wittelsbachischen Familie, das in der traditionellen Grablege von Landshut-Seligenthal seine letzte Ruhe fand. Erst der zweite, 1786 geborene Sohn Pius – er folgte einer Tochter Maria Elisabeth – blieb am Leben. Abgesehen von seinem, in der Familie ungewöhnlichen, Vornamen erinnern auch die ›Päpstlichen Zimmer‹ in der Münchner Residenz an den Besuch des Papstes, dessen Ergebnis die Errichtung einer Nuntiatur in München war, die bis in unser Jahrhundert bestehen blieb. Der vorletzte Nuntius war Eugenio Pacelli, der spätere Papst Pius XII.

Einmal hätte das Landshuter Pfalzgrafenpaar in seiner Landshuter Residenz groß hofhalten können, denn der russische Zarewitsch reiste durch die Stadt und übernachtete im pfalzgräflichen Stadtpalais. Aber genau zu dieser Zeit hielt Kurfürst Karl Theodor den Herzog Wilhelm und seine Gemahlin Maria Anna in München fest. Ende des Jahres erlitt der Regent von Bayern-Pfalz beim Essen einen Schlaganfall, die Erbschaft schien für Karl August unmittelbar bevorzustehen. Sein Vertrauter Hofenfels war bereits nach Augsburg gereist, um nichts zu versäumen, doch der 58jährige Karl Theodor erholte sich wieder, und der zweibrückische Minister fuhr nach Paris weiter, um die in Streit geratenen Brüder August und Max Joseph zu versöhnen. Bei dieser Gelegenheit übernahm er im Auftrag Ludwigs XVI. und Marie Antoinettes eine delikate Aufgabe – er sollte den Regimentskommandeur Max Joseph verheiraten.

In Landshut wurde am 5. Mai 1784 eine pfalzgräfliche Tochter Maria Elisabeth geboren, die mit 24 Jahren durch Napoleon an den ehemaligen Vermessungsingenieur der französischen Armee, Alexander Berthier, verheiratet wurde. Als engster Waffengefährte des Korsen war er zum Fürsten von Wagram und souveränen Herzog von Neuchâtel avanciert. Da ihm der Kaiser Schloß Chambord überlassen hatte, war die Wittelsbacherin zeitweise Herrin des wohl imposantesten Loire-Schlosses.

Pfalzgraf Max Joseph wird Thronprätendent

Einige Monate nach der Geburt dieser Marie Elisabeth in Landshut nahm die bayerisch-pfälzische Erbfolgefrage eine neue, kritische Wendung, denn auf dem Karlsberg starb der zwölfjährige Karl August Friedrich, der einzige Sohn des Herzogs von Zweibrücken. Wie schon beim Tod von Max Emanuels Sohn glaubte man auch hier, Österreich habe mit Gift ein dynastisches Problem zu regeln versucht. Doch auch in diesem Falle trafen die Unterstellungen nicht zu.

Da der Vater des Zwölfjährigen, Herzog Karl August, in einer unglücklichen Ehe lebte, war nicht zu erwarten, daß hier noch einmal ein Erbe geboren würde, und so richteten sich die Hoffnungen der Familie auf den lebenslustigen Pfalzgrafen Max Joseph, der nur ungern dazu zu bringen war, seine französischen Freundinnen gegen eine Ehefrau zu vertauschen. Hofenfels konnte aber zuletzt seinen königlich-französischen Auftrag doch erfüllen und

›le Prince Palatin‹ in Paris mit der jungen Landgräfin Auguste Wilhelmine von Hessen-Darmstadt bekanntmachen. Am 16. Juni 1785 schrieb er seinem Schützling: »Madame la Princesse Auguste vereinigt mit einer schlanken Taille, einem angenehmen und interessanten Gesicht hervorragende Eigenschaften des Herzens ... Auch der Wuchs ist vollendet. Im ganzen erscheint mir die hohe und liebenswürdige Prinzessin ... très mariable.« Und am 30. September 1785 wurde diese »sehr heiratsfähige« Darmstädterin die Frau des Birkenfelders Max Joseph: Aus dem Bruder Leichtfuß wurde ein treuer, zuvorkommender, liebevoller Ehemann. Die Trauung nahm Abbé Salabert vor, der in der Familie als Erzieher des erstgeborenen Pfalzgrafen Ludwig noch eine wichtige Aufgabe versehen sollte. Den Trauungsfestlichkeiten in Darmstadt folgten weitere Feierlichkeiten in Mannheim. Die Kurfürstin war sehr zufrieden, daß es mit Max Joseph eine so glückliche Wendung genommen hat. Karl Theodor hatte 1779 ein Nationaltheater gegründet, das sich um die Pflege deutschsprachiger, zeitgenössischer Literatur kümmern sollte (Lessing war mit einem solchen Plan einige Jahre zuvor in Hamburg ebenso gescheitert wie etwa zur gleichen Zeit Kaiser Joseph II. in Wien); für diese Bühne verfaßte nun der 22jährige August Wilhelm Iffland – er hatte bei der Premiere von Schillers ›Räubern‹ in Mannheim den Franz Moor gespielt – ein eigenes Festspiel. Die Tage an Karl Theodors Hof waren ein so großer Erfolg, daß Karl August, von Neid und Ehrgeiz gepackt, seinem Malerarchitekten Mannlich den Auftrag gab, die Mannheimer Festlichkeiten in Zweibrücken und auf dem Karlsberg noch zu überbieten. Vor allem die Szenerie von Karlsberg und Karlslust mit ihren exotischen Menschen, Tieren und Pflanzen bot für solche prunkvolle Schaustellung den rechten Rahmen. Doch so phantasievoll das alles auch inszeniert wurde, die Karlsberger Festlichkeiten nahmen ein jähes Ende – ein Feuerwerker ging mit einem Stapel seiner Raketen in die Luft, das Hochzeitsfest wurde abgebrochen.

Die Geburt Ludwigs I.

Die junge Pfalzgräfin schenkte dem Hause Zweibrücken eine Reihe von Kindern, bis ein Lungenleiden ihrem Leben 1796 ein Ende bereitete. Schon bei der Hochzeit war die landgräfliche Braut sehr zart und blaß gewesen, und der Leibarzt soll damals gesagt haben: »Wir bekommen einen Engel, aber ich fürchte, er wird uns nicht lange erhalten bleiben.« Das erste Kind, am Ludwigstag des Jahres 1786 im ›Hôtel des Deuxponts‹ zu Straßburg geboren, war der ersehnte Erbe. Er wurde Ludwig genannt, da Ludwig XVI. von Frankreich die Patenschaft übernahm. Eigentlich sollte das Kind nach seinem Onkel Karl genannt werden, aber der Franzosenkönig bestimmte: »Il s'appellera Louis!« Auch in München herrschte große Freude, die Stadt schickte sogar eine eigene Abordnung, um den Eltern zu gratulieren. Das Regiment Royal Alsace drückte seine Freude auf eine recht ungewöhnliche Weise aus: Eines morgens erschienen die Soldaten bis zur Unkenntlichkeit verändert zum Appell – sie hatten sich allesamt ihre Bärte abrasiert, die Haare gesammelt und daraus ein Kissen für den kleinen Pfalzgrafen gemacht. Der Zufall hatte es gefügt, daß in Landshut drei Wochen früher ebenfalls ein Wittelsbacher geboren wurde, dessen Taufe – auf den Namen Pius August – der wenige Tage zuvor eingetroffene erste Nuntius vornahm.

Kurz vor der Geburt von Ludwig I. am 25. August, starb in Sanssouci der ›Alte Fritz‹, kurze Zeit später verschied auch Hofenfels, so daß von den Personen, die einst den Länderschacher verhindert und damit Bayerns Eigenständigkeit gerettet hatten, nur noch die Sulzbacherin Maria Anna am Leben war. Und natürlich, auf der anderen Seite, der Kurfürst Karl Theodor. Er hatte in seinem Lande die aufklärerischen ›Illuminaten‹ als Feinde des Staates ausgemacht. Von diesem Geheimorden fürchtete er Schaden für Bayern und seine Regierung. Zu den Männern, die er wegen ihrer Zugehörigkeit zu den ›Illuminaten‹ aus seinem Dienste vertrieb, gehörte ein junger, juristisch gebildeter Hofbeamter, Maximilian von Montgelas. Der gebürtige Münchner, Abkomme eines savoyischen Geschlechts, zog zu Karl August in die Pfalz. Dort wurde er kurz vor Hofenfels' Tod in den Dienst genommen. Der Wittelsbacher konnte nicht ahnen, welchen großen Dienst er Bayern dadurch erweisen sollte. Karl August zog sich immer mehr aus der Welt zurück und widmete sich seinen kühnen architektonischen Plänen. Den Karlsberg hatte er bereits gebaut, er sollte das Zentrum der Pfalz werden, für Bayern aber wollte er eine gewaltige Anlage schaffen und die Schlösser von Nymphenburg und Dachau durch einen Park miteinander verbinden.

Das zweite Kind, das Auguste Wilhelmine ihrem Max Joseph gebar, war die Tochter Auguste, die künftige Vizekönigin von Italien. Im Herbst dieses Jahres 1788 kehrte der über die Undankbarkeit seiner Münchner verärgerte Karl Theodor mit Hofstaat und Regierung nach Mannheim zurück. Acht Monate mußten die Bayern bitten, bis er sich schließlich bereit fand, wieder in sein Bayernland zu reisen. Damals war freilich eine neue Zeit bereits angebrochen, am 14. Juli 1789 war zu Paris die Bastille gestürmt worden, und nur noch wenige Monate vergingen, bis Max Joseph aus Straßburg flüchten mußte. Nach einem kurzen Aufenthalt bei seinem Bruder auf dem Karlsberg zog er zunächst zu seiner Schwiegermutter nach Darmstadt (und sein Sohn, der spätere König Ludwig I., sollte zeitlebens darmstädtischen Dialekt sprechen), dann kaufte er sich in Mannheim ein Haus und blieb dort, bis die Franzosen über den Rhein kamen.

Im Schatten der Französischen Revolution

Im Jahr 1790 erhielt das Reich dann einen neuen Kaiser: Joseph II. starb und Leopold II. folgte ihm nach. Bis zur Neuwahl übte Karl Theodor das Reichsvikariat aus, dem unter anderem Thompson seine Erhebung zum Grafen von Rumford verdankte. Max Joseph kam aus Darmstadt nach Frankfurt und schloß sich der pfalz-bayerischen ›Wahlbotschaft‹ – einer eigens für diesen Anlaß gebildeten diplomatischen Mission – an. Was sich zu dieser Zeit in Frankreich begab, ließ die deutschen Fürsten nicht unbeeindruckt, und so fiel die Wahl kürzer und schlichter aus als üblich. Trotzdem war man noch zuversichtlich und hoffte, das ›Ancien régime‹ wiederherstellen zu können. Max Joseph, seines französischen Dienstes ledig, stellte ein Gesuch um Übernahme in die pfalz-bayerische Armee, doch der Onkel, eifersüchtig wie immer, lehnte ab. In Karlsberg hatte in dieser aufgeregten Zeit der Pfalzgraf Karl August die Ankunft des französischen Königspaares erwartet (zumindest hat Mannlich das später behauptet), doch die Flucht aus Paris war mißglückt, in Varennes wurden der König und seine Frau erkannt und im Triumph nach Paris zurückgebracht.

Für Leopold II. ging die Kaiserzeit schnell wieder zu Ende, im März 1792 ist er gestorben, und sein Sohn Franz folgte ihm nach. Wieder wohnten Max Joseph und seine Pfalzgräfin Auguste Wilhelmine der Wahl und Krönung zu Frankfurt bei, nicht ahnend, daß sie Gäste der letzten Kaiserkrönung im alten Reich sein sollten. Die Wahl fand unter dem Druck aus Paris statt, wo die gesetzgebende Versammlung Ludwig XVI. im April 1792 gezwungen hatte, Österreich den Krieg zu erklären. Der österreichisch-preußische Vormarsch kam bei Valmy zum Stehen. Im September dieses Jahres wurde der König von Frankreich abgesetzt und am 21. Januar 1793 hingerichtet. Nunmehr traten das Reich, England, Holland, Spanien und beide Sizilien dem österreichisch-preußischen Bündnis bei. Max Joseph nahm an der Belagerung von Mainz teil und hatte dabei einen berühmten Mitstreiter, den Herrn Goethe aus Weimar, der auch vor Valmy dabeigewesen war und dort seinen berühmten Spruch tat: »Von hier und heute geht eine neue Epoche der Weltgeschichte aus.« Es ist nichts davon bekannt, daß sich der künftige Herrscher Bayerns und der Dichter aus Weimar bei Mainz getroffen hätten; allerdings hat Goethe sein ›Kriegs- und Reisetagebuch‹ einige Monate später verbrannt, vielleicht wäre Max Josephs Name darin vorgekommen ...

Seitdem die französischen Volksheere unter dem Motto ›Friede den Hütten, Krieg den Palästen!‹ das linke Rheinufer verwüsteten und die Schlösser der Zweibrücker in Flammen aufgehen ließen, war Mannheim Frontstadt. Nur Gustav Samuels Stadtschloß wurde verschont; es wurde erst im Zweiten Weltkrieg zerstört. Da die französischen Schlösser damals nicht zerstört wurden, scheint es sich um einen Racheakt gegen Karl August gehandelt zu haben. Der Herzog und seine Frau konnten im Februar 1793 mit knapper Not entkommen, sie flohen zunächst nach Rohrbach, hielten sich aber zeitweise in Mannheim auf, wo der Wittelsbacher – wie sein Bruder – ein eigenes Haus besaß. Karlsberg freilich ging endgültig verloren. Bald nachdem Mannlich die Bilder, Möbel und Wertsachen in Sicherheit gebracht hatte, wurde es von den Revolutionstruppen vollständig zerstört. Die Kurfürstin zog sich in diesen wirren Zeiten von Oggersheim nach Weinheim an der Bergstraße zurück. Für sie und für Karl August waren dies die letzten Lebensmonate. Die Kurfürstin Elisabeth, die Karl Theodor den ersehnten Erben nicht hatte schenken können, starb im August 1794 im Alter von 73 Jahren. Schon nach einem halben Jahr heiratete der Kurfürst in Innsbruck die achtzehnjährige Erzherzogin Maria Leopoldine von Österreich-Este, eine Enkelin Maria Theresias. Seine Absicht und Hoffnung war es, daß er dem Zweibrücker Agnaten die Erbschaft auf diese Weise verderben könne. Aus den Briefen der Pfalzgräfin Auguste Wilhelmine ist deutlich zu lesen, daß sie und ihr Gatte Max Joseph an dem kurpfalz-bayerischen Erbe nicht interessiert waren und nur danach trachteten, den linksrheinischen Besitz wieder zurückzugewinnen oder wenigstens Ersatz dafür zu erhalten. Und zunächst war die Frage der Erbfolge ohnedies nicht akut, da ja Karl August in der Rangfolge vor seinem jüngeren Bruder Max Joseph stand.

Dem Hause Zweibrücken hätten die französischen Volkssoldaten in der Nacht vor dem Heiligen Abend 1794 beinahe ein jähes Ende bereitet, als sie zur Vorbereitung des Sturmes auf die Rheinschanze (jetzt Ludwigshafen) diese und die Stadt Mannheim sechzehn Stunden lang bombardierten. Max Joseph floh mit seiner Familie unter Lebensgefahr nach Schwetzingen. Im Februar fuhr Karl August zur Begrüßung der neuen Kurfürstin und zu Besprechungen nach München. Bald nach seiner Rückkehr, am 1. April 1795, erlag er völlig unerwartet einem Schlaganfall. Seine Witwe kehrte nach Neuburg zurück, wo sie ihre Ehe 21 Jahre zuvor begonnen hatte.

Max Joseph war nun Herzog von Zweibrücken – und Flüchtling in Mannheim. Als nüchterner Beobachter erkannte er, daß es mit dem ›Ancien régime‹ zu Ende ging und die Zukunft vom neuen Frankreich bestimmt würde. Um nichts zu versäumen, schickte er seinen Minister, den Grafen Cetto, nach Basel, wo Preußen über den Frieden verhandelte. Um seinen mit Österreich verschworenen Onkel aufzuklären und für einen Anschluß an Preußen zu gewinnen, fuhr er mit der Herzogin, die zu jener Zeit gerade ihr fünftes Kind erwartete, in die Residenzstadt München. Als Beistand hatte er den Landshuter Schwager Wilhelm, der im Umgang mit Karl Theodor mehr Erfahrung besaß, nach München gebeten. Der gewünschte Erfolg blieb zwar aus, doch im privaten Verkehr war man sich näher gekommen, und vor allem der Herzog und die junge Kurfürstin verstanden sich ausgezeichnet. Wahrscheinlich hat der Kurfürst zum Abschied versprochen, er wolle die Patenschaft für das erwartete Kind übernehmen, vorausgesetzt, daß es ein Knabe ist. Als dann dieser Karl Theodor am 7. Juli 1795 in Mannheim zur Welt kam, war die Lungenerkrankung der Herzogin bereits weit fortgeschritten. Zu dieser Sorge aber kam nun noch, daß die Franzosen

Mannheim immer mehr bedrängten. Da die Sicherheit nicht mehr gewährleistet war, brachte Max Joseph seine Familie nach Rohrbach und später nach Neckarelz. Sehr zu Unrecht hat man ihn in Wien des Einvernehmens mit dem Feinde geziehen und geglaubt, er hätte die Übergabe der Festung Mannheim im September 1795 mit zu verantworten. In Wirklichkeit aber war er nur für die Schonung der Stadt eingetreten, zum Zeitpunkt der Übergabe war er gar nicht in Mannheim anwesend gewesen, sondern hatte sich in Neckarelz aufgehalten. Bei der Rückeroberung der Stadt durch die Österreicher entstanden große Schäden, genau das also, was Max Joseph vermeiden wollte. Der Zweibrücker blieb einstweilen noch in Rohrbach, wohin er von Neckarelz aus wieder gezogen war. Dort erlag Auguste Wilhelmine im März 1796 ihrem Leiden. Besonders ihr Sohn Ludwig, damals neun Jahre alt, hat den Tod der Mutter nie verschmerzt. Als General Moreau Ende Juni bei Straßburg über den Rhein setzte, mußte die Herzogsfamilie auch Rohrbach verlassen, die nächste Station auf der langen Flucht war das neutrale preußische Ansbach.

Durch seinen Schwager Wilhelm schickte Max Joseph dem Münchner Kurfürsten die Warnung, daß die Franzosen nach Bayern vorstoßen und dort überwintern wollten. Karl Theodor mußte mit seiner jungen Frau zunächst nach Amberg und dann nach Sachsen flüchten. Während der Ansbacher Exilzeit lernte der Zweibrücker seine zweite Frau kennen, die Markgräfin Karoline von Baden, die mit ihrer Familie ebenfalls in diese Stadt geflohen war. In diesen Ansbacher Tagen hat auch der Aufstieg des Freiherrn Maximilian von Montgelas begonnen, da die Männer der ersten Reihe nicht anwesend waren: Cetto lebte als Verbindungsmann bei den Franzosen und Minister Salabert saß gefangen bei den Österreichern. Montgelas nützte die Gunst der Stunde und ließ sich später nicht mehr aus seinem Amte drängen. Für Bayern sollte sich dies in der Zukunft als großer Gewinn erweisen.

Erzherzog Karl konnte trotz anfänglicher Erfolge nicht verhindern, daß Moreau sich im August anschickte, von Augsburg nach München zu marschieren. Der Kurfürst zog sich zur gleichen Zeit nach Loschwitz bei Dresden zurück. Wie in Mannheim, schloß der von ihm eingesetzte Regentschaftsrat am 7. September 1796 in Pfaffenhofen an der Ilm einen Waffenstillstand ab, den Karl Theodor nach seiner Rückkehr wieder aufhob.

Pfalzgraf Wilhelm von Birkenfeld-Gelnhausen wartete zunächst in der Festung Ingolstadt die Entwicklung ab und wich, als sich die Dinge ungünstig entwickelten, in das ehemalige Kloster Heilsbronn bei Ansbach aus. So konnte er bei der Abfassung von Montgelas' Gesellenstück, dem ›Ansbacher Vertrag‹, hinzugezogen werden. In diesem Dokument wurde die Verteilung der wittelsbachischen Länder auf die Linien Zweibrücken und Birkenfeld-Gelnhausen festgelegt. Obwohl noch die Fideikommiß-Idee als Grundlage diente, so kann man, wie Michael Doeberl dies getan hat, in diesem Vertrag eine Art Geburtsurkunde des künftigen Staates Bayern sehen.

Die Werbung des länderlosen Witwers Max Joseph von Zweibrücken um die badische Prinzessin hatte anfangs keine große Begeisterung gefunden, zumal die Mutter Amalie, die von ihren sechs Töchtern eine mit dem Zarewitsch verheiratet hatte, höher hinaus wollte. Karoline war hübsch, brünett, schön gewachsen. »Ich liebe die Prinzessin Caroline«, schrieb er an die Mutter des Mädchens, »noch richtiger, j'en suis fou.« Aber die politischen Geschäfte durften bei alldem nicht vergessen werden. So reiste Max Joseph vor der Hochzeit nach Berlin, um sich dort für eine Rückerstattung seiner linksrheinischen Besitzungen Unterstützung zu holen; sollten die Länder nicht zurückgegeben werden können, so erhoffte er sich wenigstens anderweitig Ersatz.

Dann aber, am 9. März 1797, fand im Schloß von Karlsruhe die Trauung statt. Zur gleichen Zeit marschierte Bonaparte gegen Wien und Erzherzog Karl drängte Moreau und Jourdan über den Rhein zurück. Die Neuvermählten ließen sich zunächst in Rohrbach nieder.

Der Friede von Campoformio machte am 3. September 1797 dem Ersten Koalitionskrieg ein Ende. Österreich trat seine Niederlande ab und in einem geheimen Vertrag auch das linke Rheinufer. Der Friede mit dem Reich sollte auf einem Kongreß in Rastatt ausgehandelt werden. Für Zweibrücken blieb unter diesen Umständen nur die Hoffnung, für die endgültig verlorenen Gebiete einen Ersatz im rechtsrheinischen Deutschland zu erhalten. Es war klar, daß dafür nur säkularisierter geistlicher Besitz in Frage kam. Man erhoffte sich auf dem Kongreß von Napoleon entscheidende Maßnahmen, doch der Korse bereitete lieber seinen Zug nach Ägypten vor. Im März 1798, ein Jahr nach der Eheschließung, stellte Max Joseph seine Karoline am Münchner Hofe vor. Montgelas befand sich unter den herzoglichen Begleitern, und er hat die Zeit genutzt, um Verhandlungen über die Zweibrücker Zukunft zu führen. Eigentlich sollte der Herzog auch am Wiener Kaiserhof seine mißliche Lage aufzeigen, er mochte aber in der gefährlichen Situation seine Kinder nicht alleine lassen und so beauftragte er seinen Schwager Wilhelm mit dieser Mission. Man mußte damals jeden Augenblick mit einem Wiederausbruch der Feindseligkeiten rechnen. Bayern war von österreichischen Truppen unter Erzherzog Karl besetzt, das Hauptquartier befand sich in Friedberg.

Das Ende des Kurfürsten Karl Theodor

Am 12. Februar 1799 erlitt nun Karl Theodor einen Schlaganfall. Der für diesen Fall instruierte Pfalzgraf Wilhelm traf am darauffolgenden Tag von Landshut kommend in München ein. Max Joseph erhielt die Nachricht mit einem Brief der Kurfürstin in Mannheim in der Nacht vom 14. zum 15. Februar. Er beschloß, weitere Nachrichten abzuwarten.

Karl Theodor verschied am Nachmittag des 16. Februar in Anwesenheit Wilhelms, der mit einer Vollmacht versehen war, bis zum Eintreffen des Nachfolgers alle notwendigen Maßnahmen zu ergreifen. Dazu gehörte die peinliche Frage an die Witwe Maria Leopoldine, ob sie vom Kurfürsten ein Kind erwarte. Obwohl sie tatsächlich schwanger war – allerdings von ihrem Oberhofmeister, dem Grafen Ludwig von Arco – verneinte sie die Frage. König Ludwig I. hat ihr – die noch (inzwischen mit Graf Arco verheiratet) bis zum Jahre 1848 lebte – immer hoch angerechnet, daß sie den illegitimen Sproß, der zunächst zu Stiefeltern ins Westfälische gegeben wurde, nicht als kurfürstlichen Sohn ausgegeben hat. Nach ihren eigenen Worten hat sie den österreichischen Gesandten Graf Seilern mit einem für Bayern ungünstigen Vertrag nicht an das Sterbebett von Karl Theodor gelassen, obwohl sie doch selbst eine gebürtige Österreicherin war.

Max Joseph war nun Kurfürst von Pfalz-Bayern. Am frühen Morgen des 18. Februar 1799 schrieb er seiner Schwiegermutter: »Heute Nacht um zweieinhalb Uhr habe ich die Mitteilung bekommen. Beklagen Sie mich, liebe Maman, jetzt sind meine schönsten Tage vorbei.« Die wenig erbaulichen Vorgänge bei diesem Regierungswechsel hat der bekannte bayerische Historiker Lorenz von Westenrieder in seinen Erinnerungen geschildert. Maria Leopoldine blieb auch nach ihrer Verheiratung mit dem Grafen Ludwig von Arco in der Familie die ›Kurfürstin‹ mit ständigem Wohnsitz in der Maxburg. Die Linie Birkenfeld-Gelnhausen aber durfte von diesem 16. Februar 1799 an den Titel ›Herzöge in Bayern‹ führen; Wilhelm war der erste Herzog in Bayern. Wie vor 470 Jahren gab es nur eine einzige regierende Linie Wittelsbach.

Das Königreich

DAS KÖNIGREICH

*Von der Französischen Revolution
bis zur deutschen Revolution*

1799-1918

Max Josephs Einzug in München

Der Verlust des linken Rheinufers an die Französische Republik bedeutete für unsere Familie mehr als die Preisgabe eines traditionsreichen Stückes Heimat: Er war ein schwerer Eingriff in das Gefüge des dahinsiechenden Heiligen Römischen Reiches und ein Bruch mit der dynastischen Tradition. Den Preis für diese Abtretung mußten die Kirche sowie die kleineren weltlichen Reichsfürsten zahlen. Sie mußten, da anderes Land nicht zur Verfügung stand, die großen Familien entschädigen, die für ihre verlorenen Gebiete Ersatz verlangten. Länder wurden nun nach geographischen Gesichtspunkten an neue Besitzer vergeben, und die Bewohner dieser Territorien erhielten, ohne daß man sie gefragt hätte, neue Herren. Obwohl diese Umstellung auch über den Wiener Kongreß hinaus andauerte, beginnt doch in unserer Familiengeschichte mit der Übersiedlung Max Josephs von Mannheim nach München ein neuer Abschnitt.

Der Kurfüst kam alleine und wurde vom Schwager Wilhelm eingeholt. Er stieg zunächst in der Maxburg ab. Der offizielle Einzug mit Frau und Kindern in die Residenz erfolgte später. Als am 12. März die kurfürstliche Kutsche unter dem Jubel der Bevölkerung von Nymphenburg aus in die Stadt einfuhr, soll sich ein Münchner Bräu an den Wagen gedrängt, die Hand des neuen Landesvaters ergriffen und gesagt haben: »Weils D' nur grad da bist, Maxl!«

Die Familie des neuen Herzogs in Bayern aber zog von

Landshut in das Münchner Haus der soeben aufgelösten ›Bayerischen Zunge‹, des Malteserordens an der Theatinerstraße (heute im Komplex der Zentrale der Bayerischen Hypotheken- und Wechselbank aufgegangen). Über die Auflösung dieses Ordens war der Großmeister Zar Paul I. von Rußland so verärgert, daß er seinen Gesandten aus München abberief und den Bayerischen Gesandten in Petersburg nach Hause schickte. Max Joseph sandte daraufhin Herzog Wilhelm zum Zaren, um ihn wieder zu versöhnen, nicht ohne vorher zugesichert zu haben, die Aufhebung des Malteserordens in Bayern rückgängig zu machen. Von seiner Rußlandreise brachte der Wittelsbacher aus dem Schloß Gatschina bei Sankt Petersburg einen vom 1. Oktober 1799 datierten Vertrag mit, der die Erhaltung Bayerns garantierte, und auch noch dazu einen Heiratsvertrag zwischen der Zarentochter und dem bayerischen Kurprinzen Ludwig. Das war zunächst nur eine sehr ernstgemeinte Absichtserklärung, denn das Brautpaar war noch viel zu jung. Erstaunlicherweise betrachteten sich beide Teile viele Jahre lang gebunden, obwohl sie sich niemals gesehen hatten. Noch im Dezember 1808, als die Verbindung gelöst war – durch Napoleons Schuld, wie Ludwig verbittert bemerkte –, schrieb der Bräutigam vergangener Tage an seine Schwester: »Meine Schuld ist es nicht, ich hielt fest, standhaft verharrte ich, gab sie nicht auf.« Die Mission des Schwagers Wilhelm war dadurch erleichtert worden, daß die Gemahlin des Zarewitsch Alexander eine Schwester der Kurfürstin Karoline war.

Da man sich in München mit dem Zaren verbündet hatte, mußte man die Beziehungen zu Paris etwas lockern. Marschall Suworow nahm am Zweiten Koalitionskrieg kurze Zeit teil, um dann doch zuzulassen, daß Bayern in die österreichische Niederlage mit hineingerissen wurde.

Das Kurfürstenpaar fand die Residenz in München düster und veraltet. Um angenehmer zu wohnen, richtete es sich an der Nordwestecke zum Hofgarten nach dem Geschmack der

Zeit neu ein. Dabei wurden allerdings kunstgeschichtlich wertvolle Räume zerstört.

Anfang September 1799 brachte Karoline ihr erstes Kind, einen Sohn, tot zur Welt. Im Frühjahr 1800 hatte der Krieg das Kurfürstenpaar in München eingeholt. Die Familie mußte fliehen, da sich Moreau mit seinen Franzosen in Nymphenburg einquartierte. Zunächst schien es, als wäre die Lage nicht so ernst, als wäre man zu schnell abgereist. Doch dann blieb keine andere Wahl, und auf dieser überhasteten Flucht ums Überleben wurden gleichsam ein paar Kapitel der Familiengeschichte durchquert, denn die Stationen Landshut, Straubing, Neunburg vorm Wald und Amberg hatten im Leben früherer Wittelsbacher eine bedeutsame Rolle gespielt. In Amberg schloß sich Herzog Wilhelm mit seiner Familie dem kurfürstlichen Troß an. Er stand an der Spitze der ›Landesdefension‹. Freiherr Christian von Zweibrücken – ein Sohn des Herzogs Christian IV. und der Marianne Camasse – befehligte ein mit englischem Geld aufgestelltes Korps. Doch auch in Amberg wurde man aufgeschreckt und wich nun in das neutrale preußische Bayreuth aus. Und dies sogar zweimal. Zwischen diesen beiden unfreiwilligen Reisen bekam die Kurfürstin am 27. Oktober 1800 einen Sohn, Maximilian Joseph Karl Friedrich Ludwig Wilhelm, der schon 1803 sterben sollte.

Das Bündnis mit Frankreich

Als auf die Niederlage von Hohenlinden, in der am 3. Dezember 1800 Bayern wie Österreicher geschlagen wurden, der Friede von Lunéville folgte, konnte die Familie nach München zurückkehren. In diesem Vertrag vom Februar 1801 war das linke Rheinufer endgültig verlorengegangen. Daraufhin faßte der Kurfürst den Entschluß, nunmehr sein Glück bei den Franzosen zu suchen. Am 9. September schrieb er seinen ersten (erhaltenen) Brief an den Consul Général, damit sich dieser seiner Angelegenheiten annehme.

Einige Monate später, im November, wurde Max Joseph gleich zweimal Vater, denn Karoline gebar ihm Zwillinge, das erste Zwillingspaar Elise und Amalie.

Für Bayern begann eine neue Zeit. Die von Montgelas konsequent durchgeführte Trennung von Dynastie und Land machte dieses Reich zu Beginn des 19. Jahrhunderts zum modernsten Staatswesen auf deutschem Boden. Im Zusammenhang mit dieser Neuordnung kam es zu Meinungsverschiedenheiten zwischen Max Joseph und seinem Schwager Wilhelm, der alten Familienverträgen zufolge als Entschädigung für die linksrheinischen Verluste Landbesitz, wenn nicht gar gewisse Hoheitsrechte, beanspruchte. Endlich einigte man sich darauf, Herzog Wilhelm die Regierung des Herzogtums Berg am Niederrhein zu überlassen. Aus diesem Grunde siedelte die herzogliche Familie 1804 nach Düsseldorf über.

Die Säkularisation, die nicht allein auf Bayern beschränkt blieb, geht nicht auf Montgelas zurück, das hat selbst Ludwig I., Montgelas' schärfster Gegner, betont. Dessen Werk aber ist die Ablösung des Patrimonialstaates durch eine nach französischem Muster zentral geleitete Regierung. Alte Traditionen wurden hier aufgegeben, und damit tat man genau das, was Bonaparte in anderer Form auch unternommen hat. Er stellte zum Beispiel Max Joseph vor die Wahl, die rechtsrheinische Kurpfalz, die jahrhundertelang in wittelsbachischem Besitz gewesen war, entweder an Baden abzugeben oder die bayerischen Gebiete rechts des Inns an Toskana. Schweren Herzens entschloß sich Max Joseph, seine Geburtsstadt Mannheim, Heidelberg und Schwetzingen aufzuopfern. Sein Sohn Ludwig hat diesen Verlust sein Leben lang betrauert, denn das, was hier abgegeben wurde, waren die Stätten seiner Kindheit gewesen. Aber alle Versuche, diese Gebiete wieder zurückzugewinnen, blieben erfolglos. Zunächst hoffte man noch, daß die Kurpfalz nach dem Aussterben des alten badischen Herrscherhauses wieder an

DIE SÄKULARISATION

Bayern fallen könnte. Auch die linksrheinischen Stammlande mußte unsere Familie verlorengeben. Als Ersatz dafür wurden die Hochstifte Freising, Augsburg, Würzburg, Bamberg sowie die Klöster säkularisiert. Nach jedem Feldzug – und in dieser napoleonischen Zeit löste ein Feldzug den anderen ab – änderten sich die Situation und die Landkarte. Den ersten entscheidenden Einschnitt für Bayern brachte der Reichsdeputationshauptschluß vom Februar 1803. Für unsere Familie begann dieses Jahr mit dem Tod des im Oktober 1800 geborenen Prinzen Max. Er war nun schon der zweite Sohn aus dieser Ehe, der starb. Karoline hoffte nun, daß wenigstens die beiden Zwillingsschwestern am Leben bleiben möchten, und während sie sich noch sorgte, brachte sie im Sommer 1805 ein weiteres Zwillingspaar zur Welt, die Schwestern Sophie und Maria Anna. Europa war damals noch immer nicht zur Ruhe gekommen, und der Kurfürst setzte alles daran, in diesen Konflikten neutral zu bleiben. Da aber Bayern genau zwischen den Parteien lag, mußte er sich schließlich doch entscheiden.

Da von Napoleon mehr zu erwarten war als vom Kaiser, hatte Montgelas, der die Situation richtig einschätzte, mit dem Abgesandten des Korsen in seinem Bogenhauser Besitz ein Abkommen geschlossen, das so geheim gehalten wurde, daß es erst in diesem Jahrhundert entdeckt wurde. Aber auch die kaiserliche Seite wollte Zusicherungen von Bayern – und so lebte der Kurfürst in einem schier unlösbaren Konflikt: Seine Frau und der Kurprinz waren gegen Napoleon eingestellt, sein wichtigster Ratgeber Montgelas aber plädierte für ihn. Zwar arbeitete dieser erfahrene Diplomat zwei Exposés aus, zwischen denen er Max Joseph wählen ließ, doch es war klar, wie er bei der Entscheidung seinen Herrn führen wollte. Das Eintreffen des Fürsten Schwarzenberg mit einer Eskadron österreichischer Dragoner gab den Anstoß zur heimlichen Abreise der kurfürstlichen Familie nach Westen. Als Begründung wurde angegeben, daß die wittelsbachische Familie das neuerworbene Würzburg besuchen wolle. Würzburg war aber auch das Ziel der Franzosen – als man sich dort traf, war die Entscheidung vor aller Welt gefällt.

Bayern wird Königreich

Der Verlauf des dritten nun folgenden Koalitionskrieges gehört eigentlich nicht in unsere Familiengeschichte, wohl aber dessen Ende, die Heirat von Max Josephs Tochter Auguste mit Napoleons Stiefsohn Eugène Beauharnais, dem Vizekönig von Italien, und die Erhebung Bayerns zum Königreich. Auch wenn die Umwandlung eines alten Kurfürstentums in ein neues Königreich von Napoleons Gnaden für unsere Familie wenig verlockend gewesen sein dürfte, hätte eine Ablehnung höchstwahrscheinlich den Übergang Bayerns an einen Napoleoniden bedeutet. Die Heirat Augustes war die Bedingung, die der französische Kaiser gestellt hatte. Daß diese siebzehnjährige Wittelsbacherin mit dem Bruder ihrer Stiefmutter, einem badischen Prinzen, verlobt war, erhöhte noch die Abneigung. Bruder Ludwig war bereit, ihr zur Flucht nach Sachsen zu verhelfen. Zuletzt aber brachte sie dem Lande doch das geforderte Opfer.

Im Frieden von Preßburg erhielt Bayern von Österreich Tirol, Vorarlberg, Burgau, Lindau, dazu die Bistümer Brixen, Trient, Eichstätt, Passau und die Freie Reichsstadt Augsburg. Napoleon vermittelte auch den preußischen Tausch der Stadt Ansbach gegen das Herzogtum Berg.

Am 1. Januar des Jahres 1806 ritt der Reichsherold durch die Stadt München und verlas die feierliche Proklamation, durch die aus Kurfürst Max IV. Joseph der König Max I. Joseph wurde. Am gleichen Tag fand in der Residenz die traditionelle Neujahrsaudienz statt, in der Max Joseph den später so berühmt gewordenen Satz sprach: »Wir bleiben die Alten ...« Am 14. Januar wurden in der Residenz im Beisein Napoleons und Josephines dann Auguste und Eugène

DIE KÖNIGSPROKLAMATION

Beauharnais getraut. Die Empörung der neuen bayerischen Königin über diese Heirat wurde dadurch noch übertroffen, daß Napoleon ihren Bruder mit einer Kusine Eugènes, mit Stephanie Beauharnais verband, die so zur Großherzogin von Baden aufstieg. Verständlich, daß Kronprinz Ludwig – durch die Ausrufung der Monarchie war er vom Kur- zum Kronprinzen avanciert – für sich ein ähnliches Schicksal befürchtete und daß er mit höchst widerwilligen Gefühlen dem väterlichen Wunsche nachkam, an den Hof des Korsen zu reisen. Königin Karoline wußte von ihrer Schwester, der Zarin, daß die Großfürstin Katharina das Eheverlöbnis, das ihr inzwischen ermordeter Vater 1799 gegeben hatte, nicht mehr für bindend ansah. Ludwig freilich erblickte in der Russin noch immer seine Braut, bis ihn Zar Alexander nach dem nächsten Feldzug über die veränderte Lage unterrichtete.

Napoleon, der in Europa das Unterste zuoberst kehrte, hatte aber für unsere Familie noch eine weitere Überraschung bereit. Er vertrieb die herzoglich bayerische Linie aus Düsseldorf und errichtete am 15. März 1806 für seinen Schwager Murat ein Großherzogtum Berg und Kleve. Das geschah so überraschend, daß der unglückliche Herzog Wilhelm, der sich in Düsseldorf und Benrath eben eingerichtet und eingewöhnt hatte, fluchtartig vor dem einziehenden neuen Herrn ausriß. Er ließ sich in der bischöflichen Residenz zu Bamberg nieder, und als Napoleon auf dem Wege nach Jena durchmarschierte, klagte ihm Wilhelm sein Leid und bat um Fürsprache in München. Der Kaiser hatte mit der Familie noch besondere Absichten – im Frühjahr 1808 verheiratete er zu Paris seinen Generalstabschef Marschall Ludwig Alexander Berthier, Herzog von Neuchâtel und Valengin, mit der einzigen Tochter Herzog Wilhelms, Maria Elisabeth. Berthier war nach Augustes Hochzeit in München geblieben, um den nächsten Schlag – Napoleons Zug gegen Preußen – vorzubereiten und den Rheinbund zu konstituieren. Bei dieser Gelegenheit freundet er sich mit der bayerischen Königsfamilie an.

Im Frieden von Tilsit ging Max Joseph 1807 leer aus, obwohl sich die Bayern unter ihrem Kronprinzen in Polen ausgezeichnet geschlagen hatten. Der Kaiser behielt sich die zwischen Rhein und Elbe gelegenen preußischen Gebiete vor – dazu gehörte auch Bayreuth – und wollte darüber bei Bedarf frei verfügen. In Tilsit traf Kronprinz Ludwig seine Jugendgespielin aus den weit zurückliegenden, doch nie vergessenen Darmstädter Tagen: die Königin Luise.

Ein Jahr vor der Pariser Hochzeit der Herzogin Maria Elisabeth hatte deren Bruder Pius am 26. Mai 1807 zu Brüssel die sehr vermögende Prinzessin Amalie Luise von Arenberg geheiratet, und während er sich mit seiner Frau in Bamberg niederließ, blieb seine Schwester mit ihrem französischen Mann – er muß, dem Sarg in Tegernsee nach zu schließen, sehr groß gewesen sein – im Schloß Grosbois bei Paris. Im Sommer 1809 erhielt Marschall Berthier in Anerkennung seiner Verdienste bei der Schlacht von Wagram den Titel eines ›Fürsten von Wagram‹.

Ein Vierteljahr nach der Berthier-Hochzeit heiratete in München die Königstochter Charlotte Auguste den nachmaligen König Wilhelm I. von Württemberg. Warum dieser seltsame Mensch sich diese Frau geholt hat, ist unverständlich, denn seine Abneigung gegen die Braut ging so weit, daß er ihr nicht einmal die Hand gab. Da diese Ehe 1814 kirchlich annulliert wurde, scheint er auch später keinen engeren Kontakt gesucht zu haben.

Im Jahre 1808 wurden in zwei wittelsbachischen Familien Kinder geboren, die bestimmt sein sollten, die herzogliche Linie neu erblühen zu lassen: Im Sommer wurde König Max zum dreizehnten Male Vater, das Mädchen wurde auf den Namen Ludovika Wilhelmine getauft; ein Vierteljahr später gebar die arenbergische Herzogstochter in Bamberg ihren einzigen Sohn, der den Namen Maximilian erhielt.

Napoleon hielt sich in Spanien auf, – und Österreich glaubte, die Situation ausnützen zu können. Max Joseph entzog sich wieder den einmarschierenden Österreichern. In Dillingen traf er im April 1809 mit dem zurückgekehrten Kaiser der Franzosen zusammen. Die Bayern mit der Division Kronprinz zeichneten sich in den Schlachten zwischen Landshut und Regensburg aus, dann zogen sie unter dem Kommando des Generals Lefebvre gegen die aufständischen Tiroler. Ludwigs Eintreten für Andreas Hofer ist ebenso bekannt wie Napoleons Drohung, den Kronprinzen vor ein Kriegsgericht zu stellen. Im Frieden von Schönbrunn, den der französische Kaiser nach seinem Sieg bei Wagram diktierte, ging der Krieg – ohne den bayerischen Kronprinzen – in Tirol weiter. Im Pariser Vertrag vom Februar 1810 mußte Bayern Südtirol an das Königreich Italien abtreten, erhielt aber das Inn- und Hausruckviertel sowie Salzburg, Berchtesgaden, die Freie Reichsstadt Regensburg und die Markgrafschaft Bayreuth. Der König meinte, ohne den Widerstand seines Sohnes hätte er im letzten Feldzug noch besser abgeschnitten.

In Paris wurden Max Joseph und seine Frau Zeugen der Scheidung Napoleons von Josephine. Daheim in Deutschland suchte sich Kronprinz Ludwig währenddessen eine Braut nach eigener Wahl: Er wollte die Angelegenheit selber regeln, ehe der Kaiser der Franzosen, der mit der russischen Großfürstin ohnehin nicht einverstanden war – wie er den Kronprinzen 1808 in Erfurt wissen ließ –, ihm eine Braut zuteilte. Ludwig fuhr nach Hildburghausen, wo der Herzog Friedrich von Sachsen-Hildburghausen zwei Töchter besaß. Seine Wahl fiel auf Therese, und wenn es auch in Zukunft manche Spannungen gab, so war dies doch eine sehr glückliche Wahl. Noch zur Silbernen Hochzeit hat ihr Ludwig die Verse gedichtet:

Lieb Dich mehr als ich Dich damals liebte,
Reizender erscheinest Du mir heut';
Ob ich gleich Dich öfters selbst betrübte,
Hätt' ich keine lieber doch gefreit.

Der Vater und Napoleon billigten die Wahl, und am 12. Oktober 1810 fand in München die Hochzeit statt. Ein vom Garderegiment aus diesem Anlaß veranstaltetes Pferderennen wurde hinfort alljährlich wiederholt – daraus wurde sehr bald schon das ›Oktoberfest‹. Wahrscheinlich wollte der königliche Vater seinen jungverheirateten Sohn, dessen Franzosenhaß der ganzen Familie gefährlich werden konnte, aus der nächsten Nähe des Hofes entfernen und so ernannte er ihn zum Statthalter von Bayerisch-Tirol und Salzburg. Das junge Paar verbrachte den Winter in der Residenz von Innsbruck und zog im Sommer nach Salzburg, wo es am liebsten im Schloß Mirabell wohnte. Gelegentlich machte man natürlich auch Besuche in München. Hierher war man auch im Frühwinter 1811 gereist, und so wurde der Erbprinz Maximilian, der spätere König Max II., am 28. November 1811, in der bayerischen Residenzstadt geboren. Als das nächste Kind im Jahre 1813 in Salzburg zur Welt kam, war der bayerische Frontwechsel schon im Gange und der Traum von Mirabell vorbei. Die damals geborene Tochter Mathilde heiratete später einen hessischen Großherzog.

Im Jahre 1814 brach das französische Kaiserreich zusammen, und nun stellten sich die beiden angeheirateten Herren aus dem napoleonischen Lager in Bayern ein. Eugène Beauharnais fand mit seiner Familie in München Zuflucht, Berthier bei seinem Schwiegervater in Bamberg.

Die Neugestaltung Bayerns

Bei der Neuverteilung der Länder auf dem Wiener Kongreß suchte man die Fürsten so zu befriedigen, daß man anstelle der dynastischen Tradition die Zahl der ›Seelen‹ setzte. So kam groteskerweise das birkenfeldische Stammland des bayerischen Königshauses an den Großfürsten von Oldenburg, das niederrheinische Erbe der Sulzbacher Schwestern an Preußen, Ansbach und Bayreuth aber verblieben bei

Bayern. Den Kronprinzen Ludwig bedrückte, daß die Säkularisation und die Mediatisierung nicht rückgängig gemacht werden konnten, doch hielt er preußische Klagen über das verlorene Ansbach-Bayreuth für unbillig, da Hohenzollern mit Jülich, Berg und drei pfälzischen Ämtern von Wittelsbach mehr erhalten hat, als es selbst geben mußte. Als der Kongreß durch Napoleons Landung in Frankreich ein jähes Ende fand, war die Neuverteilung der Länder fast abgeschlossen.

Ob sich der Fürst von Wagram 1815 aus Verzweiflung darüber, daß er seinen Kaiser in Stich gelassen hatte, aus einem Fenster des oberen Stockwerkes der Bamberger Residenz gestürzt hat oder ob er das Gleichgewicht verlor, als er den gegen Napoleon nach Westen marschierenden, russischen Truppen nachblickte, ist nie ganz geklärt worden. Im ehemaligen Kloster Banz, das sein Schwiegervater im Jahr zuvor erworben hatte, wurde er beigesetzt, später aber nach Tegernsee überführt. Er hinterließ einen Sohn und eine Tochter. Der zweite Franzose in der Familie, Eugène Behauharnais, wurde mit seinen italienischen Entschädigungen in Bayern seßhaft und vom königlichen Schwiegervater zum Herzog von Leuchtenberg und Fürsten von Eichstätt ernannt.

Nach Napoleons Hundert Tagen wurde die Neugestaltung Bayerns endgültig abgeschlossen. Dem Königreich wurden Bamberg, das ehedem kurmainzische Aschaffenburg, Amorbach, Miltenberg, Heubach, dann ehemals fuldische Parzellen sowie Ansbach-Bayreuth und Berchtesgaden zugeschlagen, außerdem kam auch Würzburg, das 1805 an Toskana gegeben worden war, wieder an Bayern zurück. Einige Zeit wurde auch darüber diskutiert, ob Salzburg oder eine neu gestaltete linksrheinische Pfalz an die Wittelsbacher fallen sollte; die Liebe zur pfälzischen Heimat gab schließlich den Ausschlag. Das für unsere Familie so bedeutsame Zweibrücken wurde unserem Hause zurückgegeben, aber sonst wurde durch den Vertrag vom 14. April 1816 eine neue

›Rheinpfalz‹ geschaffen. Sie bestand aus Teilen der Kurpfalz, vormals speyerischen, wormsischen und leiningischen Gebieten. Für die noch fehlenden 4200 Quadratmeilen mit 152793 Seelen stand im Vertrag, daß die Lücke zwischen dem links- und rechtsrheinischen Bayern (Untermainkreis) ausgefüllt werden sollte – dabei blieb es. Bayern mußte an Österreich Tirol und Vorarlberg, das Inn- und Hausruckviertel sowie Salzburg wieder herausgeben. Nach dem großen Ländertausch war das Bayern Max Josephs von 900 auf 1400 Quadratmeilen angewachsen, und statt 2 Millionen zählte es nun 4 Millionen Einwohner. In Mailand hatte der Kronprinz versucht, vom Kaiser von Österreich die badische Pfalz zurückzubekommen, wurde aber energisch abgewiesen. Man müsse zufrieden sein, meinte Ludwig, wenn man wenigstens den Tauber-Main-Kreis bekäme. Nach der auf dem Wiener Kongreß abgefaßten ›Heimfallklausel‹ sollte die rechtsrheinische Pfalz nach dem Aussterben der alten badischen Linie nicht an die jüngere Linie sondern an Wittelsbach zurückfallen. Der Erbfall trat ein, doch die rechtsrheinische Pfalz blieb zur großen Enttäuschung Ludwigs badisch. Von da an war der Vater österreichischer als der Sohn.

Im Oktober 1816 heiratete die bayerische Königstochter Charlotte, die von König Wilhelm von Württemberg ja wieder getrennt worden war, den österreichischen Kaiser Franz. Ihr Bruder Ludwig vertrat bei der Prokuratstrauung im alten Herkulessaal der Münchner Residenz den Bräutigam. An der Trauung in Wien konnte er dann allerdings nicht teilnehmen, da er an Lungenentzündung erkrankt war. Als sein Vater tief besorgt um das Leben seines ältesten Sohnes von Wien zurückkam, nutzte der Kronprinz die Gelegenheit, um die Entlassung Montgelas' zu erreichen. So erlebte der Initiator des neuen Bayern die Krönung seines Werkes, nämlich die Verfassung vom Mai 1818, nur als Zuschauer – im Februar 1817 sah er sich überraschend in den Ruhestand versetzt.

Dem Kronprinzen wurde als Wohnsitz für den Winter die

DIE BAYERISCHE VERFASSUNG VON 1818

Residenz von Würzburg und für den Sommer die von Aschaffenburg zugewiesen. Zu Beginn des Jahres 1818 kam das Herzogspaar aus Bamberg, Wilhelm und Maria Anna, nach längerer Zeit wieder in die königliche Residenzstadt, um ihren zehnjährigen Enkel Maximilian zu sehen, der unter der Aufsicht seines Taufpaten, des Königs, seit dem Herbst des vergangenen Jahres im ›Königlichen Erziehungs-Institut für Studierende‹ am Promenadeplatz lebte. Da er seine Freizeit bei den Verwandten in der Residenz verbrachte, wuchs dieser künftige Chef des herzoglichen Hauses mit den jüngeren Königstöchtern auf. Während seine Eltern und Großeltern weiterhin in den Schlössern von Bamberg, Banz und Seehof lebten, hatte sich der königliche Onkel 1817 in den bayerischen Bergen angekauft; er hatte das ehemalige Kloster Tegernsee samt seinem großen Landbesitz erworben und verbrachte hier nun einen Teil der Sommermonate.

Am 26. Mai 1818 gab er als einer der ersten deutschen Fürsten seinem Lande eine Verfassung und dazu noch ein Familienstatut, das für die Zukunft jegliche Zerstückelung verhindern sollte. Diese bayerische Verfassung sah – ähnlich wie die englische – zwei Kammern vor, den Landtag und den Reichsrat (wobei mit ›Reich‹ das Königreich Bayern gemeint war). Jedes männliche Mitglied der Familie wurde bei der Erreichung der Volljährigkeit, mit 18 Jahren also, bayerischer Reichsrat, bekam aber erst mit 21 Jahren das Stimmrecht. Alle Familienchefs der Standesherren waren erbliche Reichsräte. Zu den nichterblichen gehörten die Minister und Personen, die ihrer Verdienste wegen ernannt wurden. Das Familienstatut regelte unter anderem auch die Bedingungen einer ebenbürtigen Heirat. So begeistert der Kronprinz – zunächst – von dieser Verfassung war, so sehr entsetzte ihn der ›Machtspruch‹, mit dem der Zar und der Kaiser von Österreich auf dem Kongreß von Aachen im November 1818 das verbriefte ›Heimfallrecht‹ der Kurpfalz annullierten. Der Großherzog von Baden lag im Sterben, weder er noch sein

Onkel hatten Erben, die Lage für Wittelsbach wäre günstig gewesen — wenn die beiden Majestäten den Vertrag nicht gebrochen hätten. Ludwig versuchte auf dem Kongreß die Herausgabe des Neckarkreises mit Heidelberg und Mannheim zu erreichen, wenn Baden die des Main- und Tauberkreises weiterhin verweigerte. Königin Karoline war empört, als sie erfuhr, daß der Kronprinz seinen Adjutanten entsandt hatte, um nur ja vom Tod des Großherzogs schnell unterrichtet zu werden. Er wollte sich nicht ohne weiteres damit abfinden, daß man seinem Bayern das versprochene Land vorenthalten wollte.

Vater Max Joseph schien resigniert zu haben, er glaubte offensichtlich nicht mehr an eine Rückkehr der badischen Pfalz — hätte er sonst im Jahre 1805 die in der Heidelberger Karmeliterkirche beigesetzten Sulzbacher und Birkenfelder in die Gruft von Sankt Michael in München überführen lassen?

Daß die badische Pfalz für Bayern verloren war, hat das Verhältnis des Kronprinzen zu seiner Stiefmutter beeinträchtigt, denn er sah in ihr nun vor allem die ›Badische Königin‹. Die Beziehungen zu seinem Vater aber waren ohnedies gestört, da er sich von ihm, den er an sich herzlich liebte, eingeschüchtert und nicht verstanden fühlte. Daß Ludwig von der königlichen Familie fast ständig getrennt war, hat das eigentlich nicht außergewöhnliche Kronprinzenschicksal noch zusätzlich erschwert. Günstiger waren da die Verhältnisse für Karl, den jüngeren Bruder, der während der Hundert Tage seine militärische Laufbahn begonnen hatte und sich nun fast ständig bei seinen königlichen Eltern aufhielt. Als eigene Residenz wurde ihm das später nach ihm benannte Prinz-Karl-Palais am Englischen Garten angewiesen, das der Architekt Karl von Fischer zwischen 1804 und 1806 für den Abbé Salabert erbaut hatte. Bis zum Einzug des Prinzen Karl nannte man es Palais Salabert oder Pavillon Royal. An eine Heirat dachte der 1795 geborene Wittelsbacher zu jener Zeit noch nicht, und als er schließlich seine Wahl getroffen hatte, war die Familie damit nicht zufrieden.

Es gab im Hause Max Joseph sechs Töchter aus zweiter Ehe, und Kaiser Franz eröffnete den Reigen der Werber, als er für seinen Thronfolger Ferdinand die Hand der 1801 geborenen Elisabeth erbat und die 1805 geborene Sophie gerne mit einem anderen Sohn, Franz Karl, verheiratet hätte. Elise wurde dann aber mit dem preußischen Kronprinzen Friedrich Wilhelm verheiratet, dem späteren Friedrich Wilhelm IV., dem ›Romantiker auf dem Throne‹. Damit hatte sich ein Wunsch des ›teutschgesinnten‹ Kronprinzen Ludwig erfüllt, denn er schätzte diesen Hohenzollern ganz besonders. Die Verhandlungen über die Eheschließung zogen sich freilich bis zum Jahre 1823 hin, da der preußische König Bedenken gegen eine katholische Schwiegertochter hatte. Erst Jahre nach der Vermählung konvertierte die Bayernprinzessin zum Glauben ihres Mannes. Diese komplizierten konfessionellen Überlegungen waren der Grund, daß Elisabeths Zwillingsschwester ein Jahr früher heiratete. Ihr Mann, der Prinz und spätere König Johann I., ein anerkannter Danteforscher – er hat die ›Göttliche Komödie‹ übersetzt und unter dem Namen ›Philalethes‹ veröffentlicht –, war wohl der bedeutendste sächsische Regent. Die Heirat fand im November 1822 in Dresden statt, im November 1823 heiratete Elisabeth ihren Preußenprinzen, und wiederum übers Jahr, im November 1824, wurde Sophie in der Wiener Hofburg dem österreichischen Erzherzog Franz Karl angetraut. Königin Karoline bewunderte den Mut ihrer Tochter, denn der Habsburger hatte keinen sehr verlockenden Eindruck gemacht, als ihn Fürst Metternich am Tegernsee dem bayerischen Hofe präsentierte. Die Braut hat wahrscheinlich auch gefunden, daß der Herzog von Reichstadt besser zu ihr passen würde, doch dieser Sohn des Kaisers Napoleon hatte keine Zukunft – und Sophie hatte politischen Ehrgeiz. Sie wollte sich die höchste Würde erheiraten. Wie Amalie das sächsische, so setzte Sophie das österreichische Herrschergeschlecht fort: Wittelsbachisches Blut hatten hinfort die sächsischen Herrscher, wittelsbachisches Blut hatten aber auch die Habsburger. Elise bekam keine Kinder.

Max Joseph hatte 1825 an seinem Namenstag einen Ball des russischen Botschafters besucht, war früh nach Nymphenburg zurückgefahren und am nächsten Morgen, am 13. Oktober, tot in seinem Bett gefunden worden. Es war, so erzählte der Diener, als schliefe die Majestät. Ein Lächeln war auf seinen Lippen.

Die Königinwitwe Karoline, die durch den Tod ihres Mannes die Besitzungen am Tegernsee geerbt hatte, setzte dort die traditionellen Familienzusammenkünfte fort. Im Park von Biederstein ließ sie sich von Klenze ein kleines Palais bauen, dort lebte sie vor allem im Sommer, während sie die Wintermonate meist in der Maxburg verbrachte.

Da die jüngste Tochter Maximiliane 1821 im Alter von zehn Jahren gestorben war, lebten nur noch die beiden Töchter Maria und Ludovika unverheiratet am Münchner Hof. Im Herbst 1828 fand in Tegernsee eine wittelsbachische Hochzeit statt, die in der Familien- wie in der europäischen Geschichte mancherlei Spuren hinterlassen sollte: Die zwanzigjährige Ludovika Wilhelmine, Tochter des Königs Max I. Joseph, heiratete den gleichaltrigen Herzog Maximilian aus der Linie Birkenfeld-Gelnhausen, einen Enkel des Herzogs Wilhelm in Bayern, und einige der Kinder aus dieser Ehe sollten zu den bekanntesten und populärsten Mitgliedern des Hauses Wittelsbach werden. Maximilian selbst hatte eine lebenslange Freude an Zirkus, an geselligen Freundesrunden und an der bayerischen Volksmusik; unter den Initialen ›H.M.‹ (für Herzog Max) gab er sogar eine vielbeachtete Sammlung oberbayerischer Lieder heraus. Da er gerne mit der Zither durchs Land zog und sie auf einer Orientreise sogar am Fuße der Pyramiden spielte, hieß man ihn allgemein nur den ›Zithermaxl‹.

Der junge Ehemann, dessen unglücklicher und seltsam gewordener Vater Pius meist in dem Barockschloß Seehof bei Bamberg lebte, ließ sich von Klenze an der Ludwigstraße in München ein Stadtpalais bauen (an der Stelle der heutigen Landeszentralbank) und erwarb am Starnberger See im Jahre 1834 die im Laufe der Zeit mehrfach veränderten Schlösser von Possenhofen und Garatshausen.

Im Jahre 1833 heiratete schließlich die Prinzessin Maria den künftigen König Friedrich August von Sachsen – die Töchter der Königinwitwe waren nunmehr versorgt.

Die Regierungszeit König Ludwigs I.

König Ludwig I. zog 1825 mit sechs Kindern in die Residenz ein: Maximilian, Mathilde, Otto, Luitpold, Adelgunde und Hildegard, zwei weitere Kinder kamen bald hinzu – die Tochter Alexandra und mein Großvater Adalbert. Vielleicht ist mein königlicher Urgroßvater auf den in der Familie nicht gebräuchlichen Namen Adalbert gekommen, als er die Geschichte des heiligen Königs Stephan von Ungarn las, den der heilige Adalbert auf unserer alten Stammburg zu Scheyern getauft haben soll.

Ludwig I. klagte, daß ihm sein Vater keine außenpolitischen Aufgaben übriggelassen habe, und wandte sich daher um so eifriger der Innenpolitik zu. Er hatte sich schon lange auf den Tag vorbereitet, an dem er die Herrschaft übernehmen würde. Er hatte ein Programm der Reformen entworfen und sich dabei vor allem vorgenommen, die Härten der Säkularisation zu mildern. Ein besonderes Anliegen war ihm die Neugründung aufgehobener Klöster, wobei ihm der Benediktinerorden besonders nahestand. Mit besonderem Eifer widmete er sich dem Kloster Scheyern, das in der Frühgeschichte unserer Familie eine so bedeutende Rolle gespielt hatte. Hier sollte auch eine Familiengruft entstehen; damit wollte Ludwig an eine alte Tradition anknüpfen, da Scheyern ja bis in die Zeiten Ludwigs des Strengen die Grablege unserer Familie gewesen war. Der Plan wurde zurückgestellt, doch damals kehrten die Bilder der gemalten Wittelsbacher-Genealogie wieder an ihren alten Platz in Scheyern zurück.

Auch das von ihm eingeführte zweite und letzte Wappen des bayerischen Königreiches verriet seinen Familiensinn: Neben den weiß-blauen Wecken oder Rauten, dem goldenen Pfälzer Löwen auf schwarzem und dem blauen Veldenzer Löwen auf silbernem Grunde erhielt es auf Ludwigs Vorschlag hin noch den fränkischen Rechen und das Wappen der ehemaligen Markgrafschaft Burgau (für Schwaben). Dieses Wappen, vermerkte der König, sei einer Anregung des preußischen Schwagers zu verdanken und ersetze das vom Vater eingeführte Wappen (Rauten mit Königskrone, gekreuztem Zepter und Schwert).

Die Entsendung des jungen Prinzen *Otto* auf den neugeschaffenen griechischen Thron war wohl das größte Familienereignis in den dreißiger Jahren. Obwohl Ludwig einer der aktivsten und begeistertsten Philhellenen war, dachte er nicht daran, daß sein Sohn eines Tages von Nauplia und später sogar von Athen aus regieren würde. Im Jahre 1828 hat ihm Herzog Emmerich Joseph von Dalberg zum ersten Male den Plan entwickelt, und im Mai 1832 wurde Otto in London tatsächlich zum König der Griechen bestimmt. Nachdem auch noch die neugeschaffene Griechische Nationalversammlung ihre Zustimmung gegeben hatte, machte sich der siebzehnjährige wittelsbachische König in Begleitung von 3500 Bayern auf die zwei Monate währende Reise in sein Reich. Der offizielle Abschied fand in der Münchner Residenz statt; der königliche Vater begleitete den Sohn bis weit vor die Stadt, zum ›Hechenkirchner Forst‹ (bis zu der Stelle, wo im Februar 1834 die sogenannte ›Ottosäule‹ errichtet und später der Ort Ottobrunn gegründet worden ist); die Mutter reiste noch bis Aibling mit dem Griechenkönig, das ›Theresienmonument‹ erinnert an diesen dritten Abschied von Otto.

Die Trennung von der Mutter war die schwerste, schmerzlichste, denn Otto war der Lieblingssohn der Königin Therese. An der Stelle aber, wo Otto das Königreich Bayern verließ, an der Tiroler Grenze bei Kiefersfelden, errichtete Daniel Ohlmüller 1834 die ›Otto-Kapelle‹. Am 6. Februar 1833 landete der Wittelsbacher umjubelt in Nauplia. Nach drei Jahren holte er sich vom großherzoglichen Hof in Oldenburg seine Königin Amalie.

Der Kronprinz *Maximilian* war eine Gelehrtennatur und einem seiner Professorenfreunde hat er später einmal gesagt: »Wäre ich nicht in einer Königswiege geboren, so wäre ich am liebsten Professor geworden.« Sein Vater hat es später bedauert, daß er ihn zuerst nach Göttingen und Berlin auf die Universität geschickt hatte, denn dort sei der Sohn allzu sehr von Protestanten beeinflußt worden. In jenen Studientagen bahnten sich seine Beziehungen zu norddeutschen Dichtern und Gelehrten an, vielleicht lernte er damals auch die Prinzessin Marie von Preußen kennen. Die Freude am Bauen war Vater und Sohn gemeinsam, nur über den Stil hatten sie sehr verschiedene Ansichten. Während Ludwig der Klassik huldigte, liebte der Sohn den neugotischen ›Spitzbogenstil‹ (war aber doch nicht so festgelegt, denn beim Bau des Maximilianeums ließ er die ursprünglich geplanten Spitzbogen durch Rundbogen ersetzen, als er erkannte, daß diese besser zu dem Gebäude paßten).

Von Maximilians Schwestern heiratete zunächst, Ende 1833, Mathilde den künftigen Großherzog Ludwig III. von Hessen-Darmstadt.

Die Silberne Hochzeit des Königspaares am 12. Oktober 1835 wurde mit Oktoberfest und Ballonaufstieg festlich begangen. Zum Programm gehörte auch ein Konzert, das Johann Strauß mit seinem Orchester gab. »Seine Musici – ein Strich«, rühmte der König. Mein Urgroßvater, der so gerne und mit so großem Erfolg gebaut hat, legte natürlich auch an diesem denkwürdigen Tag einen Grundstein – den zur

Sankt-Bonifatius-Kirche, in der er später zur letzten Ruhe gebettet wurde. Anschließend marschierte die Garnison am Leuchtenberg-Palais vorbei, wo das Jubelpaar die Parade abnahm. Ein Grundstein war an diesem Tag gelegt worden, ein anderes architektonisches Projekt war rechtzeitig zur Silberhochzeit fertig geworden: Die Königszimmer in der Residenz wurden eingeweiht; im neuen Speisesaal versammelten sich an der Familientafel vierzig Personen. Am nächsten Tag, dem zehnten Todestag von Max 1. Joseph, wurde auf dem nach diesem ersten Monarchen benannten Platz das Denkmal von Christian Daniel Rauch enthüllt, das dort heute noch steht. Es sei ein trüber Tag gewesen, berichten Teilnehmer des Festaktes, doch als die Umhüllung fiel, sei ein einzelner Sonnenstrahl durchgebrochen und habe das Haupt des Königs Max erstrahlen lassen.

Im November 1841 starb in der Münchner Maxburg die 65jährige Königin-Witwe Karoline. Der Klerus verstimmte den König und die ganze wittelsbachische Familie, da er von der Beisetzung der Protestantin Karoline in der katholischen Theatinerkirche demonstrativ keine Notiz nahm. Den Besitz am Tegernsee hatte Karoline ihrem Stiefsohn Karl, das Schlößchen am Biederstein der Tochter Ludovika vererbt.

Die Vermählung von König Ludwigs Tochter Adelgunde mit Herzog Franz v. von Modena, Erzherzog von Österreich-Este, konnte am 30. März 1842 bereits in der von Ludwig erbauten Allerheiligen-Hofkirche stattfinden. Die nächste Hochzeit in der königlichen Familie fand bereits sieben Monate später statt – und auch die Vermählung des Kronprinzen Maximilian mit der Prinzessin Marie von Preußen war für den König eine Gelegenheit, Neugebautes vorzuführen: den Festsaalbau der Residenz. Die evangelische Trauung hatte in Berlin stattgefunden, wobei der künftige deutsche Kaiser Wilhelm den Bräutigam vertrat. Nach der katholischen Zeremonie in der Münchner Allerheiligen-Hofkirche am 12. Oktober 1842 (also am 32. Hochzeitstag des bayerischen Königspaares) fand im neuen Thronsaal ›Salut du Trône‹ und anschließend im ›Saal Karls des Großen‹ das Hochzeitsmahl statt. Drei Tage später, am siebzehnten Geburtstag der Kronprinzessin, wurde der Hofballsaal eröffnet. Der König führte die Polonaise mit der Prinzessin Wilhelmine von Preußen, der Mutter des Geburtstagskindes, an. Einige Tage darauf fuhr die Familie mit den Eltern der Kronprinzessin in zwei Wagen nach Regensburg zur Einweihung der Walhalla. Das anschließende Bankett richtete der Fürst von Thurn und Taxis in Donaustauf aus. Man übernachtete in Regensburg und reiste am nächsten Tag nach Kelheim, wo König Ludwig den Grundstein für die Befreiungshalle legte. Erst jetzt durfte sich das junge Ehepaar nach Hohenschwangau zurückziehen. Der König, der sonst so gerne die Bauleute beschäftigte, war verärgert, als ihm der preußische Gesandte in der bayerischen Residenzstadt, Graf Dönhoff, zu verstehen gab, daß sein Hof mit der Errichtung eines Kronprinzenpalais in München rechne. Er war in seinem Stolz gekränkt – doch schon im Frühjahr, also nach wenigen Monaten, legte Friedrich Gärtner einen Entwurf vor. Es dauerte einige Zeit, bis sich der König über den Platz an der Brienner Straße klar wurde und für dieses Wittelsbacher Palais auch noch den vom Sohne gewünschten ›Spitzbogenstil‹ genehmigte. Die Pfälzer schenkten dem Kronprinzen die Burg Hambach bei Edenkoben, die hinfort ›Maxburg‹ hieß und im ›Hambacher Fest‹ 1832 bald Berühmtheit erlangen sollte.

Die Hochzeiten der Geschwister Luitpold und Hildegard wurden im Frühjahr 1844 gemeinsam gefeiert. Luitpold hatte seinem Vater schon einige Jahre zuvor angekündigt, daß er die Erzherzogin Augusta von Toskana heiraten wolle, wenn sich ihre schwache Gesundheit bessere. Wie vor ihm sein Onkel Karl, so widmete sich auch Luitpold dem Militärdienst; er diente bei der Artillerie. Seine Vermählung fand am 15. April 1844 in Florenz statt, zwei Wochen später wurde

Luitpolds Schwester Hildegard in München dem Erzherzog Albrecht von Österreich angetraut. Vater Ludwig hätte seine Tochter lieber als Frau des Großherzogs von Baden gesehen, da vielleicht auf diesem Wege die badische Pfalz wieder an das Haus Wittelsbach zurückgekommen wäre. Doch der erwählte Albrecht war ein Sohn des Erzherzogs Karl, und der war dem König von Bayern teuer, denn er war der Sieger von Aspern. So empfing er ihn denn auch als »teutschen Helden«, als er mit seinen drei Söhnen zu den Hochzeitsfeierlichkeiten nach München angereist kam. Der bayerische Karl gab ihm als Feldmarschall in seinem Palais ein Familiendiner mit anschließendem Zapfenstreich. Die Hochzeitsfeierlichkeiten fanden wieder im Festsaalbau statt. Das zweite Brautpaar dieser Tage, das luitpoldinische, war so rechtzeitig in München eingetroffen, daß es an den Feierlichkeiten teilnehmen und bei der Galavorstellung im Hoftheater neben dem anderen Brautpaar in der Mittelloge sitzen konnte. Nur der König hat an diesem Abend erfahren, daß es vor dem Theater Krawalle wegen des Bierpreises gegeben habe. – Im Herbst dieses Jahres 1844 war auch die Feldherrnhalle vollendet; die Arbeiten am Wittelsbacher Palais waren weit fortgeschritten.

Das folgende Jahr wurde denkwürdig, da in ihm zwei künftige wittelsbachische Könige geboren wurden: am 7. Januar Luitpolds Sohn, der 1913 als Ludwig III. König werden sollte, und am 25. August der Sohn des Kronprinzen, der spätere Ludwig II. von Bayern – er war am gleichen Tag und zur nämlichen Stunde geboren wie 59 Jahre zuvor sein Großvater, König Ludwig I., und da dieser Geburtstag zugleich der Ludwigstag war, wurde auch dieser Wittelsbacher auf den Namen Ludwig getauft. Es ist später gelegentlich vermutet worden, man habe diese Geburtsstunde angegeben, um dem Großvater eine Freude zu machen. Doch König Ludwig und seine Schwester, die Herzogin von Leuchtenberg, waren zur Geburtszeit in Nymphenburg. Sie hatten die Niederkunft noch für den 24. August erwartet und dann mit wachsender Erregung das Vorrücken des Zeigers verfolgt, »lebhaft wünschend, daß sie erst nachher (nach Mitternacht), also an meinem Geburtstag stattfände«, schrieb Ludwig. »So geschah es nach 20 Minuten gemäß der Nymphenburger, nach 30 gemäß meiner Uhr (also in der gleichen Stunde, in welcher vor 59 Jahren ich geboren worden war), wurde Maria entbunden von einem Sohn.« Zur Taufe am 26. fuhr der König bei prachtvollem Wetter im Galawagen mit seinen Söhnen Luitpold und Adalbert nach Nymphenburg. Die Zeremonie, bei der Adalbert die Kerze hielt, fand im Steinernen Saal statt. Auch der zweite Pate, König Friedrich IV. von Preußen, war mit seiner Frau Elise gekommen.

Prinz Adalbert wurde an seinem achtzehnten Geburtstag, am 19. Juli 1846, in Aschaffenburg zum Oberst-Inhaber des 2. Kürassier-Regiments in Landshut ernannt. Die königliche Familie sah an diesem Tage das erste Schiff, das den neuen Ludwig-Donau-Main-Kanal benützen sollte. Es war ein holländischer Dampfer, der, auf der Fahrt nach Wien, am Schloß vorbeifuhr. Der Prinz liebte die Literatur, das Theater und vor allem die Musik. Er hatte eine gute Baßstimme und trat zusammen mit seinem Musiklehrer Pellegrini in Liebhaberaufführungen auf. Er sprach mehrere Sprachen, darunter Spanisch, wie schon sein Vater, weil er für dieses Land besonderes Interesse hatte. »Spanische Heirat stack ihm vor Jahren im Kopf«, notierte sich der König im September 1849, und eine Spanierin hat er dann ja auch geheiratet. In seiner Statur schlug dieser 1828 geborene Adalbert seinem Urgroßvater Friedrich Michael nach, er wurde groß und schwer. In der Familie nannte man ihn ›Bertelone‹. Der königliche Vater glaubte in ihm sein eigenes fröhliches ›Pfalzgrafenblut‹ zu erkennen. Die Freundschaft dieses wittelsbachischen Prinzen mit Justinus Kerner steigerte sein Interesse für die Geisterwelt.

Im Oktober dieses Jahres kam Lola Montez nach München, ohne zunächst großen Eindruck zu machen. Der König war mit seinen Bauten vollauf beschäftigt, unter anderem ließ er für seine Therese an der Verlängerung der Ludwigstraße in Schwabing ein Gartenhaus errichten. In der Pfalz ging bei Edenkoben seine Ludwigshöhe der Vollendung entgegen. Der Grundstein für die Neue Pinakothek war gelegt, und der Plan für die Propyläen wurde ausgearbeitet. Im Herbst war König Ludwig durch die Pfalz gereist und hatte Schraudolphs Fresken im Speyerer Dom gesehen.

Dann kam das Revolutionsjahr 1848 mit Ludwigs Abdankung zugunsten seines Sohnes Maximilian – nicht wegen Lola, betonte er, sondern weil er keine weiteren Zugeständnisse machen wollte. Seinem Beichtvater erklärte er: »Man hat mich zum Schreiber und nicht einmal zum Oberschreiber, sondern nur zum Unterschreiber degradieren wollen. Dafür dankte ich ab.« Und ein andermal schrieb er: »Habe immer gesagt, wirklich König sein oder die Krone niederlegen. Und so hab' ich nun getan.« Am 19. März, nachmittags um ein Uhr, verkündete er den versammelten großjährigen Agnaten seinen Entschluß. Nach einem vergeblichen Versuch, den Vater von seinem Entschlusse abzubringen, bat der neue König Maximilian um den Segen für sein schweres Amt.

Kurfürst Karl Theodors Witwe Maria Leopoldine, diese – nach Ludwig – »sehr verständige, für Bayern gut geeignete Fürstin«, hatte die Abdankung noch gebilligt, wenige Monate später, am 23. Juni, verunglückte sie dann an einem Berg bei Wasserburg tödlich, als ihre Pferde durchgingen. Es hieß, sie habe während der Fahrt ihre Geldschatulle auf dem Schoße gehalten und sei, als der Wagen umkippte, von diesem ihrem schweren Schatzkästlein erschlagen worden. Aber vielleicht hat man das nur erfunden, da die Kurfürstin als besonders geizig bekannt war. Bei ihren Bällen in der Maxburg beispielsweise waren die Räume so schlecht geheizt, daß die Damen in ihren Pelzen tanzen mußten. Ihr sparsamer Sinn war dabei mit ausgeprägter Geschäftstüchtigkeit verbunden: Sie engagierte sich stark in der Wirtschaft, besaß zahlreiche

Unternehmen, darunter vor allem auch Brauereien, und scheute sich auch nicht, auf der Münchner Dult Verkaufsstände zu unterhalten.

In Österreich leitete die ›Bayerische Sophie‹ ein neues Kapitel der habsburgischen Geschichte ein. Sie, eine resolute Dame, erreichte, daß Kaiser Ferdinand auf die Krone verzichtete und der eigene Gatte keine Ansprüche anmeldete, so daß ihr Sohn Franz Joseph Kaiser von Österreich wurde.

Ein Professor auf dem Königsthron

Für Maximilian in MÜNCHEN war es nicht leicht, unter den Augen des Vaters regieren zu müssen (und für den gewesenen König war es nicht minder schmerzlich, einen anderen an seiner Stelle zu sehen). Nur ungern zog er aus den geliebten Königszimmern der Residenz in das ungeliebte Wittelsbacher Palais, das während des Zweiten Weltkrieges durch Bomben zerstört wurde (nachdem die Gestapo es zu ihrer Münchner Zentrale gemacht hatte – auch ein Stück böser Rache an den so sehr gehaßten Wittelsbachern).

Bei seiner Abdankung hatte sich mein Urgroßvater die Schlösser in Aschaffenburg und Berchtesgaden vorbehalten; Berchtesgaden vor allem wegen der Nähe Salzburgs, wo seine Schwester gerne wohnte. Das Wittelsbacher Palais – gleichsam der erste von den drei Wohnsitzen des alten Königs – nahm jetzt die Stelle der Maxburg als Wohnsitz der nächsten Agnaten unseres Hauses ein.

Im Herzog-Max-Palais an der Ludwigstraße brachte Tante Ludovika im Dezember ihr zehntes Kind zur Welt: Es war ein Sohn, er wurde auf den Namen Max Emanuel getauft und war »der 14. lebende männliche Wittelsbacher«, wie Ludwig I. bei dieser Gelegenheit stolz notierte.

Maximilian II., der so gerne Geschichtsprofessor geworden wäre, ließ aus Begeisterung für die Vergangenheit historische Szenen in künstlerisch nicht immer überzeugenden Kolossalgemälden für sein Nationalmuseum an der Maximilianstraße und sein Maximilianeum malen – im Nationalmuseum allein 143 Wandbilder! Sie wurden verdeckt, als man nach dem Umzug des Museums in das neue Gebäude an der Prinzregentenstraße im Jahre 1900 die Wände für die Zwecke des Völkerkundemuseums adaptierte. Im letzten Krieg wurden sie zum Teil durch Bomben zerstört. (Wer sich davon gerne eine Vorstellung machen möchte, findet sie in den vier kommentierten Fotobänden abgebildet, die Carl von Spruner ihnen 1868 gewidmet hat.)

Der Kampf um die Vorherrschaft in Deutschland bekümmerte Vater und Sohn in der gleichen Weise. Max war für die Triasidee – Preußen, Österreich und die Mittelstaaten unter Bayerns Führung. Schon im April 1849 hatte der ehemalige König Ludwig vermerkt: »Unter das preußische Kaisertum sich beugend wird Bayern mediatisiert, allein mit Österreich verbunden ebenfalls«, oder am 28. November 1850: »Bayern sei weder Österreich noch Preußen unterworfen; müßte jedoch eines von beiden sein, so ziehe ich Österreich vor.« Er verfolgte die Entwicklung der Politik mit banger Sorge. Von 1851 an zog er sich gerne auf seine Neuerwerbung Leopoldskron bei Salzburg zurück und bald auch auf seine Ludwigshöhe in der heimatlichen Pfalz.

Vom Tod seiner Schwester Auguste von Leuchtenberg – sie war am 13. August 1851 gestorben – erfuhr Ludwig in seiner Villa Malta in Rom. (Vom Erwerb dieses Hauses hatte der König in einem ausführlichen Brief an Goethe berichtet; aus einem Gespräch mit Eckermann ist bekannt, wie sehr sich der Dichter – er war einige Jahre zuvor, im August 1827, von Ludwig mit dem höchsten bayerischen Orden ausgezeichnet und dadurch in den persönlichen Adel erhoben worden – für diesen Kauf interessierte.) Keine anderthalb Jahre nach dem Tod der Herzogin Auguste starb in Petersburg ihr Sohn Maximilian. Mit seiner Schwester Charlotte zusammen kaufte Ludwig für Luitpolds Familie das Leuchtenberg-Palais. Bis nach der Zerstörung im Zweiten Weltkrieg blieb es im Besitz dieses Zweiges unserer Familie und hieß dementsprechend ›Palais Luitpold‹. Für den Sommer hatte Luitpolds Familie die Villa Amsee bei Lindau.

In ATHEN gab es keinen Kronprinzen. Wer sollte nachfolgen? Luitpold lehnte ab, weil der Erbe im griechisch-orthodoxen Glauben erzogen werden sollte. Dann wollte König Maximilian seinen jüngsten Bruder Adalbert dafür gewinnen. Es war sogar von einer Ehe die Rede, damit sich ein Erbe für Griechenland einstelle. Über die Uniformen des Hofstaates wurde bereits verhandelt, doch zuletzt winkte auch Adalbert wegen der Religionsklausel ab. Ohnedies hatte die Begeisterung dieses Wittelsbachers für Spanien bei einer Reise durch die Iberische Halbinsel im Jahre 1848 noch weiter zugenommen – und auch der Wunsch, eine Spanierin zu heiraten.

Aus den kleinen wittelsbachischen Mädchen des Herzogs Max in POSSENHOFEN waren ungewöhnlich schöne junge Herzoginnen geworden, und Mutter Ludovika hielt Ausschau nach Schwiegersöhnen. Für die älteste Tochter Helene hatte sie mit ihrer Schwester Sophie in Wien eine Absprache getroffen: Das Kind sollte den Kaiser Franz Joseph heiraten. Um diesen Plan nicht vorschnell zu verraten, nahm sie zur Zusammenkunft nach Ischl auch die nächstjüngere Elisabeth mit, die man in der Familie nur ›Sissi‹ nannte. Der Kaiser machte alle Absichten der Mütter zunichte, denn er verliebte sich in Sissi. Zuerst erschien am 19. August 1853 der Fürst von Liechtenstein bei König Ludwig I. in Leopoldskron, um im Auftrag seines Kaisers die Verlobung zu verkünden. Am darauffolgenden Tag erschien Stiefschwester Sophie und erzählte, was vorgefallen war. Und Ludwig schrieb sich anschließend auf: »Wie der Kaiser abends den 16. seine Nichte Elise erblickte, veränderte sich sein Ausdruck. (Es war der Liebe heiliger, göttlicher Strahl, der von dem Himmel kömmt und trifft und zündet.) Als Elise gefragt wurde, erwiderte sie: ›Wie könnte man einen solchen Mann nicht lieben ...‹ Am 19. morgens 9 Uhr war der Kaiser Bräutigam. Hätte nicht gedacht, daß meine 15jährige Nichte plötzlich solchen Eindruck, Leidenschaft bewirken könnte.« Am letzten Augusttag erschien der Bräutigam im weißblau beflaggten Salzburg. Ludwig und sein Schwiegersohn, Erzherzog Albrecht, fuhren in ihren österreichischen Uniformen in die Residenz, wo sie der Kaiser in bayerischer Uniform empfing. Ludwig kam mit der Braut und zwei weiteren Kindern. Abends erstrahlte der Domplatz in Festbeleuchtung. In der Verlobungszeit reiste Franz Joseph öfter nach München und Possenhofen. Doch dann kam endlich der so heiß ersehnte Tag, an dem die künftige Kaiserin auf der Donau nach Wien fuhr.

Im August dieses Jahres 1854 schrieb Königin Therese ihrem Mann auf der Ludwigshöhe, in MÜNCHEN sei die Cholera ausgebrochen. Von Aschaffenburg aus, wo zum Ludwigstag die Kinder Adalbert und Adelgunde eingetroffen waren, gab Ludwig seinem Luitpold den schriftlichen Rat, er möge sich mit seiner Familie nach Berchtesgaden begeben. Am 21. September, notierte der König, sei er an seinem Schreibtisch in Aschaffenburg gesessen und habe an einem Fenster »eine wandelnde weiße Gestalt schlanker Taille gesehen, die aber gleich verschwand. Es kann Täuschung gewesen sein«. Nachdem es hieß, die Seuche sei erloschen, reiste man am 7. Oktober nach München ab. Die ersten Krankheitssymptome scheinen nicht erkannt worden zu sein. Ludwig besuchte die Industrie-Ausstellung in dem kurz zuvor am Botanischen Garten errichteten Glaspalast, ließ sich die Fundamente für die Propyläen zeigen und betrachtete mit besonders kritischem Blick die im Bau begriffene Maximilianstraße. Am 44. Hochzeitstag, dem 12. Oktober 1854, schrieb er, daß er Therese jetzt mehr liebe als am ersten Hochzeitstag. Als sich bei der Königin verdächtige Anzeichen zeigten, schöpfte man noch keinen Verdacht, erst am 25. Oktober wurde der Leibarzt Schrettinger geholt, doch auch er glaubte, daß keine akute Gefahr bestünde. Gegen Abend verschlechterte sich aber das Befinden. Ludwig legte sich angekleidet auf sein Kanapee. Um halb elf Uhr wurde er geholt. Er kniete am Krankenbett, bis Therese um eineinhalb Uhr früh im Beisein ihrer Kinder Luitpold, Adalbert und Alexandra sanft einschlief. Pastor Berger hatte ihr noch das Abendmahl gereicht. Max war auf der Jagd in der Ries gewesen, da ihm sein Vater gesagt hatte, es bestehe keine ernste Sorge. Therese wurde wie Karoline einbalsamiert und zunächst in der Familiengruft bei den Theatinern beigesetzt. Während seine tote Frau im Wittelsbacher Palais ein Stockwerk unter seinem Zimmer aufgebahrt war, faßte Ludwig den Entschluß, sich eines Tages zu Sankt Bonifaz in einem Hochgrab beisetzen zu lassen, wie man es Kaiser Friedrich II. in Palermo errichtet hatte. Unter seinem Sarg, ein Geschoß tiefer, sollte der seiner Frau Therese stehen. Diesem Wunsch wurde auch entsprochen.

Nach diesem schmerzlichen Verlust wollte mein Urgroßvater zunächst aus dem ohnedies nie geliebten Wittelsbacher-Palais fliehen. Er reiste zusammen mit seinem Sohn Adalbert zur Tochter Mathilde in Darmstadt.

Adalbert erbte von seiner Mutter das Landhaus in Schwabing. Da er sich nach wie vor eine Spanierin zur Frau wünschte, wurde auf diplomatischem Wege Amalia Felipa Pilar gefunden, eine Kusine der Königin Isabella. Im Mai 1855 begab sich Adalbert von Rom aus zu Schiff nach Spanien und besuchte auf der Rückfahrt von dieser Brautschau in Paris die Weltausstellung. Dem Vater zu Ehren wurde die Trauung auf den Ludwigstag des Jahres 1856 gelegt. So bekam der Bayernprinz in der Schloßkapelle zu Madrid seine so heiß ersehnte Spanierin. Der feierliche Einzug in München fand am 22. Oktober 1856 bei strahlendem Wetter statt. Das Paar bekam die Kurfürstenzimmer der Residenz zugewiesen und wurde am darauffolgenden Tag ebenso feierlich in Nymphenburg empfangen. Die neue Schwiegertochter bestand vor den kritischen Augen König Ludwigs: Sie schlage in die neapolitanische Familie ihrer Mutter, sagte er. Die nächsten Hochzeiten fanden wieder in unserem herzoglichen Hause statt. Die bestehenden verwandtschaftlichen Beziehungen zum Hause Thurn und Taxis wurden dadurch noch enger, daß Helene, die ursprünglich ja für den Kaiser von Österreich bestimmt gewesen war, am 24. August 1858 den Erbprinzen Maximilian von Thurn und Taxis heiratete. Ihre Schwester Marie wurde im Februar 1859 dem Kronprinzen Franz beider Sizilien angetraut, ohne daß sie ihn zuvor gesehen hatte. Einige Monate darauf wurde sie Königin, aber schon nach eineinhalb Jahren mußte das Königspaar aus Neapel fliehen.

Bevor Adalberts erster Sohn Ludwig Ferdinand – am 22. Oktober 1859 – im Schloß von Madrid zur Welt kam, wurde die griechische Thronfolge neuerlich diskutiert, da Otto glaubte, die Religionsklausel aufgeben zu können. Ludwig Ferdinand sollte Konstantin genannt werden, und tatsächlich hat man diesen traditionellen griechischen Namen der langen Liste seiner Vornamen als letzten angehängt. Wegen seiner dunkelbraunen Augen und Haare nannte der königliche Großvater diesen Halbspanier seinen ›Murillo‹.

Die Umwälzungen des Jahres 1859 in ITALIEN gingen auch an unserer Familie nicht spurlos vorüber. Die Herzogin Adelgunde von Modena und ihr Mann flüchteten nach Wien. Für den Sommer erwarben sie vom Grafen von Preysing das Schloß Wildenwart im Chiemgau, das später in den Besitz der Königin Marie Therese von Bayern überging.

Die Königin Marie beider Silzilien hat bei der Verteidigung ihres Königreiches gegen die Truppen von Giuseppe Garibaldi selbst so tapfer eingegriffen, daß sie unter dem Namen einer ›Heldin von Gaëta‹ in die Geschichte einging. Bis zur Kapitulation feuerte sie auf den Wällen der Festung die Verteidiger zum Widerstand an. Auch dieses Königreich ging im neuen Italien auf. Nur Venetien und die Umgebung von Rom hielten sich noch. Der Papst stellte der geflüchteten Familie Bourbon-Sizilien den großen Palazzo Farnese als Residenz zur Verfügung. Herzog Max überließ 1862 seinem Schwiegersohn das Schloß Garatshausen am Starnberger See. (Das Schloß ging später in den Besitz des Fürsten von Thurn und Taxis über.) Drei Monate nach der Kapitulation von Gaëta heiratete Maries jüngere Schwester Mathilde den Bruder des entthronten Königs, den Grafen von Trani.

In GRIECHENLAND hatten sich inzwischen die Verhältnisse zum Schlechteren entwickelt, und am 26. Oktober 1862 teilte König Otto von Korfu aus seinem Vater mit, daß er sein Land wegen einer Militärrevolte verlassen mußte; er hätte auf den Thron nicht verzichtet, verlasse Griechenland aber vorerst und befinde sich auf dem Wege nach München. Bei einem Essen faßte Ludwig I. die Lage der Familie so zusammen: »Ein regierender König – [Maximilian] –, ein die Krone niedergelegt habender – [er selber] –, ein davongejagter – [Otto] – und ein Prinz, der rechtmäßig König wäre – [Gustav Adolf, der Sohn des gleichnamigen abgesetzten Königs von Schweden und Norwegen und Vetter von Ludwig I.].«

Otto und Amalie, das Königspaar ohne Thron und ohne Reich, bezog die mit dem Regierungsantritt von König Maximilian II. freigewordene Residenz in Bamberg.

Der Tod seiner Tochter Mathilde in Darmstadt im Mai 1862 war dem alten König Ludwig I. sehr nahe gegangen. Auch daß sein ältester Sohn Maximilian seit einiger Zeit kränkelte, bedrückte ihn.

Im Sommer 1863 fuhr Ludwig I. mit seinem Enkel, dem künftigen König Ludwig II., auf die Roseninsel, um sich von Maximilian die Gartenanlagen zeigen zu lassen. »Er hat sie zu einem Inselbijou gemacht«, lobte er. Anschließend ruderte man nach Possenhofen zu Herzogin Ludovika und traf dort auch deren letzte noch unverheiratete Tochter Sophie. »Mir schien, daß sie auf meinen Enkel, den Kronprinzen, Eindruck gemacht hat«, schrieb der Großvater.

Am 50. Jahrestag der Befreiungsschlacht von Leipzig im Oktober wurde die Befreiungshalle bei Kelheim eingeweiht.

König Max, der seit einer Typhuserkrankung im Jahre 1835 an Kopfschmerzen litt, suchte im Herbst in Rom Erholung. Sein Vater verbrachte den Winter in Algier. Beide Wittelsbacher sollten einander nicht wieder sehen. Wegen des Eingreifens des Deutschen Bundes in den Erbfolgestreit von Schleswig-Holstein wurde König Max nach München zurückgerufen. Man bemerkte allgemein, daß der König schlecht aussehe.

Am 10. März 1864 starb König Maximilian II. in den Königszimmern der Residenz. Einige Wochen später, am 2. April, verschied in Wien seine Schwester Hildegard, und am 26. April in ihrem Palais in München die Frau des Prinzen Luitpold.

Die Zeit König Ludwigs II.

Zu dem Schmerz, innerhalb weniger Wochen zwei Kinder und eine Schwiegertochter zu verlieren, kam für den alten König Ludwig die Sorge, daß sein achtzehnjähriger Enkel gänzlich unvorbereitet auf den Thron kam. Er selbst hatte in diesem Alter schon zwei Universitäten besucht gehabt, aber der neue König war kaum aus dem Hause gekommen. Über die Königin-Witwe Marie aber meinte Ludwig, sie sei die einzige seiner Schwiegertöchter, »die Bayerin geworden« sei. Als der 78jährige König Ludwig I. dann den jungen König besuchte – er wohnte in der Nordwestecke der Residenz, im obersten Stockwerk –, sah er, daß die Wände mit Szenen aus Wagneropern bedeckt waren.

Im Palais Luitpold war nun die dreizehnjährige Therese das einzige weibliche Wesen neben dem Vater und ihren drei

Frauen der Wittelsbacher

92 Im Feldlager Karls VI. vor Arras empfahl Herzog Friedrich I. von Niederbayern im Sommer 1383 dem fünfzehnjährigen französischen König seine Nichte Elisabeth, Tochter seines Bruders Stephan III., des Knäuffels, zur Braut. Die unverfängliche Wallfahrt, auf die der Vater seine vierzehnjährige Tochter 1385 nach Amiens schickte, wurde zur Brautfahrt: Von ihrer Schönheit hingerissen heiratete Karl VI. die Bayerin bereits wenige Tage nach der ersten Begegnung. Das Glück nahm ein frühes Ende, als sieben Jahre später Karl VI. in Wahnsinn verfiel und ISABEAU DE BAVIÈRE, wie sie in ihrer neuen Heimat genannt wurde, in die blutigen Auseinandersetzungen der französischen Politik während des Hundertjährigen Krieges geriet. Künstlerisch jedoch war jene politisch so wirre, aber von hohem ästhetischen Geschmack und feiner Lebenskultur erfüllte Zeit eine Blüte der Buchmalerei. Unsere Miniatur: Die Dichterin Christine de Pisan kniet vor der Königin Isabeau (deren Gemach unter anderem eine Wandbespannung mit französischen Lilien und bayerischen Rauten zeigt) und überreicht eine eigens für sie angefertigte und illuminierte Handschrift ihrer Gesammelten Werke. Christine, Tochter eines Astrologen von Karl V. — mit 26 Jahren Witwe —, war die erste Frau in Frankreich, die vom Ertrag ihrer schriftstellerischen Arbeit lebte.

93-94 Bekannte, ja berühmte Schönheiten waren die Kusinen ELISABETH und SOPHIE, Töchter des Herzogs Friedrich II. von Bayern-Landshut und seines Bruders Johann II. von Bayern-München. Die erste, auch ›Schöne Els‹ (1383-1442) genannt, heiratete 1401 den Burggrafen von Nürnberg — Friedrich VI., der sich als Kurfürst von Brandenburg Friedrich I. nannte — und wurde so zur Stammutter der brandenburgisch-preußischen Hohenzollern. Sophie (1376-1425), der man zudem auch große Klugheit nachgesagt hat, wurde mit dreizehn Jahren die zweite Gemahlin des Römischen Königs Wenzel. Sie war es, deren Beichte bei dem Prager Generalvikar Johannes von Pomuk der König der Überlieferung nach zum Anlaß nahm, den politisch mißliebigen Geistlichen 1393 verhaften und in die Moldau stürzen zu lassen. 1719 selig- und zehn Jahre später heiliggesprochen, wurde Johannes Nepomuk zu einem der beliebtesten Heiligen des barocken Süddeutschland.

95 Eine weitere wittelsbachische Stammutter bekamen die Hohenzollern anfangs des 17. Jahrhunderts durch ELISABETH CHARLOTTE (1597-1660), die Tochter des Kurfürsten Friedrich IV. von der Pfalz, die Kurfürst Georg Wilhelm von Brandenburg ehelichte und Mutter des Großen Kurfürsten wurde.
Bei der Taufe ihres Enkels Wilhelm Heinrich, die im niederrheinischen Kleve 1648 stattfand, entstand dieses Bild, das in allegorischer Weise verstorbene und lebende Verwandtschaft zeigt. Vor der Großmutter stehen der Große Kurfürst und seine Gemahlin Luise Henriette mit dem Täufling, dahinter die beiden Schwestern Luise Charlotte und Hedwig Sophie mit Gemahl bzw. Verlobten. Links im Hintergrund sitzen die bereits Heimgegangenen, darunter vorne der Kurfürst Georg Wilhelm, rechts der Winterkönig Friedrich V. von der Pfalz.

96   Am Berliner Hofe ihres Onkels, Kurfürst Georg Wilhelm,
wuchs auch die älteste Tochter des Winterkönigs ELISABETH auf,
als ihre Eltern nach der Niederlage am Weißen Berge 1620 und der darauffolgenden Ächtung in
notdürftigen Verhältnissen in den Niederlanden Zuflucht gefunden hatten.
Frühzeitig wandte sie sich den Wissenschaften zu,
widmete sich vor allem der Philosophie und wurde Schülerin von Descartes,
der ihr seine ›Principia philosophiae‹ widmete.
Sie stand mit bedeutenden Männern ihrer Zeit in Briefwechsel,
mit Coccejus, Malebranche, Leibniz oder William Penn,
der sie wiederholt besuchte und
in seiner Schrift ›Ohne Kreuz keine Krone‹ ausführlich würdigte.
1667 wurde sie Äbtissin des Reichsstiftes Herford,
und unter dem Titel ÄBTISSIN VON HERFORD ist sie auch
in die Geschichte eingegangen.
Ihre Zeitgenossen aber nannten sie die ›Philosophische Prinzessin‹
oder gar das ›Wunder des Nordens‹.

97 »Ich muß wohl häßlich seyn, ich habe gar keine traits gehabt, kleine Augen, kurze, dicke Nase, platte lange Lefzen, das kann kein Gesicht formieren; große hangende Backen, ein groß Gesicht, und bin gar klein von Person, dick und breit, kurzer Leib und Schenkel; Summa Summarum, ich bin ein häßlich Schäzchen.« Die Dame, die sich so selbstkritisch betrachtete und unumwunden beschrieb, ist Elisabeth Charlotte (1652-1722), Tochter des Kurfürsten Karl Ludwig von der Pfalz, und in der Kulturgeschichte bekannt als LISELOTTE VON DER PFALZ. Sie war die Gemahlin des Herzogs Philipp von Orléans, des Bruders Ludwigs XIV., erlebte Glanz und Elend des französischen Hofes aus nächster Nähe und überlieferte in ihrer ebenso urwüchsigen wie treffenden Korrespondenz ein getreues Kulturbild ihrer Zeit.

98 Eine ebenso fleißige Briefschreiberin wie die berühmte Liselotte war auch KAROLINE HENRIETTE (1721-74), Tochter des Herzogs Christian III. von Pfalz-Zweibrücken, Gemahlin des Landgrafen Ludwig IX. von Hessen-Darmstadt und Stammutter des deutschen und russischen Kaiserhauses sowie des niederländischen Königshauses. In die Geschichte eingegangen ist sie unter dem ihr von Goethe gegebenen Ehrentitel DIE GROSSE LANDGRÄFIN. Wieland wünschte sich die Macht, sie zur ›Königin von Europa‹ zu erheben, und Friedrich der Große nannte sie ›Die Zierde und die Bewunderung des Jahrhunderts‹ und krönte ihr Grabdenkmal mit der bezeichnenden Inschrift ›Femina sexu, ingenio Vir — An Geschlecht ein Weib, an Geist ein Mann‹.

99 Als ›Dame mit dem Samtvisier‹ haben Tausende von Lesern des gleichnamigen Romans von Horst Wolfram Geißler diese Wittelsbacherin kennen- und liebengelernt. Tochter des Pfalzgrafen Joseph Karl Emanuel August von Sulzbach und Gemahlin des Herzogs Clemens Franz de Paula aus der bayerischen Linie, war MARIA ANNA (1722-90) Mittelpunkt der sogenannten Patriotenpartei in München, die erfolgreich die Tauschprojekte ihres Schwagers, Kurfürst Karl Theodor, durchkreuzte und den Annexionsgelüsten Kaiser Josephs II. von Österreich entgegentrat. Sie gewann Friedrich den Großen zum — sicher nicht uneigennützigen — Bundesgenossen und wurde so zur Retterin der Eigenstaatlichkeit Bayerns nach dem Aussterben der altbayerischen Wittelsbacher. Ihr engster Vertrauter war ihr Verwalter Andreas Anderl — höfisch genannt: André —, ein Bauernsohn von Rieden am Staffelsee, dem sie dann in geheimer zweiter Ehe verbunden war und mit dem sie ihre letzten Jahre auf ihren Gütern Schwaiganger und Rieden bei Murnau verbrachte.

100   Zu ihrer Zeit wegen ihrer Schönheit bewundert und bis in unsere Tage Hauptfigur zahlreicher Bücher und Filme ist Elisabeth Amalie Eugenie (1837-98), mit ihrem jugendlichen Kosenamen SISSY genannt, zum Inbegriff eines ganzen Zeitalters geworden. Sie war die Tochter des vielseitigen Herzogs Max in Bayern (Abb. 62 und 66), heiratete Kaiser Franz Joseph von Österreich und kam 1898 am Quai von Genf bei einem Attentat ums Leben. Das spätbiedermeierliche Aquarell zeigt sie mit der Erzherzogin Gisela und dem Kronprinzen Rudolf im Steckkissen, während die frühverstorbene Erstgeborene, Sophie, im Bild an der Wand erscheint. Gisela wurde später Gemahlin des Prinzen Leopold, eines Sohnes des Prinzregenten Luitpold von Bayern, während der von seinem Vater unverstandene Rudolf 1889 in der bekannten Affäre von Mayerling den Freitod suchte.

Brüdern, Ludwig (dem späteren König Ludwig III.), Leopold und Arnulf.

Da der älteste Sohn der herzoglich-bayerischen Familie eine nicht ebenbürtige Ehe eingegangen war – Ludwig hatte eine Schauspielerin namens Henriette Mendel, die spätere Gräfin Wallersee, geheiratet –, nahm sein jüngerer Bruder Karl Theodor seine Stelle ein. Er heiratete zu Beginn des Jahres 1865 in Dresden eine Kusine ersten Grades, Sophie Marie, eine Tochter des Königs Johann von Sachsen, und wurde am Weihnachtsabend des gleichen Jahres Vater einer Tochter Amalie Marie, der künftigen Herzogin von Urach. Es sollte ihr einziges Kind bleiben, da die Herzogin Sophie Marie in Bayern nach nur zweijähriger Ehe starb. Ihrem Einfluß war es zu danken, daß ihr Mann, der sich bisher vor allem für das Militärwesen interessiert hatte, sich nun dem Medizinstudium zuwandte.

Die politischen Verhältnisse verschlechterten sich immer mehr, die Rivalität zwischen Preußen und Österreich trieb einer kriegerischen Auseinandersetzung entgegen. Der besorgte bayerische Minister Freiherr von der Pfordten schaltete den alten König als Vermittler ein, um den Krieg doch noch zu verhindern. Im April 1866 erbat er von dem in Nizza weilenden Ludwig I. eine Intervention bei König Wilhelm von Preußen. Einen Monat zuvor hatte der ehemalige Bayernkönig notiert, daß er »Bismarcks Politik nicht auf dem Gewissen haben möchte«. Eine Unterredung, die er nach seiner Rückkehr mit seinem regierenden Enkel hatte, zeigte ihm, daß auch dieser gegen Bismarck eingestellt war. In dieser unruhigen Zeit ließ Kaiser Franz Joseph den alten König wissen, daß er weder in Italien noch in Deutschland einen Krieg beginnen werde. Doch am 16. Juni meldete von der Pfordten den Einmarsch preußischer Truppen in Sachsen. Ludwig II. stellte seinen sächsischen Verwandten die von seinem Vater in Regensburg erbaute ›Königliche Villa‹ als Refugium zur Verfügung. Nur der Zwang hat ihn in diesen Krieg getrieben, den er haßte. Der 71 Jahre alte Prinz Karl, der Bruder Ludwigs I., befehligte die bayerische Armee. Prinz Luitpold begab sich ins Hauptquartier, und auch seine beiden älteren Söhne rückten ein; Prinz Ludwig, der spätere König Ludwig III., erhielt bei Helmstadt einen Beinschuß, an dem er zeitlebens laborierte (was ihn seine Abneigung gegen die Preußen auch nie mehr verlieren ließ). Karl Theodor wurde dem Onkel, Prinz Karl, zugeteilt, und da Adalbert bereits zu korpulent war, um noch ins Feld zu rücken, wurde ihm die Inspektion der Landwehr in der Heimat übertragen.

Luitpold verabschiedete den alten König, als er am 19. Juni voller Sorgen nach Aschaffenburg abreiste. Am 21. Juni antwortete ihm der König von Preußen, daß ein Krieg unvermeidlich sei, wenn sich der Deutsche Bund mit Österreich vereinige; Ludwig möge versuchen, Süddeutschland für die Neutralität zu gewinnen. Er, Wilhelm, hoffe noch auf eine Konferenz in Paris. Am 25. Juni kam die Nachricht vom Sieg Erzherzog Albrechts nach Aschaffenburg. »In meinem Herzen jubelt es«, meinte Ludwig I. und schrieb dann noch den Satz: »Ein teutsches Parlament wäre der Anfang unseres Endes als regierende Fürsten.« Am 8. Juli wandte er sich an seinen Sohn Luitpold im Hauptquartier und schlug ihm vor, man möge mit dem nutzlosen Blutvergießen aufhören, selbst wenn dies nur unter harten Bedingungen möglich wäre – eines dürfte freilich nicht geschehen: Das linke Rheinufer sollte nicht französisch werden. Am 12. Juli traf die Nachricht von den Erfolgen des Bruders Karl bei Kissingen ein. Aber dem Erfolg folgte sehr schnell die Niederlage und schon am nächsten Tag reiste Ludwig zur Ludwigshöhe ab, da die Preußen bis Aschaffenburg vordrangen. Innerhalb weniger Wochen war der Krieg verloren. Nach der Rückkehr, Anfang September, erfuhr er in München, daß der König von Preußen Bayern erheblich verkleinern wollte, Bismarck dies aber verhindert habe. Am 24. September meinte der alte König, daß dieser Waffengang noch nicht alle Fragen entschieden habe. Er, so schrieb er, sehe »den Krieg gegen Preußen als Vorübung an zu dem künftigen großen gegen Frankreich«.

Der Anblick des Schauplatzes solcher ›Vorübung‹ erschütterte Ludwig II. bei seiner Reise ins Maingebiet zutiefst. Sein Großvater war etwas gekränkt, daß er vor wichtigen Entschlüssen nicht konsultiert wurde. So habe der Enkel Ludwig den Fürsten Hohenlohe als Minister berufen, obwohl er, Ludwig I., ihn beschworen habe, es nicht zu tun, da dieser Politiker »im Reichstag für Beitritt zu Preußens Norddeutschen Bund sich aussprach, somit für Bayerns Mediatisierung«.

Den folgenden Winter verbrachte mein Urgroßvater, der betagte König Ludwig I., dann wieder in Rom. Von dort aus gratulierte er am 29. Januar 1867 seinem Enkel, König Ludwig II., zur Verlobung mit »seiner Tante«, der Herzogin Sophie in Bayern, Tochter des Herzogs Max. Der weise Großvater bezweifelte, daß dies eine glückliche Ehe würde. Für den älteren Enkel Ludwig (den späteren König Ludwig III.) wünschte er sich die Erzherzogin Marie Therese von Modena-Este, da das Haus Modena, im Gegensatz zu Toskana, durch weibliche Erbfolge rechtmäßig in der Nachfolge der Este stünde, genauso aber auch in der der Stuarts. Für die ›Jacobites‹ in Großbritannien war Marie Therese von Modena-Este, die spätere Königin von Bayern, rechtmäßige Prätendentin auf den schottischen Thron. (Später wurde dieser Anspruch auf ihren Sohn Rupprecht übertragen.) Im Juli reiste der alte König von Berchtesgaden aus nach Klesheim bei Salzburg zu den verzweifelten Eltern des in Queretaro erschossenen Kaisers Maximilian von Mexico, anschließend fuhr zur Weltausstellung nach Paris. Die Zusammenkunft mit dem französischen Kaiserpaar, die in den Tuilerien stattfand, verlief sehr harmonisch – der alte Ludwig von Bayern hatte wieder Gelegenheit, mit der Kaiserin Eugénie in seinem geliebten Spanisch zu plaudern, und der in Augsburg geborene Napoleon III. sprach, wie Ludwig mit Überraschung feststellte, recht gut deutsch. Da sein Enkel Ludwig II. es sich so gewünscht hatte, blieb Ludwig I. bis zum Eintreffen des bayerischen Königs an der Seine. Bei dieser Gelegenheit konnte der ehemalige Monarch dem amtierenden Monarchen davon erzählen, daß Napoleon den Fürsten Hohenlohe für »le mauvais génie de la Bavière« halte.

Noch vor dem Gegenbesuch des französischen Kaiserpaares in Bayern, der am 26. Juli 1867 stattfand, starb in Bamberg der ehemalige Griechenkönig Otto an Masern.

Am 18. August, dem Geburtstag des Kaisers Franz Joseph, erschien das französische Regentenpaar in der Residenz zu Salzburg, um seine Glückwünsche zu entbieten. Auch König Ludwig I. reiste an die Salzach, um zu gratulieren. Bei einer Rundfahrt sollen die beiden Kaiserinnen nicht miteinander gesprochen haben, wahrscheinlich weil Frankreich die mexikanische Tragödie nicht verhindert hatte.

Als hätte er geahnt, daß dies der letzte Geburtstag seines Vaters sein würde, überraschte Luitpold ihn an seinem Geburts- und Namenstag in Leopoldskron. Auch Ludwigs Schwester, die österreichische Kaiserin Charlotte, und das Ehepaar Modena fanden sich ein. Der Herbst brachte dann die Verlobung des Prinzen Ludwig mit der schönen Erzherzogin Marie Therese von Österreich-Este und – auf Drängen des Brautvaters Herzog Max in Bayern – die Entlobung Ludwigs II. Die Exbraut Sophie heiratete im darauffolgenden Jahr zu Possenhofen den Herzog von Alençon, einen Enkel des einstigen französischen Bürgerkönigs Louis-Philippe.

Fünf Monate nach der Heirat der Herzogin Sophie und neun Tage nach der Vermählung des Prinzen Ludwig starb König Ludwig I. am 29. Februar 1868 in Nizza. Am 9. März wurde er in feierlichem Zuge in das Hochgrab der Kirche Sankt Bonifaz zu München überführt, wo elf Jahre zuvor die Königin Therese zur letzten Ruhe gebettet worden war. Als die Bombenangriffe des letzten Krieges eine Umbettung nötig machten, fand man den König unversehrt in seiner bayerischen Generalsuniform mit dem Sterbekreuz in den gefalteten Händen.

Mit seinem Großvater hatte der junge König Ludwig II. einen nicht immer bequemen, aber aufrichtigen und erfahrenen Ratgeber verloren. Dieser Verlust war um so schmerzlicher, als sich nun der befürchtete Krieg mit Frankreich deutlich ankündigte.

Die Ereignisse vor und im Deutsch-Französischen Krieg gehören nicht direkt zur Geschichte unseres Hauses. Ludwig II., der jeden Krieg haßte und zudem Frankreich liebte, mußte sich mit seinem Heer den preußischen Truppen anschließen. Das verlangte unter anderem ein Geheimvertrag, den Bayern nach der Niederlage von 1866 mit Preußen hatte schließen müssen. Es war nicht leicht, Ludwig am 27. Juli 1870 zur Begrüßung des preußischen Kronprinzen Friedrich in München zu bewegen. Allein die Tatsache, daß seine Armee diesem Thronfolger – einem Hohenzollern – unterstellt war, muß ihn zutiefst gekränkt haben. Hinzu kam noch, daß an diesem Tage zum erstenmal in München Fahnen in den preußischen Farben aufgezogen wurden.

Bruder Otto kam mit Onkel Luitpold in das Hauptquartier des Königs Wilhelm von Preußen. Herzog *Karl Theodor*, der inzwischen Augenarzt geworden war, unterbrach seine medizinische Tätigkeit und machte als Ordonnanzoffizier seines Schwagers, des Kronprinzen Albert von Sachsen, die Schlachten von Gravelotte und Saint-Privat mit; Prinz *Arnulf* nahm an der Eröffnungsschlacht des Krieges bei Weißenburg und Wörth sowie an der Schlacht um Sedan teil, *Leopold* verdiente sich mit seiner Batterie bei Villepion den Max-Josephs-Orden.

Die Nerven des Königsbruders *Otto* litten unter dem Kriegsgeschehen und unter der politischen Entwicklung. Er beschwor von Versailles aus seinen Bruder, der vom Großvater prophezeiten Mediatisierung Bayerns nicht die Hand zu reichen. »Ach Ludwig«, schrieb er von der Kaiserproklamation, »ich kann Dir gar nicht beschreiben, wie unendlich weh und schmerzlich mir während jener Zeremonie zumute war, wie sich jede Faser in meinem Innern sträubte und empörte gegen all das, was ich mit ansah ... Alles so kalt, so stolz, so glänzend, so prunkend und großtuerisch und herzlos und leer ... Mir war's so eng und schal in diesem Saale, erst draußen in der Luft atmete ich wieder auf.«

Kurz zuvor hatte der Oberstallmeister Graf Holnstein im Auftrag Bismarcks dem Monarchen in Hohenschwangau die Unterschrift für die Gründung des Zweiten Reiches abgerungen – im sogenannten ›Kaiserbrief‹ bot Ludwig dem Preußenkönig die Kaiserkrone an.

Otto lebte von 1876 an in geistiger Umnachtung im Jagdschloß Fürstenried, das sich der Kurfürst Max Emanuel einst hatte bauen lassen. Ludwig II. aber zog sich immer mehr aus der realen Welt zurück, errichtete sich in der Abgeschiedenheit der Berge und auf Herrenchiemsee Kulissen für seine Träume, bei offiziellen Veranstaltungen in der Residenzstadt ließ er sich meist durch seine Onkel Luitpold und Adalbert vertreten.

Leopold und Arnulf waren wie ihr Vater Luitpold Berufssoldaten, während sich ihr älterer Bruder Ludwig der Politik und der Landwirtschaft widmete. Das erste Kind in der Familie Ludwigs – dem noch zehn weitere folgen sollten – war der 1869 geborene, später so populäre Kronprinz Rupprecht. Die Erzherzogin hatte zwei Güter in die Ehe mitgebracht, Sárvár bei Steinamanger (Szombathély) in Ungarn (berühmt durch seine Pferdezucht) und den Besitz Eiwanowitz in Mähren. Ihr Mann erwarb 1875 das ehemals Oettingenwallersteinsche Schloß Leutstetten im Würmtal, das sein ständiger Sommeraufenthalt wurde. Prinz Leopold heiratete im April 1873 in Wien die österreichische Kaisertochter Gisela. Der Brautvater, Kaiser Franz Joseph, schenkte dem jungen Paar den ehemaligen Landsitz der Königin Therese an der Schwabinger Straße, den Adalbert nach dem Tod der Monarchin geerbt hatte und der daraufhin Leopoldschlößchen genannt wurde.

Adalbert, der meist in Nymphenburg wohnte – er ist der Begründer der adalbertinischen königlichen Nebenlinie – hatte fünf Kinder, die in ihren Namen die spanische Mutter verrieten. Der älteste Sohn hieß Ludwig und hatte zu seinem großväterlichen Namen noch den des heiligen Königs von Spanien, Ferdinand, erhalten; die übrigen Kinder hießen Alfons, Isabella, Elvira und Clara.

Herzog *Karl Theodor*, der Sohn des inzwischen 65jährigen ›Zithermaxl‹, heiratete im April 1874 in zweiter Ehe die portugiesische Infantin Maria José, die Tochter des Dom Miguel von Braganza. Karl Theodors jüngerer Bruder *Max Emanuel* führte im Herbst 1875 die in Ungarn aufgewachsene Prinzessin Amelie von Coburg-Gotha heim, die durch ihre Mutter Clementine eine Enkelin des französischen Königs Louis-Philippe und Schwester des künftigen Königs Ferdinand von Bulgarien war. Das Paar ließ sich in Biederstein vor München nieder.

Am Tag nach dieser Hochzeit starb Prinz *Adalbert*, mein Großvater, am 21. September 1875 in Nymphenburg wahrscheinlich an den Folgen einer nicht erkannten Blinddarmentzündung. Er war erst 46 Jahre alt. Einen Monat zuvor war bei einem Ausritt am Tegernsee der achtzigjährige Prinz *Karl* tödlich verunglückt. Er, der im Kriege von 1866 die bayerische Armee kommandiert hatte, war der letzte Wittelsbacher aus der Generation Ludwigs I., nachdem die Königs-Schwester Charlotte im Jahre 1873 gestorben war. Der königlich bayerische Generalfeldmarschall, der mit vollem Namen Karl Theodor Maximilian Prinz von Bayern hieß, war zweimal bürgerlich verheiratet gewesen – seine erste Frau Sophie Petin war zur Freifrau von Bayrstorff erhoben worden, seine zweite Frau, Henriette Schoeller, zur Frau von Frankenburg. Aus der ersten Ehe hatte Prinz Karl drei Töchter, die in die

Familien von Gumppenberg, von Drechsel und von Almeida heirateten – seinen Besitz am Tegernsee vererbte er seinem Neffen, dem Augenarzt Dr. Karl Theodor, der zugleich sein Patenkind war. So kam Schloß Tegernsee mit allen dazugehörigen Gütern an die herzogliche Linie.

Der König hatte es der Witwe des Prinzen Adalbert freigestellt, auch weiterhin in Nymphenburg zu wohnen. Amalia, die Tochter des Infanten Francisco de Paula von Spanien zog aber lieber in Klenzes ehemaliges Wohnhaus am Wittelsbacher Platz, das aus dem Erlös des königlichen Besitzes Ludwigshöhe in der Pfalz erworben worden war. *Ludwig Ferdinand*, mein Vater, hing freilich so sehr an Nymphenburg, daß er nach seiner Volljährigkeitserklärung wieder in die elterliche Wohnung zurückkehrte. Während sein Bruder *Alfons* in den Militärdienst trat und als Schirmherr vieler bayerischer Veteranen-, Schützen- und Sportvereine überall im Lande bekannt war, widmete sich Ludwig Ferdinand zunächst vor allem der Biologie. Auf Wunsch meiner Mutter Maria de la Paz, einer Tochter des spanischen Königs Franz, wurde er später Chirurg und Frauenarzt. Er starb im Jahre 1949 im Alter von neunzig Jahren. Wie viele Wittelsbacher war er ein hervorragender Musiker, der sogar im Opernorchester mitspielte und dort als Geiger geradezu seinen festen Platz hatte. Zusammen mit meiner Mutter hat er das Marien-Ludwig-Ferdinand-Kinderheim in München-Neuhausen gegründet.

Der jüngste Sohn des Prinzen und späteren Prinzregenten Luitpold, Prinz *Arnulf*, heiratete im April 1882 die Prinzessin Therese von Liechtenstein und bezog den zweiten Stock im Wittelsbacher Palais. Luitpolds Tochter *Therese* blieb bei ihrem früh verwitweten Vater und beschäftigte sich sehr intensiv mit Geographie, Botanik, Zoologie, Paläontologie und Ethnologie, wobei sie über ihre Forschungsreisen durch Rußland, das Polargebiet und Brasilien zahlreiche Bücher veröffentlichte. Daneben bereiste sie Österreich, die Schweiz und Italien, dann mit Dalmatien, Montenegro, Serbien, Albanien, Griechenland, Rumänien und Bulgarien praktisch den ganzen Balkan, Konstantinopel und Kleinasien, Malta, Tunis und Algerien; in Westeuropa Frankreich, Spanien und Portugal sowie Holland, Belgien, England, Schottland und Irland, im Norden Dänemark, Schweden, Norwegen und Finnland. Sie sprach und schrieb elf Sprachen, darunter auch Russisch, das sie zusammen mit dem an diesem Lande besonders interessierten Bruder Arnulf lernte.

Im Hause *Ludwig Ferdinands*, meines Vaters, wurde am 10. Mai 1884 das erste von drei Kindern, der Sohn Ferdinand Maria geboren. Meine Mutter Maria de la Paz stellte einen engen Kontakt mit der Familie des Prinzen Ludwig (des späteren Königs Ludwig III.) her, da ihre Schwägerin, die Königin von Spanien, und Ludwigs Frau Marie Therese dieselbe Mutter hatten. Auch zum menschenscheu gewordenen König Ludwig II. bestanden enge Beziehungen, die mit Ludwigs Vorliebe für das Haus Bourbon zusammenhingen. Es entwickelte sich vor allem in den letzten drei Lebensjahren des Monarchen eine rege Korrespondenz.

Bald nach der Hochzeit Ludwig Ferdinands, im April 1883, vermählte sich auch dessen Schwester, meine Tante Isabella: Und wie schon einige Mitglieder unserer wittelsbachischen Familie vor ihr, heiratete sie in das herzogliche Haus Savoyen.

Die Prinzregentenzeit

Das Jahr 1886 brachte am 13. Juni den tragischen Tod *Ludwigs II.* im Starnberger See. Die Trauerbotschaft, daß der entmündigte König tot sei, traf gerade in dem Moment in Nymphenburg ein, als sich die Verwandtschaft zu meiner Taufe eingefunden hatte. Der Erbfolge nach war nun Ludwigs Bruder *Otto* König von Bayern. Da er aber seit einem Jahrzehnt in Schloß Fürstenried interniert war, führte Prinz Luitpold die Regierungsgeschäfte. Der Prinzregent, wie er nun offiziell hieß, wäre gerne weiterhin in seinem Palais geblieben, doch die Verfassung verlangte, daß er in die Residenz ziehe. Er wählte die Stein- und nicht die Königszimmer, um auch auf solche Weise seine Rolle als Stellvertreter des regierungsunfähigen König Ottos zu betonen.

Die unglückliche Königin-Mutter Marie lebte bis zu ihrem Tod im Jahre 1889 zurückgezogen in Hohenschwangau und Elbingenalp in Tirol. Sie war in ihren späteren Jahren zum Katholizismus übergetreten.

War Ludwig Ferdinand als Brautwerber nach Spanien gezogen, so holte sich dessen Bruder *Alfons* seine Frau 1891 aus Frankreich: Louise von Orléans war eine Tochter des Herzogs von Alençon und der bayerischen Herzogstochter Sophie, die vor ihrer Heirat kurze Zeit mit König Ludwig II. verlobt gewesen war. Im darauffolgenden Winter heiratete Elvira, die Schwester von Ludwig Ferdinand und Alfons, den Reichsgrafen Rudolf von Wrbna.

Im herzoglichen Haus starb im Juni 1893 zu Feldafing Herzog *Max Emanuel*, das zehnte und jüngste Kind des ›Zithermaxl‹ im Alter von nur 44 Jahren an einer Magenblutung. Ehe das Jahr um war, folgte ihm seine Frau im Tode nach. Von den drei Kindern Siegfried, Christoph und Luitpold – alles künftige Kavallerieoffiziere – war das jüngste noch keine vier Jahre alt.

Die herzoglich-bayerische Familie erwarteten freilich noch weitere schwere Schicksalsschläge. Im Mai 1897 kam die Herzogin *Sophie* von Alençon bei einem Bazarbrand in Paris ums Leben. Sie hätte sich noch retten können, verlangte jedoch: »Sauvez d'abord les jeunes filles.« Keine anderthalb Jahre später, am 10. September 1898, wurde ihre Schwester *Elisabeth*, die Kaiserin von Österreich, von dem Anarchisten Luccheni in Genf ermordet.

Herzog *Karl Theodor* hatte in seinem Palais an der Ludwigstraße, das er nach dem Tode seines Vaters Maximilian 1888 geerbt hatte, vier Töchter: Amalie, Sophie, Elisabeth und

Marie Gabriele sowie die beiden Söhne Ludwig Wilhelm und Franz Joseph.

Ein Stück weiter stadteinwärts, im ersten Stock des Wittelsbacher Palais, war man noch kinderreicher, dort wuchsen in der Familie des Prinzen *Ludwig*, des späteren Königs, vier Söhne heran: Rupprecht, der spätere Kronprinz, geboren im Mai 1869, Karl, Franz und Wolfgang, der allerdings bereits mit fünfzehn Jahren sterben sollte. Zu dem Quartett kamen noch sieben Töchter: Adelgunde, Marie, Mathilde, Hildegard, Wiltrud, Helmtrud und Gundelinde.

Einen Stock höher, bei der Familie des Prinzen *Arnulf*, gab es nur ein einziges Kind, den 1884 geborenen Sohn Heinrich, der im November 1916 gefallen ist. Er war Träger des Militär-Max-Joseph-Ordens.

Im Hause *Leopold* gab es im Jahre 1893 zwei Hochzeiten, die Tochter *Elisabeth*, 1874 geboren, heiratete den bayerischen Grafen Otto von Seefried auf Buttenheim (meine künftigen Schwiegereltern), während ihre um ein Jahr jüngere Schwester *Auguste* dem k. u. k.-Feldmarschall Erzherzog Joseph von Österreich angetraut wurde. Elisabeth begab sich unter der Obhut ihres kaiserlichen Großvaters nach Österreich, Auguste nach Ungarn. Die beiden in München zurückgebliebenen Brüder Georg und Konrad begannen eine militärische Laufbahn, doch nahm das Leben der beiden Prinzen, bedingt durch die politischen Entwicklungen, einen nicht vorhergesehenen Verlauf: Der 1880 geborene *Georg* aus der Linie Luitpold heiratete 1912 eine Tochter des Erzherzogs Friedrich von Österreich, doch nach nicht ganz einem Jahr wurde diese Ehe annulliert. Georg studierte nun Theologie und wurde im März 1921 in dem von Ludwig dem Bayern gegründeten Kloster Ettal zum Priester geweiht. Im Mai 1943 ist Georg, Prinz von Bayern, ein promovierter Jurist, als päpstlicher Protonotar und Domherr zu Sankt Peter in Rom gestorben. Sein Bruder *Konrad*, zwei Monate vor der Priesterweihe des Prinzen Georg einer savoyischen Prinzessin angetraut, war während des Ersten Weltkriegs Kommandeur des Zweiten Schweren Reiterregiments gewesen. Die Nachricht vom Umsturz in Bayern hatte ihn in der Ukraine erreicht. Es gelang ihm, sein Regiment durch die bolschewistischen Linien zurückzuführen und 1919 in Landshut ordnungsgemäß aufzulösen. Später hat der zumeist im Allgäu und in Florenz lebende Wittelsbacher Naturwissenschaften studiert und sich vor allem mit Ornithologie beschäftigt.

In Nymphenburg, bei meinem Vater Ludwig Ferdinand und seiner spanischen Infantin, wurde nach zwei Söhnen am 13. März 1891 noch eine Tochter *Maria del Pilar* geboren. Meine als ›Prinzessin Pilar‹ populär gewordene Schwester, eine geschätzte Malerin und Mitglied des Berufsverbandes Bildender Künstler, war während der beiden Weltkriege als Rotkreuzpflegerin tätig. Bis zum Jahre 1950 wohnte sie, deren vollständige Vornamensliste Maria del Pilar Eulalia Antonia Isabella Ludovika Franziska Josepha Rita Euphrasia Omnes sancti lautet, im Schloß Nymphenburg und zog dann in einen Bau am Nördlichen Schloßrondell.

In der Adalbertinischen Linie wurde 1902 ein Sohn *Joseph Clemens* geboren, der nach seinem kunstgeschichtlichen Studium an der Universität München – das er in der Hauptsache bei Professor Heinrich Wölfflin absolvierte – als Kenner und Sammler vor allem alpenländischer Malerei bekannt geworden ist. Er bekam 1913 eine Schwester, *Elisabeth*, deren erster Mann Franz Joseph Graf von Kageneck während des Zweiten Weltkriegs im Jahre 1941 fiel. In zweiter Ehe heiratete sie 1944 Ernst Küstner.

Den Wittelsbachern waren in jener Generation dreißig Kinder geboren worden – fünfzehn männliche und fünfzehn weibliche.

Die erste wittelsbachische Ehe in der nächsten Generation wurde in der herzoglichen Linie geschlossen, als Karl Theodors Tochter *Amalie* im Sommer 1892 am Tegernsee den Herzog Wilhelm von Urach heiratete. Fünf Jahre später wurde *Marie*, eine Tochter des Prinzen Ludwig, dem Herzog Ferdinand von Kalabrien angetraut, der ohne den Eingriff Savoyens Kronprinz des Königreichs beider Sizilien gewesen wäre und nun, im Jahre 1897, in der spanischen Armee diente. Später residierte die Familie in Nymphenburg und zog nach 1918 in die Villa Amsee bei Lindau, wo der Chef des königlichen Hauses Bourbon-Sizilien 1960 starb, sechs Jahre nach seiner Frau.

Nachdem sich im Juli 1898 die Herzogin *Sophie* in Bayern mit dem Grafen Hans Veit von Törring-Jettenbach vermählt hatte, gab es im Jahre 1900 drei wittelsbachische Eheschließungen: Am 1. Mai wurde aus *Mathilde Marie* von Bayern, einer Tochter des Prinzen Ludwig, eine Prinzessin von Sachsen-Coburg und Gotha; deren Bruder *Rupprecht*, der spätere Kronprinz, führte am 10. Juli Marie Gabriele, eine Tochter des Herzogs Karl Theodor in Bayern heim (die Braut und ihre Schwägerin Mathilde, die bereits 1906 verstarb, waren nach allgemeinem Urteil die schönsten Wittelsbacherinnen ihrer Generation); eine Schwester der Prinzessin Marie Gabriele, *Elisabeth*, beschloß das wittelsbachische Dreihochzeitsjahr, als sie am 2. Oktober den künftigen König Albert der Belgier heiratete. Ihr Mann verunglückte 1934 bei einer Klettertour tödlich; die Witwe, Ehrendoktor mehrerer Universitäten, hat sich vor allem durch ihr mäzenatisches Wirken für die Musik einen international angesehenen Namen geschaffen. Sie starb 1965 im Alter von 89 Jahren in Schloß Stuyvenberg bei Brüssel.

Ludwig Ferdinands Sohn *Ferdinand Maria*, mein Bruder, stellte eine dritte Verbindung seiner Linie mit dem spanischen Königshaus her. Auf einer Reise durch die iberische Halbinsel hatte er sich in die Infantin Maria Teresa, eine Schwester von König Alfons XIII., verliebt. Im Januar 1906 fand, wie schon bei Vater und Großvater, in der Schloßkirche von Madrid die Trauung statt.

Auf Verlangen der spanischen Familie ließ sich Ferdinand

Maria in Spanien nieder, wurde zum Infanten ernannt und trat in die spanische Armee ein; dort erhielt er den Rang eines Generalleutnants. Später von König Ludwig III. vor die Wahl gestellt, zwischen dem bayerischen und dem spanischen Haus zu wählen, entschied er sich für letzteres. Auch seine in Spanien aufgewachsenen Söhne, die Infanten Luis und José, zogen nicht nach Bayern. Ferdinand Marias Frau, die Infantin Maria Teresa, starb bereits 1912, vier Jahre später heiratete der Witwer Maria Luisa, Herzogin von Talavera, Grande von Spanien.

Im November 1907 starb *Arnulf*, der jüngste Sohn des Prinzregenten Luitpold, an Lungenentzündung. Er befand sich auf der Rückreise von Rußland und verschied 55jährig in Venedig. Nach einer erfolgreichen Karriere als Berufsoffizier war Arnulf viel gereist und hatte seine großen Sprachkenntnisse erweitert. Das Tagebuch seiner letzten Jagdexpedition in den Tien-Schan hat seine Schwester Therese posthum veröffentlicht.

Prinz *Rupprecht* – der dreizehnte Rupprecht unter den Wittelsbachern – war nach seinem Kommando in Bamberg mit seiner Familie als Divisionskommandeur wieder nach München zurückgekehrt. Er verbrachte die Sommermonate in Nymphenburg. Kurz vorher war seine Schwester *Marie* mit ihrem Ehemann, dem Herzog von Kalabrien, ebenfalls in Nymphenburg eingetroffen. Neben den Neapolitanern im Südflügel ließ sich auch ihr Bruder *Franz* mit seiner jungen Prinzessin Isabella von Croy hier nieder. Er war Berufsoffizier, kommandierte zuletzt die vierte bayerische Infanteriedivision und wurde mit dem Max-Josephs-Orden ausgezeichnet. Nach dem Umsturz verließ er Schloß Nymphenburg und zog nach Leutstetten; dort lebte er bis zum Jahre 1922. Anschließend wohnte er abwechselnd in Leutstetten und auf dem von seiner Mutter ererbten Gut Sárvár in Ungarn. Von 1939 an durfte er Deutschland nicht mehr betreten; die

Nazis verweigerten ihm ein Visum. Im Februar 1945 kehrte er als Flüchtling mit seiner Familie und seinen Pferden in die Heimat zurück. Im Januar 1955 ist er auf dem Samerhof Leutstetten gestorben.

Das Jahr 1912 wurde für die Familie ein Unglücksjahr, schlimmer noch als das Jahr 1864. Am 26. Juni starb das dreijährige Söhnchen des Prinzen Rupprecht, Rudolf. Ihm folgten am 23. September Ferdinand Marias Gattin Teresa, die in Madrid, knapp dreißigjährig im Wochenbett verschied, und *Franz Joseph*, der Sohn des Herzogs Karl Theodor. Dieser besonders gut aussehende und lebenslustige Herzog, der an Kinderlähmung erkrankt war, starb im Alter von 24 Jahren in den Armen seiner Mutter. Er war bis zu seiner letzten Stunde gefaßt und bestimmte noch, welches seiner Pferde den Sarg in die Gruft nach Tegernsee ziehen sollte. Einen Monat später verschied in Sorrent seine nur zehn Jahre ältere Schwester *Marie Gabriele*, die Gattin des Prinzen Rupprecht. Am 12. Dezember 1912 aber starb im Alter von 92 Jahren der Prinzregent *Luitpold*, »des Königreiches Bayern Verweser«, wie er sich selbst nannte. Nicht wenige Münchner ließen sich damals Porträtpostkarten des Prinzregenten mit den ominösen vier Zwölfern bei der Post abstempeln: 12.12.12 – 12-1 [Uhr]. Als letzte dieser Generation folgte ihm im ersten Kriegsjahr, am 28. Oktober 1914, seine Schwester *Adelgunde*, die Herzogin von Modena. Nach dem Umsturz von 1859 hatte die Familie in Wien, im Palais Modena, Wohnung genommen. Der Sommersitz war das ehemals gräflich preysingsche Schloß Wildenwart im Chiemgau.

Das Ende der Monarchie

Luitpolds Nachfolger wurde sein 67jähriger Sohn *Ludwig*. An seinem Namenstag im August 1913 veranstaltete er, seit eineinhalb Jahren Prinzregent, in der Befreiungshalle eine Gedenkfeier für die Freiheitskriege, die vor hundert Jahren begonnen hatten. Es erschienen Kaiser Wilhelm II. sowie sämtliche Bundesfürsten und die Regierenden Bürgermeister der drei Freien Städte. Es war wie eine Monarchendämmerung. Wenige Monate nach diesem großen Fürstentreffen, am 5. November, wurde Ludwig auf Beschluß der Kammern zum König Ludwig III. ausgerufen.

Beim Ausbruch des Ersten Weltkrieges nahmen die >aktiven< Wittelsbacher die ihnen im Mobilmachungskalender zugewiesenen Stellungen ein. Die älteren Mitglieder unseres Hauses stellten sich ihren Regimentern zur Verfügung: Kronprinz *Rupprecht*, zu Beginn des Krieges 45 Jahre alt, kommandierte zunächst die Sechste Armee, später die Heeresgruppe >Kronprinz Rupprecht<. Während der ersten Kämpfe in Lothringen erfuhr er, daß am 27. August sein ältester Sohn *Luitpold* im Alter von dreizehn Jahren in Berchtesgaden an Kinderlähmung gestorben war. Von der älteren Generation mußte Feldmarschall Prinz *Leopold* auf ein Armeeoberkommando im Osten warten. Nachdem er Warschau erobert hatte, wurde er der Nachfolger Hindenburgs an der Ostfront. Als solcher nahm er auch an den Friedensverhandlungen von Brest-Litowsk teil. Prinz Leopold, der sich schon im Krieg von 1870 ausgezeichnet hatte, bekam zweimal den Max-Josephs-Orden. Der mit einer Tochter des österreichischen Kaisers Franz Joseph verheiratete Wittelsbacher starb 1930 im Alter von 84 Jahren.

Prinz *Franz* wurde als Kommandeur des Infanterieregiments >Kronprinz< verwundet und kommandierte zuletzt die Vierte Infanteriedivision; Prinz *Heinrich* ist am 8. November 1916 als Bataillonskommandeur im Leibregiment an der rumänischen Front seiner dritten Verwundung erlegen und anschließend in die Münchner Theatinerkirche überführt worden; Prinz *Ludwig Ferdinand* leitete in München als Generalarzt zwei Lazarette. im Herbst 1916, mitten im Ersten Weltkrieg, erlosch in Fürstenried auch das traurige Leben König Ottos.

Der unglückliche Ausgang des Krieges bereitete den Regierungen sämtlicher 1913 in Kelheim versammelten Bundesfürsten ein Ende. In der Nacht des 8. November 1918 erklärte ein Fremder auf der Theresienwiese in München die Herrschaft der Wittelsbacher – nach 738 Jahren – für beendet.

Nachwort des Herausgebers

Schon einmal, weit zurück im 16. Jahrhundert, hat ein Wittelsbacher ›mit unermüdeter eigener Hand‹ die Geschichte seiner Familie aufgeschrieben. Der hinkende Herzog Johann aus der pfälzischen Linie Zweibrücken verlor freilich bald schon die Spur seiner Ahnen und landete zuletzt mitten unter den Helden des Homer.

Mehr als dreihundert Jahre nach dem Zweibrücker Landesvater, der vor allem wohl wegen seiner Ahnenforschung den Beinamen »der Historiker« bekam, hat nun wieder ein Wittelsbacher — und diesmal ein wirklicher, ein studierter Historiker — die Geschichte der ersten bayerischen Familie und ihrer pfälzischen Verwandtschaft aufgeschrieben. Seine Darstellung reicht von den (noch) im Dunkel liegenden Anfängen im 11. Jahrhundert bis zum Ende der wittelsbachischen Herrschaft im November 1918. Sie erzählt also von der Zeit, in der die wittelsbachische Familien- zugleich bayerische Herrschaftsgeschichte war.

Der Bayernprinz Adalbert, ein Urenkel König Ludwigs I., war 32 Jahre alt, als die Wittelsbacher die Residenz verlassen mußten. Aus dem Berufsoffizier wurde in diesen ersten republikanischen Jahren ein Student der Geschichte und schließlich ein angesehener Historiker, den die Kommission für Bayerische Landesgeschichte bei der Bayerischen Akademie der Wissenschaften wie die Spanische Historische Akademie zu ihren Mitgliedern wählte und dessen Spezialgebiet die eigene Familie wurde: Keiner konnte ja so authentisch und so kundig über die Geschichte des Hauses Wittelsbach schreiben wie dieser Angehörige und spätere Chef der adalbertinischen Linie (die sich von Adalbert, einem frühverstorbenen Bruder König Maximilians II. und des späteren Prinzregenten Luitpold herleitet).

Das Buch, mit dem sich der Prinz bei seinen historischen Zunftgenossen das größte Ansehen erwarb, war zweifellos die 1957 erschienene, weitausholende Biographie Maximilians I. Joseph, des ersten bayerischen Königs. Die imposanten, die ruhmreichen Figuren seiner Familie haben freilich die Phantasie des Prinzen Adalbert in der Regel nicht sonderlich beschäftigt. Er suchte die Geschichte sehr viel lieber an ihren Nebenschauplätzen auf und nahm sich der Personen an, die von der Historie in die Nebensätze abgedrängt werden. Zwar veröffentlichte er 1929 ein Werk mit dem schier

NACHWORT

monumentalen Titel »Das Ende der Habsburger in Spanien«, doch wenige Jahre später erschien ein Buch, das er über seine spanische Mutter Maria de la Paz geschrieben hatte: »Vier Revolutionen und einiges dazwischen«. Es folgten eine große Biographie des Eugène Beauharnais und, gleichsam als Ergänzung, eine Arbeit über »Die Herzen der Leuchtenberg«. Und hatte er einen stattlichen Band dem König aus der Linie Birkenfeld gewidmet, so bekam 1966 auch dessen Onkel ein Buch: »Der Herzog und die Tänzerin«. Es erzählte von jenem Christian IV., der lieber auf eine noblere Zukunft als auf seine Marianne Camasse verzichtete.

Zweimal hat der wittelsbachische Chronist auch einen Querschnitt durch die Geschichte seiner Familie gegeben — und in beiden Büchern hat er dabei in einem Akt dynastischer Bescheidenheit die erlauchten Damen und Herren seiner Familie (zumindest im Titel) zurücktreten lassen hinter ihre Residenzen. Die Buchtitel waren »Nymphenburg und seine Bewohner« und »Als die Residenz noch Residenz war«.

Im Dezember 1970, eineinhalb Jahre nach seinem bei einem Flugzeugunfall ums Leben gekommenen Sohn Konstantin, ist Prinz Adalbert von Bayern gestorben. Im Nachlaß fand man neben einigen Aufsätzen ein Manuskript, das als Abschluß und Zusammenfassung seiner vielfältigen Wittelsbach-Studien gelten kann — eine Geschichte seiner Familie, die wohl zum erstenmal in neuerer Zeit die bayerischen und pfälzischen Wittelsbacher in einer »Parallelaktion« durch die Jahrhunderte verfolgt. Dabei verwendet der Autor, dem Charakter seiner Aufzeichnungen gemäß, den Begriff »Familie« auch dort, wo der Genealoge das Wort »Geschlecht« gebrauchen würde.

Dieses nachgelassene Werk, diese wittelsbachische Synchron-Historie, mußte für den Druck nur geringfügig redigiert und revidiert werden — was uns nun vorliegt, diese erzählte Genealogie, ist eine große »family reunion«, ein wittelsbachisches Ahnentreffen und das Vermächtnis jenes bayerischen Prinzen, der sich als zweites Mitglied seiner Familie den Namen »der Historiker« verdient hat.

Im Bildteil hat Josef H. Biller den ebenso reizvollen wie mühevollen Versuch unternommen, achthundert Jahre wittelsbachischer Geschichte in sieben »Bilderzyklen« darzustellen: Wittelsbacher und Weltgeschichte — Residenzen der Wittelsbacher — Wittelsbacher und die Kultur — Wittelsbachische Liebhabereien — Wittelsbacher Erfinder, Forscher und Ärzte — Wittelsbacher und Frömmigkeit — Wittelsbacher Frauen. Auf solche Weise entstand ein höchst informativer Beitrag zu einigen Spezialkapiteln dieser Familienchronik.

Für sein Buch hatte sich Prinz Adalbert einen ausführlichen Anhang gewünscht. Der Verlag hat, der Absicht seines Autors folgend, die im Nachlaß liegenden genealogischen Tafeln übernommen und weitere Tabellen angefertigt.

Hans F. Nöhbauer

ANHANG

Genealogische Übersichten

Verzeichnis der in den folgenden Tafeln behandelten Linien

BAYERN-MÜNCHEN Tafel III
Herzöge
Karl II. (1341-1397) bis Wilhelm V. (1548-1626)

BAYRISCHE KURLINIE Tafel VIII
Maximilian I. (1573-1651) bis Maximilian III. Joseph (1727 bis 1777)

BIRKENFELD Tafel VII und X
Karl I. (1560-1600) bis Karl II. Otto (1625-1671)

BIRKENFELD-BISCHWEILER
Tafel X
Christian I. (1598-1654)

BIRKENFELD-BISCHWEILER-RAPPOLTSTEIN Tafel X
Christian II. (1637-1717) bis Christian IV. (1722-1775)

BIRKENFELD-GELNHAUSEN
Tafel X und XII
Johann Karl (1638-1704) bis zur Gegenwart

BIRKENFELD-ZWEIBRÜCKEN
Tafel X
Christian III. (1674-1735) bis Maximilian Joseph, Kurfürst von Pfalz-Bayern und König von Bayern (1756-1825)

BISCHWEILER
siehe: Birkenfeld-Bischweiler

BRANDENBURG Tafel III
Ludwig V. (um 1312-1361) bis Mainhard (1344-1363)

HERZOGL. BAYR. LINIE im BAYR. KÖNIGSHAUS siehe: Birkenfeld-Gelnhausen

HILPOLTSTEIN Tafel VII
Johann Friedrich (1587-1641)

siehe: Neuburg-Hilpoltstein und Sulzbach-Hilpoltstein

HOLLAND
siehe: Straubing-Holland

INGOLSTADT Tafel III
Stephan III. (um 1337-1413) bis Ludwig VIII. (1403-1445)

KLEEBURG
siehe: Zweibrücken-Kleeburg

KÖNIGSHAUS, das BAYRISCHE
Tafel XI, XIA, XIB
Maximilian Joseph, Kurfürst von Pfalz-Bayern und König von Bayern (1756-1825) bis zur Gegenwart

LANDSBERG-Moschel
siehe: Zweibrücken-Landsberg

LANDSHUT Tafel III
Friedrich (um 1339-1343) bis Ludwig (1476-1500)

MOSBACH Tafel IV
Otto I. (1390-1461) bis Albrecht (1440-1506)

NEUBURG Tafel VII
Wolfgang Wilhelm (1578-1653) bis Karl III. Philipp (1616-1742)

NEUBURG-HILPOLTSTEIN
Tafel VI und VII
Philipp Ludwig (1547-1614)

NEUNBURG-OBERPFALZ
Tafel IV
Neunburg vorm Wald
Johann (1383-1443) bis Christoph, König von Dänemark, Schweden, Norwegen (1416-1448)

LINIEN-VERZEICHNIS

NEUMARKT
siehe: Neunburg-Oberpfalz

NIEDERBAYERN Tafel II
Heinrich I. (1235-1290) bis
Johann I. (?-1340)

OBERBAYERN Tafel II
Ludwig II. (1229-1294) bis
Ludwig IV. (1282-1347)

PARKSTEIN Tafel VII
Friedrich (1557-1597)

PFÄLZISCHE KURLINIE, Alte
Tafel IV
Rudolf I. (1274-1319) bis Otto
Heinrich, Kurfürst (1502-1559)

PFÄLZISCHE KURLINIE, Neue
siehe: Simmern, Neuburg,
Sulzbach, Birkenfeld

RAPPOLTSTEIN
siehe: Birkenfeld-Bischweiler-
Rappoltstein

SCHEYERN Tafel I
Grafen von

SCHWEDISCHE LINIE
Tafel VI
siehe: Zweibrücken-Kleeburg

SIMMERN-SPONHEIM Tafel V
Friedrich I. (1417-1480) bis
Karl II. (1651-1685)

SIMMERN-ZWEIBRÜCKEN-
VELDENZ Tafel IV und V
Stephan (1385-1459) bis
Karl II. (1651-1685)

SPONHEIM
siehe: Simmern-Sponheim

STRAUBING-HOLLAND Tafel III
Albrecht I. (1336-1404) bis
Jakobäa (1401-1436)

SULZBACH II Tafel VII und IX
August (1582-1632) bis Karl IV.
Theodor, Kurfürst von Pfalz-
Bayern (1724-1799)

SULZBACH-HILPOLTSTEIN
Tafel VII
Otto Heinrich (1556-1604)

TIROL Tafel III
Mainhard (1344-1363)

VELDENZ Tafel VI und VI A
Rupprecht I. (1506-1544) bis
Karl Georg (1660-1686)

WITTELSBACH Grafen von
Tafel I

ZWEIBRÜCKEN Tafel VI
Johann I. (1550-1604)

ZWEIBRÜCKEN, jüng. Linie
Tafel VI
Johann II. (1584-1635) bis
Friedrich (1616-1661)

ZWEIBRÜCKEN-KLEEBURG
Tafel VI
Johann Kasimir (1589-1652) bis
Gustav Samuel (1670-1731)

ZWEIBRÜCKEN-LANDSBERG
Tafel VI
Friedrich Kasimir (1585-1645)
bis Wilhelm Ludwig (1648-1675)

ZWEIBRÜCKEN-VELDENZ
Tafel V und VI
Ludwig I. (1424-1489) bis
Wolfgang (1526-1569)

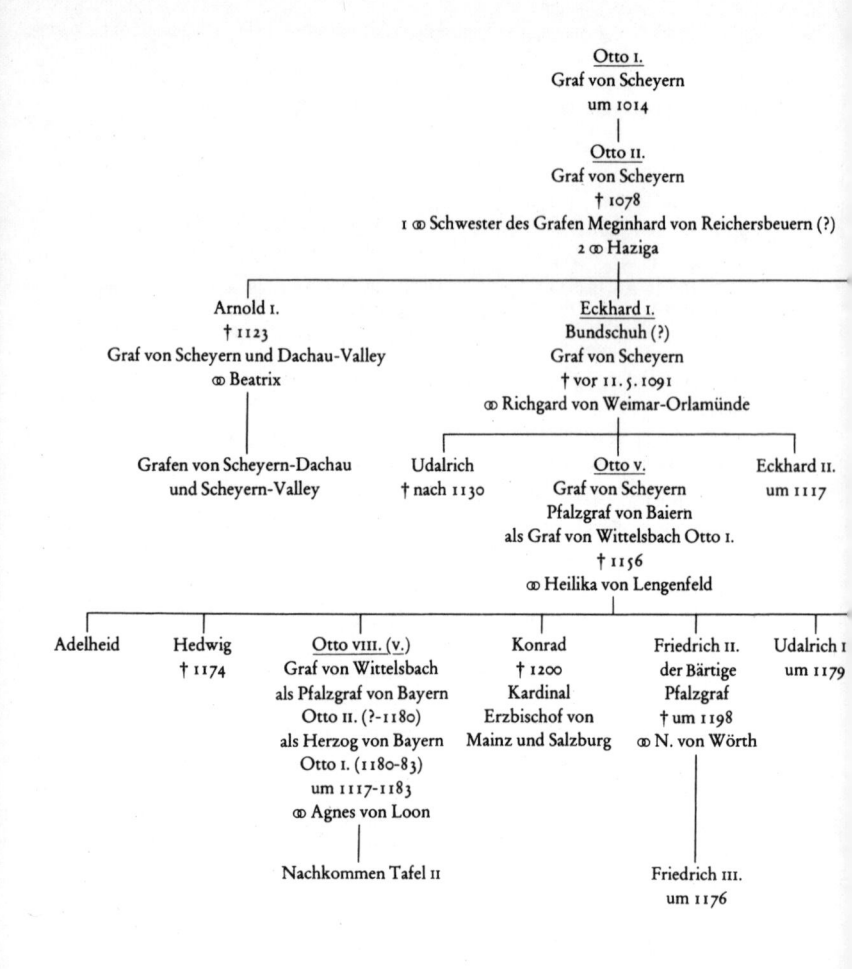

Otto I.
Graf von Scheyern
um 1014
|
Otto II.
Graf von Scheyern
† 1078
1 ⚭ Schwester des Grafen Meginhard von Reichersbeuern (?)
2 ⚭ Haziga

- **Arnold I.**
  † 1123
  Graf von Scheyern und Dachau-Valley
  ⚭ Beatrix

  Grafen von Scheyern-Dachau
  und Scheyern-Valley

- **Eckhard I.**
  Bundschuh (?)
  Graf von Scheyern
  † vor 11.5.1091
  ⚭ Richgard von Weimar-Orlamünde

  - Udalrich
    † nach 1130
  - Otto V.
    Graf von Scheyern
    Pfalzgraf von Baiern
    als Graf von Wittelsbach Otto I.
    † 1156
    ⚭ Heilika von Lengenfeld
  - Eckhard II.
    um 1117

Kinder von Otto V.:

- Adelheid
- Hedwig
  † 1174
- Otto VIII. (V.)
  Graf von Wittelsbach
  als Pfalzgraf von Bayern
  Otto II. (?-1180)
  als Herzog von Bayern
  Otto I. (1180-83)
  um 1117-1183
  ⚭ Agnes von Loon

  Nachkommen Tafel II
- Konrad
  † 1200
  Kardinal
  Erzbischof von
  Mainz und Salzburg
- Friedrich II.
  der Bärtige
  Pfalzgraf
  † um 1198
  ⚭ N. von Wörth

  Friedrich III.
  um 1176
- Udalrich I
  um 1179

Tafel I: *Scheyern-Wittelsbach-Bayern*

*Die in der Numerierung fehlenden Namensträger Otto
gehören in die Linien Scheyern-Dachau und Scheyern-Valley*

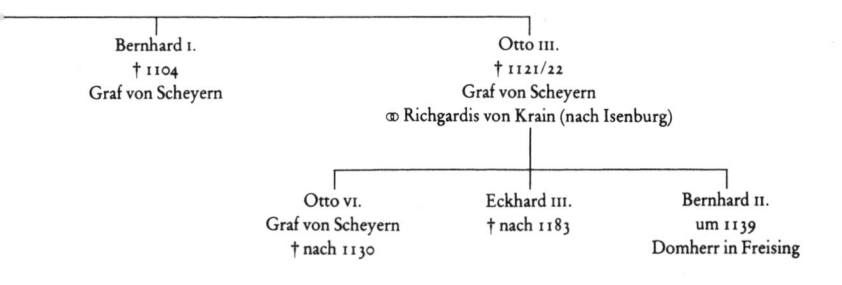

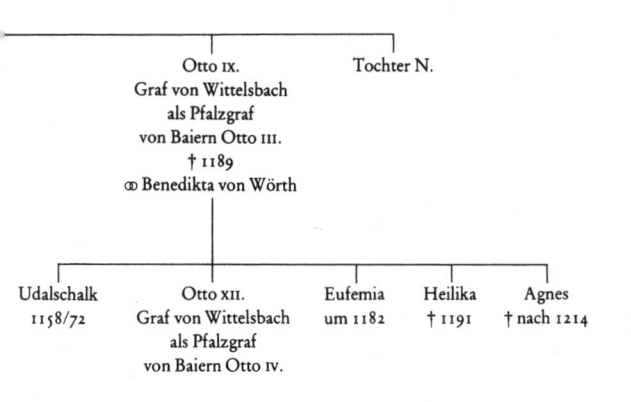

Bernhard I.
† 1104
Graf von Scheyern

Otto III.
† 1121/22
Graf von Scheyern
⚭ Richgardis von Krain (nach Isenburg)

Otto VI.
Graf von Scheyern
† nach 1130

Eckhard III.
† nach 1183

Bernhard II.
um 1139
Domherr in Freising

Otto IX.
Graf von Wittelsbach
als Pfalzgraf
von Baiern Otto III.
† 1189
⚭ Benedikta von Wörth

Tochter N.

Udalschalk
1158/72

Otto XII.
Graf von Wittelsbach
als Pfalzgraf
von Baiern Otto IV.

Eufemia
um 1182

Heilika
† 1191

Agnes
† nach 1214

*Otto von
Wittelsbach*

*Ludwig der
Kelheimer*

Tafel I
Die Grafen von Scheyern-Wittelsbach
und Pfalzgrafen von Bayern
um 1014-1180
(nach Dungern)

Otto I. (VIII.)
Graf von Scheyern, Graf von Wittelsbach,
Herzog von Bayern
um 1117-1180-1183
∞ Agnes von Loon

Otto XI.	Sophie	Heilika I.	Agnes	Richardis	Ludwig I.
1170-1179/80	um 1171-1238	um 1171	um 1172- um 1200	um 1173-1231	der Kehlheimer
	∞ Hermann	∞ Dietrich	∞ Heinrich	∞ Otto II.	1174-1183-1231
	von Thüringen	von Wasserburg	von Plain	von Geldern	∞ Ludmilla von Böhmen

Otto II.
der Erlauchte
1206-1231-1253
∞ Agnes von Sachsen
Erbin der Pfalz

Oberbayern

Elisabeth
um 1227-1273
1 ∞ König Konrad IV.
von Hohenstaufen
3 ∞ Mainhard IV.
von Görz und Tirol

Ludwig II.
der Strenge
1229-1253-1294
1 ∞ Maria von Brabant
2 ∞ Anna von Schlesien
3 ∞ Mechthilde von Habsburg

2	2	3	3	3	3	3
Maria	Ludwig	Rudolf I.	Mechthilde	Agnes	Anna	Ludwig IV.
um 1261?	Elegans	der Stammler	1275-1319	um 1276- um 1340	um 1280-?	der Bayer
Nonne im	1267-1290	1274-(1294-1317)-1319	∞ Otto IV. von	1 ∞ Heinrich II.	Nonne im	1282-1294-1347
Kloster	∞ Elisabeth	∞ Mechthilde	Braunschweig-	von Hessen	Kloster	König 1314
Marienberg	von Lothringen	von Nassau	Lüneburg	2 ∞ Heinrich I.	in Ulm	Kaiser 1328
				von Brandenburg		1 ∞ Beatrix
						von Schlesien-
						Glogau
						2 ∞ Margarete
						von Holland

Nachkommen Tafel IV

Nachkommen Tafel

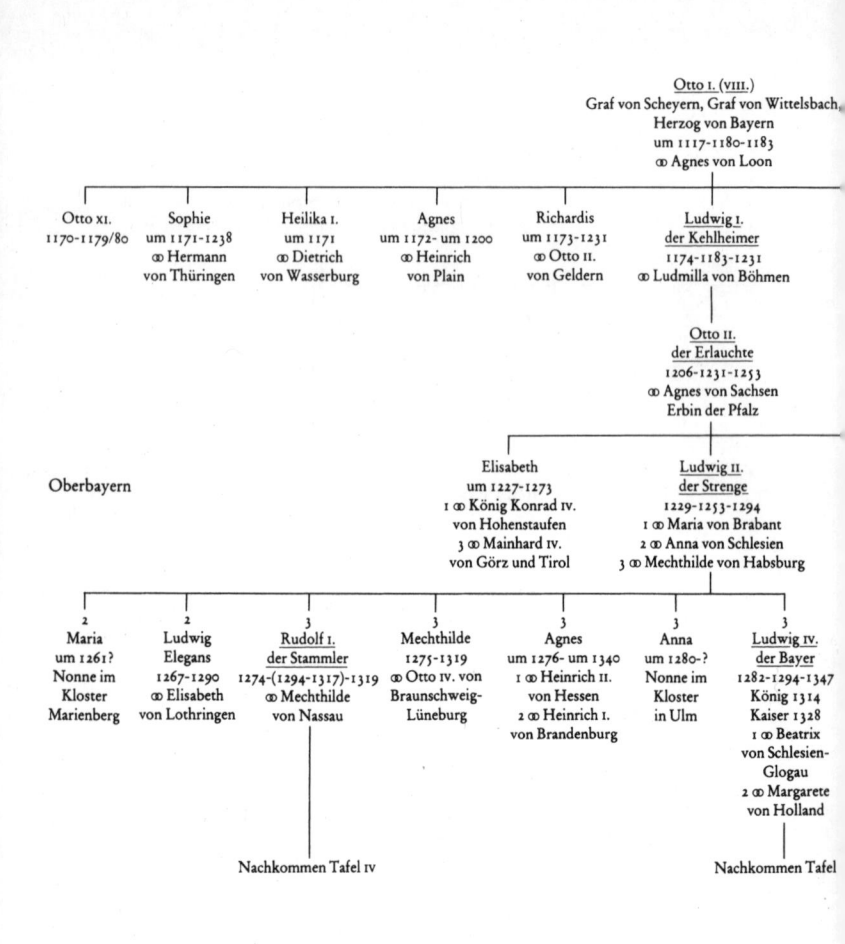

Pfalz *Bayern* *Niederbayern*

Tafel II
Die Herzöge von Bayern
von Otto I. bis
Kaiser Ludwig dem Bayern
1180-1347
*(nach Häutle,
für die Kinder Ottos I. wurden Dungern und Tyroller
als Vorlage genommen)*

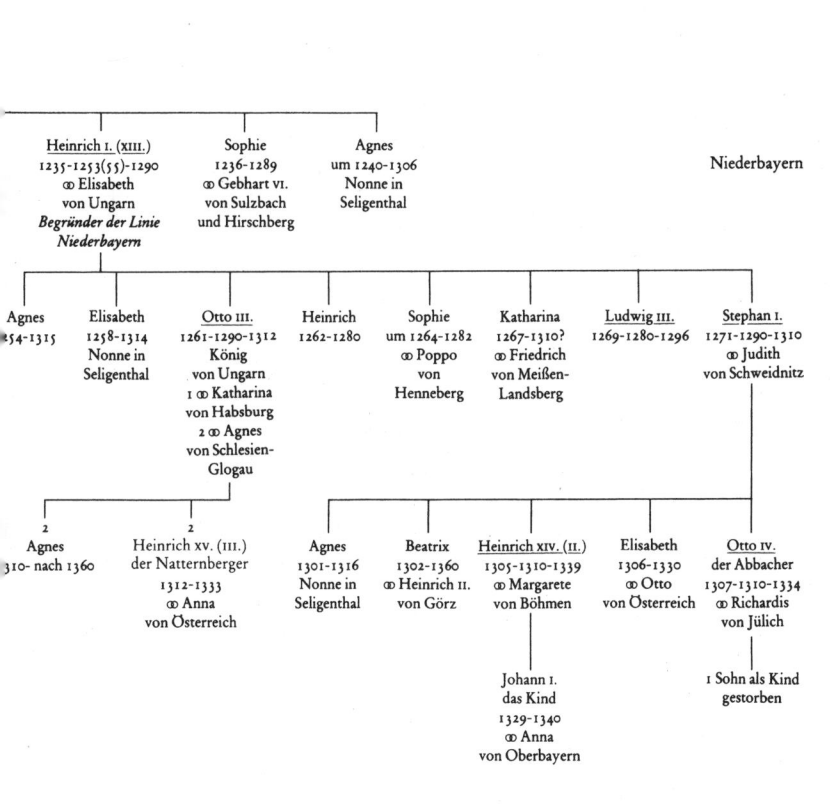

Tafel II: *Bayern 1180-1327*

Heilika II.
um 1176
∞ Adalbert III.
von Dillingen

Elisabeth
um 1178-?
∞ Berthold
von Vohburg

Mechthilde
um 1180-1231
∞ Rapoto II.
von Ortenburg

Niederbayern

Heinrich I. (XIII.)
1235-1253(55)-1290
∞ Elisabeth
von Ungarn
*Begründer der Linie
Niederbayern*

Sophie
1236-1289
∞ Gebhart VI.
von Sulzbach
und Hirschberg

Agnes
um 1240-1306
Nonne in
Seligenthal

Agnes
1254-1315

Elisabeth
1258-1314
Nonne in
Seligenthal

Otto III.
1261-1290-1312
König
von Ungarn
1 ∞ Katharina
von Habsburg
2 ∞ Agnes
von Schlesien-
Glogau

Heinrich
1262-1280

Sophie
um 1264-1282
∞ Poppo
von
Henneberg

Katharina
1267-1310?
∞ Friedrich
von Meißen-
Landsberg

Ludwig III.
1269-1280-1296

Stephan I.
1271-1290-1310
∞ Judith
von Schweidnitz

2
Agnes
1310- nach 1360

2
Heinrich XV. (III.)
der Natternberger
1312-1333
∞ Anna
von Österreich

Agnes
1301-1316
Nonne in
Seligenthal

Beatrix
1302-1360
∞ Heinrich II.
von Görz

Heinrich XIV. (II.)
1305-1310-1339
∞ Margarete
von Böhmen

Elisabeth
1306-1330
∞ Otto
von Österreich

Otto IV.
der Abbacher
1307-1310-1334
∞ Richardis
von Jülich

Johann I.
das Kind
1329-1340
∞ Anna
von Oberbayern

1 Sohn als Kind
gestorben

Ende der Linie Niederbayern

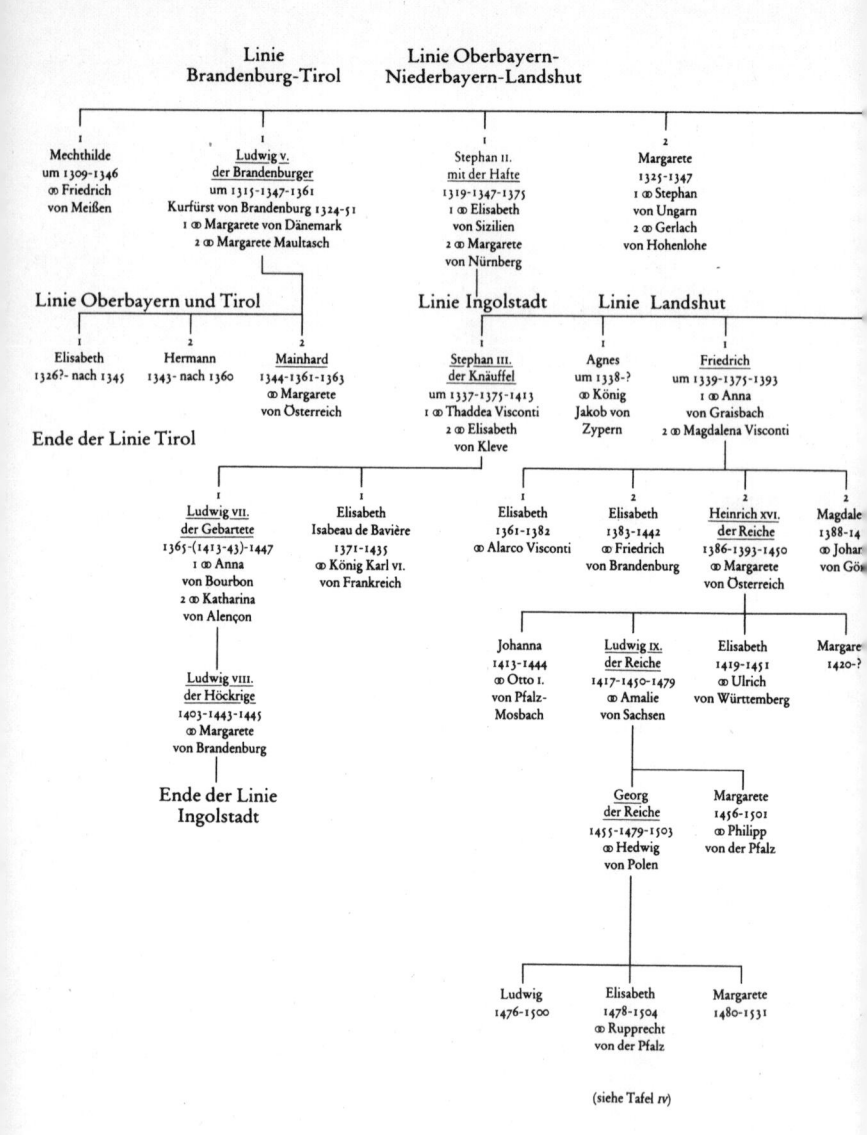

Linie Brandenburg-Tirol | Linie Oberbayern-Niederbayern-Landshut

1 Mechthilde
um 1309-1346
∞ Friedrich
von Meißen

1 <u>Ludwig v.
der Brandenburger</u>
um 1315-1347-1361
Kurfürst von Brandenburg 1324-51
1 ∞ Margarete von Dänemark
2 ∞ Margarete Maultasch

1 Stephan II.
mit der Hafte
1319-1347-1375
1 ∞ Elisabeth
von Sizilien
2 ∞ Margarete
von Nürnberg

2 Margarete
1325-1347
1 ∞ Stephan
von Ungarn
2 ∞ Gerlach
von Hohenlohe

Linie Oberbayern und Tirol | Linie Ingolstadt | Linie Landshut

1 Elisabeth
1326?- nach 1345

2 Hermann
1343- nach 1360

2 <u>Mainhard</u>
1344-1361-1363
∞ Margarete
von Österreich

Ende der Linie Tirol

1 <u>Stephan III.
der Knäuffel</u>
um 1337-1375-1413
1 ∞ Thaddea Visconti
2 ∞ Elisabeth
von Kleve

1 Agnes
um 1338-?
∞ König
Jakob von
Zypern

1 <u>Friedrich</u>
um 1339-1375-1393
1 ∞ Anna
von Graisbach
2 ∞ Magdalena Visconti

---

1 <u>Ludwig VII.
der Gebartete</u>
1365-(1413-43)-1447
1 ∞ Anna
von Bourbon
2 ∞ Katharina
von Alençon

<u>Ludwig VIII.
der Höckrige</u>
1403-1443-1445
∞ Margarete
von Brandenburg

Ende der Linie
Ingolstadt

1 Elisabeth
Isabeau de Bavière
1371-1435
∞ König Karl VI.
von Frankreich

1 Elisabeth
1361-1382
∞ Alarco Visconti

1 Elisabeth
1383-1442
∞ Friedrich
von Brandenburg

2 <u>Heinrich XVI.
der Reiche</u>
1386-1393-1450
∞ Margarete
von Österreich

2 Magdale
1388-14
∞ Johan
von Göi

Johanna
1413-1444
∞ Otto I.
von Pfalz-
Mosbach

<u>Ludwig IX.
der Reiche</u>
1417-1450-1479
∞ Amalie
von Sachsen

Elisabeth
1419-1451
∞ Ulrich
von Württemberg

Margare
1420-?

<u>Georg
der Reiche</u>
1455-1479-1503
∞ Hedwig
von Polen

Margarete
1456-1501
∞ Philipp
von der Pfalz

Ludwig
1476-1500

Elisabeth
1478-1504
∞ Rupprecht
von der Pfalz

Margarete
1480-1531

(siehe Tafel IV)

Ende der Linie Landshut

Tafel IV: *Alte pfälzische Kurlinie*

```
    Linie Simmern-                              Linie Mosbach
    Zweibrücken-Veldenz
    ┌─────────┐                                  ┌─────────┐
       Stephan                                       Otto I.
       Pfalzgraf                                    Pfalzgraf
      1385-1410-1459                              1390-1410-1461
        ∞ Anna                                   ∞ Johanna von Bayern-
       von Veldenz                                     Landshut

      Nachkommen
        Tafel v
```

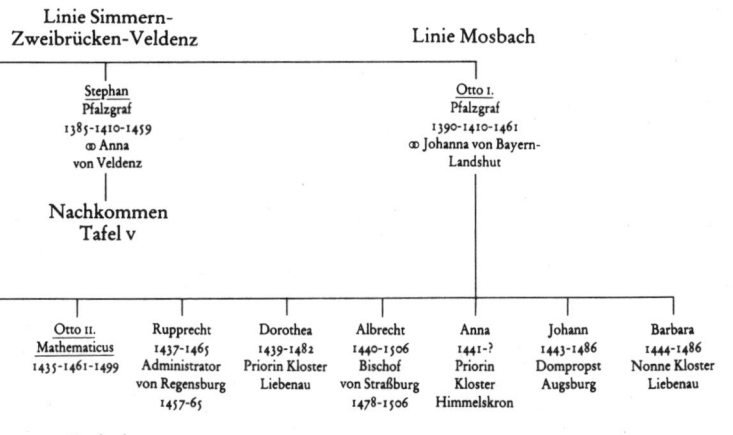

| Otto II. Mathematicus 1435-1461-1499 | Rupprecht 1437-1465 Administrator von Regensburg 1457-65 | Dorothea 1439-1482 Priorin Kloster Liebenau | Albrecht 1440-1506 Bischof von Straßburg 1478-1506 | Anna 1441-? Priorin Kloster Himmelskron | Johann 1443-1486 Dompropst Augsburg | Barbara 1444-1486 Nonne Kloster Liebenau |

Ende der
Linie Mosbach

Kurpfalz *Dänemark Schweden Norwegen*

Tafel IV
Die alte pfälzische Kurlinie
1319-1559

Linie Simmern-Sponheim

Stephan
Pfalzgraf
1385-1459
∞ Anna von Veldenz

- **Anna** 1413-1455 ∞ Vinzenz von Mörs und Saarwerden
- **Margarete** 1416-1426
- **Friedrich I.** Pfalzgraf 1417-1444-1480 ∞ Margarete von Geldern
- **Rupprecht** 1420-1478 Bischof von Straßburg
- **Stephan** 1421-1485 Dompropst zu Köln

Children of Friedrich I.:
- **Katharina** 1455-1522 Äbtissin in Trier
- **Stephan** 1457-1489? Dompropst in Straßburg
- **Johann I.** Pfalzgraf 1459-1480-1509 ∞ Johanna von Nassau-Saarbrücken
- **Friedrich** 1460-1518 Domherr in Köln
- **Rupprecht** 1461-1507 Bischof in Regensburg

Children of Johann I.:
- **Johann II.** Pfalzgraf 1492-1509-1557 1 ∞ Beatrix von Baden 2 ∞ Maria Jakobäa von Oettingen
- **Friedrich** 1494?-? Dompropst in Straßburg

Kurpfalz

Children of Johann II.:
- **Katharina** 1510-1572 Äbtissin zu Kumd
- **Johanna** 1512-1581 Äbtissin zu Boppard
- **Ottilie** 1513-1553 Nonne in Boppard
- **Friedrich III.** Kurfürst von der Pfalz 1515-1559-1576 1 ∞ Maria von Brandenburg-Kulmbach 2 ∞ Amalie von Neuenahr
- **Brigitte** 1516-1562 Äbtissin zu Neuburg
- **Georg** 1518-1569 1 ∞ Elisabeth von Hessen 2 ∞ Elisabeth von Rosen *(Nachkommen: Herren von Rabenspu...)*

Children of Friedrich III.:
- **Alberta** 1538-1553
- **Ludwig VI.** 1539-1576-1583 1 ∞ Elisabeth von Hessen 2 ∞ Anna von Ostfriesland
- **Elisabeth** 1540-1594 ∞ Johann Friedrich von Sachsen-Gotha
- **Hermann Ludwig** 1541-1556
- **Johann Kasimir** 1543-1592 ∞ Elisabeth von Sachsen

Children of Ludwig VI.:
- **Maria** 1561-1589 ∞ König Karl IX. von Schweden (Wasa)
- **Christine** 1573-1619
- **Friedrich IV.** 1574-1583-1610 ∞ Luise Juliane von Nassau-Oranien
- **Dorothea** 1581-1631 ∞ Johann Georg von Anhalt-Dessau

Children of Friedrich IV.:
- **Luise Juliane** 1594-1640 ∞ Johann II. von Zweibrücken
- **Katharina Sophie** 1595-1626
- **Friedrich V.** Winterkönig 1596-1610-1632 König von Böhmen 1619/1620 ∞ Elisabeth von England (Stuart)

Children of Friedrich V.:
- **Heinrich Friedrich** 1614-1629
- **Karl Ludwig** 1617-1649-1680 1 ∞ Charlotte von Hessen-Kassel 2 ∞ Marie-Luise von Degenfeld *(Nachkommen: Raugrafen)*
- **Elisabeth** 1619-1680 Äbtissin zu Herford
- **Rupprecht** der Kavalier 1619-1682
- **Moritz** 1621-1652?
- **Luise Maria** Hollandine 1622-1709 Äbtissin von Maubuisson
- **Eduard** 1624-1663 ∞ Anna Gonzaga von Nevers

Children of Karl Ludwig:
- **Karl II.** 1651-1680-1685 ∞ Wilhelmine Ernestine von Dänemark
- **Elisabeth Charlotte** Liselotte von der Pfalz 1652-1721 ∞ Herzog Philipp I. von Orléans

Children of Eduard:
- **Luise Maria** 1647-1679 ∞ Karl Theodor von Salm
- **Anna Henriette** 1648-1723 ∞ Heinrich Julius von Condé

Ende der Linie Simmern

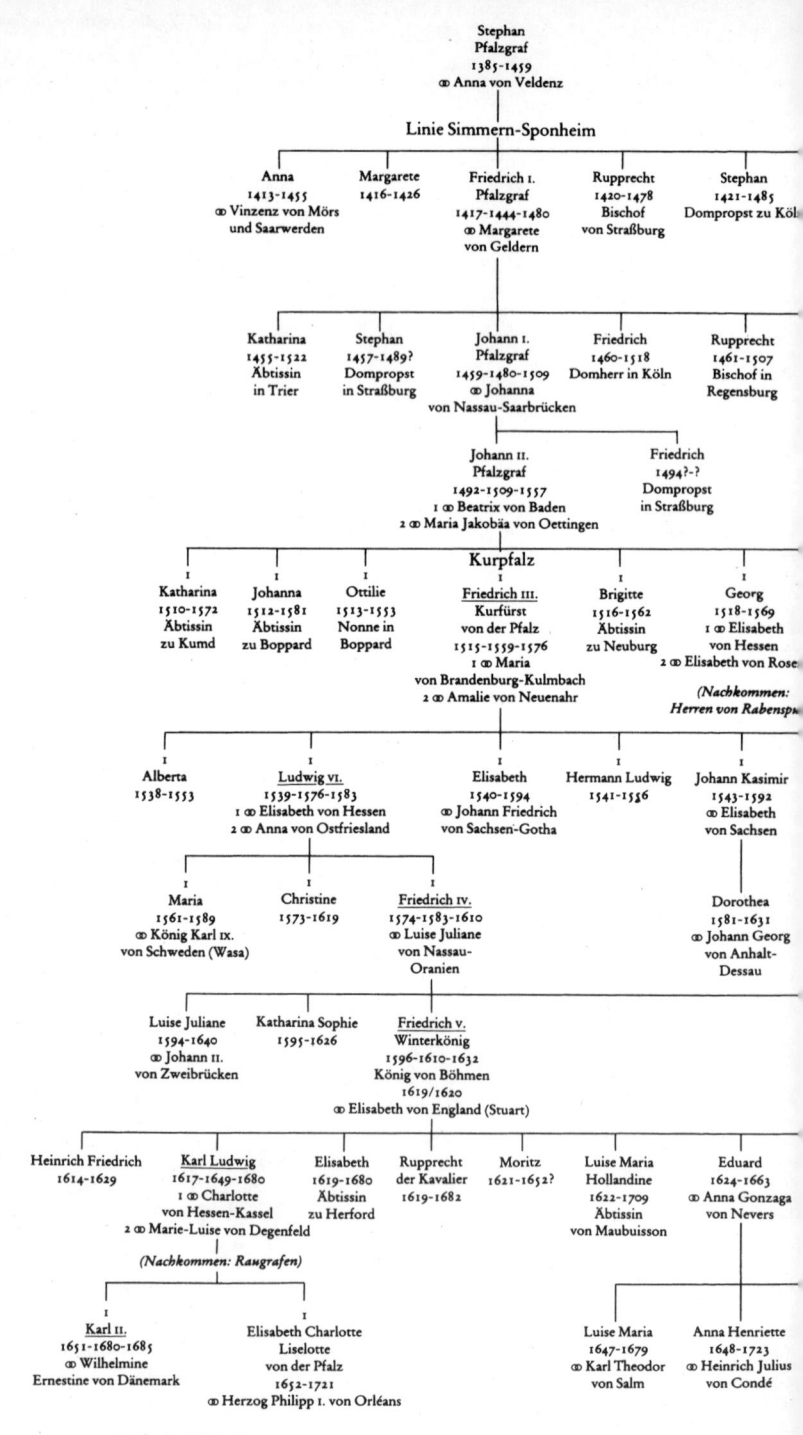

Tafel V: *Simmern-Zweibrücken-Veldenz-Kurpfalz*

Linie Zweibrücken-Veldenz

Ludwig I.
der Schwarze
Pfalzgraf
1424-1444-1489
∞ Johanna von Croy

Johann
1429-1475
Erzbischof
von Magdeburg

Nachkommen Tafel VI

Anna	Margarete	Helene	Wilhelm
1465-1517	1466-1506	1467-1555	1468-1481
Klarissin	Nonne in	Priorin	Domherr
zu Trier	Boppard	in Trier	in Trier

Sponheim   *Zweibrücken*

Tafel V
Linie Simmern-Zweibrücken-Veldenz
bzw. Simmern-Sponheim
Kurpfalz
1459-1685

Elisabeth
1520-1564
∞ Georg
von Erbach

Richard
1521-1598
1 ∞ Juliana von Wied
2 ∞ Emilie von Württemberg
3 ∞ Anna Margarete von Veldenz

Maria
1524-1576
Nonne
in Boppard

Sabine
1528-1578
∞ Lamoral
von Egmont

Helene
1532-1562
∞ Philipp
von Hanau-
Münzenberg

Dorothea Susanne
1544-1592
∞ Johann Wilhelm
von Sachsen-
Weimar

Anna Elisabeth
1549-1609
1 ∞ Philipp von Hessen
2 ∞ Johann August von Veldenz

Christoph
1551-1574

Kunigunde Jakobäa
1556-1586
∞ Johann I.
Von Nassau-Dillenburg

Jüngere Linie Simmern

Elisabeth Charlotte
1597-1660
∞ Georg Wilhelm
von Brandenburg

Ludwig Philipp
1602-1655
∞ Maria Eleonore
von Brandenburg

Henriette Marie
1626-1651
∞ Sigismund Rakoczi
a Siebenbürgen

Philipp
1627-1650

Sophie
1630-1714
Die große Kurfürstin
∞ Ernst August
von Hannover

Ludwig Kasimir
1636-1652

Elisabeth Marie
Charlotte
1638-1664
∞ Georg III.
von Liegnitz

Ludwig Heinrich
1640-1674
∞ Maria
von Nassau-
Oranien

Benedikte Henriette
1652-1732
∞ Johann Friedrich
Braunschweig-
Lüneburg

Ende der jüngeren Linie Simmern

Margarete
1456-1527
∞ Philipp
von Nassau-
Wiesbaden

Kaspar
Pfalzgraf
1458-(1478-1490)-1527
∞ Amalia
von Brandenburg

Linie Neuburg-Hilpoltstein

Linie Zweibrücken

Christine
1546-1619

Philipp Ludwig
1550-1569-1614
∞ Anna
von Jülich-Kleve-Berg

Johann I.
der Historiker
1550-1569-1604
∞ Magdalena
von Jülich-Kleve-Berg

Anna
1554-1576

Nachkommen
Tafel VII

Zweibrücken jüngere Linie

Maria Elisabeth
1581-1637
∞ Georg Gustav
von Veldenz

Johann II.
1584-1591-1635
1 ∞ Katharina von Rohan-Frontenay
2 ∞ Luise Juliane von Simmern-Sponheim

1	2	2	2	2	2	2	2
Magdalena Katharina 1607-1648 ∞ Christian I. von Birkenfeld-Bischweiler	Elisabeth Luise Juliane 1613-1667 Äbtissin zu Herford	Katharina Charlotte 1615-1651 ∞ Wolfgang Wilhelm von Neuburg	Friedrich 1616-1635-1661 ∞ Anna Juliane von Nassau-Saarbrücken	Anna Sybille 1617-1641	Johann Ludwig 1619-1647	Juliane Magdalene 1621-1672 ∞ Friedrich Ludwig von Zweibrücken-Landsberg	Maria Am... 1622-16..

Elisabeth
1642-1677
∞ Viktor Amadeus
von Anhalt-
Bernburg

Sophie Amalie
1646-1695
1 ∞ Siegfried
von Hohenlohe-
Weikersheim
2 ∞ Johann Karl
von Birkenfeld-
Gelnhausen

Eleonore Auguste
1648-1658

Charlotte Friederike
1653-1712
∞ Wilhelm Ludwig
von Zweibrücken-
Landsberg

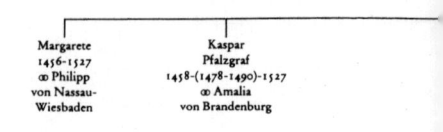

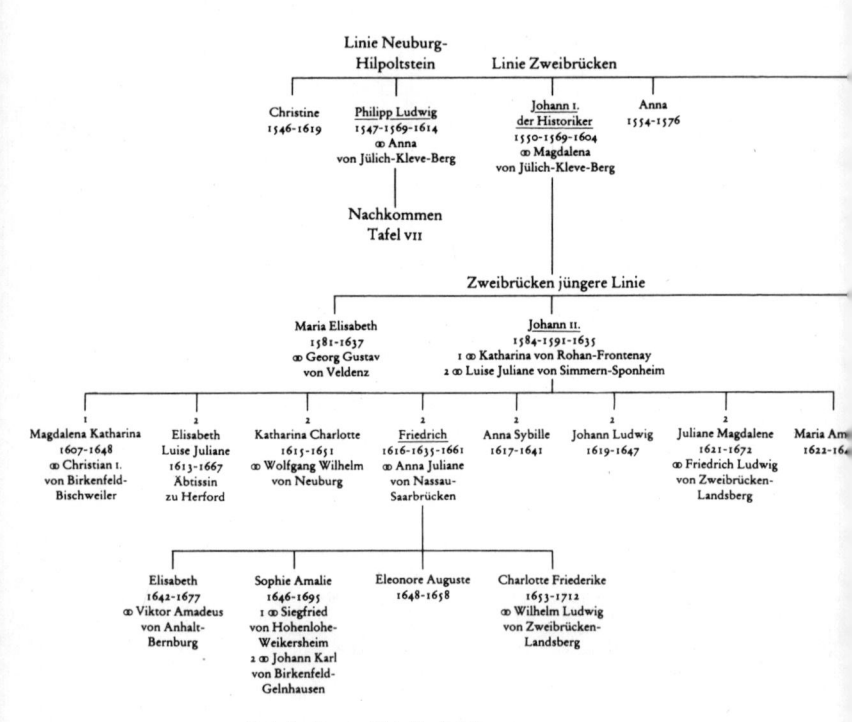

Ende der jüngeren Linie Zweibrücken

Tafel VII: *Neuburg-Sulzbach-Hilpoltstein*

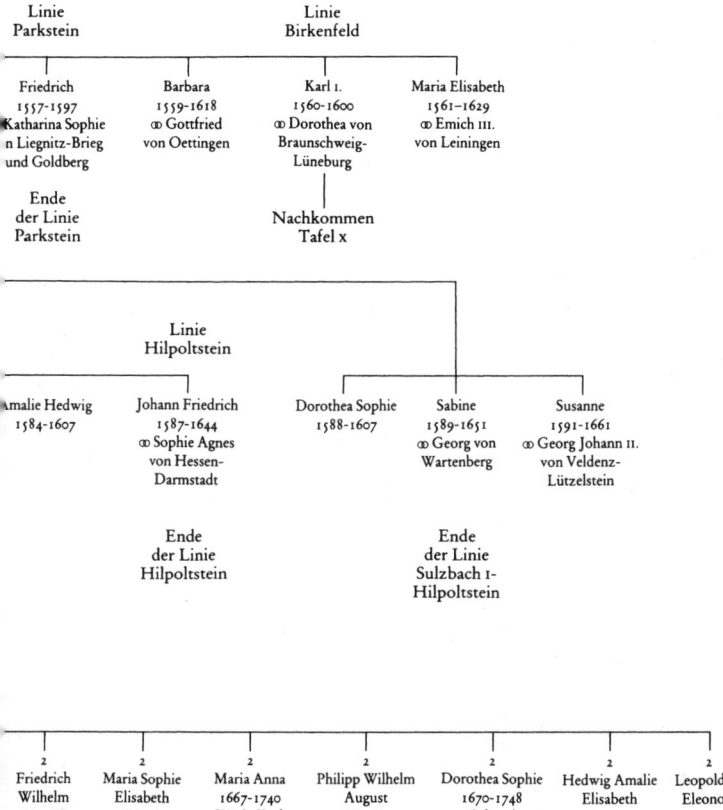

Linie Parkstein		Linie Birkenfeld	
Friedrich 1557-1597 ⚭ Katharina Sophie von Liegnitz-Brieg und Goldberg	Barbara 1559-1618 ⚭ Gottfried von Oettingen	Karl I. 1560-1600 ⚭ Dorothea von Braunschweig-Lüneburg	Maria Elisabeth 1561-1629 ⚭ Emich III. von Leiningen
Ende der Linie Parkstein		Nachkommen Tafel x	

	Linie Hilpoltstein			
Amalie Hedwig 1584-1607	Johann Friedrich 1587-1644 ⚭ Sophie Agnes von Hessen-Darmstadt	Dorothea Sophie 1588-1607	Sabine 1589-1651 ⚭ Georg von Wartenberg	Susanne 1591-1661 ⚭ Georg Johann II. von Veldenz-Lützelstein
	Ende der Linie Hilpoltstein		Ende der Linie Sulzbach I-Hilpoltstein	

| 2 Friedrich Wilhelm 1663-1689 Domherr zu Münster | 2 Maria Sophie Elisabeth 1666-1699 ⚭ König Peter II. von Portugal | 2 Maria Anna 1667-1740 ⚭ König Karl II. von Spanien | 2 Philipp Wilhelm August 1668-1693 ⚭ Anna Maria Franziska von Sachsen-Lauenburg | 2 Dorothea Sophie 1670-1748 1 ⚭ Odoardo II. von Parma und Piacenza 2 ⚭ Franz Maria I. von Parma und Piacenza | 2 Hedwig Amalie Elisabeth 1673-1722 ⚭ Jakob Ludwig Sobieski | 2 Leopoldine Eleonore 1679-1693 |

Maria Anna Karoline
1693-1751
⚭ Ferdinand Maria
von Bayern

Ende der Linie Neuburg

Tafel VII
Neuburg-Sulzbach 1-Hilpoltstein-
Parkstein und Birkenfeld
1569-1742

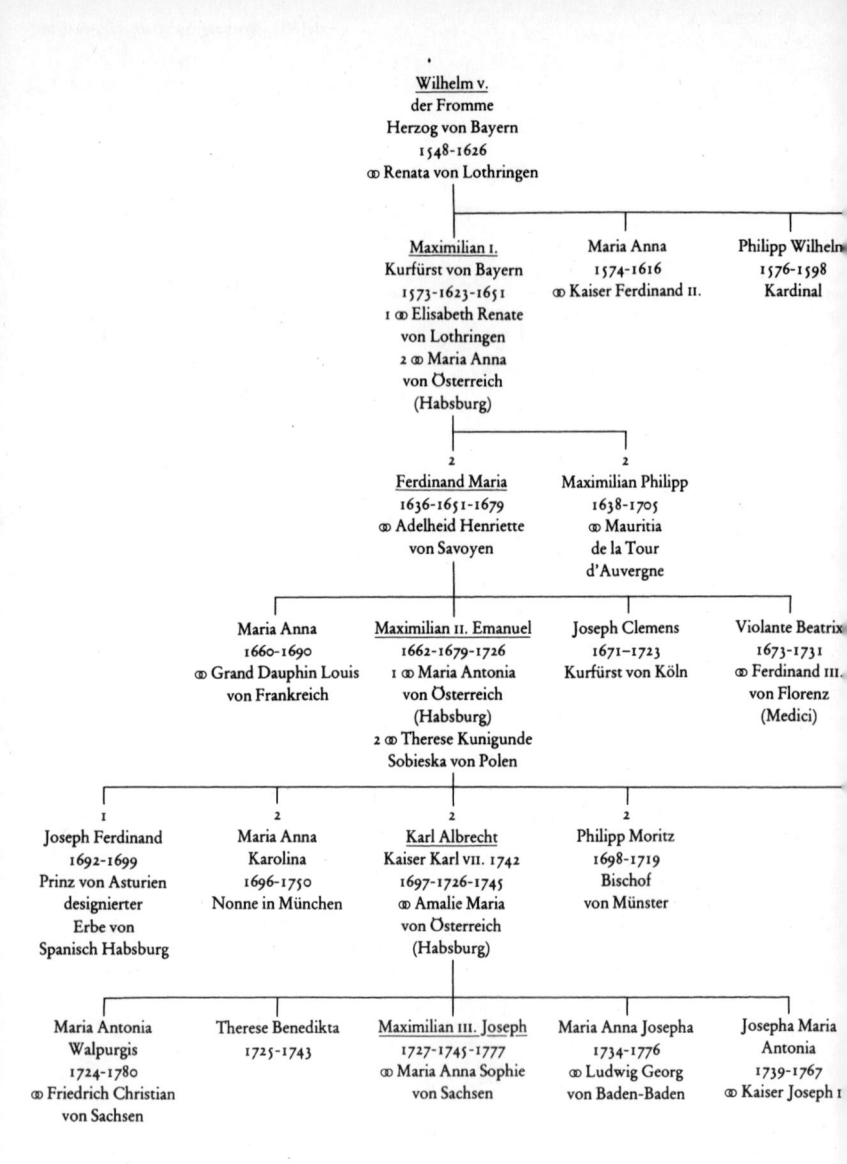

Wilhelm v.
der Fromme
Herzog von Bayern
1548-1626
∞ Renata von Lothringen

Maximilian I.
Kurfürst von Bayern
1573-1623-1651
1 ∞ Elisabeth Renate
von Lothringen
2 ∞ Maria Anna
von Österreich
(Habsburg)

Maria Anna
1574-1616
∞ Kaiser Ferdinand II.

Philipp Wilhelm
1576-1598
Kardinal

2
Ferdinand Maria
1636-1651-1679
∞ Adelheid Henriette
von Savoyen

2
Maximilian Philipp
1638-1705
∞ Mauritia
de la Tour
d'Auvergne

Maria Anna
1660-1690
∞ Grand Dauphin Louis
von Frankreich

Maximilian II. Emanuel
1662-1679-1726
1 ∞ Maria Antonia
von Österreich
(Habsburg)
2 ∞ Therese Kunigunde
Sobieska von Polen

Joseph Clemens
1671-1723
Kurfürst von Köln

Violante Beatrix
1673-1731
∞ Ferdinand III.
von Florenz
(Medici)

1
Joseph Ferdinand
1692-1699
Prinz von Asturien
designierter
Erbe von
Spanisch Habsburg

2
Maria Anna
Karolina
1696-1750
Nonne in München

2
Karl Albrecht
Kaiser Karl VII. 1742
1697-1726-1745
∞ Amalie Maria
von Österreich
(Habsburg)

2
Philipp Moritz
1698-1719
Bischof
von Münster

Maria Antonia
Walpurgis
1724-1780
∞ Friedrich Christian
von Sachsen

Therese Benedikta
1725-1743

Maximilian III. Joseph
1727-1745-1777
∞ Maria Anna Sophie
von Sachsen

Maria Anna Josepha
1734-1776
∞ Ludwig Georg
von Baden-Baden

Josepha Maria
Antonia
1739-1767
∞ Kaiser Joseph I

Ende der Bayerischen Kurlinie

Tafel VIII: *Bayerische Kurlinie 1573-1777*

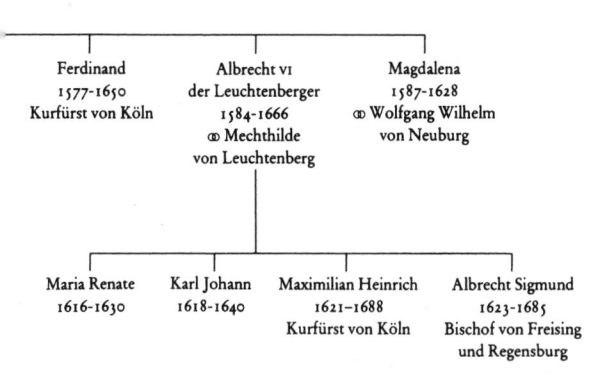

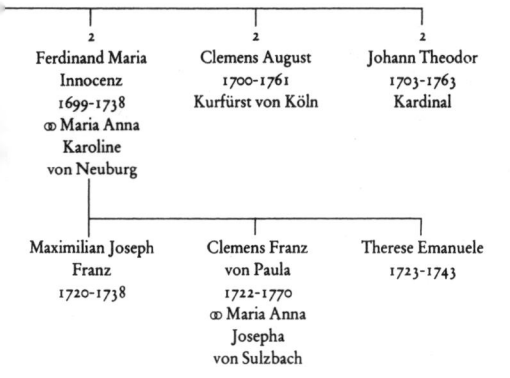

Ferdinand	Albrecht VI	Magdalena
1577-1650	der Leuchtenberger	1587-1628
Kurfürst von Köln	1584-1666	⚭ Wolfgang Wilhelm
	⚭ Mechthilde	von Neuburg
	von Leuchtenberg	

Maria Renate	Karl Johann	Maximilian Heinrich	Albrecht Sigmund
1616-1630	1618-1640	1621–1688	1623-1685
		Kurfürst von Köln	Bischof von Freising
			und Regensburg

2	2	2
Ferdinand Maria	Clemens August	Johann Theodor
Innocenz	1700-1761	1703-1763
1699-1738	Kurfürst von Köln	Kardinal
⚭ Maria Anna		
Karoline		
von Neuburg		

Maximilian Joseph	Clemens Franz	Therese Emanuele
Franz	von Paula	1723-1743
1720-1738	1722-1770	
	⚭ Maria Anna	
	Josepha	
	von Sulzbach	

Tafel VIII
Die bayerische Kurlinie
1573-1777

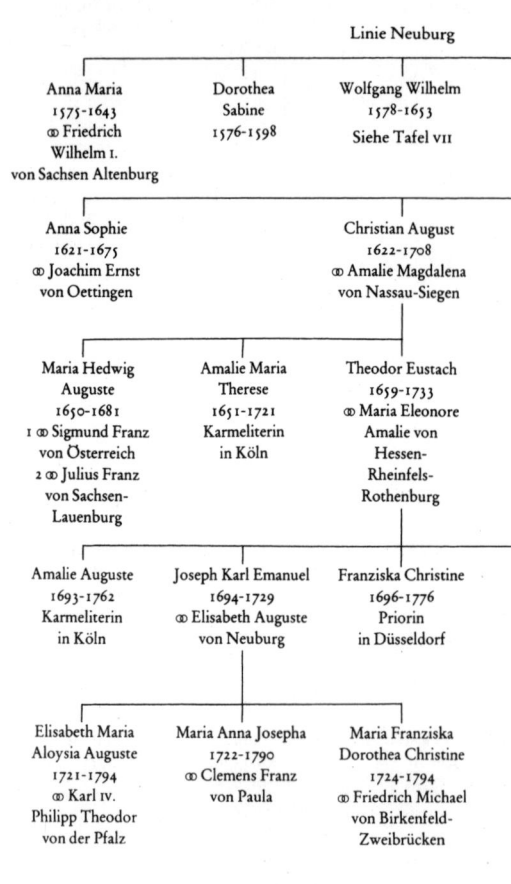

Linie Neuburg

| Anna Maria
1575-1643
∞ Friedrich
Wilhelm I.
von Sachsen Altenburg | Dorothea
Sabine
1576-1598 | Wolfgang Wilhelm
1578-1653
Siehe Tafel VII |

| Anna Sophie
1621-1675
∞ Joachim Ernst
von Oettingen | | Christian August
1622-1708
∞ Amalie Magdalena
von Nassau-Siegen |

| Maria Hedwig
Auguste
1650-1681
1 ∞ Sigmund Franz
von Österreich
2 ∞ Julius Franz
von Sachsen-
Lauenburg | Amalie Maria
Therese
1651-1721
Karmeliterin
in Köln | Theodor Eustach
1659-1733
∞ Maria Eleonore
Amalie von
Hessen-
Rheinfels-
Rothenburg |

| Amalie Auguste
1693-1762
Karmeliterin
in Köln | Joseph Karl Emanuel
1694-1729
∞ Elisabeth Auguste
von Neuburg | Franziska Christine
1696-1776
Priorin
in Düsseldorf |

| Elisabeth Maria
Aloysia Auguste
1721-1794
∞ Karl IV.
Philipp Theodor
von der Pfalz | Maria Anna Josepha
1722-1790
∞ Clemens Franz
von Paula | Maria Franziska
Dorothea Christine
1724-1794
∞ Friedrich Michael
von Birkenfeld-
Zweibrücken |

Ende der Linie Sulzbach II

Tafel IX: *Sulzbach II*

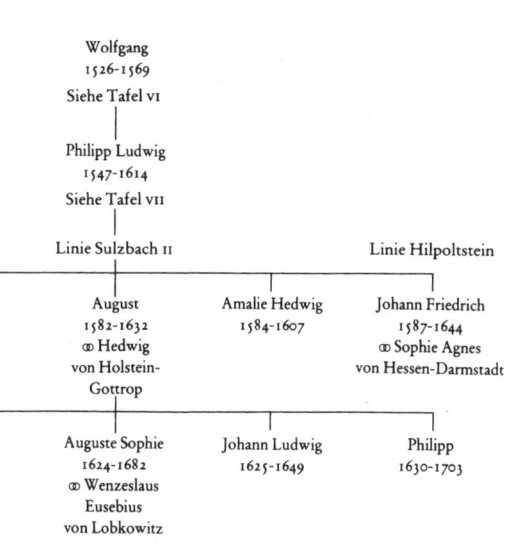

Wolfgang
1526-1569
Siehe Tafel VI
|
Philipp Ludwig
1547-1614
Siehe Tafel VII
|
Linie Sulzbach II — Linie Hilpoltstein

August	Amalie Hedwig	Johann Friedrich
1582-1632	1584-1607	1587-1644
⚭ Hedwig		⚭ Sophie Agnes
von Holstein-Gottrop		von Hessen-Darmstadt

Auguste Sophie	Johann Ludwig	Philipp
1624-1682	1625-1649	1630-1703
⚭ Wenzeslaus		
Eusebius		
von Lobkowitz		

Ernestine Elisabeth	Johann Christian Joseph	Anna Christiane
1697-1775	1700-1733	1704-1723
⚭ Wilhelm IX.	1 ⚭ Maria Henriette	⚭ Karl Emanuel III.
von Hessen-Rheinfels-Wanfried	de la Tour d'Auvergne	König von Portugal
	2 ⚭ Eleonore Philippine	
	von Hessen-Rheinfels-Rothenburg	

|
1
Karl IV. Philipp Theodor
Kurfürst von Pfalz und Bayern
1724-1799
1 ⚭ Elisabeth Maria Aloysia Auguste
von Sulzbach II
2 ⚭ Maria Leopoldine
von Österreich-Este
|
1
Joseph Franz Ludwig
1761-1761

Tafel IX
Linie Sulzbach II
1569-1799

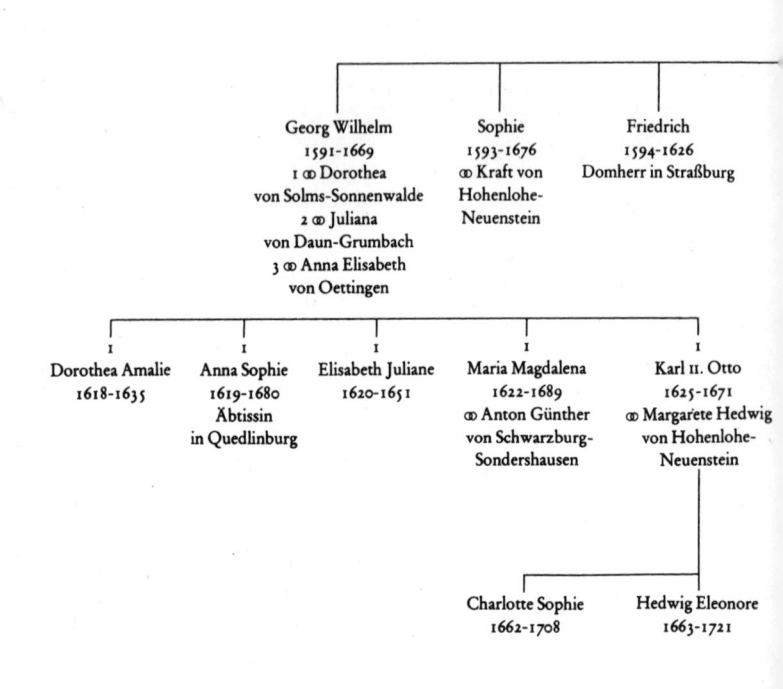

Georg Wilhelm 1591-1669 1 ⚭ Dorothea von Solms-Sonnenwalde 2 ⚭ Juliana von Daun-Grumbach 3 ⚭ Anna Elisabeth von Oettingen	Sophie 1593-1676 ⚭ Kraft von Hohenlohe- Neuenstein	Friedrich 1594-1626 Domherr in Straßburg

1	1	1	1	1
Dorothea Amalie 1618-1635	Anna Sophie 1619-1680 Äbtissin in Quedlinburg	Elisabeth Juliane 1620-1651	Maria Magdalena 1622-1689 ⚭ Anton Günther von Schwarzburg- Sondershausen	Karl II. Otto 1625-1671 ⚭ Margarete Hedwig von Hohenlohe- Neuenstein

Charlotte Sophie 1662-1708	Hedwig Eleonore 1663-1721

Tafel X
Linie Birkenfeld-Bischweiler-
Rappoltstein-Zweibrücken
1569-1825

Tafel X: *Birkenfeld-Bischweiler-Rappoltstein*

Wolfgang
1526-1569
∞ Anna von Hessen

Linie Birkenfeld

Karl I.
1560-1600
∞ Dorothea von Braunschweig-
Lüneburg

Linie Birkenfeld-Bischweiler

Christian I.
1598-1654
1 ∞ Magdalena Katharina
von Zweibrücken
2 ∞ Maria Johanna
von Helfenstein

Linie Birkenfeld-   Linie Birkenfeld-
Bischweiler-Rappoltstein   Gelnhausen

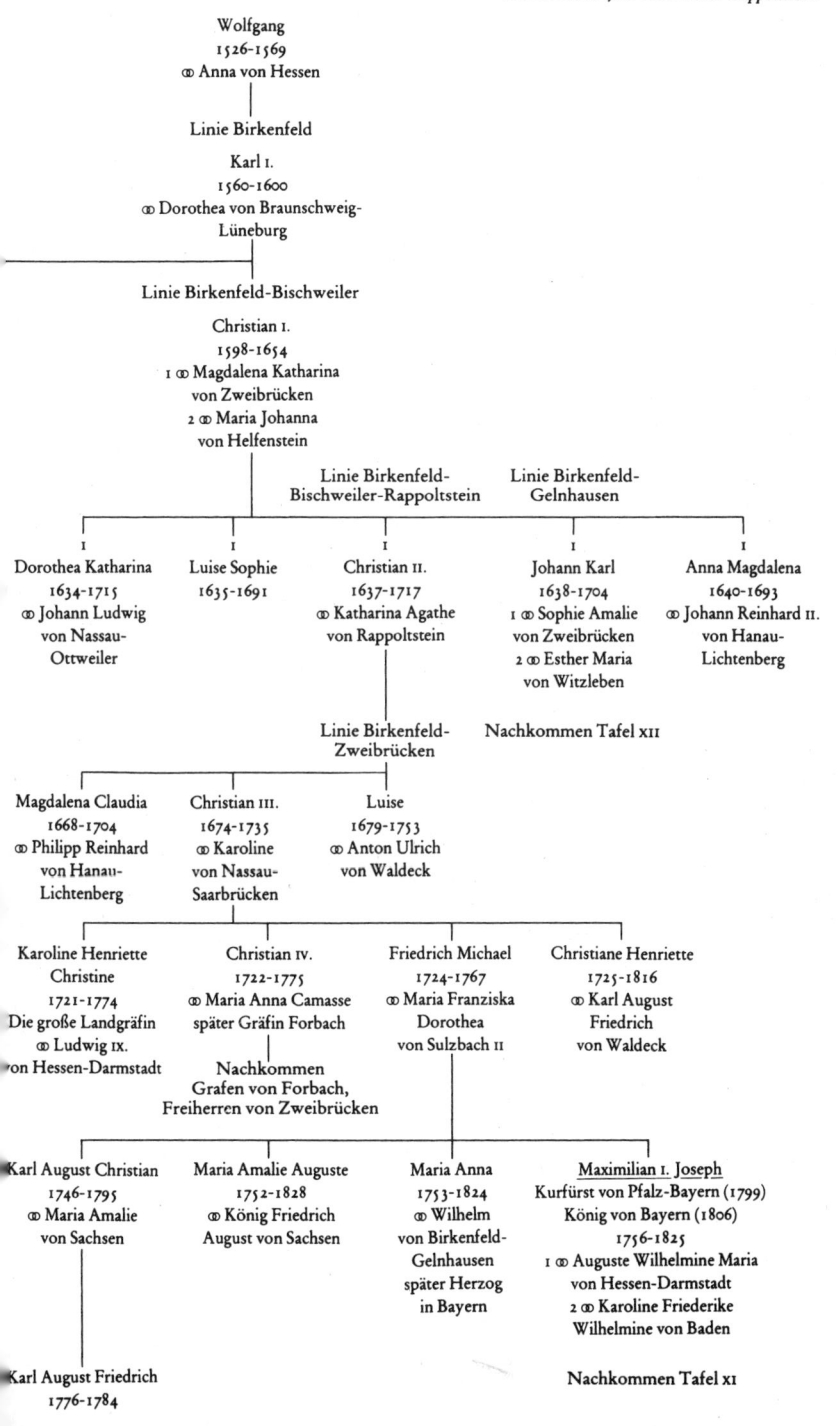

Dorothea Katharina	Luise Sophie	Christian II.	Johann Karl	Anna Magdalena
1634-1715	1635-1691	1637-1717	1638-1704	1640-1693
∞ Johann Ludwig		∞ Katharina Agathe	1 ∞ Sophie Amalie	∞ Johann Reinhard II.
von Nassau-Ottweiler		von Rappoltstein	von Zweibrücken	von Hanau-Lichtenberg
			2 ∞ Esther Maria	
			von Witzleben	

Linie Birkenfeld-   Nachkommen Tafel XII
Zweibrücken

Magdalena Claudia	Christian III.	Luise
1668-1704	1674-1735	1679-1753
∞ Philipp Reinhard	∞ Karoline	∞ Anton Ulrich
von Hanau-Lichtenberg	von Nassau-Saarbrücken	von Waldeck

Karoline Henriette Christine	Christian IV.	Friedrich Michael	Christiane Henriette
1721-1774	1722-1775	1724-1767	1725-1816
Die große Landgräfin	∞ Maria Anna Camasse	∞ Maria Franziska	∞ Karl August
∞ Ludwig IX.	später Gräfin Forbach	Dorothea	Friedrich
von Hessen-Darmstadt		von Sulzbach II	von Waldeck
	Nachkommen		
	Grafen von Forbach,		
	Freiherren von Zweibrücken		

Karl August Christian	Maria Amalie Auguste	Maria Anna	<u>Maximilian I.</u> Joseph
1746-1795	1752-1828	1753-1824	Kurfürst von Pfalz-Bayern (1799)
∞ Maria Amalie	∞ König Friedrich	∞ Wilhelm	König von Bayern (1806)
von Sachsen	August von Sachsen	von Birkenfeld-Gelnhausen	1756-1825
		später Herzog	1 ∞ Auguste Wilhelmine Maria
		in Bayern	von Hessen-Darmstadt
			2 ∞ Karoline Friederike
			Wilhelmine von Baden

Karl August Friedrich   Nachkommen Tafel XI
1776-1784

Maximilian I. Joseph
Kurfürst von Pfalz-Bayern (1799) (1756-1825)
König von Bayern (1806)
1 ⚭ Auguste Wilhelmine Maria
von Hessen-Darmstadt
2 ⚭ Karoline Friederike Wilhelmine
von Baden

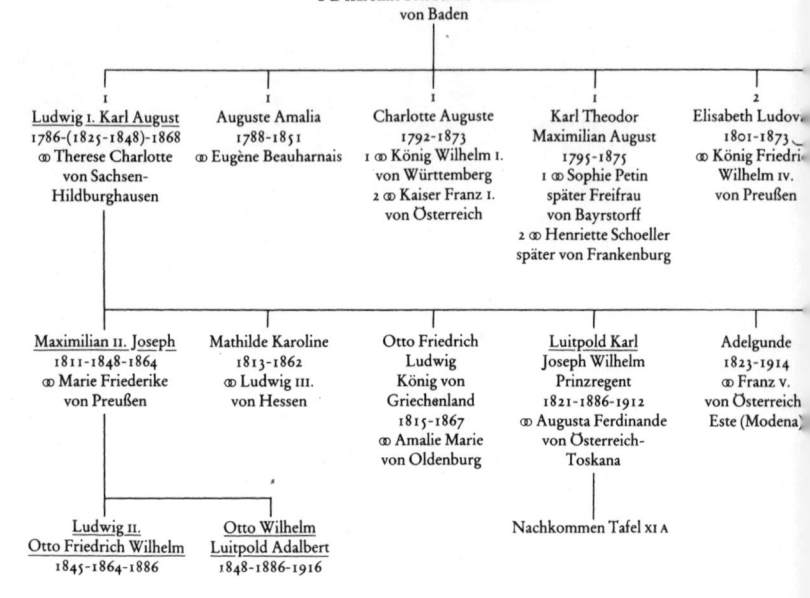

1	1	1	1	2
<u>Ludwig I. Karl August</u> 1786-(1825-1848)-1868 ⚭ Therese Charlotte von Sachsen- Hildburghausen	Auguste Amalia 1788-1851 ⚭ Eugène Beauharnais	Charlotte Auguste 1792-1873 1 ⚭ König Wilhelm I. von Württemberg 2 ⚭ Kaiser Franz I. von Österreich	Karl Theodor Maximilian August 1795-1875 1 ⚭ Sophie Petin später Freifrau von Bayrstorff 2 ⚭ Henriette Schoeller später von Frankenburg	Elisabeth Ludovi... 1801-1873 ⚭ König Friedri... Wilhelm IV. von Preußen

<u>Maximilian II. Joseph</u> 1811-1848-1864 ⚭ Marie Friederike von Preußen	Mathilde Karoline 1813-1862 ⚭ Ludwig III. von Hessen	Otto Friedrich Ludwig König von Griechenland 1815-1867 ⚭ Amalie Marie von Oldenburg	<u>Luitpold Karl</u> Joseph Wilhelm Prinzregent 1821-1886-1912 ⚭ Augusta Ferdinande von Österreich- Toskana	Adelgunde 1823-1914 ⚭ Franz V. von Österreich Este (Modena)

<u>Ludwig II.</u> Otto Friedrich Wilhelm 1845-1864-1886	<u>Otto Wilhelm</u> Luitpold Adalbert 1848-1886-1916		Nachkommen Tafel XI A

Tafel XI: *Bayerisches Königshaus 1825-1916*

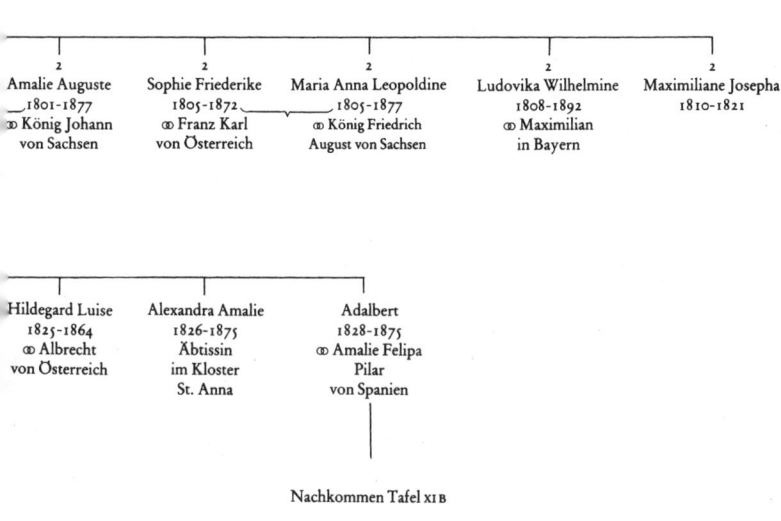

2	2	2	2	2
Amalie Auguste	Sophie Friederike	Maria Anna Leopoldine	Ludovika Wilhelmine	Maximiliane Josepha
1801-1877	1805-1872	1805-1877	1808-1892	1810-1821
⚭ König Johann von Sachsen	⚭ Franz Karl von Österreich	⚭ König Friedrich August von Sachsen	⚭ Maximilian in Bayern	

Hildegard Luise	Alexandra Amalie	Adalbert
1825-1864	1826-1875	1828-1875
⚭ Albrecht von Österreich	Äbtissin im Kloster St. Anna	⚭ Amalie Felipa Pilar von Spanien

Nachkommen Tafel XI B

1806   *1835*

Tafel XI
Das bayerische Königshaus
1825-1916

Ludwig I.

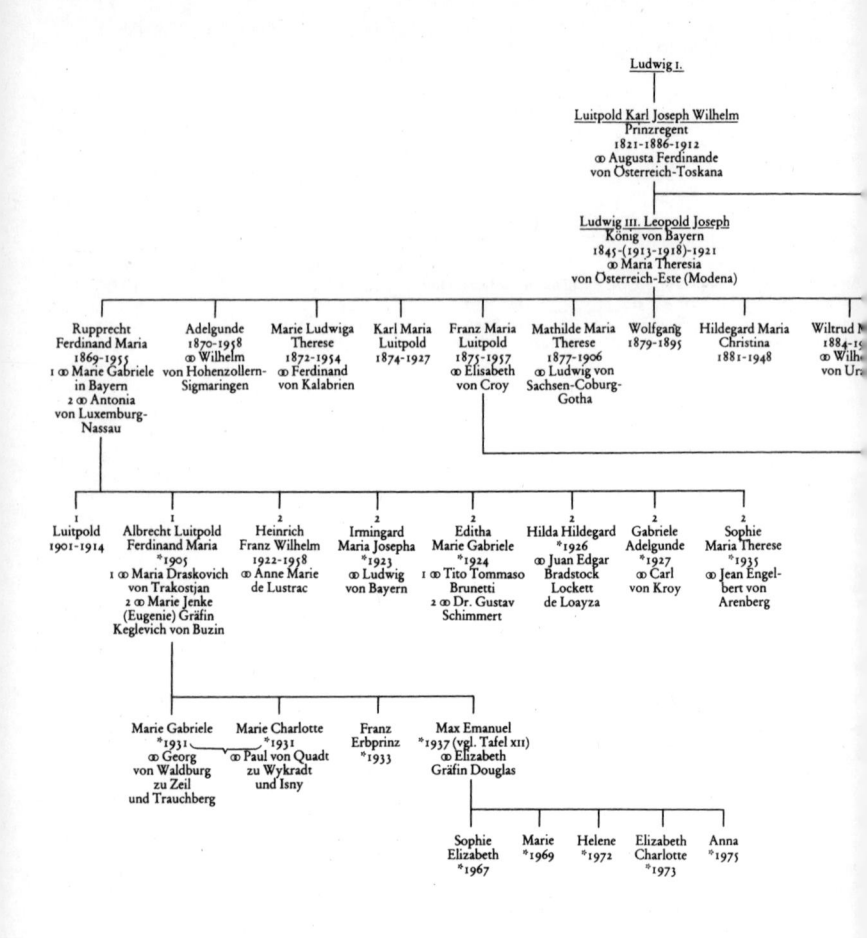

Luitpold Karl Joseph Wilhelm
Prinzregent
1821-1886-1912
∞ Augusta Ferdinande
von Österreich-Toskana

Ludwig III. Leopold Joseph
König von Bayern
1845-(1913-1918)-1921
∞ Maria Theresia
von Österreich-Este (Modena)

| Rupprecht Ferdinand Maria 1869-1955 1 ∞ Marie Gabriele in Bayern 2 ∞ Antonia von Luxemburg-Nassau | Adelgunde 1870-1958 ∞ Wilhelm von Hohenzollern-Sigmaringen | Marie Ludwiga Therese 1872-1954 ∞ Ferdinand von Kalabrien | Karl Maria Luitpold 1874-1927 | Franz Maria Luitpold 1875-1957 ∞ Elisabeth von Croy | Mathilde Maria Therese 1877-1906 ∞ Ludwig von Sachsen-Coburg-Gotha | Wolfgang 1879-1895 | Hildegard Maria Christina 1881-1948 | Wiltrud 1884-19.. ∞ Wilh.. von Ur.. |

| 1 Luitpold 1901-1914 | 1 Albrecht Luitpold Ferdinand Maria *1905 1 ∞ Maria Draskovich von Trakostjan 2 ∞ Marie Jenke (Eugenie) Gräfin Keglevich von Buzin | 2 Heinrich Franz Wilhelm 1922-1958 ∞ Anne Marie de Lustrac | 2 Irmingard Maria Josepha *1923 ∞ Ludwig von Bayern | 2 Editha Marie Gabriele *1924 1 ∞ Tito Tommaso Brunetti 2 ∞ Dr. Gustav Schimmert | 2 Hilda Hildegard *1926 ∞ Juan Edgar Bradstock Lockett de Loayza | 2 Gabriele Adelgunde *1927 ∞ Carl von Kroy | 2 Sophie Maria Therese *1935 ∞ Jean Engelbert von Arenberg |

| Marie Gabriele *1931 ∞ Georg von Waldburg zu Zeil und Trauchberg | Marie Charlotte *1931 ∞ Paul von Quadt zu Wykradt und Isny | Franz Erbprinz *1933 | Max Emanuel *1937 (vgl. Tafel XII) ∞ Elizabeth Gräfin Douglas |

| Sophie Elizabeth *1967 | Marie *1969 | Helene *1972 | Elizabeth Charlotte *1973 | Anna *1975 |

Tafel XI A: *Königshaus-Linie Luitpold*

- **Leopold Maximilian Joseph**
  1846-1930
  ∞ Gisela von Österreich
- **Therese Charlotte Maria Anna**
  1850-1925
- **Arnulf Franz Joseph**
  1852-1907
  ∞ Therese von Liechtenstein

Children of Leopold Maximilian Joseph:

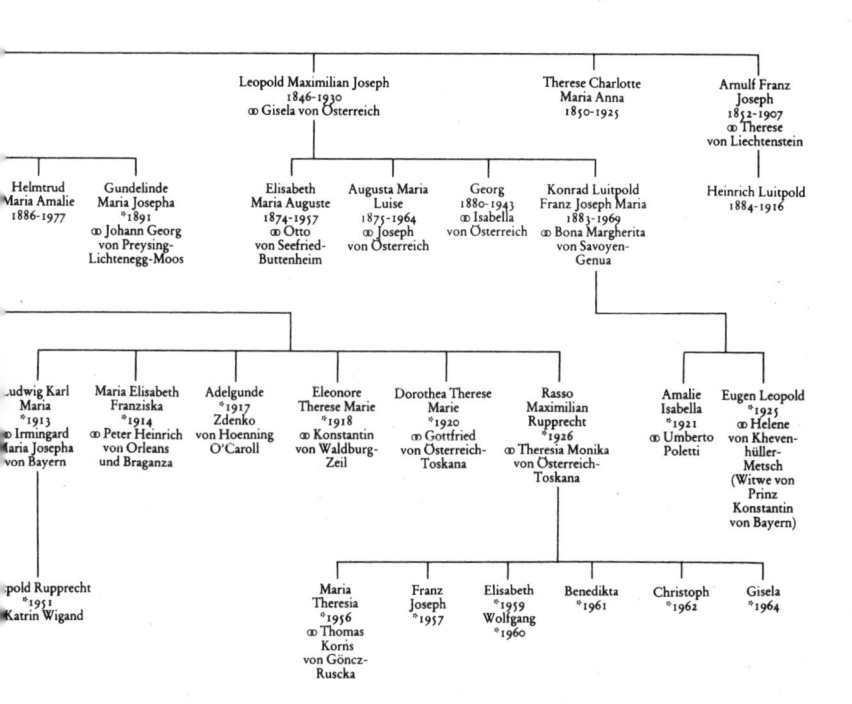

- **Helmtrud Maria Amalie** 1886-1977
- **Gundelinde Maria Josepha** *1891 ∞ Johann Georg von Preysing-Lichtenegg-Moos
- **Elisabeth Maria Auguste** 1874-1957 ∞ Otto von Seefried-Buttenheim
- **Augusta Maria Luise** 1875-1964 ∞ Joseph von Österreich
- **Georg** 1880-1943 ∞ Isabella von Österreich
- **Konrad Luitpold Franz Joseph Maria** 1883-1969 ∞ Bona Margherita von Savoyen-Genua

Child of Arnulf Franz Joseph:

- **Heinrich Luitpold** 1884-1916

Children of Konrad Luitpold:

- **Ludwig Karl Maria** *1913 ∞ Irmingard Maria Josepha von Bayern
- **Maria Elisabeth Franziska** *1914 ∞ Peter Heinrich von Orleans und Braganza
- **Adelgunde** *1917 Zdenko von Hoenning O'Caroll
- **Eleonore Therese Marie** *1918 ∞ Konstantin von Waldburg-Zeil
- **Dorothea Therese Marie** *1920 ∞ Gottfried von Österreich-Toskana
- **Rasso Maximilian Rupprecht** *1926 ∞ Theresia Monika von Österreich-Toskana
- **Amalie Isabella** *1921 ∞ Umberto Poletti
- **Eugen Leopold** *1925 ∞ Helene von Khevenhüller-Metsch (Witwe von Prinz Konstantin von Bayern)

Children of Ludwig Karl Maria:

- **Leopold Rupprecht** *1951 ∞ Katrin Wigand

Children of Rasso Maximilian Rupprecht:

- **Maria Theresia** *1956 ∞ Thomas Korns von Göncz-Ruscka
- **Franz Joseph** *1957
- **Elisabeth Wolfgang** *1959 *1960
- **Benedikta** *1961
- **Christoph** *1962
- **Gisela** *1964

1835

Tafel XI A
Das bayerische Königshaus
Linie Luitpold
ab 1821

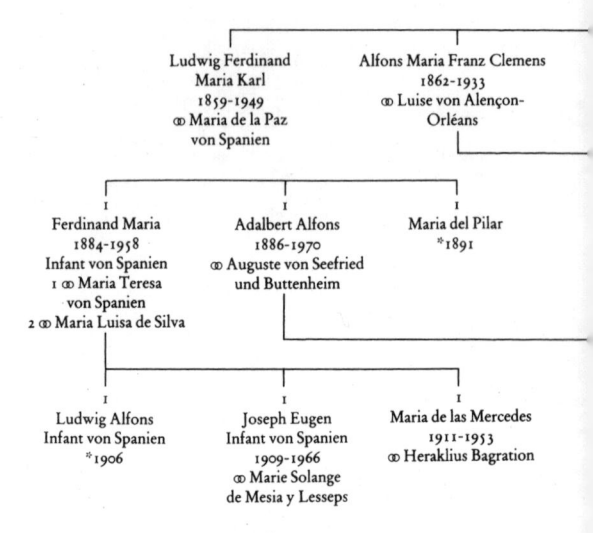

Ludwig Ferdinand
Maria Karl
1859-1949
⚭ Maria de la Paz
von Spanien

Alfons Maria Franz Clemens
1862-1933
⚭ Luise von Alençon-
Orléans

Ferdinand Maria
1884-1958
Infant von Spanien
1 ⚭ Maria Teresa
von Spanien
2 ⚭ Maria Luisa de Silva

Adalbert Alfons
1886-1970
⚭ Auguste von Seefried
und Buttenheim

Maria del Pilar
*1891

Ludwig Alfons
Infant von Spanien
*1906

Joseph Eugen
Infant von Spanien
1909-1966
⚭ Marie Solange
de Mesia y Lesseps

Maria de las Mercedes
1911-1953
⚭ Heraklius Bagration

Angehörige des spanischen Königshauses

Tafel XI B: *Königshaus-Linie Adalbert*

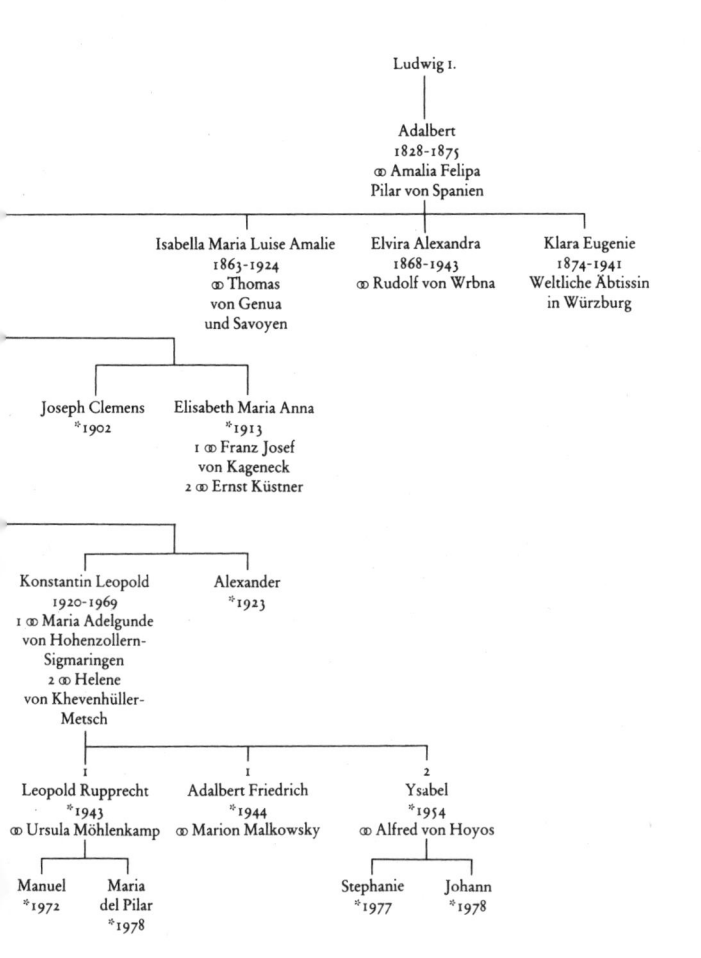

Ludwig I.

Adalbert
1828-1875
∞ Amalia Felipa
Pilar von Spanien

- Isabella Maria Luise Amalie
  1863-1924
  ∞ Thomas
  von Genua
  und Savoyen
- Elvira Alexandra
  1868-1943
  ∞ Rudolf von Wrbna
- Klara Eugenie
  1874-1941
  Weltliche Äbtissin
  in Würzburg

Kinder von Isabella:

- Joseph Clemens
  *1902
- Elisabeth Maria Anna
  *1913
  1 ∞ Franz Josef
  von Kageneck
  2 ∞ Ernst Küstner

- Konstantin Leopold
  1920-1969
  1 ∞ Maria Adelgunde
  von Hohenzollern-
  Sigmaringen
  2 ∞ Helene
  von Khevenhüller-
  Metsch
- Alexander
  *1923

1
- Leopold Rupprecht
  *1943
  ∞ Ursula Möhlenkamp
- Adalbert Friedrich
  *1944
  ∞ Marion Malkowsky

2
- Ysabel
  *1954
  ∞ Alfred von Hoyos

- Manuel
  *1972
- Maria
  del Pilar
  *1978

- Stephanie
  *1977
- Johann
  *1978

1835

Tafel XI B
Das bayerische Königshaus
Linie Adalbert
ab 1828

Linie Birkenfeld-
Bischweiler-Rappoltstein

Christian I.
1598-1654

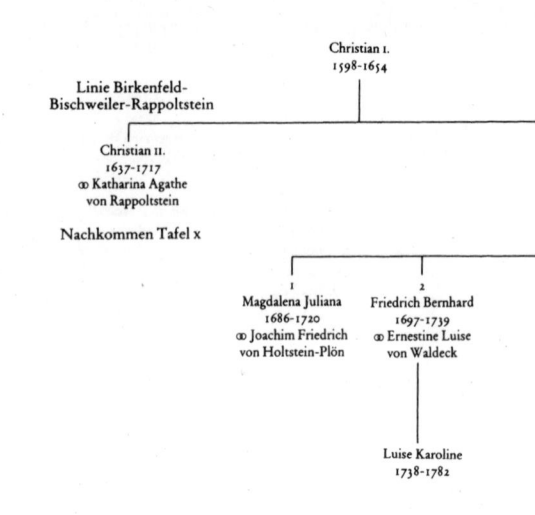

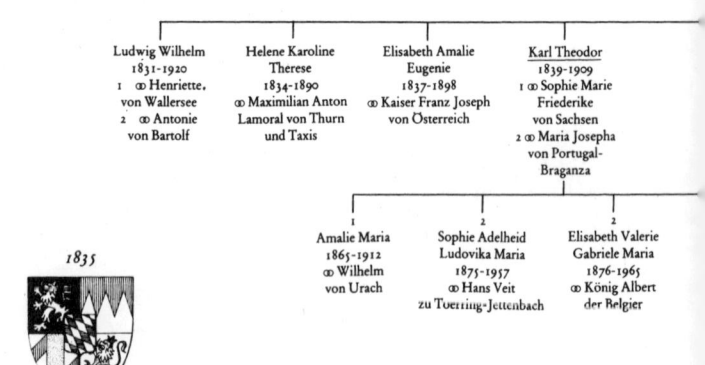

Christian II.
1637-1717
∞ Katharina Agathe
von Rappoltstein

Nachkommen Tafel x

1	2
Magdalena Juliana 1686-1720 ∞ Joachim Friedrich von Holtstein-Plön	Friedrich Bernhard 1697-1739 ∞ Ernestine Luise von Waldeck

Luise Karoline
1738-1782

Ludwig Wilhelm	Helene Karoline	Elisabeth Amalie	Karl Theodor
1831-1920	Therese	Eugenie	1839-1909
1 ∞ Henriette,	1834-1890	1837-1898	1 ∞ Sophie Marie
von Wallersee	∞ Maximilian Anton	∞ Kaiser Franz Joseph	Friederike
2 ∞ Antonie	Lamoral von Thurn	von Österreich	von Sachsen
von Bartolf	und Taxis		2 ∞ Maria Josepha
			von Portugal-Braganza

1	2	2
Amalie Maria 1865-1912 ∞ Wilhelm von Urach	Sophie Adelheid Ludovika Maria 1875-1957 ∞ Hans Veit zu Toerring-Jettenbach	Elisabeth Valerie Gabriele Maria 1876-1965 ∞ König Albert der Belgier

1835

Tafel XII
Linie Birkenfeld-Gelnhausen
Herzoglich bayerische Linie
im bayerischen Königshaus
ab 1638

Tafel XII: *Birkenfeld-Gelnhausen (Herzogliche Linie)*

Linie Birkenfeld-Gelnhausen

Johann Karl
1638-1704
1 ∞ Sophie Amalie von Zweibrücken
2 ∞ Esther Maria von Witzleben

- 2 **Johann** 1698-1780 ∞ Sophie Charlotte von Daun-Kyrburg
- 2 Charlotte Katharina 1699-1785 ∞ Friedrich Wilhelm von Solms-Braunfels
- 2 Wilhelm 1701-1760 kaiserlicher Feldmarschall
- 2 Sophie Marie 1702-1761 ∞ Heinrich XXV. von Reuß-Gera

Herzöge in Bayern

- Karl Johann Ludwig 1745-1789 K. u. K. Generalmajor
- Christiane Luise 1748-1829 ∞ Heinrich XXX. von Reuß-Gera
- **Wilhelm** Herzog in Bayern 1799 1752-1837 ∞ Maria Anna von Zweibrücken-Birkenfeld

- Maria Elisabeth Amalie Franziska 1784-1849 ∞ Ludwig Alexander Berthier von Wagram, Neuchâtel und Valengin
- **Pius August** 1786-1837 ∞ Amalie Luise von Arenberg

Maximilian 1808-1888 ∞ Ludovika Wilhelmine von Bayern

- Maria Sophie Amalie 1841-1925 ∞ König Franz II. beider Sizilien
- Mathilda Ludovika 1843-1925 ∞ Ludwig von Bourbon-Sizilien
- Sophie Charlotte Auguste 1847-1897 ∞ Ferdinand von Alençon-Orleans
- Maximilian Emanuel 1849-1893 ∞ Amalie von Sachsen-Coburg-Gotha

- 2 Marie Gabriele Mathilde Isabella 1878-1912 ∞ Rupprecht von Bayern
- 2 **Ludwig Wilhelm Karl Norbert** 1884-1968 ∞ Eleonore zu Sayn-Wittgenstein
- 2 Franz Joseph Michael Karl 1888-1912

- Siegfried August Maximilian Maria 1876-1952
- Christoph Joseph Clemens Maria 1879-1963 ∞ Anna Siebig
- Luitpold Emanuel Ludwig Maria 1890-1973

Adoptivsohn:
Max Emanuel Prinz von Bayern
*1937
Sohn von Albrecht Luitpold von Bayern
∞ Elizabeth Gräfin Douglas

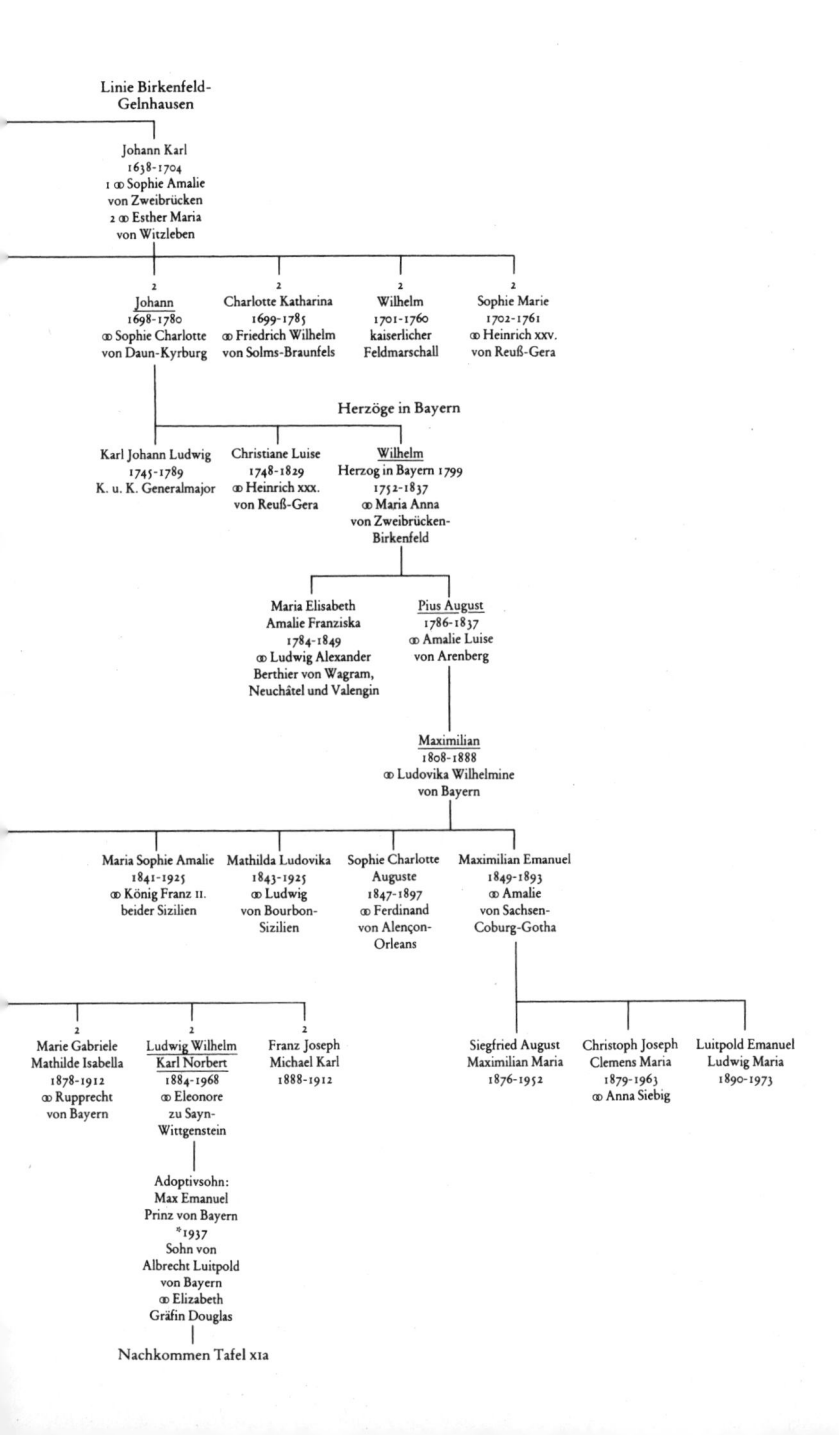

Nachkommen Tafel XIa

Die Wittelsbacher Herrscher

Bayerische Linien

HERZÖGE (Tafel II)

1180-1183 Otto I.
1183-1231 Ludwig I. der Kelheimer
1231-1253 Otto II. der Erlauchte
1253-1294 Ludwig II. der Strenge (regiert seit 1255 nur in Oberbayern und in der Pfalz)
1294-1317 Rudolf I. und Ludwig IV. (in Oberbayern und in der Pfalz)
1317-1347 Ludwig IV. allein (in Oberbayern, bis 1329 auch in der Pfalz, seit 1340 wieder in Ober- und Niederbayern), seit 1314 deutscher König, seit 1328 Kaiser Ludwig der Bayer

Herzöge in Niederbayern seit der Landesteilung von 1255 (Tafel II)

1255-1290 Heinrich XIII.
1290-1312 Otto III., Ludwig III. (gest. 1296), Stephan I. (gest. 1310)
1310-1339 Heinrich XIV., Heinrich XV. der Natternberger (gest. 1333), Otto IV. (gest. 1334)
1339-1340 Johann I. das Kind

Nach dem Tode Ludwigs des Bayern regieren in ganz Bayern (Tafel II)

1347-1349 Ludwig V. der Brandenburger, Stephan II. mit der Hafte, Ludwig VI. der Römer, Wilhelm I., Albrecht I., Otto V. der Faule

Herzöge in Oberbayern seit der Landesteilung von 1349 (Tafel III)

1349-1351 Ludwig V., Ludwig VI., Otto V.
1351-1361 Ludwig V. allein
1361-1363 Mainhard
1363-1375 Stephan II.
1375-1392 Stephan III. der Kneißl, Friedrich, Johann II.
1392-1397 Johann II., seit 1395 gemeinsam mit Stephan III.
1397-1402 Stephan III., Ernst, Wilhelm III.
1402-1435 Ernst und Wilhelm III.
1435-1438 Ernst allein
1438-1460 Albrecht III.
1460-1463 Johann IV. und Sigmund
1463-1465 Sigmund allein
1465-1467 Sigmund und Albrecht IV. der Weise
1467-1508 Albrecht IV.

Herzöge in Bayern-Landshut seit der Landesteilung von 1349 (Tafel III)

1349-1353 Stephan II., Wilhelm I., Albrecht I.
1353-1375 Stephan II. allein
1375-1392 Stephan III., Friedrich, Johann II.

WITTELSBACHER HERRSCHER 413

1392-1393 Friedrich allein
1394-1450 Heinrich XVI. der Reiche
1450-1479 Ludwig IX. der Reiche
1479-1503 Georg der Reiche
(1504 Bayern-Landshut mit Oberbayern wieder vereinigt)

Herzöge in Bayern-Straubing-Holland seit der Landesteilung von 1353
(Tafel III)

1353-1358 Wilhelm I. und Albrecht I.
1358-1404 Albrecht I., bis 1388 als Stellvertreter Wilhelms I.
1389-1397 Albrecht II. Statthalter Albrechts I. in Straubing
1404-1417 Wilhelm II.
1417-1425 Johann III. der Erbarmungslose (Jean sans pitié)
(Nach 1425 Bayern-Straubing unter die Linien München, Landshut, Ingolstadt aufgeteilt)

Herzöge in Bayern-Ingolstadt seit der Landesteilung von 1392 (Tafel III)

1392-1395 Stephan III.
1395-1397 Stephan III. und Johann II.
1397-1402 Stephan III., Ernst, Wilhelm III.
1402-1413 Stephan III. allein
1413-1443 Ludwig VII. der Gebartete
1443-1445 Ludwig VIII. der Höckrige
(1447, nach dem Tod Ludwigs des Gebarteten, Bayern-Ingolstadt an Bayern-Landshut)

Herzöge im wieder vereinigten Bayern (Tafel III)

1504-1508 Albrecht IV.
1508-1550 Wilhelm IV., 1516-1545 gemeinsam mit Ludwig X.
1550-1579 Albrecht V.
1579-1597 Wilhelm V., seit 1594 gemeinsam mit Maximilian I.

KURFÜRSTEN

Bayerische Linie (Tafel VIII)

1623-1651 Maximilian I. (1573-1651)
1651-1679 Ferdinand Maria (1636-79)
1679-1726 Max II. Emanuel (1662-1726)
1726-1745 Karl Albrecht (1697-1745)
(1742-45 als Karl VII. Römisch-deutscher Kaiser)
1745-1777 Maximilian III. Joseph (1727-77)

Linie Pfalz-Sulzbach (Tafel IX)

1777-1799 Karl Theodor (1724-99)
(seit 1742 bereits Kurfürst von der Pfalz)

Linie Pfalz-Birkenfeld (Tafel x)

1799-1805　Max IV. Joseph (1756-1825)
　　　　　(ab 1806 dann als Max I. Joseph König von Bayern)

KÖNIGE (Tafel XI)

1806-1825　Max I. Joseph (1756-1825)
1825-1848　Ludwig I. (1786-1868)
1848-1864　Max II. (1811-64)
1864-1886　Ludwig II. (1845-86)
1886-1913　Otto (1848-1916), für den wegen geistiger Umnachtung aber die Herrschaft ausübten:
1886-1912　Prinzregent Luitpold (1821-1912)
1912-1913　Prinzregent Ludwig (1845-1921), der 1913 zum König proklamiert wurde und herrschte als
1913-1918　Ludwig III.

Pfälzische Linien

KURFÜRSTEN

Alte Kurlinie (Tafel IV)

1306-1329-1353　Rudolf II.
1309-1353-1390　Rupprecht I.
1325-1390-1398　Rupprecht II.
1352-1398-1410　Rupprecht III. Klem
　　　　　　　　seit 1400 auch Deutscher König
1378-1410-1436　Ludwig III.
1424-1436-1449　Ludwig IV.
1425-1449-1476　Friedrich I. der Siegreiche
1448-1476-1508　Philipp der Aufrichtige
1478-1508-1544　Ludwig V. der Friedfertige
1482-1544-1556　Friedrich II. der Weise
1502-1556-1559　Ottheinrich

Linie Simmern-Sponheim (Tafel V)

1515-1559-1576　Friedrich III.
1539-1576-1583　Ludwig VI.
1574-1583-1610　Friedrich IV.
1596-(1610-23)-1632　Friedrich V.
　　　　　　　　1619/20 auch König von Böhmen (Winterkönig)
(1623 wurde die pfälzische Kur auf Bayern übertragen, dafür im Westfälischen Frieden 1648 für die Pfalz eine achte Kurstimme geschaffen)
1617-1648-1680　Karl Ludwig
1651-1680-1685　Karl II.

Neue Kurlinie (Neuburg, Tafel IX)

1615-1685-1690 Philipp Wilhelm
1658-1690-1716 Johann Wilhelm (Jan Wellem)
1661-1716-1742 Karl III. Philipp

Linie Sulzbach (Tafel IX)

1724-1742-1799 Karl IV. Theodor
1756-1799-1805 Maximilian IV. Joseph
(Die Pfalz seit 1777 in Personalunion mit Bayern vereinigt)

HERZÖGE UND PFALZGRAFEN

Linie Birkenfeld (Tafel VII und X)

1569-1600 Karl I. (1560-1600)
1600-1669 Georg Wilhelm (1591-1669)
1669-1671 Karl II. Otto (1625-71)
Birkenfeld fällt an die Nebenlinie Bischweiler.

Linie Birkenfeld-Bischweiler (Tafel X)

1630-1654 Christian I. (1598-1654)

Linie Birkenfeld-Bischweiler-Rappoltstein (Tafel X)

1654-1717 Christian II. (1637-1717), ab 1654 Birkenfeld-Bischweiler, ab 1671 Birkenfeld, ab 1673 Rappoltstein.
1717-1735 Christian III. (1674-1735), ab 1731 auch Zweibrücken
1735-1775 Christian IV. (1722-75)

Linie Birkenfeld-Zweibrücken (Tafel X)

1731-1735 Christian III. (1674-1735)
1735-1775 Christian IV. (1722-75)
1775-1795 Karl August Christian (1746-1795)
1795-1825 Maximilian Joseph (1756-1825), ab 1778 Grafschaft Rappoltstein, 1795 Zweibrücken, 1799 Kurpfalzbayern, 1806 König.

Linie Birkenfeld-Gelnhausen, siehe folgende: *Herzoglich-Bayerische Linie*

Herzoglich-Bayerische Linie (Herzöge in Bayern, Tafel X und XII)

1532-1569 Wolfgang I. von Zweibrücken-Veldenz (1526-69)
1569-1600 Karl I. von Birkenfeld (1560-1600)
1600-1669 Georg Wilhelm von Birkenfeld (1591-1669)
1630-1654 Christian I. von Birkenfeld-Bischweiler (1598-1654)
Johann Karl von Birkenfeld-Gelnhausen (1638-1704)
Johannes von Birkenfeld-Gelnhausen (1698-1780)
Wilhelm von Birkenfeld-Gelnhausen (1752-1837),
ab 1806 Herzog in Bayern
Pius, Herzog in Bayern (1786-1837)
Maximilian, Herzog in Bayern (1808-88)

Karl Theodor, Herzog in Bayern (1839-1909)
Ludwig Wilhelm, Herzog in Bayern (1884-1968)
Max Emanuel (durch Adoption) Herzog in Bayern (geb. 1937)

Wittelsbacher als DEUTSCHE KÖNIGE
und RÖMISCH-DEUTSCHE KAISER

Ludwig IV., Ludwig der Bayer, Herzog von Bayern (Linie Oberbayern,
  Tafel II und III), 1282-1294-1347, Römisch-deutscher König 1314,
  Römisch-deutscher Kaiser 1328
Rupprecht III. Klem, Kurfürst von der Pfalz (Alte Kurlinie, Tafel IV),
  1352-1398-1410, Deutscher König 1400
Karl Albrecht, Kurfürst von Bayern (Tafel VIII), 1697-1726-1745,
  als Kaiser Karl VII. 1742-45, König von Böhmen 1741

KURFÜRSTEN *von Brandenburg*

1323-47 Ludwig V. der Brandenburger (um 1312-61)
1347-49 Ludwig der Brandenburger, Ludwig der Römer, Otto der Faule,
  Stephan II., Wilhelm I. und Albrecht I. gemeinsam
1349-51 Ludwig der Brandenburger
  zusammen mit Otto dem Faulen
1351-65 Ludwig VI. der Römer (1328-65)
  zusammen mit Otto dem Faulen
1365-73 Otto V. der Faule (1340/42-79)
  (1373 Verkauf Brandenburgs an Karl IV.)

KURFÜRSTEN *von Köln*

Pfalz (Alte Kurlinie, Tafel IV)

1463-1480 Rupprecht (1427-80)

Bayern (Tafel III und VIII)

1583-1612 Ernst (1554-1612)
1612-1650 Ferdinand (1577-1650)
1650-1688 Maximilian Heinrich (1621-82)
1688-1723 Joseph Clemens (1671-1723)
1723-1761 Clemens August (1700-61)

KURFÜRST *von Trier und Mainz*

Trier 1716-1729 Franz Ludwig, Pfalzgraf (1664-1732)
Mainz 1729-1732 (Linie Neuburg, Tafel VII)

Da die meisten geistlichen Kurfürsten noch weitere Fürstbistümer innehatten, erscheinen die hier aufgeführten Kurfürsten auch in der Übersicht über die Geistlichen Reichsfürsten, auf der folgenden Seite.

WITTELSBACHER HERRSCHER

Wittelsbacher als GEISTLICHE REICHSFÜRSTEN

Albrecht, Pfalzgraf (Linie Mosbach, Tafel IV), 1440-1506, 1478 Bischof von Straßburg

Albrecht Sigismund, Herzog in Bayern (Linie Bayern, Tafel VIII), 1623 bis 85, 1652 Bischof von Freising, 1668 Bischof von Regensburg

Alexander Sigmund, Pfalzgraf (Linie Neuburg, Tafel VII), 1663-1737, 1690 Bischof von Augsburg

Clemens August, Herzog in Bayern (Tafel VIII), 1700-61, 1716-19 Bischof von Regensburg, 1719 von Münster und Paderborn, 1723 Erzbischof und Kurfürst von Köln, 1724 Bischof von Hildesheim, 1728 Bischof von Osnabrück, 1732 Hoch- und Deutschmeister

Ernst, Herzog in Bayern (Linie Bayern, Tafel III), 1500-60, 1540-54 Erzbischof von Salzburg

Ernst, Herzog in Bayern (Linie Bayern, Tafel III), 1554-1612, 1566 Bischof von Freising, 1573 von Hildesheim, 1581 von Lüttich, 1585 von Münster, 1583 Erzbischof und Kurfürst von Köln

Ferdinand, Herzog in Bayern (Linie Bayern, Tafel VIII), 1577-1650, 1612 Bischof von Hildesheim, Lüttich und Münster, 1618 Bischof von Paderborn, 1612 Erzbischof und Kurfürst von Köln

Franz Ludwig, Pfalzgraf (Linie Neuburg, Tafel VII), 1664-1732, 1683 Bischof von Breslau, 1694 Fürstpropst von Ellwangen, 1694 Bischof von Worms, 1716-29 Kurfürst von Trier, 1729 Kurfürst von Mainz, 1694 Hoch- und Deutschmeister

Georg, Pfalzgraf (Alte Kurlinie, Tafel VI), 1486-1529, 1513 Bischof von Speyer

Heinrich, Pfalzgraf (Alte Kurlinie, Tafel IV), 1487-1552, 1521 Fürstpropst von Ellwangen, 1423 Bischof von Worms, 1524/28 Bischof von Utrecht, 1541 Bischof von Freising

Johann, Pfalzgraf (Linie Zweibrücken-Veldenz, Tafel V), um 1429-75, 1457-65 Bischof von Münster, 1464 Erzbischof von Magdeburg

Johann III. (der Erbarmungslose oder Ohnegnade), Herzog in Bayern (Linie Straubing-Holland, Tafel III), Graf von Holland, 1374-1425, 1390-1418 (resigniert) Bischof von Lüttich

Johann III., Pfalzgraf (Alte Kurlinie, Tafel IV), 1488-1538, 1507 Bischof von Regensburg

Joseph Clemens, Herzog in Bayern (Tafel VIII), 1671-1723, 1685 Bischof von Freising, 1694 Bischof von Lüttich, 1714 Bischof von Hildesheim, 1688 Erzbischof und Kurfürst von Köln

Johann Theodor, Herzog in Bayern (Tafel VIII), 1703-63, 1719 Bischof von Regensburg, 1727 von Freising, 1744 von Lüttich, 1746 Kardinal

Konrad, Graf von Wittelsbach (Tafel I), † 1200, 1161-65 und wieder ab 1183 Erzbischof von Mainz, 1177-83 Bischof von Salzburg, 1165 Kardinal

Ludwig Anton, Pfalzgraf (Linie Neuburg, Tafel VII), 1660-94, 1691 Bischof von Worms, 1689 Fürstpropst von Ellwangen, 1681 Hoch- und Deutschmeister

Maximilian Heinrich, Herzog in Bayern (Linie Bayern, Tafel VIII), 1621-88, 1650 Erzbischof und Kurfürst von Köln, 1683 Bischof von Münster, 1650 Bischof von Hildesheim und Lüttich
Philipp, Pfalzgraf (Alte Kurlinie, Tafel IV), 1480-1541, 1499 Bischof von Freising
Philipp Moritz Maria, Herzog in Bayern (Tafel VIII), 1698-1719, 1719 Bischof von Münster und Paderborn
Philipp Wilhelm, Herzog in Bayern (Tafel VIII), 1576-98, 1595 Bischof von Regensburg, 1597 Kardinal (»Kardinal von Bayern«)
Rupprecht, Pfalzgraf (Linie Simmern, Tafel V), 1420-1478, 1440 Bischof von Straßburg
Rupprecht, Pfalzgraf (Alte Kurlinie, Tafel IV), 1427-1480, 1463 Erzbischof und Kurfürst von Köln
Rupprecht, Pfalzgraf (Linie Simmern-Sponheim, Tafel V), 1461-1507, 1492 Bischof von Regensburg
Rupprecht der Tugendhafte, Pfalzgraf (Alte Kurlinie, Tafel IV), 1481-1504, 1495-98 Bischof von Freising (resigniert)

Wittelsbacher als KÖNIGE in anderen Ländern

Otto III., Herzog in Bayern (Linie Niederbayern, Tafel II), 1261-1290-1312, 1305-1307 als Bela V. König von Ungarn
Christoph III., Pfalzgraf (Linie Neunburg-Oberpfalz, Tafel IV), 1416-1448, 1440 König von Dänemark und Schweden, 1441 von Norwegen
Friedrich V., Kurfürst von der Pfalz (Linie Simmern-Sponheim, Tafel V), 1596-1632, 1619 König von Böhmen (Reichsacht 1620)
Karl Gustav, Pfalzgraf (Linie Zweibrücken-Kleeburg, Tafel VI), 1622-60, 1654 als Karl X. König von Schweden
Karl, Herzog von Zweibrücken (Linie Zweibrücken-Kleeburg, Tafel VI), 1655-97, 1660 als Karl XI. König von Schweden
Karl XII., König von Schweden, 1682-1697-1718, Herzog von Zweibrücken (Linie Zweibrücken-Kleeburg, Tafel VI)
Karl Albrecht, Kurfürst von Bayern (Tafel VIII), 1697-1726-1745, 1741 König von Böhmen, 1742 als Karl VII. Römisch-deutscher Kaiser
Otto, Prinz von Bayern (Tafel XI), 1815-67, 1832 König von Griechenland (1862 vertrieben)

Historische Beinamen der Wittelsbacher

Beinamen, die aus einer allgemeinen Charaktereigenschaft abgeleitet sind, werden nicht gesondert erläutert

der Abbacher	Otto der Abbacher	Otto IV., Herzog in Bayern (Linie Niederbayern, Tafel II), 1307-1310-1334
Aufrichtige	Philipp der Aufrichtige	Philipp, Kurfürst von der Pfalz (Alte Kurlinie, Tafel IV), 1448-1476-1508
im Bart	Ludwig im Bart	siehe: der → Gebartete
der Bärtige	Friedrich der Bärtige	Pfalzgraf Friedrich II. (Tafel I), geb.?-1173-um 98
—	Ludwig der Bärtige	Ludwig III., Kurfürst von der Pfalz (Alte Kurlinie, Tafel IV), 1378-1410-1436
Bayer	Ludwig der Bayer	Ludwig IV., Herzog von Bayern (Linie Oberbayern-Pfalz, Tafel II und III), 1282-1294-1347, Römischer König 1314, Römisch-deutscher Kaiser 1328	Die lateinische Grundbezeichnung ›Ludovicus Bavarus‹ oder nur ›Bavarus‹ war von Papst Johannes XXII. als Schmähname für den von ihm befehdeten und 1324 mit dem Kirchenbann belegten Herrscher erfunden worden und wurde erst später zum Ehrentitel.

Bellicosus	Philipp Bellicosus	Philipp, Pfalzgraf (Alte Kurlinie, Tafel IV), 1503-(1505/22-41)-1548	Der lateinische Beiname bedeutet ›Der Kriegerische‹.
Beständige		siehe: der → Standhafte	
Blauer Kurfürst		Max II. Emanuel, Kurfürst von Bayern (Tafel VIII), 1662-1679-1726	Der Beiname ist die Übersetzung des türkischen Mavi Kral; die Osmanen legten ihn dem draufgängerischen Heerführer in den Türkenkriegen wegen seiner blauen Uniform bei.
Böse	Der böse Fritz	siehe: der → Siegreiche	
Brandenburger	Ludwig der Brandenburger	Ludwig V., Herzog in Bayern (Linie Bayern-Brandenburg-Tirol, Tafel IV), um 1312-1347-1361, Kurfürst von Brandenburg 1324-1351	
Bucklige	Ludwig der Bucklige	siehe: der → Höcker	
Bundschuh	Eckhard Bundschuh	Eckhard I., Graf von Scheyern (Tafel I), † 1091	Eckhard soll bei einem Kreuzzug seine Schuhe an die Spitze einer Lanze gebunden haben und dieses (durchgelaufene?) Schuhwerk wie eine Fahne vor sich hergetragen haben.
Elegans	Ludwig Elegans	Ludwig, Herzog in Bayern (Linie Oberbayern-Pfalz, Tafel II) 1267-90	Der lateinische Beiname bedeutet ›Der Vornehme‹ und bezeichnet wohl einen besonders aufwendig gekleideten Fürsten.

HISTORISCHE BEINAMEN

Engländer	Rupprecht der Engländer	Rupprecht, Pfalzgraf (Alte Kurlinie, Tafel IV), 1406-26
Erbarmungslose	Johann der Erbarmungslose oder: Johann Ohnegnade (Jean sans pitié)	Johann III., Herzog in Bayern (Linie Straubing-Holland, Tafel III), 1374-1417-1425, Graf von Holland, Bischof von Lüttich 1390-1418 (resigniert) Der Beiname bezieht sich auf das schreckliche Strafgericht, das Johann III. als Bischof von Lüttich über die aufständischen Lütticher, die 1406 sogar einen Gegenbischof gewählt hatten, nach der entscheidenden Schlacht von Othée 1408 verhängt hat.
Erfinderische oder Erfindungsreiche	Rupprecht der Erfinderische oder Erfindungsreiche	siehe: der → Kavalier
Erlauchte	Otto der Erlauchte	Otto II., Herzog von Bayern (Tafel II), 1206-1231-1253 Der Beiname ist wohl eine Übersetzung des lateinischen fürstlichen Epithetons ›illustris‹.
Faule	Otto der Faule	Otto V., Herzog in Bayern (Tafel III), um 1340-1347-1379, Markgraf und Kurfürst von Brandenburg 1350/51-73
Friedfertige	Ludwig der Friedfertige	Ludwig V., Kurfürst von der Pfalz (Alte Kurlinie, Tafel IV), 1478-1508-1544

Fromme	Albrecht der Fromme auch: der Gütige	Albrecht III., Herzog von Bayern (Linie Bayern-München, Tafel III), 1401-1438-1460	Der Beiname bezeichnet den Eifer, mit dem Albrecht III. die Beschlüsse des Konzils von Basel zur Klosterreform in seinem Lande durchführte.
	Friedrich der Fromme	Friedrich III., Kurfürst von der Pfalz (Linie Simmern-Sponheim, Tafel V), 1515-1557-1576	Der Beiname bezieht sich auf die große Förderung, die der überzeugte Calvinist Friedrich III. seinem Bekenntnis angedeihen ließ, unter anderem die Berufung von Glaubensgenossen an die Heidelberger Universität, durch die Anregung zum Heidelberger Katechismus und sein entschlossenes Vorgehen sowohl gegen die Katholiken als auch gegen die Lutheraner.
—	Wilhelm der Fromme	Wilhelm V., Herzog von Bayern (Tafel III und IV), 1548-(1578-97)-1626	Der Beiname unterstreicht die ausgeprägte kirchliche Haltung des Herzogs in der Gegenreformation, die er durch die Berufung der Jesuiten nach München und den Bau ihres Kollegs besonders förderte.
Gebartete	Ludwig der Gebartete oder Ludwig im Bart	Ludwig VII., Herzog von Bayern (Linie Ingolstadt, Tafel III), 1365-(1413-41)-1447	

Gottselige	Johann der Gottselige	Johann II., Herzog von Bayern (Linie Oberbayern bzw. Bayern-München, Tafel III), um 1341-1375-1397	
Große	Maximilian der Große	Maximilian I., Herzog und Kurfürst von Bayern (Tafel VIII), 1573-1595-1671	Der Beiname datiert erst aus der Zeit einer betont national bayerischen Geschichtsschreibung im 19. Jahrhundert und unterstreicht die besondere Leistung dieses Fürsten für Bayern und den Kaiser.
Große Kurfürstin		Sophie, Tochter des Kurfürsten Friedrich V. von der Pfalz (Winterkönig) (Linie Simmern-Sponheim, Tafel V), 1630-1714, Gemahlin des Kurfürsten Ernst August I. von Hannover	Der Beiname geht auf eine Bezeichnung von Leibniz zurück.
Große Landgräfin		Karoline Henriette Christine, Tochter des Herzogs Christian III. (Linie Birkenfeld-Zweibrücken, Tafel X), 1721-74, Gemahlin des Landgrafen Ludwig IX. von Hessen-Darmstadt	Der Beiname geht auf eine Bezeichnung von Goethe zurück.
der Großmütige	Albrecht der Großmütige auch: der Prächtige	Albrecht V., Herzog von Bayern (Tafel III), 1528-1550-1579	

HISTORISCHE BEINAMEN

Gute	Max Joseph der Gute	siehe: der → Vielgeliebte
Gütige	Stephan der Gütige	siehe: der → Kneißel
	Albrecht der Gütige	siehe: der → Fromme
Hafte, mit der	Stephan mit der Hafte	Stephan II., Herzog von Bayern (Linie Oberbayern-Niederbayern-Landshut, Tafel III), 1313-1347	Dieser Beiname — und noch mehr dessen lateinische Form ›fibulatus‹ — deutet auf die Vorliebe des Herzogs hin, eine besonders prächtige Fibel oder Kleiderspange (Hafte) zu tragen.
Harte	Rupprecht der Harte	Rupprecht II., Kurfürst von der Pfalz (Alte Kurlinie, Tafel IV), 1325-1390-1398	Der Beiname ist ein Spiegel nicht nur einer allgemeinen Gesinnung des Kurfürsten, sondern auch jener Härte, mit der er 1388 die rheinischen Städte bei Alzey niederwarf.
Heldin von Gaeta		Maria Sophia Amalie, Tochter des Herzogs Max in Bayern (Tafel XII), 1841-1925, vermählt mit König Franz II. beider Sizilien	Der Beiname bezieht sich auf die heldenhafte Verteidigung der Seefestung Gaeta 1860/61 gegen die Scharen Garibaldis, bei der die Königin beider Sizilien ungeachtet eigener Sicherheit tatkräftig mitgewirkt hat.
Historiker	Johann der Historiker	Johann I., Herzog von Zweibrücken (Tafel VI und VII), 1550-1569-1604	Der Beiname orientiert sich an der Vorliebe des Herzogs für Historie und insbesondere die Familiengeschichte, worüber er geschrieben hat.

HISTORISCHE BEINAMEN 425

Höcker, Höckrige oder der Höckrige oder der Bucklige	Ludwig VIII., Herzog von Bayern (Linie Ingolstadt, Tafel III), 1403-1441-1445	Der Beiname bezieht sich auf die Rückgratverkrümmung, die sich der Herzog als Kind bei dem Transport von Frankreich nach Bayern in einem Tragkorb zugezogen haben soll.
Hunsrücker Friedrich der Hunsrücker	Friedrich I., Pfalzgraf (Linie Simmern, Tafel V), 1417-1444-1480	
Isabeau de Bavière	Elisabeth, Tochter des Herzogs Stephan III. des Knäuffels (Linie Ingolstadt, Tafel III), 1371-1435, Gemahlin des Königs Karl VI. von Frankreich	
Kardinal von Bayern	Philipp Wilhelm, Herzog in Bayern (Linie Bayern, Tafel VIII), 1576-98, Bischof von Regensburg (1595) und Kardinal (1597)	
Kneißel oder der Knäuffel oder der Kneiffel oder der Kneißel auch der Gütige	Stefan III., Herzog von Bayern (Linie Ingolstadt, Tafel III), um 1337-1392-1413	Der Beiname ›Kneißel‹ geht auf ein altes bayrisches Wort zurück und bedeutet soviel wie ›Der Prächtige‹. Die Lesart ›Kneiffel‹ oder ›Knäuffel‹ dürfte wohl auf einen Lesefehler der Form ›Kneissel‹ zurückzuführen sein. Der zweite Beiname des ›Gütigen‹ ist nach mittelalterlichem Sprachgebrauch als ›Der Freigebige‹ zu interpretieren.

HISTORISCHE BEINAMEN

Kämpfer	Christoph der Kämpfer	siehe: der → Starke
Kavalier	Rupprecht der Kavalier, auch der Erfindungsreiche (in England: Rupert the Cavalier)	Rupprecht, Pfalzgraf (Linie Simmern-Sponheim, Tafel v), 1619-82	Der Beiname rührt daher, daß der Prinz in England den Oberbefehl über die Truppe der ›Cavaliers‹, der berittenen Adeligen in königlichen Diensten, innehatte. Der zweite Beiname leitet sich von den verschiedenen chemisch-technischen Erfindungen (Prinzen-Metall) und der allerdings irrtümlichen Zuschreibung der Erfindung des Mezzotinto-Verfahrens her.
Kelheimer	Ludwig I., Herzog von Bayern (Tafel II), 1174-1183-1231	Der Beiname dürfte weniger vom bevorzugten Sitz des Herzogs, der mehr in Landshut residierte, abzuleiten sein als von dem Attentat, das auf der Brücke zu Kelheim auf ihn ausgeübt worden ist.
das Kind	Johann I., Herzog in Bayern (Linie Niederbayern, Tafel II), 1329-1339-1340	
Klem	Rupprecht III., Kurfürst von der Pfalz (Alte Linie, Tafel IV), 1352-1398-1410, Deutscher König 1400	Die Herleitung des Beinamens ist nicht geklärt, kann aber vielleicht auf der Abkürzung ›clem‹ für das lateinische ›clemens‹ — ›der Milde‹ beruhen.

Leuchtenberger	Albrecht der Leuchtenberger	Albrecht VI., Herzog in Bayern (Tafel VIII), 1584-1666	Der Beiname bezieht sich auf die Landgrafschaft Leuchtenberg, die Albrecht VI. besaß.
Liselotte von der Pfalz		Elisabeth Charlotte (Linie Simmern, Tafel V), 1652-1721, Tochter des Kurfürsten Karl Ludwig von der Pfalz, vermählt mit Herzog Philipp I. von Orléans	
Mathematicus	Otto Mathematicus	Otto II., Pfalzgraf (Linie Mosbach, Tafel IV), 1435-1461-1499	
Natternberger	Heinrich der Natternberger	Heinrich III. oder XV., Herzog in Bayern (Linie Niederbayern, Tafel II) 1312-1312-1333	Der Beiname verweist auf das heute zerstörte Schloß auf dem Natternberg bei Deggendorf, wo Heinrich III. als Herr seines niederbayerischen Anteils am Herzogtum residierte und auch starb.
Ofnei, die schöne		Sophie, Tochter des Herzogs Johann II. von Bayern-München (Tafel III), 1376-1425, Gemahlin des Königs Wenzel	
Ohnegnade	Johann Ohnegnade	siehe: der → Erbarmungslose	

Pipan	Rupprecht Pipan	Rupprecht, Pfalzgraf (Alte Kurlinie, Tafel IV), 1375-97
Prächtige	Albrecht der Prächtige	siehe: der → Großmütige
Reiche	Georg der Reiche	Georg, Herzog in Bayern (Linie Landshut, Tafel III), 1455-1479-1503	Den Ruf der reichen Herzöge erwarben sich Herzog Georg und seine Vorfahren Heinrich XVI. und Ludwig IX. durch die großen Einkünfte, die sie aus den damals zum Teilherzogtum Bayern-Landshut gehörenden Erzgruben und Silberbergwerke in Rattenberg, Schwaz und Kitzbühel bezogen.
—	Heinrich der Reiche	Heinrich XVI., Herzog in Bayern (Linie Landshut, Tafel III), 1386-1394-1450
—	Ludwig der Reiche	Ludwig IX., Herzog in Bayern (Linie Landshut, Tafel III), 1417-1450-1479
Römer	Ludwig der Römer	Ludwig VI., Herzog in Bayern (Linie Brandenburg, Tafel III), 1330-1350/51-1365	Den Beinamen erhielt der Herzog, weil er der der erste Sohn war, der nach der Krönung seines Vaters zum Römisch-deutschen Kaiser in Rom 1328 geboren ist.

Rote	Rupprecht der Rote	Rupprecht I., Kurfürst von der Pfalz (Alte Kurlinie, Tafel IV), 1309-1329/53-1390	Seinen Beinamen erhielt er wegen der Farbe seines Haares.
Sanftmütige	Ludwig der Sanftmütige	Ludwig IV., Kurfürst von der Pfalz (Alte Kurlinie, Tafel IV), 1424-1436-1449	
Scharfsinnige	Georg Johann der Scharfsinnige	Georg Johann I., Pfalzgraf (Linie Veldenz, Tafel VIA), 1543-1544-1592	Den Beinamen erhielt der Pfalzgraf wegen seiner zahlreichen Erfindungen und seiner Zeit weit vorauseilenden Ideen und Projekte.
Schöne Els		Elisabeth, Tochter des Herzogs Friedrich (Linie Landshut, Tafel III), 1383-1442, Gemahlin des Kurfürsten Friedrich I. von Brandenburg	
Schwarze	Ludwig der Schwarze	Ludwig I., Pfalzgraf (Linie Zweibrücken-Veldenz, Tafel V und VI), 1424-1444-1489	
Siegreiche	Friedrich der Siegreiche (von seinen Gegner: »Der böse Fritz« genannt)	Friedrich I., Kurfürst von der Pfalz (Alte Kurlinie, Tafel IV), 1425-1449-1476	

Stammler	Rudolf der Stammler auch: der Lispler	Rudolf I., Herzog in Bayern (Tafel II und IV), 1274-1319	
Standhafte	Wilhelm der Standhafte oder: der Beständige	Wilhelm IV., Herzog von Bayern (Tafel III), 1493-1508-1550	Seinen Beinamen hat dem Herzog die standhafte Haltung eingetragen, mit der er die Katholizität seines Landes gewahrt hat.
Starke	Christoph der Starke, auch: der Kämpfer	Christoph, Herzog von Bayern (Linie München, Tafel III), 1449-1468/69-1493	Der Beiname bezieht sich auf die Körperkräfte des Herzogs, von denen eine Gedenktafel in der Residenz zu München noch kündet. Der zweite Beiname verweist auf die ungestüme Art, mit der der Herzog seine Ansprüche und Privatfehden durchzusetzen pflegte.
Starkmütige	Ernst der Starkmütige	Ernst, Herzog von Bayern (Linie Bayern-München, Tafel III), 1373-1387-1438	
Strenge	Ludwig der Strenge	Ludwig II., Herzog von Bayern (Tafel II), 1229-1253-1294	Zu seinem Beinamen gab jener Justizmord Anlaß, den der Herzog an seiner Frau, Maria von Brabant, auf Grund eines voreiligen Verdachts der Untreue verübt hat.
Tugendhafte	Rupprecht der Tugendhafte	Rupprecht, Pfalzgraf (Alte Kurlinie, Tafel IV), 1481-1499-1504, Bischof von Freising 1495-98	

HISTORISCHE BEINAMEN

Vater Max	Max IV. Joseph, Kurfürst von Pfalz-Bayern (Tafel x) oder als König von Bayern Max I. Joseph (Tafel xI), 1756-1799/1806-1825	Den Beinamen erwarb sich der König auf Grund seiner Leutseligkeit und Volksverbundenheit.
Vielgeliebte	Max Joseph der Vielgeliebte auch: der Gute	Den Beinamen verdiente sich der letzte altbayerische Kurfürst durch seine Herzensgüte und seine — im Sinne des aufgeklärten Absolutismus — bewiesene Förderung des Volkswohls.
	Maximilian III. Joseph, Kurfürst von Bayern (Tafel VIII), 1721-1745-1777	
Weise	Albrecht der Weise auch: der Witzige	Albrecht IV., Herzog von Bayern (Tafel III), 1447-1465-1508	Der Herzog war der erste im Sinne der Renaissance hochgebildete Regent Bayerns und gab auf diese Weise Anlaß zu seinem Beinamen.
	Friedrich der Weise	Friedrich II., Kurfürst von der Pfalz (Alte Kurlinie, Tafel IV), 1482-1544-1556	Auch bei Friedrich II. war seine Geistesschärfe und große Bildung Anlaß zu seinem Beinamen.
Winterkönig	Friedrich der Winterkönig	Friedrich V., Kurfürst von der Pfalz (Linie Simmern-Sponheim, Tafel V), 1696-1610-1632, 1619 König von Böhmen	Der Beiname ironisiert das kurze Königtum Friedrichs V., der 1619 zum König von Böhmen gewählt worden ist und die Krone in der unglücklichen Schlacht am Weißen Berge 1620 wieder verlor, somit also nur einen Winter lang König war.

Ungebräuchlichere Beinamen der Wittelsbacher

Soweit keine Linien angegeben sind, handelt es sich um die Herrscherlinien von Pfalz und Bayern.

Albrecht IV. (1447-1508):	der Kluge
Alexander von Zweibrücken-Veldenz (1462-1514):	der Hinkende, der Lahme
Amalia Maria Theresa von Sulzbach (1651-1721):	die Bettlerin von St. Joseph
Christoph von Neunburg-Oberpfalz, König von Dänemark (1416-48):	der Bayer, der Rindenkönig
Elisabeth, Tochter Friedrichs v. (1619-80):	Prinzessin von Böhmen
Friedrich I. (1417-80) von Simmern-Sponheim:	der fromme Herzog
Friedrich I. (1425-76):	der Herzhafte, der Trutzkaiser
Friedrich II. (1482-1556):	der Gewandte
Friedrich III. (1515-76):	der Gottesfürchtige
Friedrich IV. (1574-1610):	der Aufrichtige, Sincerus (der Reine)
Friedrich V. (1596-1632):	der Geduldige, Exul (der Verbannte)
Friedrich Kasimir von Zweibrücken-Landsberg (1585-1645):	der Pfalzgraf in Montfort
Georg Johann I. von Veldenz (1543-92):	Ingenuosus, der Lützelsteiner
Heinrich XIV. von Niederbayern (1305-39):	der Fromme, der Zänker
Heinrich XVI. (1386-1450):	der Schwarze
Johann II. (1341-97):	der Münchner (Monacensis), der Sanftmütige
Johann von Neunburg-Oberpfalz (1383-1443):	Hussitengeißel, der Neunburger (Neumarkter), der Oberpfälzer, der Sulzbacher
Johann I. von Zweibrücken-Veldenz (1550-1604):	Simmerensis (der von Simmern)
Johann II. von Zweibrücken-Veldenz (1584-1635):	Bipontius (Zweibrücker)
Johann IV. (1437-1463):	der Münchner (Monacensis), der Schwarze
Johann Karl von Birkenfeld-Gelnhausen (1638-1704):	der Geachtete
Johann Kasimir von Zweibrücken-Kleeburg (1589-1652):	der Kleeburger, der Schwede, der Fromme
Karl II. (1651-85):	Credulus (der Leichtgläubige)
Karl I. Ludwig (1618-80):	der Geduldige, der pfälzische Salomon

UNGEBRÄUCHLICHERE BEINAMEN 433

Karl IV. Theodor (1724-99):	a deo datus (von Gott gegeben)
Ludwig I. (1174-1231):	der Biedermann, der Vereiniger (von Pfalz-Bayern; Conjunctor)
Ludwig II. (1229-94):	der Graue (Canus)
Ludwig VII. von Bayern-Ingolstadt (1365-1447):	der bayerische Kadmus, der bayerische Ismael, der Hoffärtige
Ludwig III. (1378-1436):	der blinde Kurfürst, Gottesfreund, Pfaffentrost (Solamen Sacerdotum) der Graue, der rote Herzog
Ludwig IX. (1417-79):	der deutsche Herkules, der mächtige Herzog
Ludwig IV. (1424-49):	der Gütige, der Fromme, der Gerechte, der Tugendhafte
Ludwig VI. (1539-83):	Facilis, der Gefällige, der Leichtsinnige, der Lutheraner, der Milde
Luise Maria, Tochter Friedrichs V. (1622-1709):	die Holländerin
Maximilian I. (1573-1651):	Alter Salomon, der Zweite Salomon, der große Kurfürst
Maximilian I. Joseph (1756-1825):	das beste Herz
Ottheinrich I. (1502-59):	der Großmütige, der Hochgesinnte
Otto I. (1117-83):	der Rotkopf
Otto II. (1206-53):	der Weiberknecht (Uxorius)
Otto V. (1304/42-79):	der Verschwender
Otto I. von Mosbach (1309-1461):	der Mosbacher
Philipp (1448-1508):	der Musenfreund
Philipp Ludwig von Neuburg (1547-1614):	Erzlutheraner
Rudolf I. (1274-1319):	der Kahle
Rudolf II. (1306-53):	der Blinde, der Gottesfürchtige
Rupprecht III. Klem (1352-1410):	der Kleine, der Gütige
Rupprecht II. (1325-98):	der Sparsame, Branditz, der Ernsthafte, der Kleine, der Zähe
Sabine von Simmern-Sponheim (1528-78):	die edle Sabine von Bayern
Stephan II. (1313-75):	mit der Spange, mit dem Ring, mit dem Knopfe
Stephan III. (1337-1413):	Ingolstadtiensis (Ingolstädter), der Tapfere
Stephan (1385-1459):	der Zweibrücker
Theodor Johann (1703-63):	Kardinal von Bayern
Wilhelm I. von Straubing-Holland (1330-88):	der tolle Graf (de dolle Graaf), Furiosus, Dux freneticus
Wilhelm V. (1548-1626):	Religiosus (der Andächtige)

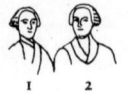

*Verzeichnis der auf dem
›Konversationsstück‹ von Peter Jakob Horemans
erscheinenden Personen*
(Abb. 58 und Schutzumschlag)

Das Bild zeigt die kurbayerische Familie und einen Teil des königlich polnischen und kurfürstlich sächsischen Hofes vereint, der, von Januar 1760 bis Juni 1762, während des Siebenjährigen Krieges in München im Exil weilte, während sich Kurfürst Friedrich August II. von Sachsen, der Vater von Friedrich Christian (5), in Polen aufhielt, über das er als König August III. regierte. Das ›Konversationsstück‹ ist 1761 datiert und wahrscheinlich zu einem Zeitpunkt fertiggestellt worden, da Kurfürst Clemens August von Köln (14) — auf einer Reise von Bonn nach München — bereits am 6. Februar 1761 auf der Feste Ehrenbreitstein bei Koblenz gestorben war. Sollten alle auf dem Gemälde erscheinenden Personen wirklich zu einem bestimmten Zeitpunkt in München gewesen sein, so kann das nur im April-Mai 1760 gewesen sein, als Clemens August nachweisbar in Bayern weilte.

Erste Gruppe: Das Familienkonzert

1 Prinz ALBERT von Polen-Sachsen (1738-1822), späterer Herzog von Sachsen-Teschen, Bruder der bayerischen Kurfürstin (17) und Gründer der ›Albertina‹ in Wien, einer der größten und bedeutendsten graphischen Sammlungen der Welt
2 Prinz CLEMENS WENZESLAUS von Polen-Sachsen (1739-1812), Bruder der bayerischen Kurfürstin (17), nachmals Fürstbischof von Augsburg, Freising und Regensburg sowie Kurfürst von Trier
3 Graf Salmoure von Wackerbarth, Oberthofmeister des sächsischen Kronprinzen (5); er starb am 2. Juni 1761 in München und wurde im Friedhof von Neuhausen beigesetzt
4 von Seidewitz, königlich polnischer Kämmerer
5 Kurprinz FRIEDRICH CHRISTIAN von Sachsen (1722-63), Gemahl von Maria Antonia Walpurgis (32) und Bruder der bayerischen Kurfürstin (17); er war gelähmt und mußte im Rollstuhl gefahren werden, kam erst im Oktober 1763 zur Regierung, starb aber bereits 2 Monate später
6 Freiin Friederike von Schönberg, kurbayerisches Kammerfräulein

7 Graf von Rex, kursächsischer Minister
8 der neunjährige Prinz KARL (1752-81), Sohn des sächsischen Kurprinzenpaares (5 und 32)
9 Freifrau Maria Josepha von Wetzel, kursächsisches Kinderfräulein
10 Prinzessin ELISABETH von Polen-Sachsen (1736-1818), Schwester der bayerischen Kurfürstin (17), beim Singen
11 Joseph Graf von Salern, kurbayerischer Generalmajor und Vertrauter des bayerischen Kurfürsten (siehe auch Abb. 51)
12 die verwitwete Markgräfin von Baden, MARIA ANNA JOSEPHA (1734-76), Schwester des bayerischen Kurfürsten, am Clavecin (siehe auch Abb. 54)
13 Herzog CLEMENS FRANZ DE PAULA von Bayern (1722-70), Gemahl der Maria Anna von Sulzbach (28), der den Takt schlägt
14 CLEMENS AUGUST (1700-61), Kurfürst von Köln und Fürstbischof von Hildesheim, Münster, Osnabrück und Paderborn sowie Hoch- und Deutschmeister, Onkel des bayerischen Kurfürsten, am ›Passet‹
15 Prinz KARL von Polen-Sachsen (1733-96), Herzog von Kurland und Bruder der bayerischen Kurfürstin, die Traversflöte blasend

Zweite Gruppe: Die Kartenrunde bei einer ›Quadrille‹

16 Prinz FRANZ XAVER von Polen-Sachsen (1730-1806), Bruder der bayerischen Kurfürstin (17) und des sächsischen Kurprinzen (5)
17 Kurfürstin MARIA ANNA SOPHIA von Bayern (1729-97), Gemahlin von Max III. Joseph (26) und Schwester des sächsischen Kurprinzen Friedrich Christian (5) sowie von Albert (1), Clemens Wenzeslaus (2), Karl (15), Franz Xaver (16), Christina (22) und Kunigunde (30)
18 Judas Thaddäus Baron von Fraunhofen, kurbayerischer Kammerknabe
19 Ignaz Baron von Zündt, kurbayerischer Vizeoberststallmeister
20 Crescenzio, kursächsischer Läufer
21 die vierjährige Prinzessin MARIA AMALIA (1757-1831), Tochter des sächsischen Kurprinzenpaares (5 und 32), künftige Gemahlin des Herzogs Karl II. August von Zweibrücken
22 Prinzessin CHRISTINA von Polen-Sachsen (1735-1882), Schwester der bayerischen Kurfürstin (17), spätere Fürstäbtissin von Remiremont
23 JOHANN THEODOR (1703-63), ›Kardinal von Bayern‹, Fürstbischof von Freising, Lüttich und Regensburg, Bruder von Clemens August (14) und Onkel des bayerischen Kurfürsten (26)

24 Gräfin von der Wahl, kurbayerisches Kammerfräulein der Prinzessin Josepha Maria Antonia (25)
25 Prinzessin JOSEPHA MARIA ANTONIA von Bayern (1739-67), Schwester des bayerischen Kurfürsten (26) und künftige Gemahlin des Kaisers Joseph II. von Österreich
26 Kurfürst MAX III. JOSEPH von Bayern (1727-77)

Dritte Gruppe: Die Kaffeepartie

27 Franziska Gräfin von Haimhausen, Hofdame der Herzogin Maria Anna von Bayern (28)
28 Herzogin MARIA ANNA von Bayern (1722-90), die ›Dame mit dem Samtvisier‹ (siehe auch Abb. 99), Gemahlin des Herzogs Clemens Franz de Paula (7)
29 Karl Graf von Daun, kurbayerischer Kämmerer und Oberststallmeister
30 Prinzessin KUNIGUNDE von Polen-Sachsen (1740-1826), Schwester der bayerischen Kurfürstin (17), spätere Fürstäbtissin von Thorn und Essen
31 Gräfin von Beichling, Kammerfräulein der sächsischen Kurprinzessin Maria Antonia Walpurgis (32)
32 MARIA ANTONIA WALPURGIS (1724-80), Gemahlin des Kurprinzen Friedrich Christian von Sachsen (5) und Schwester des bayerischen Kurfürsten (siehe auch Abb. 65)

437

Verzeichnis und Nachweis der Abbildungen

Die Zahlen am linken Rande verweisen auf Abbildungsnummern

Bildfolge WITTELSBACHER UND WELTGESCHICHTE nach Seite 32

1 *Ludwig der Bayer als Deutscher König*, Zinnen-Relief aus rotem Sandstein eines unbekannten Meisters vom ehemaligen Kaufhaus in Mainz, 1317/18; Mainz, Mittelrheinisches Landesmuseum (Altertumsverein)
2 Agostino di Giovane und Agnolo di Venturá: *Bischof Guido Tarlati di Pietramala krönt Ludwig den Bayern am 30. Mai 1327 in Sant' Ambrogio zu Mailand mit der Eisernen Krone der Lombarden*, Relief am Grabmonument des Bischofs Tarlati im Dom zu Arezzo (Foto: Alinari)
3 *Grabmal des Königs Rupprecht III. Klem und seiner Gemahlin Elisabeth in der Heiliggeistkirche zu Heidelberg.* Tonlithographie von W. Loeillot nach S. H. Jarwart aus dem von Graf R. Stillfried herausgegebenen Werk ›Alterthümer und Kunstdenkmale des Erlauchten Hauses Hohenzollern‹, Neue Folge, 2. Band, Berlin 1867; München, Bayerische Staatsbibliothek
4 Adriaen Pietersz van der Venne: *Der Winterkönig Friedrich V. und seine Gemahlin Elisabeth Stuart beim Aufbruch zur Jagd*, Öl, 1626; Amsterdam, Rijksmuseum
5 Nikolaus Prugger: *Kurfürst Maximilian von Bayern und sein Sohn Ferdinand Maria*, Öl, um 1650; München, Bayerische Staatsgemäldesammlungen, Alte Pinakothek
6 *Kaiser Ferdinand erhebt auf dem Reichstag von Regensburg 1623 Herzog Maximilian von Bayern zum Kurfürsten*, Bild 20 aus der sogenannten ›Wittelsbacher-Genealogie‹, 1624/25 wohl von einem Meister aus dem Umkreis Peter Candids nach zum Teil älteren Vorlagen geschaffen; Scheyern, Benediktinerkloster, Grabkapelle der Wittelsbacher (Fotto Sessner, Dachau)
7 Unbekannter Meister: *Die Schlacht am Weißen Berge 1620*, Öl, um 1700; München, Katholisches Pfarramt Sankt Theresia (Foto: Bayerische Staatsgemäldesammlungen)
8 Franz Joachim Beich: *Die Erstürmung von Belgrad 1688*, Ölgemälde aus dem 1723-25 dekorierten Viktoriensaal des Schlosses Schleißheim (Foto: Bayerische Staatsgemäldesammlungen)
9 *Die türkische Fahne in der Frauenkirche zu München*, Anonyme Lithographie aus der 1. Hälfte des 19. Jhs.; Münchner Stadtmuseum (Maillinger-Sammlung)
10 Farbtafel – *Max Emanuel in der Schlacht am Berge Harsán 1687*, Kopie nach dem 1944 in der Münchner Residenz verbrannten Original von Joseph Vivien (1710); Berchtesgaden, Schloß (Wittelsbacher Ausgleichsfonds; Foto: Karlheinz Wilker, München)
11 Joseph Vivien: *Kurprinz Joseph Ferdinand*, Pastell, um 1698; Berchtesgaden, Schloß (Wittelsbacher Ausgleichsfonds)
12 J.D. Swartz: *König Karl XII. von Schweden*, Ölgemälde, 1706; Sammlung Sjöholm (Foto: Svenska Porträttarkivet, Stockholm)
13 Elias Bäck: *Karls VII. Krönung im Dom zu Frankfurt 1742*, Kupferstich aus einem Flugblatt von 1742; Frankfurt, Historisches Museum der Stadt
14 Farbtafel – Georges Desmarées: *Kaiser Karl VII.*, Ölgemälde, 1742; München,

Schloß Nymphenburg (Foto: Bayerische Verwaltung der staatlichen Schlösser, Gärten und Seen)

15 »*Koletis verkündet die Wahl des Königs Otto*«, Lithographie von Heinrich Kohler nach einem Entwurf von Peter Heß aus der Folge ›Die Befreiung Griechenlands, in 39 Bildern entworfen von P. Heß auf Befehl S. M. Ludwig I. Königs von Baiern‹, München, um 1845; Münchner Stadtmuseum (Maillinger-Sammlung)

Bildfolge RESIDENZEN DER WITTELSBACHER nach Seite 80

16 Gustav Kraus: »*Feyerliche Enthüllung des National Denkmales in Ober Wittelsbach am 25. August 1834*«, Kolorierte Lithographie, 1834; Münchner Stadtmuseum (Maillinger-Sammlung)
17 Domenico Quaglio d. J.: *Der Münchner Alte Hof von der Südseite*, Aquarell, um 1810; München, Staatliche Graphische Sammlung
18 »*Das ChurFürstliche Bayrische Palatium zu München wie solches gegen Mitternacht an zusehen*«, Kupferstich von Matthäus Merian nach Georg Peter Fischer aus seiner ›Topographia Bavariae‹, Frankfurt am Main 1644; München, Privatbesitz Josef H. Biller
19 Domenico Quaglio: *Blick auf Burg Trausnitz bei Landshut mit Fürstenbau und Jägerhaus*, Bleistiftzeichnung, um 1812-19; Schloß Hohenschwangau (Wittelsbacher Ausgleichsfonds)
20 *Das Herzogsschloß zu Ingolstadt*, Ausschnitt aus einem Kupferstich von Matthäus Merian aus dem unter 18 nachgewiesenen Werk
21 »*Stadt Neuburg*«, Ausschnitt aus einer Lithographie von Adolph Kunike nach einer Zeichnung von Jakob Alt aus dem Werk ›Zwey hundert vier und sechzig Donau-Ansichten nach dem Lauf des Donaustroms von seinem Ursprunge bis zu seinem Ausflusse in das Schwarze Meer‹, herausgegeben von Adolph Kunike, Wien 1826; München, Bayerische Staatsbibliothek
22 Johann Ulrich Kraus: *Hof des Heidelberger Schlosses*, Federzeichnung als Vorlage für einen eigenen Kupferstich, etwa 1685; Stuttgart, Staatsgalerie, Graphische Sammlung
23 Farbtafel – *Heinrich Adam: Der Max-Josef-Platz zu München*, Ölgemälde aus dem 1839 entstandenen Sammelbild ›Das neue München‹; Münchner Stadtmuseum
24 Matteo Alberti: *Entwurf für ein Residenzschloß in der Rheinebene bei Heidelberg*, Zeichnung um 1700; Heidelberg, Kurpfälzisches Museum
25 Philipp Le Clerc: »*Vordere Façade des Schlosses zu Mannheim*«, Aquarell, Mitte 17. Jahrhundert; München, Staatliche Graphische Sammlung
26 *Die Residenz zu Bonn*, Kupferstich von Nikolaus Metteli nach J. M. Metz, um 1755 (Foto: Rheinisches Bildarchiv, Köln)
27 *Schloß Augustusburg in Brühl*, unbezeichnetes Ölgemälde, um 1755-60; Gymnich, Vicomte de Maistre (Foto: Rheinisches Bildarchiv, Köln)
28 W. Swidde: *Die Nordfassade des Schlosses zu Stockholm*, Kupferstich von 1693 aus dem Werk ›Suecia Antiqua et hodierna‹, Stockholm, um 1700; München, Bayerische Staatsbibliothek
29 »*Der neue königliche Palast zu Athen*«, unbezeichneter Stahlstich von etwa 1845; München, Privatbesitz Otto Roth

ABBILDUNGSNACHWEIS 439

Bildfolge WITTELSBACHER UND KULTUR nach Seite 136

30 *Vorlesung in der Universität Heidelberg*, Holzschnitt aus der Cosmographie von Sebastian Münster, Frankfurt am Main 1544; Heidelberg, Kurpfälzisches Museum
31 *Gründer und erster Rektor der Universität in Ingolstadt vor der Madonna*, Miniatur im ersten Einschreibbuch der Universität von 1472; München, Universitätsarchiv
32 Hans Mielich: *Herzog Albrecht V. von Bayern*, Öl auf Holz, 1545; München, Alte Pinakothek
33 Albert Aichinger: *Das Antiquarium der Münchner Residenz*, Radierung, etwa 1910; München, Antiquariat R. Wölfle
34 Bartel Beham: *Herzog Ludwig x.*, Holz, 1539; München, Bayerische Staatsgemäldesammlung, Alte Pinakothek
35 *»Der Churfürstl. Neubau in Landshuett«*, Kupferstich von Michael Wening aus dem Teil »Rentamt Landshut« seiner vierbändigen ›Historico-topographica Descriptio Bavariae‹ 1723; München, Privatbesitz Josef H. Biller
36 *»Prospect deß Churfürstl. Residenz Schloß von seiten deß Gartens u. aufgang anzusehen«*, Kupferstich von Johann August Corvinus nach Mathias Disel aus dessen Werk ›Erlustierende Augen-Weide ...‹, Augsburg 1722; München, Bayerische Staatsbibliothek
37 *Johann Wilhelm, Kurfürst von der Pfalz*, unbezeichnete Miniatur auf Porzellan, um 1700; München, Bayerisches Nationalmuseum
38 Christian de Mechel: *»Première Salle Première Façade«*, Kupferstich, 1776, Tafel I aus dem Werk von Nicolas de Pigage: ›La Galerie Electorale de Dusseldorff‹, Basel 1778; München, Bayerische Staatsbibliothek
39 Farbtafel – Gustav Seeberger: *Aufführung im Residenztheater zu München*, Gouache, 1867; Münchner Stadtmuseum
40 Franz Andreas Schega: *Gedenkmünze aus Anlaß der Stiftung der Bayerischen Akademie der Wissenschaften*, 1759; München, Staatliche Münzsammlung
41 *»Das teutsche Comödienhaus«*, Kupferstich der Gebrüder Klauber in Augsburg aus einer Mannheimer Vedutenserie von 1789; Mannheim, Reiss-Museum
42 *Bühnenbild zur Szene ›Galerie‹ von der Erstaufführung von Schillers ›Räuber‹ am Nationaltheater Mannheim, 1782*, Foto nach den im Zweiten Weltkrieg untergegangenen Originalkulissen; Mannheim, Reiss-Museum
43 Joseph Stieler: *Ludwig I. König von Bayern, vor einem Pfeiler stehend*, Öl, 1841; Berchtesgaden, Schloß (Wittelsbacher Ausgleichsfonds)
44 *Ludwig II., König von Bayern*, Ausschnitt aus einer anonymen Lithographie, um 1865; München, Bayerische Verwaltung der staatlichen Schlösser, Gärten und Seen
45 *»Ansicht der Nürnberger-Fürther Eisenbahn«*, Umrißradierung von 1835 aus dem Verlag von Friedrich Campe in Nürnberg; Museen der Stadt Nürnberg
46 Gustav Kraus: *»Hof- u. Staatsbibliothek u. Reichsarchiv«*, kolorierte Lithographie aus der Serie ›Souvenir de Munich‹, München, um 1839; Münchner Stadtmuseum
47 Heinrich Döll: *Entwurf zum Dritten Aufzug der Meistersinger von der Uraufführung München 1868;* Gouache; München, Bayerische Verwaltung der staatlichen Schlösser, Gärten und Seen (Ludwig-II.-Museum)
48 Farbtafel – Max Slevogt: *Souper in Nymphenburg*, Öl, 1908; Wien Kunsthistorisches Museum, Neue Galerie

Bildfolge WITTELSBACHER LIEBHABEREIEN nach Seite 196

49 *Pfalzgraf Johann Kasimir*, Holzschnitt aus der zweiten Hälfte des 16. Jahrhunderts; München, Privatbesitz Josef H. Biller
50 *Turnier zwischen Herzog Wilhelm IV. und Hanns von Preysing, Lienhart von Liechtenstein und Wolf Graf zu Montfort*, kolorierte Lithographie aus dem ›Turnierbuch Herzog Wilhelms IV. 1510-1545. Nach einem gleichzeitigen Manuskript der Königlichen Bibliothek zu München treu in Steindruck nachgebildet von Theobald und Clemens Senefelder mit Erläuterungen von Friedrich Schlichtegroll‹, München 1817; München, Stadtbibliothek, Monacensia
51 Johann Jakob Dorner: *Kurfürst Max III. Joseph an der Drechselbank mit dem Grafen von Salern*, Öl, 1765; München, Schloß Nymphenburg (Foto: Bayerische Verwaltung der staatlichen Schlösser, Gärten und Seen)
52 *Drehbank mit Guillochierapparat Kurfürst Max Emanuels*, gebaut von François Houard, 1712 München, Bayerisches Nationalmuseum
53 *Elfenbein-Drechselarbeiten Kurfürst Maximilians: Lichtschirm mit Leuchter (1608) Dosen (1610), Puderbüchse (1608) und Leuchter (1610)*; München, Bayerisches Nationalmuseum
54 Johann Nikolaus de Grooth: *Kleines Hofkonzert des Kurfürsten Max III. Joseph* (Max III. Joseph mit Gemahlin Maria Anna und Schwester Maria Josepha, umgeben von einem Windspiel, der Dogge Donau, dem Affen Schmidl), Öl, 1758; München, Residenz (Foto: Bayerische Verwaltung der staatlichen Schlösser, Gärten und Seen)
55 *Gambe des Kurfürsten Johann Wilhelm von der Pfalz*, gebaut von Joachim Tielcke in Hamburg 1691, München, Bayerisches Nationalmuseum
56 Unbekannter Meister: *Kurfürst Karl Theodor als Flötenspieler*, Öl, Mitte des 18. Jahrhunderts; München, Bayerische Staatsgemäldesammlungen
57 E. Koelle-Karmann: *Prinz Ludwig Ferdinand spielt Geige*, Bleistiftzeichnung, 1937; München, Geheimes Hausarchiv, Wittelsbacher Bildersammlung
58 Farbtafel – Peter Jakob Horemans: *Konversationsstück. Die kurbayerische und kursächsische Familie beim Musizieren und Kartenspiel*, Öl, 1761; München, Schloß Nymphenburg (Foto: Bayerische Verwaltung der staatlichen Schlösser, Gärten und Seen)
59 *Titelblatt der Erstausgabe des ›Stabat Mater‹ von Kurfürst Max III. Joseph*, Verona, um 1765; München, Bayerische Staatsbibliothek, Musiksammlung
60 *Titelblatt der Erstausgabe von Instrumentalkonzerten Kurfürst Max III. Joseph*, Verona 1765; München, Bayerische Staatsbibliothek, Musiksammlung
61 *Titelblatt der Oper ›Talestri, Regina delle Amazzoni‹ der Kurfürstin Maria Antonia Walpurgis von Sachsen*, Leipzig 1765; München, Bayerische Staatsbibliothek, Musiksammlung
62 Leo Schönberger: *Herzog Max in Bayern als Zitherspieler*, Galvanographie, um 1840; Münchner Stadtmuseum, Maillinger-Sammlung
63 Franziska Schöpfer: *Prinz Maximilian beim Zeichnen*, Miniatur, 1827; München, Geheimes Hausarchiv, Wittelsbacher Bildersammlung
64 Prinzessin Luise Hollandine von der Pfalz: *Königin Elisabeth von der Pfalz bei der Morgentoilette, bedient von ihren drei Töchtern, darunter die Malerin selber*, Leinwand, um 1650; Hannover, Prinz von Hannover (Foto: Kurpfälzisches Museum, Heidelberg)
65 Farbtafel – Prinzessin Maria Antonia Walpurgis von Bayern: *Selbstporträt an der Staffelei mit ihrem Bruder, Kurfürst Max III. Joseph, dessen Gemahlin und zwei*

ABBILDUNGSNACHWEIS 441

Schwestern, Öl, 1773; Berchtesgaden, Schloß (Wittelsbacher Ausgleichsfonds)
66 *Titelblatt der Liedersammlung ›Oberbayerische Volkslieder‹ von Herzog Max in Bayern*, München 1858; München, Verlagsarchiv
67 Thomas Baumgartner: *Herzog Ludwig Wilhelm in Bayern als Jäger*, Miniatur, um 1940; München, Geheimes Hausarchiv, Wittelsbacher Bildersammlung

Bildfolge WITTELSBACHER ERFINDER, FORSCHER UND ÄRZTE nach Seite 240

68 *Pfalzgraf Georg Johann I. von Veldenz*, unbezeichnetes Porträt vom Ende des 17. Jahrhunderts; München, Bayerische Staatsgemäldesammlungen
69 Gerard van Honthorst (zugeschrieben): *»Prince Rupert«*, Leinwand, um 1650; London, National Portrait Gallery
70 Johanna Lindner: *Prinzessin Therese von Bayern*, Elfenbein-Gravur, 1891; München, Geheimes Hausarchiv, Wittelsbacher Bildersammlung
71 Prinzessin Therese: *»Igarapé in der Ilha das Onças bei Parà, Mulattenhaus«*, Bleistiftzeichnung von 1888 aus einem Reiseskizzenbuch; München, Staatliches Museum für Völkerkunde (Foto: Braunmüller)
72 Prinzessin Therese: *»Aussicht auf der Sierra Nevada von Eagles Peak aus, Yosemitethal«*, Bleistiftzeichnung von 1893 aus einem nordamerikanischen Reiseskizzenbuch; München, Staatliches Museum für Völkerkunde (Foto: Braunmüller)
73 *»Macairea Theresiae nov. spec.«*, die von Prinzessin Therese auf ihrer Brasilienreise von 1888 entdeckte Melastomaceen-Art, Illustration aus dem Werk ›Meine Reise in den Brasilianischen Tropen‹ von Prinzessin Therese von Bayern, Berlin 1897
74 *»Der Chimborazo von Yahuar-cocha aus«*, Aquarell von R. Reschreiter nach Skizzen der Prinzessin Therese, wiedergegeben in ihrem 1908 in Berlin erschienen Werk ›Reisestudien aus dem westlichen Südamerika‹ (Band 1)
75 *Blick in das ehemalige Privatmuseum der Prinzessin Therese im Münchner Leuchtenbergpalais*, Fotografie vom Ende des 19. Jahrhunderts; München, Staatliches Museum für Völkerkunde (Foto: Braunmüller)
76 Farbtafel. Adalbert Franz Seligmann: *»Im Hörsaal Theodor Billroths«*, Leinwand, 1890; Wien, Kunsthistorisches Museum, Neue Galerie (Foto: Atelier Otto, Wien)

Bildfolge WITTELSBACHER UND FRÖMMIGKEIT nach Seite 292

77 *Friedrich Sustris überreicht Herzog Wilhelm V. den Bauplan der Münchner Michaelskirche*, Bild 19 aus der sogenannten ›Wittelsbacher-Genealogie‹, 1624/25 wohl von einem Meister aus dem Umkreis Peter Candids nach zum Teil älteren Vorlagen geschaffen; Scheyern, Benediktinerkloster, Grabkapelle der Wittelsbacher (Foto Sessner, Dachau)
78 *Die Mariensäule zu München*, Ausschnitt aus dem Kupferstich mit der Ansicht des Marktes von Matthäus Merian aus seiner ›Topographia Bavariae‹, Frankfurt am Main, 1644; München, Privatbesitz Josef H. Biller
79 Johann Sadeler: *Blick in das Innere der Heiligen Kapelle zu Altötting und Ansicht des Kapellenplatzes*, Kupferstich, um 1660 (Foto: Klaus Hansmann, München)
80 Charles de Groff: *Weihefigur des Kurprinzen Max Joseph*, Silber, 1737; Altötting, Heilige Kapelle

442 ABBILDUNGSNACHWEIS

81 *Herzurne König Ludwigs I. in Altötting*, Illustration aus dem Werk von Hans Reidelbach: ›König Ludwig I. von Bayern und seine Kunstschöpfungen‹, München 1888
82 *Herzurne König Ludwigs II. in Altötting*, Illustration aus dem dritten Band der ›Illustrierten Geschichte von Bayern‹ von Matthieu Schwann, Stuttgart (1894)
83 Farbtafel – Georges Desmarées (?) nach Francesco Fernandi, genannt Imperiali: *Der erste Segen nach der Bischofsweihe des Kurfürsten Clemens August in Santa Maria della Quercia in Viterbo am 11. September 1727*, Ölbild aus einer Serie von vier Szenen, deren Originale sich in Schloß Augustusburg in Brühl befinden; München, Schloß Schleißheim (Staatsgalerie; Foto: Blauel, München)
84 Benjamin Block: *Albrecht Sigismund, Bischof von Freising*, Leinwand, um 1675; München, Bayerische Staatsgemäldesammlungen
85 Joseph Vivien: *Prinzessin Maria Anna Carolina*, Leinwand, 1717; München, Residenz, Grüne Galerie (Foto: Bayerische Verwaltung der staatlichen Schlösser, Gärten und Seen)
86 Jacopo Amigoni: *Emanuela Theresa de Corde Jesu*, Leinwand, um 1720; München, Bayerische Staatsgemäldesammlungen
87 *Emanuela Theresa a Corde Jesu auf dem Totenbett*, unbezeichnete Pergament-Miniatur, 1750; München, Privatbesitz Hans Roth
88 Barthel Beham: *Pfalzgraf Ottheinrich*, Holz, 1535; München, Bayerische Staatsgemäldesammlungen
89 *Die Schloßkapelle in Neuburg an der Donau*: Blick von der Empore zum Altarraum (Foto: Josef H. Biller, München)
90 *Titelblatt der lateinischen Ausgabe des Heidelberger Katechismus* ›Catechesis religionis‹, Heidelberg 1563; München, Bayerische Staatsbibliothek
91 *Das Casimirianeum in Neustadt an der Weinstraße*, Ausschnitt aus einem Stahlstich der ersten Hälfte des 19. Jahrhunderts; München, Privatbesitz Josef H. Biller

Bildfolge WITTELSBACHER FRAUEN nach Seite 348

92 Meister der ›Cité des Dames‹: *Christine von Pisa überreicht der Königin Isabeau von Frankreich ihr Werk*, Titelminiatur in einer Handschrift mit den Gesammelten Werken der Christine de Pisan, etwa 1410; London, British Museum (Harley 4431)
93-94 *Elisabeth von Brandenburg und Sophie von Böhmen*, Ausschnitt aus Bild 16 der sogenannten ›Wittelsbacher-Genealogie‹, 1624/25 von einem Meister aus dem Umkreis Peter Candids nach älteren Vorlagen gemalt; Scheyern, Benediktinerkloster, Grabkapelle der Wittelsbacher (Foto: Hans Ertl, Pfaffenhofen)
95 Mathias Czwiczek: *Allegorische Darstellung der Taufe des Kurprinzen Wilhelm Heinrich von Brandenburg 1648 in Kleve*, Holz; Berlin, Schloß Charlottenburg
96 Gerard van Honthorst: *Prinzessin Elisabeth, Äbtissin von Herford*, Leinwand, um 1640; Heidelberg, Kurpfälzisches Museum
97 Farbtafel–Hyacinthe Rigaud: *Elisabeth Charlotte, Herzogin von Orléans*, Leinwand, Replik des 1713 gemalten Originals; Heidelberg, Kurpfälzisches Museum

98 Konrad Mannlich: *Karoline Henriette, Gemahlin Ludwigs IX. von Hessen-Darmstadt*, Leinwand, 1735; Speyer, Historisches Museum der Pfalz
99 Georges Desmarées: *Maria Anna, Herzogin von Bayern*, Leinwand, um 1760; München, Bayerische Staatsgemäldesammlungen, Alte Pinakothek
100 Josef Kriehuber: *Kaiserin Elisabeth von Österreich mit den Kindern Erzherzogin Gisela und Kronprinz Rudolf*, Aquarell, 1858; Wien, Albertina (Foto: Bildarchiv der Österreichischen Nationalbibliothek, Fonds Albertina)

Register

zum Text- und Bildteil Seite 9-373

AACHEN, Kongreß von 329
Abbach 107
Abendsberg, Niklas Graf von 121
Adalbert, Erzbischof von Salzburg 21, 22
Adalbert Georg Wilhelm Ludwig, Prinz von Bayern 333, 339, 343, 345, 362, 363
Adelgunde von Bayern, Gemahlin des Herzogs Franz v. von Modena 333, 336, 346, 371
Adelgunde von Bayern, Tochter des Königs Ludwig III. 367
Adelheid Henriette Maria von Savoyen, Gemahlin des Kurfürsten Ferdinand Maria von Bayern 211, 212, 218
Adolf, Herzog in Bayern 111
Adolf von Nassau, Deutscher König 56f.
Adolf Johann, Pfalzgraf von Zweibrücken-Kleeburg 215, 221
Adolph, Herzog in Bayern 102
Agnes von Bayern, Tochter des Röm.-deutschen Kaisers Ludwig der Bayer 78
Agnes von Bayern, Gemahlin des Königs Jakob I. von Cypern, Jerusalem und Armenien 92
Agnes von Sachsen, Gemahlin des Herzogs Otto II. der Erlauchte von Bayern 32, 45
Agnes von Schlesien-Glogau, Gemahlin des Herzogs Otto III. von Bayern 59
Aidenbach, Schlacht von 248
Albert I., König der Belgier 369
Albrecht I., Herzog in Bayern 77, 89, 93, 94, 98, 106
Albrecht II., Herzog in Bayern 93, 98
Albrecht III. der Fromme, Herzog in Bayern 102, 106, 110-113, 118
Albrecht IV., Herzog in Bayern 118, 119, 121, 124, 125, 127, 128, 136
Albrecht V., Herzog von Bayern 135, 151, 156, 165, 166, 168, Abb. 32
Albrecht VI. der Leuchtenberger, Herzog in Bayern 186, 190, 212, Abb. 77
Albrecht II. der Lahme, Herzog von Österreich 75
Albrecht Achilles, Markgraf von Ansbach, Kurfürst von Brandenburg 112, 113, 123, 124

Albrecht Friedrich, Kurfürst von Brandenburg 161
Albrecht Friedrich Rudolf, Erzherzog von Österreich 338
Albrecht Sigmund, Herzog in Bayern, Bischof von Freising und Regensburg 191, Abb. 84
Aldringen, Johann Graf von, Feldmarschall 188
Alexander, Pfalzgraf von Zweibrücken-Veldenz 117, 118, 127
Alexander III., Bandinelli, Papst 17, 18-23
Alexander IV., Segni, Papst 51
Alexander Sigmund, Pfalzgraf von Neuburg 233, 255
Alexandra von Bayern, Tochter des Königs Ludwig I. 333 -
Alfons Maria Franz Clemens Max Emanuel, Prinz von Bayern 363 f., 366
Allersberg 176
Alling, Schlacht bei 106
Altdorf 109
Altdorfer, Albrecht 151
Amalia von Brandenburg, Gemahlin des Pfalzgrafen Kaspar von Zweibrücken-Veldenz 117
Amalia von Sachsen, Gemahlin des Herzogs Ludwig IX. der Reiche von Bayern 123
Amalia ›Antwerpiana‹ von Oranien, Gemahlin des Pfalzgrafen Friedrich Kasimir von Zweibrücken-Landsberg 210
Amalia Felipa Pilar von Spanien, Gemahlin des Prinzen Adalbert von Bayern 345, 364
Amalie von Bayern, Gemahlin des Königs Johann I. von Sachsen 320, 331
Amalie von Oldenburg, Gemahlin des Königs Otto von Griechenland 335, 347
Amalie von Österreich, Gemahlin des Kaisers Karl VII. 254, 259
Amalie Luise von Arenberg, Gemahlin des Herzogs Pius in Bayern 324
Amalie Marie, Herzogin in Bayern, Gemahlin des Herzogs Wilhelm von Urach 357, 366, 368

REGISTER

Amberg 53, 73, 109, 125, 135, 155
Amelie von Coburg-Gotha, Gemahlin des Herzogs Max Emanuel in Bayern 363
Amorbach 327
Amsee, Villa bei Lindau 343
Andechs 49, 113
Anderl, Andreas, Hofrat, Gemahl von Maria Anna von Sulzbach 289
Anna von Bayern, Tochter des Röm.-dt. Kaisers Ludwig der Bayer 77
Anna von Bourbon, Gemahlin des Herzogs Ludwig VII. der Gebartete von Bayern 102, 112
Anna von Braunschweig, Gemahlin des Herzogs Albrecht III. von Bayern 112
Anna von Hessen, Gemahlin des Pfalzgrafen Wolfgang von Zweibrücken 154
Anna von Jülich-Kleve-Berg, Gemahlin des Pfalzgrafen Philipp Ludwig von Neuburg-Hilpoltstein 161, 172
Anna von Österreich, Gemahlin des Herzogs Albrecht V. von Bayern 135, 151, 166
Anna von der Pfalz, Gemahlin des Kaisers Karl IV. 78
Anna von Schlesien-Glogau, Gemahlin des Herzogs Ludwig II. der Strenge von Bayern 52, 54
Anna von Veldenz, Gemahlin des Pfalzgrafen Stephan von Simmern-Zweibrücken-Veldenz 101, 110
Anna von Zweibrücken-Veldenz, Gemahlin des Markgrafen Karl II. von Baden-Durlach 159
Anna Gonzaga, Gemahlin des Pfalzgrafen Eduard von Simmern-Sponheim 195
Anna Katharina Konstantia von Polen, Gemahlin des Herzogs Philipp Wilhelm von Neuburg 191, 196
Anna Maria von Schweden, Gemahlin des Pfalzgrafen Georg Johann von Veldenz 159
Anna Maria Luise von Toskana, Gemahlin des Kurfürsten Johann Wilhelm von der Pfalz 234, 255
Anna Sybille von Zweibrücken, Tochter des Herzogs Johann II. 189
Annweiler am Trifels 101
Ansbach 322, 326

Ansbach-Bayreuth 291
Ansbacher Vertrag 311
Arco, Ferdinand Graf von 238, 245, 246
Arco, Ludwig Graf von 313
Arnold I., Graf von Scheyern und Dachau-Valley 11
Arnulf Franz Joseph, Prinz von Bayern 348, 361, 362, 364, 365, 367, 370
Asam, Kosmas Damian 14, 256
Aschaffenburg 327, 329, 341
Auerbach 73
Aufkirchen 119
Augsburg 322
August der Starke, Kurfürst von Sachsen, König von Polen 239, 251, 252
August, Pfalzgraf von Neuburg-Sulzbach 176, 184-187, 209
August Leopold, Pfalzgraf von Veldenz 233
Augusta von Toskana, Gemahlin des Prinzregenten Luitpold von Bayern 337, 348
Auguste von Bayern, Gemahlin von Eugène Beauharnais, Herzog von Leuchtenberg, Fürst von Eichstätt 306, 342
Auguste von Bayern, Gemahlin des Erzherzogs Joseph von Österreich 367
Auguste Wilhelmine von Hessen-Darmstadt, Gemahlin des Königs Max I. Joseph von Bayern 280, 304-310, Abb. 27
Augustusburg, Schloß in Brühl 275, Abb. 27

BAMBERG 327, 347
Banz 329
Barelli, Agostino 212
Bayreuth 326
Beatrix von Bayern, Gemahlin des Königs Erich XII. von Schweden 77
Beatrix von Schlesien-Glogau, Gemahlin des Röm.-deutschen Kaisers Ludwig der Bayer 62
Beauharnais, Eugène Herzog von Leuchtenberg, Fürst von Eichstätt 322, 323, 326, 327
Beauharnais, Stephanie 323
Becket, Thomas, Erzbischof von Canterbury, Kanzler von England 20
Belle-Isle, Charles, franz. Marschall 269
Benedikt XII., Papst 74
Benrath, Schloß 275

Berchtesgaden 325, 327
 Schloß 341
Berg, Herzogtum 171, 172, 191, 216, 269, 270, 276, 320, 322, 326, 327
Bergzabern 98, 101, 115, 172, 221, 222
 Schloß 117, 163, 267
Berlichingen, Götz Ritter von 127, 149
Bernauer, Agnes 102, 111
Bernhard, Graf von Scheyern 12
Bernhard II., Graf von Scheyern, Domherr von Freising 19
Bernhard von Clairvaux 15
Bernhard, Herzog von Weimar 188
Berthier, Alexandre, Fürst von Wagram, Herzog von Neuchâtel, franz. Marschall 303, 323, 324, 326
Berthold, Graf, vermutlicher Urahn der Wittelsbacher 10
Berthold von Regensburg 49
Birkenfeld 222, 326
Bischweiler 188, 189, 211
Bitsch 220
Bogen, Grafen von 30
Bogen 49, 50, 107
Bolanden 101
Bonifaz IX., Tomacelli, Papst 101
Bopfingen 91
Borselen, Franz von, burgundischer Statthalter 107
Brandenburg 80, 89
Breisach, Reunionskammer 222
Brescia, Niederlage bei 101
Brixen 322
Buche, Kanzler Friedrich Barbarossas, Erzbischof von Mainz 20, 22
Burgau 322
Burghausen 50, 59, 122, 123, 149
 Feste 55
Burglengenfeld 12, 92, 128

CAMASSE, Marianne, Gemahlin des Herzogs Christian IV. von Zweibrücken 278, 285
Campoformio, Friede von 312
Candid, Peter 170
Cangrande II. della Scala, Fürst von Verona 77
Carlos II., König von Spanien 216, 231, 245
Catherine von Frankreich, Gemahlin des Königs Heinrich V. von England 99
Cetto, Anton Graf von 309, 310

Cham, Markgrafschaft 50, 89, 109, 193
Charlotte Auguste von Bayern, Gemahlin des Königs Wilhelm I. von Württemberg und des Kaisers Franz I. von Österreich 324, 328, 342, 363
Charlotte Friederike von Zweibrücken, Gemahlin des Pfalzgrafen Wilhelm Ludwig von Zweibrücken-Landsberg 236
Charlotte von Hessen-Kassel, Gemahlin des Kurfürsten Karl Ludwig von der Pfalz 213
Christian IV., König von Dänemark 183
Christian I., Pfalzgraf von Birkenfeld-Bischweiler 174, 179, 184, 187-189, 211
Christian II., Pfalzgraf von Birkenfeld-Bischweiler-Rappoltstein 211, 215, 222, 223
Christian III., Pfalzgraf von Birkenfeld, Herzog von Zweibrücken 235, 239, 247, 253, 258, 261, 267
Christian IV., Pfalzgraf von Birkenfeld, Herzog von Zweibrücken 267, 276, 278-285
Christian, Freiherr von Zweibrücken, Sohn des Herzogs Christian IV. 319
Christian I., Fürst von Anhalt 177
Christian August, Pfalzgraf von Neuburg-Sulzbach 209
Christiane Luise von Birkenfeld-Gelnhausen, Gemahlin des Grafen Heinrich XXX. von Reuß-Gera 292
Christine, Königin von Schweden 184
Christoph III., König von Dänemark, Schweden und Norwegen 109
Christoph III., Pfalzgraf von Neunburg-Oberpfalz 101
Christoph, Herzog in Bayern 117-121, 124
Christoph, Pfalzgraf von Simmern-Sponheim 157
Christoph Joseph Clemens Maria, Herzog in Bayern 366
Clara von Bayern, Tochter des Prinzen Adalbert von Bayern 363
Claudia, Erzherzogin von Österreich, Gemahlin des Kaisers Leopold I. 218
Clemens VI., Roger, Papst 76
Clemens VIII., Aldobrandini, Papst 169
Clemens August von Bayern, Kurfürst von Köln 258, 260, 265, 269, 271, 273, 275, 281, Abb. 58, 83

Clemens Franz de Paula, Herzog in
    Bayern 259, 270, 271, 277, 280, 283,
    Abb. 58
Clemens Wenzeslaus, Kurfürst von
    Trier 281, Abb. 58
Cölestin III., Orsini, Papst 28, 29
Colonna, Sciarra 68
Condé, Louis Prinz von 217
Croy, Isabella, Prinzessin von, Gemahlin des Prinzen Franz von Bayern 370
Cuvilliés, François 275

DACHAU, Schloß 166, 306
Dalberg, Emmerich Joseph, Herzog
    von 334
Deggendorf 60, 107
Didisbodener Vertrag 159
Dießen 49
Dingolfing 6, 108
Dinkelsbühl 91
Donauwörth 53, 91, 93, 173
Dorothea von Brandenburg, Gemahlin
    des Königs Christoph III. von Dänemark, Schweden und Norwegen 109
Dorothea von Braunschweig-Lüneburg,
    Gemahlin des Pfalzgrafen Karl von
    Birkenfeld 165
Dorothea von Dänemark, Gemahlin des
    Kurfürsten Friedrich II. der Weise
    von der Pfalz 135
Dorothea von Pfalz-Veldenz, Gemahlin
    des Pfalzgrafen Gustav Samuel Leopold von Kleeburg 257
Dorothea Maria von Württemberg, Gemahlin des Pfalzgrafen Otto Heinrich
    von Sulzbach 162
Dorothea Sophie von Neuburg, Gemahlin von Odoardo Farnese, Herzog von
    Parma 230
Dorothea Sophie von Sulzbach, Tochter
    des Pfalzgrafen Otto Heinrich 162
Dubarry, Marie Jeanne, Gräfin von 284
Düsseldorf 175, 218

EBERHARD von Württemberg, Graf
    97, 98
Eberhard, Graf von Zweibrücken 97
Eberhard, Erzbischof von Salzburg 105
Eckhard (Hecard) der Bundschuh (?),
    Graf von Scheyern 11, 12
Eduard, Pfalzgraf von Simmern-Sponheim 195

Eichstätt 322
Eiwanowitz/Mähren 362
Eleonore von Neuburg, Gemahlin des
    Kaisers Leopold I. von Österreich
    218, 223, 226, 228, 232, 233
Elisabeth Aragon von Sizilien, Gemahlin des Herzogs Stephan II. mit der
    Hafte von Bayern 77, 92
Elisabeth von Bayern, Gemahlin des
    Königs Konrad IV. 47, 48, 52
Elisabeth von Bayern, Gemahlin von
    Cangrande II. della Scala von Verona
    77
Elisabeth von Bayern, Gemahlin des
    Marco Visconti 93
Elisabeth von Bayern, Isabeau de
    Bavière, Gemahlin des Königs Karl VI.
    von Frankreich 95, 96, 99, Abb. 92
Elisabeth von Bayern, die schöne Els,
    Gemahlin des Markgrafen von Brandenburg, Friedrich von Hohenzollern
    104, Abb. 93
Elisabeth von Bayern, Gemahlin des
    Pfalzgrafen (Kurpfalz) Rupprecht
    125-127
Elisabeth von Bayern, Gemahlin des
    Königs Friedrich Wilhelm IV. von
    Preußen 320, 331, 332
Elisabeth von Bayern, Gemahlin des
    Grafen Franz Joseph von Kageneck
    368
Elisabeth von Bayern, Gemahlin des
    Grafen Otto von Seefried-Buttenheim

Elisabeth, Herzogin in Bayern, Gemahlin des Kaisers Franz Joseph von
    Österreich 343, 366, Abb. 100
Elisabeth, Herzogin in Bayern, Gemahlin des Königs Albert I. der Belgier
    366, 369
Elisabeth von Hessen, Gemahlin des
    Pfalzgrafen Ludwig II. von Zweibrücken-Veldenz 154
Elisabeth von Hessen, Gemahlin des
    Kurfürsten Ludwig VI. von der Pfalz
    157
Elisabeth von Hohenzollern, Gemahlin
    des deutschen Königs Rupprecht III.
    Klem 98, Abb. 3
Elisabeth von Lothringen, Gemahlin
    des Kurfürsten Maximilian I. von
    Bayern 170, 188, 190

Elisabeth von der Pfalz, Tochter des Kurfürsten Friedrich v. von der Pfalz, dem ›Winterkönig‹ 195, 214, Abb. 96
Elisabeth Stuart, Gemahlin des Kurfürsten Friedrich v. von der Pfalz, dem ›Winterkönig‹ 173, 174, 194, Abb. 4
Elisabeth von Ungarn, Gemahlin des Herzogs Heinrich I. von Bayern 57
Elisabeth Visconti, Gemahlin des Herzogs Ernst in Bayern 102
Elisabeth von Zweibrücken, Gemahlin des Pfalzgrafen Georg Gustav von Veldenz 189
Elisabeth Amalia Magdalena von Hessen, Gemahlin des Herzogs Philipp Wilhelm von Neuburg 209
Elisabeth Auguste von Sulzbach, Gemahlin des Kurfürsten Karl Theodor von Pfalz-Bayern 256, 270, 276, 282, 304, 308
Elisabeth Auguste Sophie von Neuburg, Gemahlin des Pfalzgrafen Joseph Karl Emanuel August von Sulzbach 255
Elisabeth Charlotte von der Pfalz, Liselotte von der Pfalz, Gemahlin des Herzogs Philipp I. von Orléans 213, 217, 223, 226, 249, Abb. 97
Elisabeth Charlotte von Simmern, Gemahlin des Kurfürsten Georg Wilhelm von Brandenburg 159, Abb. 95
Elvira von Bayern, Gemahlin des Reichsgrafen Rudolf von Wrbna 363, 366
Ensdorf, Kloster 13, 14, 22
Erbfolgekrieg, Landshuter 118
Erich XII., König von Schweden 78
Ernst, Herzog in Bayern 97, 99, 101, 102, 106, 107, 111, 112
Ernst, Herzog in Bayern 136, 149, 150
Ernst, Herzog in Bayern, Kurfürst von Köln 166-168
Ettal, Kloster 74
Eugen, Prinz von Savoyen 224, 228, 232, 235, 246, 254, 257

FALKENSTEIN 107
Farnese, Odoardo, Herzog von Parma 230
Felix V., Savoyen, Papst 125
Fénelon, François de, Erzbischof von Cambrai 247
Ferdinand I., Röm.-dt. Kaiser 135, 156

Ferdinand II., Röm.-deutscher Kaiser 177, 179, 188, Abb. 7
Ferdinand III., Röm.-deutscher Kaiser 191
Ferdinand IV., Deutscher König 193
Ferdinand I., Kaiser von Österreich 331, 341
Ferdinand, Herzog in Bayern 166, 168
Ferdinand, Herzog in Bayern, Kurfürst von Köln 169, Abb. 77
Ferdinand III. Medici, Erbprinz von Florenz 229
Ferdinand, Herzog von Alençon-Orléans 360
Ferdinand Maria, Kurfürst von Bayern 14, 190, 211, 214, 218, 258-260, Abb. 5
Ferdinand Maria, Prinz von Bayern, Infant von Spanien 365, 368-370
Fischer, Karl von 330
Forbach 278, 285
Frankenthal 256
Franz II., Röm.-deutscher Kaiser, als Kaiser von Österreich Franz I. 268, 307, 328, 331
Franz V., Erzherzog von Österreich-Este, Herzog von Modena 336
Franz Joseph I., Kaiser von Österreich 341, 343, 357, 360
Franz Joseph, Herzog in Bayern 367, 371
Franz Karl, Erzherzog von Österreich 331, 341
Franz Ludwig, Pfalzgraf von Neuburg, Kurfürst von Trier und Mainz 226, 227, 233, 234, 255, 260
Franz II. Maria Leopold, König beider Sizilien 346
Franz Maria Luitpold, Prinz von Bayern 367, 370, 372
Franz Stephan, Herzog von Lothringen, siehe: Franz II., Röm.-deutscher Kaiser
Franziska Dorothea von Sulzbach, Gemahlin des Pfalzgrafen Friedrich Michael von Birkenfeld 256, 276, 280
Friedberg 97, 106, 113
Friedrike Dorothea Sophie von Bayern, Gemahlin des Erzherzogs Franz Karl von Österreich 321, 331, 341, 343
Friedrich I. Barbarossa, Röm.-deutscher Kaiser 11, 15-23, 27, 28
Friedrich II., Röm.-deutscher Kaiser 29, 45-47

Friedrich III., Röm.-deutscher Kaiser 116, 123, 124
Friedrich II., der Große, König von Preußen 266, 269, 275, 279, 305
Friedrich III., König von Preußen, Deutscher Kaiser 361
Friedrich IV., König von Dänemark 251
Friedrich, Markgraf von Habsburg 64
Friedrich II. der Bärtige, Graf von Scheyern und Wittelsbach 13, 23, 27
Friedrich der Ältere, Herzog von Schwaben 27
Friedrich, Pfalzgraf, Bruder des Kurfürsten Ruprecht III. Klem von der Pfalz 98
Friedrich I. der Weise, Herzog von Bayern 92-94, 96
Friedrich I. der Siegreiche, der Streitbare, Kurfürst von der Pfalz 114-116, 123
Friedrich II. der Weise, Kurfürst von der Pfalz 133-135, 153
Friedrich III., Kurfürst von der Pfalz 150, 153, 155-157
Friedrich IV., Kurfürst von der Pfalz 157, 158, 173
Friedrich V., Kurfürst von der Pfalz, König von Böhmen, ›Winterkönig‹ 158, 171, 173, 174. 176, 177, 184-187, Abb. 4
Friedrich I. der Hunsrücker, Pfalzgraf von Simmern-Sponheim 115, 116
Friedrich, Pfalzgraf von Parkstein 155, 162, 163
Friedrich, Herzog von Zweibrücken 178, 189, 209
Friedrich, Markgraf von Ansbach 127
Friedrich V., Markgraf von Baden-Durlach 179
Friedrich, Landgraf von Hessen-Kassel, König von Schweden 251
Friedrich von Hohenzollern, Markgraf von Brandenburg 104-106
Friedrich II., Markgraf von Meißen 65, 77
Friedrich der Schöne, Herzog von Österreich 57, 60-67
Friedrich August, König von Sachsen 282, 333
Friedrich Christian, Kurfürst von Sachsen 277, 281
Friedrich Kasimir, Pfalzgraf von Zweibrücken-Landsberg 174, 210

Friedrich I. Ludwig, Pfalzgraf von Zweibrücken-Landsberg 210, 215, 220, 221
Friedrich Michael, Pfalzgraf von Birkenfeld 267, 269, 270, 272, 274-276, 278-282
Friedrich I. Wilhelm, König von Preußen 266, 268
Friedrich Wilhelm IV., König von Preußen 331, 339
Friedrich Wilhelm, der Große Kurfürst, Kurfürst von Brandenburg 191, 196
Friedrich Wilhelm, Pfalzgraf von Neuburg 233
Friesland 76
Fürstenberg, Franz Egon Graf von 220
Fürstenberg, Wilhelm Egon Graf von 220, 227, 228, 230
Fürstenberg-Heiligenberg, Maria Franziska, Gräfin von, Gemahlin des Herzogs Wolfgang Wilhelm von Neuburg 196
Fürstenfeldbruck, Kloster Fürstenfeld 52, 64
Fürstenwalde, Vertrag von 91
Furth im Walde 107

GALLAS, Matthias Graf von 188
Gammelsdorf, Schlacht bei 60, 61
Garatshausen, Schloß 333, 347
Garibaldi, Giuseppe 346
Gärtner, Friedrich von 337
Georg der Reiche, Herzog von Bayern 122-125
Georg, Pfalzgraf von Simmern-Sponheim 156
Georg von Hannover, als König von England Georg I. 196
Georg Franz Joseph Luitpold Maria, Prinz von Bayern 367
Georg Gustav, Pfalzgraf von Veldenz 161
Georg Gustav, Pfalzgraf von Veldenz-Lauerecken 185
Georg Johann I., Pfalzgraf von Veldenz 156, 159, 160, 168, Abb. 68
Georg Johann II., Pfalzgraf von Veldenz-Lützelstein-Guttenberg 161, 189, 211
Georg Wilhelm, Pfalzgraf von Birkenfeld 211
Germersheim 226

Geza, König von Ungarn 15
Giengen an der Brenz, Schlacht bei 123
Gisela von Österreich, Gemahlin des Prinzen Leopold von Bayern 362
Goldene Bulle 80
Grafenstein, Grafschaft 159
Graisbach, Anna Gräfin von, Gemahlin des Herzogs Friedrich I. der Weise in Bayern 93
Grange d'Arquien, Jakob de la 237
Grasser, Erasmus 119, 170
Gregor IX., Segni, Papst 46
Gregor XV., Ludovisi, Papst 178
Greifenberg, Schloß 119
Grünau, Jagdschloß 152
Gundelinde von Bayern, Gemahlin von Johann Georg Graf von Preysing-Lichtenegg-Moos 367
Günther von Schwarzburg, Graf, Deutscher König 79
Gustav Philipp, Pfalzgraf von Zweibrücken-Veldenz 221
Gustav Samuel Leopold, Pfalzgraf von Zweibrücken-Kleeburg 221, 257, 266, 267
Gustavsburg, Schloß 267
Gutenberg, Johannes Gensfleisch 115
Gutenstein, Burg 67
Guttenberg 159, 189, 222, 237
Guttenbrunn, Schloß 267

HADRIAN IV. Breakspear, Papst 16, 17
Hambach Burg 337
Hausruckviertel 325, 328
Hausunionsvertrag 260
Haziga, Gemahlin des Grafen Otto II. von Scheyern 11
Hedwig Elisabeth von Neuburg, Gemahlin von Jakob de la Grange d'Arquien 233, 237
Heideck 176
Heidelberg 48, 50, 56, 74, 320, Abb. 22
Bibliothek Palatina 108, 178, 179
Burg, Schloß 17, 45, 153, 213, 229, 231, Abb. 22
Heilika (Helika, Elika) von Lengenfeld, Gemahlin des Grafen Otto V. von Scheyern 12, 13
Heinrich V., Röm.-deutscher Kaiser 13, 22
Heinrich VI., Röm.-deutscher Kaiser 27-30

Heinrich (VII.), Deutscher König 46-48
Heinrich VII. von Luxemburg, Röm.-deutscher Kaiser 61
Heinrich II., König von England 20, 23
Heinrich V., König von England 99
Heinrich VIII., König von England 134
Heinrich IV., König von Frankreich 172
Heinrich I. (XIII.), Herzog in Bayern und Pfalzgraf bei Rhein 50-55
Heinrich II. (XIV.), Herzog von Bayern 59, 60
Heinrich III. (XV.) der Natternberger, Herzog von Bayern 59, 60
Heinrich IV. der Reiche, Herzog in Bayern 96, 97, 102, 104, 105, 108, 111-113, 122
Heinrich der Stolze, Herzog von Bayern und Sachsen 14
Heinrich der Löwe, Herzog von Bayern und Sachsen 16, 17, 20-23, 28
Heinrich der Ältere von Braunschweig, Pfalzgraf bei Rhein 32
Heinrich der Jüngere, Herzog von Braunschweig 32
Heinrich, Herzog von Kärten 75
Heinrich Jasomirgott, Herzog von Bayern 15, 17, 20, 21
Heinrich, Erzbischof von Salzburg 21
Heinrich Friedrich, Pfalzgraf von Simmern-Sponheim 194
Heinrich Luitpold, Prinz von Bayern 367, 372
Helene, Herzogin in Bayern, Gemahlin des Fürsten Maximilian von Thurn und Taxis 343, 346
Helfenstein, Maria Johanna Gräfin von, Gemahlin des Pfalzgrafen Christian I. von Birkenfeld-Bischweiler 211
Helmtrud von Bayern, Tochter des Königs Ludwig III. 367
Hennegau 76
Hennings von Strahlenheim, Freiherr von 251
Henriette Marie von der Pfalz, Gemahlin des Fürsten Sigmund Rakoczy von Siebenbürgen 196
Herrenchiemsee 362
Hersbruck 109
Heubach 327
Hildegard von Bayern, Gemahlin des Erzherzogs Albrecht von Österreich 333, 337, 338, 348

Hildegard von Bayern, Tochter des Königs Ludwig III. 367
Hilpoltstein 128, 176
Hiltersried, Schlacht bei 108
Höchstädt, Schlacht von 247
Hofenfels, Freiherr von 290, 291, 303, 305
Hohenfeld 117
Hohenfels, Maria Josepha Gräfin von, Gemahlin von Maximilian Emanuel Comte de Bavière, Marquis de Villacerf 270
Hohenlinden, Niederlage von 319
Hohenlohe-Schillingsfürst, Chlodwig Fürst zu, Reichskanzler 359, 360
Holland 75, 76, 89, 100, 107
Holnstein, Max Graf von 362
Homburg 222
Horn, Gustav Karlsson Graf von 188
Hornbach 98, 101
Humphrey, Herzog von Gloucester 107
Hus, Johannes 104

IFFLAND, August Wilhelm 304
Indersdorf, Kloster 13, 32
Ingolstadt 50, 93, 96, 99, 102, 103, 112, 171
Universität 123
Innozenz IV., Fieschi, Papst 49
Innozenz XI., Odescalchi, Papst 229
Innviertel 50, 248, 291, 325, 328
Isabeau de Bavière, siehe Elisabeth von Bayern
Isabella von Bayern, Tochter des Prinzen Adalbert von Bayern 363
Isabella von Frankreich, Gemahlin des Königs Richard II. von England 99

JADWIGA (Hedwig) von Polen, Gemahlin des Herzogs Georg der Reiche von Bayern 124, 125
Jägersburg, Schloß 267
Jakob I., König von Cypern, Jerusalem und Armenien 92
Jakobäa, Tochter des Herzogs Wilhelm II. in Bayern 102, 107
Jakobäa von Baden, Gemahlin des Herzogs Wilhelm IV. von Bayern 151
Jeanne von Frankreich, Gemahlin des Grafen Jean von Montfort 99
Johann I., König von Sachsen 331
Johann I., Pfalzgraf von Zweibrücken 9, 10
Johann I. das Kind, Herzog von Bayern 60, 75
Johann II. der Gottselige, Herzog in Bayern 92, 96, 97
Johann III., Herzog in Bayern 107
Johann der Oberpfälzer, Pfalzgraf von Neunburg-Oberpfalz 101, 104, 108-110
Johann IV., Herzog in Bayern 112, 118
Johann I., Pfalzgraf von Simmern-Sponheim 115
Johann II., Pfalzgraf von Simmern-Sponheim 150, 159
Johann I., Pfalzgraf von Zweibrücken 155, 158
Johann I. der Historiker, Herzog von Zweibrücken 162-164, 168
Johann II., Herzog von Zweibrücken 174, 175, 178, 189
Johann, Pfalzgraf von Birkenfeld-Gelnhausen 292, 301
Johann Ohnefurcht, Herzog von Burgund 95, 97
Johann von Luxemburg, König von Böhmen 61, 63, 65, 75
Johann, Herzog von Sachsen 127
Johann, Kurfürst von Sachsen 151
Johann August, Pfalzgraf von Veldenz 161
Johann Christian, Pfalzgraf von Sulzbach 255
Johann Friedrich, Pfalzgraf von Neuburg-Veldenz 176, 184, 187
Johann Heinrich, Markgraf von Mähren 75
Johann Karl, Pfalzgraf von Birkenfeld-Gelnhausen 211, 215, 292
Johann Kasimir, Pfalzgraf von Simmern 157, 158
Johann Kasimir, Pfalzgraf von Zweibrücken-Kleeburg 174, 183, 210
Johann Ludwig, Pfalzgraf von Neuburg-Sulzbach 209
Johann Ludwig, Pfalzgraf von Zweibrücken 189, 209
Johann Sobieski, König von Polen 224
Johann Theodor, Herzog von Bayern, Kardinal 253, 258, 260, 265, 273, 280, 281, Abb. 58
Johann Wilhelm, Jan Wellem, Kurfürst von der Pfalz 218, 224, 225, 227, 230,

232-234, 239, 246, 248, 251, 254,
Abb. 37
Johann Wilhelm, Herzog von Jülich-
Kleve-Berg 172
Johanna von Bayern, Gemahlin des
Pfalzgrafen Otto I. von Mosbach 114
Johanna (I.) von Straubing-Holland,
Gemahlin des Königs Wenzel 94, 95
Johannes XXII., Papst 66, 68, 74
Johannes XXIII., Papst 103
Johannes von Pomuk (Nepomuk),
Heiliger 92
Joseph I., Röm.-deutscher Kaiser 234,
248-250
Joseph II., Röm.-deutscher Kaiser 282,
290, 306
Joseph Clemens von Bayern, Kurfürst
von Köln 212, 227-229, 236, 245, 247,
248, 250, 258-260
Joseph Clemens, Prinz von Bayern 368
Joseph Ferdinand, Kurprinz von Bayern,
Prinz von Asturien 235, 237-240,
Abb. 11
Joseph Karl Emanuel, Pfalzgraf von
Sulzbach 255
Josepha Maria von Bayern, Gemahlin des
Kaisers Joseph II. 278, 280, Abb. 58, 65
Josephine Beauharnais, Gemahlin Napo-
leons I. 322, 325
Jourdan, Jean Baptiste, Graf, Marschall
von Frankreich 312
Juliana Magdalena von Zweibrücken,
Gemahlin des Pfalzgrafen Friedrich
Ludwig von Zweibrücken-Landsberg
210
Jülich, Herzogtum 171, 172, 191, 216,
269, 270, 276, 326, 327

KAGENECK, Franz Joseph, Graf von
368
Kaiserslautern 189
Kalixtus II., Papst 13
Kallmünz 92
Karl IV., Röm.-deutscher Kaiser 65, 76,
78, 79, 90, 91
Karl V., Röm.-deutscher Kaiser 151,
152, 154
Karl VI., König von Frankreich 94, 95,
99
Karl IX., König von Schweden 157
Karl X., König von Schweden, vorher
Karl Gustav Pfalzgraf von Zwei-
brücken-Kleeburg 193, 210, 211, 214,
222, 223
Karl XI., König von Schweden 221, 236,
238, 239
Karl XII., König von Schweden 240,
245, 248, 251, 252, Abb. 12
Karl I., König von England 213
Karl II., König von England 214
Karl II., Kurfürst von der Pfalz 213,
220, 225
Karl der Kühne, Herzog von Burgund
116
Karl, Pfalzgraf von Birkenfeld 155, 164,
165
Karl, Herzog von Lothringen 160
Karl Albrecht, Kurfürst von Bayern,
als Röm.-deutscher Kaiser Karl VII.
254, 258, 259, 261, 265, 269-274,
Abb. 13, 14
Karl III. August, Herzog von Zwei-
brücken 276, 279-285, 291, 302-304,
306-309
Karl August Friedrich von Zwei-
brücken-Birkenfeld 285, 303
Karl Friedrich, Großherzog von Baden
323
Karl Gustav, Pfalzgraf von Kleeburg,
siehe Karl X., König von Schweden
Karl Johann Ludwig, Pfalzgraf von
Birkenfeld-Gelnhausen 292
Karl VI. Joseph Franz, Röm.-deutscher
Kaiser 226, 240, 245, 246, 250, 251,
254, 266, 268
Karl V. Leopold, Herzog von Lothrin-
gen 224, 232
Karl I. Ludwig, Kurfürst von der Pfalz
187, 193-195, 213, 214, 217, 220
Karl Ludwig, Pfalzgraf von Veldenz
185, 187
Karl Ludwig Johann, Erzherzog von
Österreich 311, 312, 338
Karl Maria Luitpold, Prinz von Bayern
367
Karl Otto, Pfalzgraf von Birkenfeld
211, 215
Karl Philipp, Kurfürst von der Pfalz
224-227, 230, 233, 249, 253, 255, 256,
260, 266, 268-270, 273
Karl Theodor, Kurfürst von der Pfalz/
Bayern 270, 275, 276, 280, 282-284,
289-292, 301-303, 305, 306, 308-313,
Abb. 56

REGISTER 453

Karl Theodor, Herzog in Bayern 357, 361, 363, 364, 366, 369, Abb. 76
Karl Theodor Maximilian, Prinz von Bayern 330, 336, 358, 363
Karlsberg 285, 306, 308
Karoline von Baden, Gemahlin des Königs Max I. Joseph von Bayern 310-312, 319, 321, 323, 325, 330, 332, 336
Kaspar, Pfalzgraf von Zweibrücken-Veldenz 117
Katharina von Alençon, Gemahlin des Herzogs Ludwig VII. der Gebartete von Bayern 102
Katharina von Habsburg, Gemahlin des Herzogs Otto III. von Bayern 54, 57
Katharina von Pommern, Gemahlin des Pfalzgrafen Johann von Neunburg-Oberpfalz 109
Katharina von Schweden, Gemahlin des Pfalzgrafen Johann Kasimir von Zweibrücken-Kleeburg 183
Katharina von Zweibrücken, Gemahlin des Herzogs Wolfgang Wilhelm von Neuburg 189, 196
Katharina Sophie von Liegnitz, Gemahlin des Pfalzgrafen Friedrich von Parkstein 163
Katharinenburg 183
Kelheim, Befreiungshalle 107, 337, 348
  Burg 14, 15, 17
  Ottokapelle 46
  Schloß 30, 45
Khevenhueller, Ludwig Andreas, Graf von 269, 273
Kirkel, Burg 98, 101, 117, 163
Kitzbühel 50, 90, 93, 127, 150
Kleeburger Deputat 221
Klenze, Leo von 332
Kleve, Herzogtum 191
Köln 173, 219, 220, 227, 228
Königsmark, Philipp Christoph, Graf von 193, 211
Konrad III., Deutscher König 15
Konrad IV., Deutscher König 47, 48, 52
Konrad, Graf von Scheyern, Erzbischof von Mainz, 12-14, 18-23, 27-29
Konrad, Pfalzgraf bei Rhein 17, 32
Konrad Luitpold Franz Joseph Maria, Prinz von Bayern 367
Konradin, eigentl. Konrad, Herzog von Schwaben 52-54

Konstanz, Konzil von 103-105
Konstanze von Sizilien, Gemahlin des Deutschen Kaisers Heinrich VI. 27, 28
Kronach, Gebiete um 12
Krumper, Hans 170
Kufstein 50, 90, 93, 127, 150
Kunigunde von Österreich, Gemahlin des Herzogs Albrecht IV. in Bayern 126, 129
Kurpfalz 192, 329
Küstner, Ernst 368

LADISLAUS APOR, siebenbürgischer Fürst 58
Lamoral I., Fürst von Gavre und Graf von Egmont 158
Landau 60, 89, 108
Landsberg 110, 121
  Schloß 221, 236
Landshut 30, 50, 74, 89, 92, 93, 102, 122, 149, 210, 301
  Burg Trausnitz 47, 48, 167, Abb. 19
Lauingen 53, 128, 176
Lausitz 89
Lauterecken 110, 154, 159, 160, 222, 237, 267
  Schloß 222
Lautern 226
Lefebvre, Pierre François Joseph, Herzog von Danzig, franz. General 325
Le Louchier, Agnes 238
Lengenfeld, Friedrich, Graf von 12, 13
Legenfeld, Burg 14
Leopold I., Röm.-deutscher Kaiser 214, 217, 218, 223, 226, 232, 233, 248
Leopold II., Röm.-deutscher Kaiser 268, 306, 307
Leopold, Babenberger, Herzog von Bayern 15
Leopold I., Herzog von Österreich 63-67
Leopold von Bayern, Generalfeldmarschall 348, 361, 362, 367, 372
Leopold Ludwig, Pfalzgraf von Veldenz 161, 189, 190, 211
Leopold Ludwig, Pfalzgraf von Zweibrücken-Veldenz 221, 222, 225, 237
Leopoldine Eleonore, Tochter des Kurfürsten Philipp Wilhelm von Neuburg 233, 236
Leopoldskron, Schloß 342
Leszczyńska Maria, Gemahlin des Kö-

nigs Ludwig XV. von Frankreich 257, 261, 284
Leszczyński, Stanislaus, König von Polen 251, 252, 256-258, 261, 267, 268, 278, 279
Leuchtenberg, Landgrafschaft 190, 219
Leutstetten, Schloß 362, 370, 371
Lichtenberg 110
Schloß 253
Lindau 322
Loon, Agnes von, Gemahlin des Herzogs Otto I. von Bayern 14, 23
Lorraine-Brionne, Anna Charlotte 284
Louise von Orléans, Gemahlin des Prinzen Alfons von Bayern 366
Löwenstein-Wertheim, Grafen und Fürsten, Nachkommen des Kurfürsten Friedrich I. von der Pfalz und seiner Gemahlin Klara Tott 116
Ludovika Wilhelmine von Bayern, Gemahlin des Herzogs Maximilian in Bayern 324, 332, 336, 341, 343
Löwenstein-Wertheim, Max Karl, Graf von 248
Lucius III., Allucingoli, Papst 23
Ludmilla von Böhmen, Gemahlin des Herzogs Ludwig I. der Kelheimer von Bayern 30, 31, 46
Ludwig IV. der Bayer, Herzog von Bayern, Röm.-deutscher Kaiser 56, 57, 60-69, 73-80, Abb. 1, 2
Ludwig XII., König von Frankreich 134
Ludwig XIV., König von Frankreich 217, 219, 220, 223, 225, 226, 229, 238, 239, 245, 247, 250, 253
Ludwig XV., König von Frankreich 253, 258, 261, 268, 273, 276, 284
Ludwig XVI., König von Frankreich 284, 303, 305, 307
Ludwig I., König von Bayern 120, 304-306, 310, 313, 318, 320-325, 327-331, 333, 342, 347, 348, 357, 358, 360, Abb. 43
Ludwig II., König von Bayern 338, 357, 359-362, 365, Abb. 44
Ludwig III., König von Bayern 338, 348, 358, 360, 362, 365, 367, 370-372
Ludwig I. der Kelheimer, Herzog von Bayern 23, 27, 28, 30-32, 45-47
Ludwig II. der Strenge, Herzog von Bayern, Pfalzgraf bei Rhein 50-56
Ludwig III., Herzog von Bayern 55, 59

Ludwig V. der Brandenburger, Herzog von Bayern, Kurfürst von Brandenburg 65, 75-77, 79, 89
Ludwig VI. der Römer, Herzog in Bayern 77, 89, 90
Ludwig VII. der Gebartete, Herzog von Bayern 96, 97, 99, 101, 102, 104-106
Ludwig III. der Rote, der Bärtige, Kurfürst von der Pfalz 101, 103
Ludwig der Gebartete, Herzog von Bayern 108, 111-113
Ludwig III., Kurfürst von der Pfalz 108
Ludwig VIII. der Höckrige, Herzog von Bayern 112, 113
Ludwig IX. der Reiche, Herzog von Bayern 113, 122, 123, Abb. 31
Ludwig X., Herzog in Bayern 136, 149-151, Abb. 34
Ludwig IV. der Gütige, der Sanftmütige, Kurfürst von der Pfalz 114
Ludwig V., Kurfürst von der Pfalz 125, 133, 135, 136, 150, 156, 157
Ludwig VI., Kurfürst von der Pfalz 156, 157, 162
Ludwig I. der Schwarze, Pfalzgraf von Zweibrücken-Veldenz 115-117
Ludwig II., Pfalzgraf von Zweibrücken-Veldenz 154
Ludwig III., Großherzog von Hessen-Darmstadt 326, 335
Ludwig Anton, Pfalzgraf von Neuburg 224-229, 232, 236
Ludwig Ferdinand, Prinz von Bayern 346, 363, 364, 372
Ludwig Georg, Markgraf von Baden-Baden 278
Ludwig Philipp, Pfalzgraf von Simmern 158, 187
Ludwig Philipp, Pfalzgraf von Veldenz 161
Ludwig Wilhelm, Herzog in Bayern 367, Abb. 67
Ludwig Wilhelm, Markgraf von Baden, ›Türkenlouis‹ 246
Ludwigshöhe bei Edenkoben 340, 342
Luise Charlotte, Prinzessin Radziwill, Gemahlin des Kurfürsten Karl Philipp von Neuburg 230
Luise Juliane von Nassau-Oranien, Gemahlin des Kurfürsten Friedrich IV. von der Pfalz 158
Luise Juliane von der Pfalz, Gemahlin

des Herzogs Johann II. von Zweibrücken 131
Luise Maria Hollandine von der Pfalz, Tochter des Kurfürsten Friedrich V. 195, 196
Luisenthal, Schloß 267
Luitpold, Prinzregent von Bayern 333, 337, 343, 358, 361, 362, 365, 366, 371, Abb. 48
Luitpold Emanuel Ludwig Maria, Herzog in Bayern 366
Luitpoldinger, Herzogsgeschlecht 10
Lunéville, Friede von 319
Lützelsteiner Land 189
Lützelstein 159, 160, 220, 222, 237

MAGDALENA von Bayern, Gemahlin des Herzogs Wolfgang Wilhelm von Neuburg 171, 172, 174, 175, Abb. 77
Magdalena von Jülich-Kleve-Berg, Gemahlin des Herzogs Johann I. von Zweibrücken 162, 163, 172
Magdalena Katharina von Zweibrücken, Gemahlin des Pfalzgrafen Christian I. von Birkenfeld-Bischweiler 174, 188
Magdalena Visconti, Gemahlin des Herzogs Friedrich I. der Weise in Bayern 93, 96
Mainhard, Herzog in Bayern 89, 90, 93
Mangoldstein, Burg 51
Mannheim 225, 229, 256, 277, 308, 320
Schloß 256, 308, Abb. 25
Mannheimer Sukzessionsvertrag 267
Mannlich, Christian von 304, 308
Mansfeld, Peter Ernst II., Graf von 232
Manuel I. Komnenos, Oström. Kaiser 20
Margarete von Bayern, Gemahlin des Herzogs Stephan von Kroatien, Dalmation u. Slavonien 77
Margarete von Bayern, Gemahlin des Herzogs Johann Ohnefurcht von Burgund 94
Margarete von Bayern, Gemahlin des Kurfürsten Philipp von der Pfalz 123, 124
Margarete von Brandenburg, Gemahlin des Herzogs Ludwig VIII. von Bayern 112
Margarete von Burgund, Gemahlin des Herzogs Wilhelm II. in Bayern, Graf von Holland 95
Margarete von Dänemark, Gemahlin des Herzogs Ludwig der Brandenburger von Bayern 75
Margarete von Egmont-Geldern, Gemahlin des Pfalzgrafen Friedrich von Simmern-Sponheim 115
Margarete von Holland, Gemahlin des Röm.-deutschen Kaisers Ludwig der Bayer 66, 68, 76, 77
Margarete Maultasch von Kärnten, Gemahlin des Herzogs Ludwig der Brandenburger von Bayern 75-77, 89, 90
Margarete von Schlesien, Gemahlin des Herzogs Albrecht I. in Bayern 94
Margarete von Spanien, Gemahlin des Kaisers Leopold I. von Österreich 217, 218
Maria von Bayern, Gemahlin des Erzherzogs Karl II. von Österreich 166
Maria von Bayern, Gemahlin des Königs Friedrich August von Sachsen 332, 333
Maria von Brabant und Lothringen, Gemahlin des Herzogs Ludwig II. der Strenge von Bayern 51
Maria von Burgund, Gemahlin des Kaisers Maximilian I. 116
Maria von der Pfalz, Gemahlin des Königs Karl IX. von Schweden 157
Marie, Herzogin in Bayern, Gemahlin des Königs beider Sizilien Franz II. 346
Maria Amalia Auguste von Birkenfeld, Gemahlin des Königs Friedrich August I. von Sachsen 282
Maria Amalia von Zweibrücken, Tochter des Herzogs Johann II. 189
Maria Amalia Josepha von Sachsen, Gemahlin des Pfalzgrafen Karl August von Zweibrücken 281, 284, 308
Maria Anna von Bayern, Gemahlin des Kaisers Ferdinand II. 169, Abb. 77
Maria Anna von Bayern, Gemahlin des Dauphin Louis von Frankreich 219, 240
Maria Anna von Bayern, Gemahlin des Markgrafen Ludwig Georg von Baden-Baden 278, 280, Abb. 58
Maria Anna von Bayern, Tochter des Königs Max I. Joseph 321
Maria Anna von Birkenfeld, Gemahlin des Pfalzgrafen Wilhelm von Birkenfeld 280

Maria Anna von Neuburg, Gemahlin
 des Königs Carlos II. von Spanien
 216, 230-234, 239
Maria Anna von Neuburg, Gemahlin
 des Kurfürsten Ferdinand Maria von
 Bayern 259
Maria Anna von Österreich, Gemahlin
 des Kurfürsten Maximilian I. von
 Bayern 190, 212
Maria Anna von Österreich, Gemahlin
 des Königs Philipp IV. von Spanien
 226, 238
Maria Anna von Österreich, Tochter des
 Kaisers Karl VI. 268
Maria Anna von Sulzbach, Gemahlin
 des Prinzen Clemens Franz de Paula
 von Bayern 256, 270, 276, 277, 280,
 285, 290, 305, Abb. 58, 99
Maria Anna von Zweibrücken, Gemahlin des Herzogs Wilhelm in Bayern
 292, 301, 302, 329
Maria Anna Josepha, Erzherzogin von
 Österreich, Gemahlin des Kurfürsten
 Johann Wilhelm von Neuburg 218,
 232
Maria Anna Karoline von Bayern,
 Soror Emanuela Theresa, Tochter des
 Kurfürsten Max Emanuel 249, 256,
 258, 259, Abb. 85, 86, 87
Maria Antonia von Österreich, Gemahlin des Kurfürsten Max Emanuel von
 Bayern 218, 223-226, 233-235
Maria Antonia Walpurgis von Bayern,
 Gemahlin des Kurfürsten Friedrich
 Christian von Sachsen 277, 281,
 Abb. 58, 61, 65
Maria Elisabeth, Herzogin in Bayern,
 Gemahlin des Alexandre Berthier,
 Fürst von Wagram 302, 303, 323, 324
Maria José von Portugal, Gemahlin des
 Herzogs Karl Theodor in Bayern 363
Maria Leopoldine von Österreich, Gemahlin des Kurfürsten Karl Theodor
 von Pfalz/Bayern 308-310, 313, 340
Maria Luisa von Talavera, Gemahlin
 des Prinzen Ferdinand Maria von
 Bayern 370
Maria de la Paz von Spanien, Gemahlin des Prinzen Ludwig Ferdinand von Bayern 364, 365
Maria del Pilar von Bayern, Tochter des
 Prinzen Ludwig Ferdinand 368

Maria Sophie von Neuburg, Gemahlin
 des Königs Peter II. von Portugal 228
Maria Teresa von Spanien, Gemahlin
 des Prinzen Ferdinand Maria von
 Bayern 369, 371
Maria Theresia von Spanien, Gemahlin
 des Königs Ludwig XIV. von Frankreich 217
Maria Theresia von Bayern, Königin
 von Ungarn und Böhmen, Gemahlin
 des Kaisers Franz I. von Österreich
 261, 266, 268, 274, 276, 279
Marie von Preußen, Gemahlin des
 Königs Max II. von Bayern 335, 336,
 348, 366
Marie von Bayern, Gemahlin des Herzogs
 Ferdinand von Kalabrien 367, 369
Marie Antoinette, Erzherzogin von
 Österreich, Gemahlin des Königs
 Ludwig XVI. von Frankreich 303
Marie Casimiera de la Grange d'Arquien,
 Gemahlin des Königs Johann Sobieski
 von Polen 237
Marie Gabriele, Herzogin in Bayern,
 Gemahlin des Kronprinzen Rupprecht
 von Bayern 367, 369, 371
Marie Therese von Modena-Este, Gemahlin des Königs Ludwig III. von
 Bayern 346, 359, 360, 365
Markt Schwaben 97
Marlborough, John Churchill, Herzog
 von 246-248
Mathilda Marie von Bayern, Gemahlin
 des Prinzen Ludwig von Sachsen-Coburg-Gotha 367, 369
Mathilde von Bayern, Gemahlin des
 Großherzogs Ludwig III. von Hessen-Darmstadt 326, 333, 335, 347
Mathilde, Herzogin in Bayern, Gemahlin des Grafen von Trani 347
Mauritia Febronia de la Tour
 d'Auvergne, Gemahlin des Herzogs
 Max Philipp von Bayern 219
Max II., König von Bayern 326, 333,
 335, 336, 340-342, 347, 348, Abb. 63
Max II. Emanuel, Kurfürst von Bayern
 212, 219, 223-229, 232, 234-240,
 245-251, 253, 254, 259-261, Abb. 8
Max Emanuel, Herzog in Bayern 341,
 363, 366
Maximilian I., Röm.-deutscher Kaiser
 116, 122, 124, 127, 128, 134, 149

Maximilian I., Kurfürst von Bayern 169-171, 173, 175-179, 186-188, 190, 192, 193, 211, 212, 266, Abb. 5, 7
Maximilian, Herzog in Bayern, ›Zithermaxl‹ 324, 329, 332, 343, Abb. 62, 66
Maximilian, Fürst von Leuchtenberg 342
Maximilian Emanuel, Comte de Bavière, Marquis de Villacerf 238, 270, 272
Maximilian Heinrich, Erzbischof und Kurfürst von Köln 190, 220, 227, 228
Maximilian Joseph Karl Friedrich Ludwig Wilhelm, Prinz von Bayern 319, 321
Maximilian Philipp Hieronymus, Herzog in Bayern 190
Maximiliane von Bayern, Tochter des Königs Max I. Joseph 332
Max I. Joseph, König von Bayern, vorher Pfalzgraf von Birkenfeld, Herzog von Zweibrücken, Kurfürst von der Pfalz/Bayern 280-285, 291, 303, 304, 306-313, 317, 320, 322-326, 329-332
Max III. Joseph der Vielgeliebte, Kurfürst von Bayern 108, 261, 274, 275, 277, 279, 280, 289, 301, Abb. 51, 54, 58, 65
Max Philipp, Herzog von Bayern 219
Mazarin, Jules, Kardinal 192, 214, 217
Mechthilde von Habsburg, Gemahlin des Herzogs Ludwig II. der Strenge von Bayern 54, 56
Mechthilde von Nassau, Gemahlin des Herzogs Rudolf I. der Stammler von Bayern/Pfalz 56
Mechthilde von Bayern, Gemahlin des Markgrafen Friedrich II. von Meißen 65, 77
Meisenheim 101, 110, 115, 189, 209, 222
Mendel, Henriette, Gräfin Wallersee, Gemahlin des Herzogs Ludwig in Bayern 357
Metz, Reunionskammer 222
Michelsburg 154
Miltenberg 327
Mindelheim 248
Mitterfels 107
Mohács, Sieg von 228
Montez, Lola 339, 340
Montfort, Jean Graf von 99
Montgelas, Maximilian Graf von 306, 310, 312, 320, 321, 328
Moosburg, Eberhard Graf von 64

Moreau, Jean Victor, franz. General 311, 312, 319
Moritz von der Pfalz, Sohn des Kurfürsten Friedrich V. 195, 213
Mosbach 101
Moschel 110
Mozart, Wolfgang Amadeus 301
Mühlberg, Schlacht bei 151
Mühldorf, Schlacht bei 53, 63-65, 75
München 50, 74, 92, 118, 126, 149, 171, 218, 291
  Allerheiligen-Hofkirche 336
  Alter Hof 91, 93, 97, 151, Abb. 17
  Angerkloster 258, 259
  Bayerische Akademie der Wissenschaften 275
  Biederstein-Palais 332, 336
  Blutenburg 118, 119
  Clemensschloß 277
  Cuvilliés-Theater 275, Abb. 39
  Feldherrnhalle 338
  Frauenkirche 119, 129, 169
  Fürstenried, Schloß 362
  Glaspalast 344
  Heiliggeistkirche 169
  Herzog-Max-Palais 341
  Jesuitenkolleg 169
  Leopoldschlößchen 363
  Leuchtenberg-Palais 342
  Marien-Ludwig-Ferdinand-Kinderheim 364
  Marienplatz 190
  Mariensäule 190, Abb. 78
  Max I.-Josephs-Platz 336
  Maxburg 169, 219, 277, 332
  Maximilianeum 335, 342
  Michaelskirche 169
  Nationalmuseum 342
  Neuveste 91, 120, 151, 165, 171, Abb. 18
  Nymphenburg 212, 245, 251, 260, 280, 306, 319
  Pinakothek, Alte 335
  Pinakothek, Neue 340
  Prinz-Karl-Palais 340
  Propyläen 330
  Residenz 336
  Sankt-Bonifaz-Kirche 336, 360
  Untermenzing, Kirche 119
  Wittelsbacher Palais 337, 338, 341
Murat, Joachim, französischer Marschall 323

NABBURG 73
Napoleon Bonaparte 311, 312, 318 321-326
Nassau-Saarbrücken, Karoline Gräfin von, Gemahlin des Pfalzgrafen Christian III. von Birkenfeld 258
Nassau-Saarbrücken, Julię Gräfin von, Gemahlin des Herzogs Friedrich von Zweibrücken 209
Natternberg 59
Neuburg a. d. Donau 128, 155, 186, 232, 284, Abb. 21
Neuburg am Inn 49, 53
Neumarkt 53, 135
Neunburg vorm Wald 114
Burg 12, 109
Neustadt an der Hardt, Schloß 78
Neustein, Burg 101
Niederbayern 89, 93
Nikolaus v., Parentucelli, Papst 69
Nohfelden 110
Nördlingen 53, 91
Schlacht bei 188
Nürnberg, Burg 53

OGGERSHEIM 109
Schloß 276, 282
Ohlmüller, Daniel 335
Opalinska, Katharina, Gemahlin des Königs Stanislaus Leszczyński von Polen 252
Orlando di Lasso 166
Ortenburg, Graf von 32
Otto IV., Röm.-deutscher Kaiser 29, 32
Otto I., König von Bayern 361, 362, 365, 372
Otto von Bayern, König von Griechenland 333, 334, 346, 347, 360
Otto I., Graf von Scheyern 10
Otto II., Graf von Scheyern 11
Otto III., Graf von Scheyern 12
Otto V. (IV.), Graf von Scheyern, später Graf von Wittelsbach 12-17
Otto I., Herzog von Baiern, vorher Otto VIII. (V.) Graf von Scheyern 11-23
Otto IX., Graf von Scheyern und Wittelsbach 22
Otto, Graf von Scheyern und Wittelsbach, Pfalzgraf von Bayern 31, 32
Otto II. der Erlauchte, Herzog von Bayern 31, 32, 45-50

Otto III., Herzog von Bayern, als König von Ungarn Bela v. 55, 57-60
Otto IV., Herzog von Bayern 59
Otto V. der Faule, Herzog von Brandenburg 89-91
Otto II. Mathematicus, Pfalzgraf von Mosbach 115, 120
Otto, Pfalzgraf von Mosbach 101, 103, 110, 114
Otto, Herzog von Österreich 75
Otto, Bischof von Freising 10, 16
Otto Heinrich, Ottheinrich, Kurfürst von der Pfalz 128, 133, 134, 152-154, 156
Otto Heinrich, Pfalzgraf von Sulzbach 162, Abb. 88
Ottokar II., König von Böhmen 53-55
Ottweiler, Grafschaft 222
Oxenstierna, Axel Graf von 188, 221, 236

PÄHL, Schloß 120
Parkstein 106, 155, 179, 213, 214
Paschalis II., Papst 13
Paschalis III., Crema, Papst 19-21
Passau 322
Paul III., Farnese, Papst 152
Paul I., Zar von Rußland 318
Pavia, Hausvertrag von 69, 73-75, 78-80
Peter I. der Große, Zar von Rußland 251, 252
Peter II. Braganza, König von Portugal 228
Petin, Sophie, Freifrau von Bayrstorff, Gemahlin des Prinzen Karl von Bayern 363
Pettenbeck, Maria, Gemahlin des Herzogs Ferdinand in Bayern 168
Pfaffenhofen 11
Pfarrkirchen 59
Pfeddersheim 110, 115
Pfordten, Ludwig von der 357
Philipp, Herzog von Schwaben, Deutscher König 29, 31, 32
Philipp VI., König von Frankreich 74
Philipp V., König von Spanien 240, 247, 250
Philipp, Kurfürst von der Pfalz 114, 115, 117, 124-127, 133
Philipp Bellicosus, Pfalzgraf (Kurpfalz) 128, 134, 152
Philipp, Pfalzgraf von Simmern-Sponheim 195

Philipp, Pfalzgraf von Sulzbach 209
Philipp der Gute, Herzog von Burgund 107
Philipp, Landgraf von Hessen 151
Philipp II., Herzog von Orléans 254, 261
Philipp Ludwig, Pfalzgraf von Neuburg-Hilpoltstein 155, 161, 162, 172, 176
Philipp Moritz Maria, Herzog in Bayern, 258
Philipp Wilhelm, der Kardinal in Bayern, Herzog in Bayern 169, Abb. 77
Philipp Wilhelm, Herzog von Neuburg 176, 191, 196, 209
Philipp Wilhelm, Kurfürst von Neuburg 216, 218, 225, 227-230, 232
Philippsburg 232
Pfullingen, Burg 23
Piccolomini, Octavio P.-Pieri, Fürst 192
Pipping, Kirche 119
Pius VI., Braschi, Papst 302
Pius XII., Pacelli, Papst 302
Pius August, Herzog in Bayern 302, 305, 324, 333
Plattling 108
Polack, Jan 119
Pompadour, Jeanne Antoinette Poisson, Marquise de 284
Possenhofen, Schloß 333
Preßburg, Friede von 322

RAINALD VON DASSEL, Erzbischof von Köln 16, 17
Raitenhaslach, Kloster 113, 125
Rappoltstein, Katharina Agathe Gräfin von, Gemahlin des Pfalzgrafen Christian II. von Birkenfeld-Bischweiler 215
Rappoltstein, Grafschaft 215, 222, 276, 285
Rappoltsweiler, Schloß 276
Rastatt, Friede von 251
Rattenberg 50, 90, 93, 127, 150
Rauch, Christian Daniel 336
Regensburg 325
Reichenhall 59
Remigiusberg 110, 154, 159
Renata von Lothringen, Gemahlin des Herzogs Wilhelm V. von Bayern 167, 169, Abb. 77
Richard I. Löwenherz, König von England 19
Richard II., König von England 99

Richard, Pfalzgraf von Simmern-Sponheim 150, 156, 158
Richelieu, Armand Jean du Plessis, Herzog von, Kardinal 191, 192
Rijswijk, Friede von 221, 239, 240
Robert von Anjou, König von Neapel, Herzog von Kalabrien 66
Rohan, Katharina Prinzessin von, Gemahlin des Herzogs Johann II. von Zweibrücken 174
Rohan, Ludwig Prinz von, Kardinal 276
Rohrbach, Jagdhaus 282, 312
Rom, Villa Malta 342
Roseninsel im Starnberger See 347
Rosenheim 59
Roßbach, Schlacht bei 279
Royal Alsace, Regiment 235, 239, 267, 269, 272, 285, 305
Royal Deuxponts, Regiment 279, 285
Rubens, Peter Paul 176
Rudolf I. von Habsburg, Deutscher König 54-56
Rudolf II., Röm.-deutscher Kaiser 172
Rudolf I. der Stammler, Herzog von Bayern/Pfalz 56, 57, 61, 62, 73
Rudolf II. der Blinde, Herzog von Bayern, Kurfürst von der Pfalz 69, 78, 79
Rudolf, Prinz von Bayern 371
Rumford, Sir Benjamin Thompson, Graf von 290, 307
Rupertinische Konstitution 78, 98
Rupprecht III. Klem, Kurfürst von der Pfalz, Deutscher König 98, 100, 101
Rupprecht I. der Rote, Kurfürst von der Pfalz 69, 78, 97, 98
Rupprecht II., Kurfürst von der Pfalz 69, 78, 98
Rupprecht, Pipan, Pfalzgraf (Kurpfalz) 98
Rupprecht, Pfalzgraf von Simmern, Kurfürst von Köln 116, 154, 159
Rupprecht, Pfalzgraf (Kurpfalz) 125-128
Rupprecht, der Kavalier, Pfalzgraf von Simmern-Sponheim 194, 195, 213, 214, Abb. 69
Rupprecht, Kronprinz von Bayern 359, 363, 367, 369, 370, 372

SABINE VON BAYERN, Gemahlin des Herzogs Ulrich von Württemberg 136, 149
Sabine von Simmern-Sponheim, Ge-

mahlin Lamorals I., Fürst von Gavre und Graf von Egmont 158
Sabine von Sulzbach, Gemahlin des Freiherrn Johann Georg von Wartenberg 162
Salabert, Pierre de, Abbé 304, 310, 330
Salzburg 128, 325, 328
Sávár, Schloß bei Steinamanger 362, 370
Schärding 49, 53, 59, 108
Scheyern, Grafen von 9-12
Schleißheim 170, 218, 245, 251, 260, Abb. 36
Lustheim 283
Schoeller, Henriette, Frau von Frankenburg, Gemahlin des Prinzen Karl von Bayern 363
Schönberg, Schlacht bei 127
Schönbrunn, Friede von 325
Schongau 53, 122
Schwandorf 92, 109
Schwetzingen 275, 320
Seckendorff, Friedrich Heinrich, Reichsgraf von 273
Seckenheim, Schlacht bei 123
Seeland 76, 100
Seefried-Buttenheim, Otto Graf von 367
Seehof, Schloß 329, 333
Seligenthal 46, 47, 52, 91, 149, 302
Sendling, Mordweihnacht 248
Sidonie von Bayern, Tochter des Herzogs Albrecht IV. von Bayern 136
Siegfried August Maximilian Maria, Herzog in Bayern 366
Sigmund, Röm.-dt. Kaiser 104-106
Sigmund, Herzog in Bayern 118, 119
Soissons, Comtesse de, Mutter des Prinzen Eugen von Savoyen 235
Sophie, schöne Offnei, von Bayern, Gemahlin des Deutschen Königs Wenzel, als König von Böhmen Wenzel IV. 92, 100, Abb. 94
Sophie von der Pfalz, die Große Kurfürstin, Gemahlin des Kurfürsten Ernst August I. von Hannover 196
Sophie von der Pfalz, Tochter des Kurfürsten Friedrich V. 214
Sophie, Herzogin in Bayern, Gemahlin des Herzogs Ferdinand von Alençon-Orléans 348, 359, 360, 366
Sophie, Herzogin in Bayern, Gemahlin des Grafen Veit von Törring-Jettenbach 366, 369

Sophie Marie von Sachsen, Gemahlin des Herzogs Karl Theodor in Bayern 357
Sponheim, Grafen von 109
Steiermark, Markgrafschaft 23
Stephan I., Herzog von Bayern 55, 59, 60
Stephan II. mit der Hafte, Herzog von Bayern 77, 79, 89, 90, 92
Stephan III. der Kneißel, der Knäuffel, Herzog von Bayern 92, 93, 95-97, 99
Stephan, Pfalzgraf von Simmern-Zweibrücken-Veldenz 101, 103, 110, 115
Stephan, Herzog von Kroatien, Dalmatien und Slavonien 77
Straubing 59, 89, 93, 98, 107, 110, 149
Strauß, Johann 335
Südtirol 325
Sulzbach
Schloß 209, 280
Susanne von Bayern, Gemahlin des Kurfürsten Ottheinrich von der Pfalz 152
Susanne von Sulzbach, Gemahlin des Pfalzgrafen Georg Johann II. von Veldenz-Lützelstein-Guttenberg 162, 189
Sustris, Friedrich 167, Abb. 77
Suworow, Alexander Wassiljewitsch, Graf und Fürst, russ. Feldherr 318
Sybille von Bayern, Gemahlin des Kurfürsten Ludwig V. von der Pfalz 133, 136
Sybille von Kleve, Gemahlin des Kurfürsten Johann Friedrich von Sachsen 172

TALLARD, Camille Graf von 246
Tankred von Lecce, König von Sizilien 28
Tegernsee 329, 336, 364
Teschen, Friede von 291
Theodor Eustach, Pfalzgraf von Sulzbach 255, 256
Theresa Benedikta von Bayern, Tochter des Kurfürsten Karl Albrecht 273
Therese von Bayern, Tochter des Prinzregenten Luitpold von Bayern 348, 364, 370, Abb. 70
Therese von Liechtenstein, Gemahlin des Prinzen Arnulf von Bayern 364
Therese von Sachsen-Hildburghausen, Gemahlin des Königs Ludwig I. von Bayern 325, 335, 344, 345

REGISTER

Therese Kunigunde Karoline Sobieska von Polen, Gemahlin des Kurfürsten Max Emanuel von Bayern 237, 238, 247, 248, 259
Thurn und Taxis, Maximilian Fürst von 346
Thurn und Taxis, Violante Gräfin von, Gemahlin des Kurfürsten Karl Philipp von Neuburg 256
Tilly, Johann Tserklaes, Graf von, Feldherr 108, 177, 183-185, 187
Tilsit, Friede von 324
Tott, Klara, Gemahlin des Kurfürsten Friedrich I. von der Pfalz 116
Trani, Ludwig Prinz von Bourbon-Sizilien, Graf von 347
Trarbach 222
Traunstein 59
Trient 322
Türkheim, Schloß 219
Turenne, Henri de la Tour d'Auvergne, Graf von, franz. Marschall 192, 217

ULRICH, Herzog von Württemberg 127, 149
Ursula von Zweibrücken-Veldenz, Gemahlin des Grafen Wirich von Gaun, Falkenstein 159
Utrecht, Friede von 251

VALLEY 49
Veldenz, Grafschaft 110
Viktor IV., Papst 19
Villars, Claude Marquis de, franz. Gesandte 229, 246
Villeroi, François de Neufville, Herzog von 238
Vilshofen 60, 108
Violante Beatrix von Bayern, Gemahlin des Großherzogs Ferdinand III. Medici von Toskana 212, 229, 234
Visconti Marco 93
Vivien, Joseph 253
Vohburg, Schloß 48, 52, 110
Vohenstrauß, Friedrichsburg 163
Voltaire, François-Marie Arouet 268

WALDBURG, Heinrich von 31
Wallenstein, Albrecht von, Herzog von Friedland 183-185, 188
Walhalla, bei Regensburg 337
Wartenberg, Grafen von,
Nachkommen des Herzogs Ferdinand in Bayern und seiner Gemahlin Maria Pettenbeck 168
Wasserburg 49, 50
Weiden 73, 155, 179, 213, 214
Weilheim 121, 122
Werschweiler, Schlacht bei 150
Welf III., Herzog von Kärnten 15
Wenzel, Deutscher König, als König von Böhmen Wenzel IV. 91, 92, 98, 100
Wenzel III., König von Böhmen 58
Werth, Johann von, General 188, 189, 191-193
Westenrieder, Lorenz von 313
Wildenwart, Schloß 346, 371
Wilhelm III. von Oranien, König von England 231, 235
Wilhelm I., König von Württemberg 324
Wilhelm I., König von Preußen, Deutscher Kaiser 358
Wilhelm I., Herzog in Bayern, Graf von Holland 77, 89, 94
Wilhelm II., Herzog in Bayern, Graf von Holland 94, 100, 102
Wilhelm III., Herzog in Bayern 97, 101, 102, 106-108, 111
Wilhelm IV., Herzog von Bayern 135, 136, 149-152, Abb. 50
Wilhelm V. der Fromme, Herzog von Bayern 166, 167, 169, 170, 172, 176, Abb. 77
Wilhelm, Pfalzgraf von Birkenfeld-Gelnhausen, Herzog in Bayern 292, 301, 309, 311-313, 317-320, 323, 329
Wilhelm, Landgraf von Hessen 162
Wilhelm, Herzog von Urach 368
Wilhelm Ludwig, Pfalzgraf von Zweibrücken-Landsberg 221
Wilhelmine Ernestine von Dänemark, Gemahlin des Kurfürsten Karl II. von der Pfalz 220
Wiltrud von Bayern, Gemahlin des Herzogs Wilhelm von Urach 367
Wimpfen, Schlacht bei 179
Winzingen, Burg 78, 134
Wittelsbach, Grafen von 9
Wittelsbach, Burg 9, 12, 32
Witzleben, Esther Maria von 215
Wolfgang, Herzog in Bayern 118, 119, 124, 127, 128

Wolfgang der Weise, Pfalzgraf (Kurpfalz) 136
Wolfgang, Herzog von Zweibrücken-Veldenz 154-157, 159, 162
Wolfgang, Prinz von Bayern 367
Wolfgang Georg von Neuburg 224
Wolfgang Wilhelm, Pfalzgraf von Neuburg 171-174, 176, 179, 186, 191, 196
Wolfratshausen 49

Wolfstein 52
  Burg 91
Wrangel, Gustav von, schwed. Feldherr 192
Würzburg 327, 329

ZUCCALLI, Enrico 212, 260
Zusmarshausen, Niederlage von 192

Für den Rahmen des Titelblattes (Seite 3) wurde ein Porträtstich Kurfürst Max III. Joseph von Johann Michael Söckler nach Georges Desmarées verwendet, für jenen der Kapitelanfänge ein Bildniskupfer des Kurfürsten Karl Albrecht von Gustav Andreas Wolfgang. Beide Vorlagen stammen aus der Wittelsbacher Bildersammlung im Geheimen Hausarchiv München. Den Schutzumschlag entwarf Josef H. Biller, die Wappenzeichnungen fertigte Peter Langemann.

Der Verlag fühlt sich Herrn Staatssekretär a. D. Dr. Hugo Geiger sehr zu Dank verpflichtet, daß er das ihm anvertraute Manuskript dem Verlag zur Veröffentlichung übergeben hat.
Soweit nicht anders angegeben, wurden die Reproduktionsvorlagen von den jeweils als Besitzer genannten Museen, Sammlungen, Bibliotheken und Eigentümern dankenswerterweise zur Verfügung gestellt, die auch die Wiedergabe bereitwillig gestattet haben. Für vielerlei Hilfe und Unterstützung dankt der Verlag insbesondere S. K. H. Albrecht Herzog von Bayern, der die Benützung der Wittelsbacher Bildersammlung gütigst erlaubt hat; den Damen und Herren des Wittelsbacher Ausgleichsfonds, vor allem Herrn M. Oppel; dem Leiter des Geheimen Hausarchivs, Herrn Dr. Hans Puchta; sowie zahlreichen Direktoren und Mitarbeitern der im Bildnachweis genannten Institutionen, die immer wieder Auskünfte erteilt und bei der zum Teil sehr mühevollen Bildbeschaffung mitgewirkt haben.

Die Wittelsbacher